한국사

48

임시정부의 수립과 독립전쟁

국사편찬위원회

자문위원

김 운 태　　이 만 열　　조 동 걸

편찬위원

도 진 순　　정 재 정　　한 시 준

집필(임시정부의 수립과 독립전쟁)

김 영 범　　김 희 곤　　박 민 영

배 성 준　　윤 대 원　　윤 해 동

이 현 주　　조 동 걸　　채 영 국

기획 · 편집

강 영 철　　이 근 택　　고 성 훈

고 숙 화

복간 간행 : 김 용 곤 · 장 득 진

한국사 간행취지

우리 겨레가 앞으로 어떻게 살아갈 것인가 하는 문제는 우리들은 물론 우리와 더불어 살아가는 세계인들의 관심사일 것이다. 이에 대한 해답은 과거에 어떻게 살아왔는가 하는 우리 역사에 대한 인식을 통해 찾을 수 있을 것이라고 생각된다.

본 위원회에서는 이미 1970년대에 『한국사』 25권을 간행하여 해방 이후 한국사의 연구성과를 집대성함으로써 한국사에 대한 인식을 새롭게 한 바 있다. 그 이후 한국사회는 놀라운 성장과 발전을 이루었고 역사학계도 상당한 연구성과를 축적하였다. 이러한 변화에 발맞추어 한국사학계는 새로운 『한국사』 편찬의 필요를 느끼게 되었다.

이에 본 위원회는 일차적으로 한국사 연구지원비를 마련하여 역사학계로 하여금 1980년대 중반까지 연구성과가 미진하다고 생각되는 분야를 연구할 수 있도록 하였다. 이어서 1989년부터 1990년까지의 준비를 거쳐 1991년에는 '신편 한국사 편찬위원회'를 따로 구성하고 총 60권에 달하는 새로운 『한국사』를 편찬하기로 하였다. 그리고 다음과 같은 『한국사』 편찬의 목표를 세웠다.

① 한국의 역사와 문화에 대한 객관적 인식의 토대를 제공할 수 있는 한국사를 편찬한다.

② 민족의 창조적 문화활동과 민족사의 내재적 발전을 드러내는 한국사를 편찬한다.

③ 최근까지의 연구성과를 체계화하고 새로운 영역을 개척함으로써 한국사 연구의 지평을 넓힌다.

④ 한국사 연구와 관련하여 고고학·인류학·사회학·경제학 등 인접학문의 연구성과를 수용하여 한국사 인식의 폭을 넓히는 데 기여한다.

새로운 『한국사』를 펴내면서 우리 모두가 바라는 바는, 민족의 통일에 대비해야 하고 급격히 변화하는 시대상황 속에서, 한국사 연구자의 깊이 있는 연구를 도와주고 독자들의 역사인식을 드높일 수 있는 길잡이 구실을 할 수 있었으면 하는 것이다.

국사편찬위원회 위원장

목 차

Ⅲ. 독립군의 편성과 독립전쟁

Ⅳ. 독립군의 재편과 통합운동

V. 의열투쟁의 전개

개 요

I

1910년 대한제국이 멸망했을 때 한국인의 의식은 사회진화론에 따라 망국불가피설 또는 망국의 현실수용론이 대두했는가 하면, 그에 반대하여 식민지 거부론 또는 식민지 무효론의 주장 등으로 분류할 수 있다. 망국이 불가피하다고 생각한 사람은 매국에 참가하거나 친일행각의 길을 걸었고, 식민지 수용론자는 식민지 현실 속에서 독립을 준비하는 실력양성론을 구상하고 주장했다. 문화운동이나 사회경제운동 가운데 그러한 실력양성론을 추구한 경우가 많았다.

그런가 하면 대한제국의 멸망을 수용하지 않거나 현실로 인정하더라도 그를 거부하고 일본의 식민통치에 항거하거나 해외로 망명한 사람도 적지 않았다. 대한제국의 멸망을 부인한 경우는 자결 순국자가 그에 해당하나 大韓光復會처럼 적극적으로 항쟁한 경우도 있었다. 그런데 국내에서의 항전은 쉽지 않았다. 그러므로 망국과 식민통치 속에서 살기를 거부하고 망명한 경우가 많았다. 식민지에서 자손이 태어나는 것조차 거부하면서 서둘러 망명한 白下 金大洛과 같은 경우도 있었다. 그들은 망명하자마자 독립군기지를 개척하고 독립전쟁을 준비하였다. 그러한 독립운동의 결실이 국내외에서 전개된 3·1운동이었지만, 3·1운동 후에는 대규모의 독립전쟁을 일으키면서 임시정부를 수립하여 일본 제국주의에 조직적으로 대항하였다.

여기에서는 3·1운동 후 주로 1920년대의 해외 독립군 또는 임시정부의 활동에 대하여 서술 내용을 보면 해외문제에 앞서 1920년대 식민통치의 특성을 구명하고, 해외에서 전개된 독립군의 독립전쟁과 임시정부의 활동을 추적한 것이다. 그러한 문제들을 총람하면서 기본 성격을 구명해 보기로 한다.

Ⅱ

제1차 세계대전의 후속조처로 강구된 베르사이유 강화체제의 국제질서와 세계를 휩쓴 경제공황의 진행과 폭발, 그리고 사회주의의 확산 등이 3·1운동 후인 1920년대 세계사가 보여준 새로운 특징이다. 그러한 세계사적 특징은 한국사에도 심각하게 반영되고 있었다. 베르사이유체제는 일본 제국주의의 식민통치를 보장해 준 국제체제이기도 했다. 일본이 1910년대의 무단통치나 1930년대 이후의 전시체제와 달리, 1920년대에는 이른바 문화정치를 표방할 수 있었던 여유도 그러한 베르사이유 강화체제에 의한 안정기조라는 국제환경 때문에 가능했다. 그와 같이 문화정치는 국제정세의 소산이었다. 그에 반해 국제적 안정기조를 근본적으로 거부하고 있던 한국독립운동은 안정기조 자체가 타격의 대상이어야 했다. 따라서 한국독립운동은 형극의 도정이 예견되었다. 한국인의 정의와 자유와 평화를 위한 외침은 베르사이유 강화체제를 유지하려는 열강들에게는 도전적인 소리였고 귀찮은 소리였다. 그러므로 열강들에 둘러싸인 약소민족해방운동은 열강들의 압제와 봉쇄에 직면할 수밖에 없었다. 그것을 누구보다 먼저 파악한 많은 지식인이 지친 나머지 민족운동 대열에서 탈락해 가기도 했다. 그렇게 지친 소리가 개량주의였고, 그것을 대변한 글이 李光洙의 〈民族的 經綸〉과 〈中庸과 徹底〉라는 논설이었다. 3·1운동에서 중추적 위치에 있던 崔麟도 자치운동의 時中會를 만들어 변절 행각을 서슴지 않다가 봉변을 당하기도 했다.

그렇게 지친 소리가 있었는가 하면 독립운동을 전개한 역사의 본류도 도도하게 흐르고 있었다. 국내에서는 독립운동 조직이 지하에서 활동했는가 하면 노농운동과 학생운동이 발전하고 있었고, 해외에서도 만주의 독립군 조직이 1920년대에 이르러 靑山里戰爭 뒤에 3府(參議府·正義府·新民府)체제를 정비하면서 새롭게 성장하고 있었다. 3·1운동과 더불어 너나없이 민족과 독립을 외치던 흥분된 분위기는 해가 가면서 가라앉는 가운데 변절할 사람은 변절하고 떠날 사람은 떠나갔다. 즉 1920년대 후반으로 가면서 독립운동이 한

결 정돈되어 갔다.

3·1운동 직후에는 민족총력항쟁이라는 양상을 나타냈다. 3·1운동으로도 독립을 쟁취할 수 없었고, 베르사이유 강화회의에서 국제적 냉대를 당한 한국인이 새롭게 민족 총력을 경주하여 항쟁을 시도한 시기가 1920년대였다. 임시정부와 독립군의 항쟁이나 노농운동·학생운동·여성운동·형평운동 등이 새삼스럽게 발달했던 것이나 학술운동·교육운동·언론운동이 전개된 것이나 物産奬勵運動과 協同組合運動 같은 경제운동에 이르기까지 1920년대를 살던 한국인은 자신의 입지에 따라 재주껏 독립운동에 몸바쳤다. 그래서 민족총력항쟁의 시기라고 말한 것이다. 그러다가 지칠 사람은 지치고 변절할 사람은 변절해 갔다.

임시정부와 독립군의 경우에도 1920년대 중반에 이르면 지친 모습을 나타냈다. 그것은 1920년대 세계사적 조건 때문이라는 이유가 컸다. 그러나 끝내 쓰러지지 않았다. 지치면 새로운 활력소를 찾아 부활했다. 그것이 1920년의 청산리전쟁, 1923년의 의열단활동, 1925년 전후의 3부의 항전, 1932년 李奉昌·尹奉吉 의거를 전후한 대한민국임시정부의 모습이었다. 그러한 모습을 통하여 일본 제국주의의 식민통치가 당초부터 무효라는 것을 천명했고 아울러 죽음을 담보하면서 끝까지 싸우면서 한국의 절대 독립의 의지가 한국인의 참뜻이요 참모습이라는 것을 과시하였다.

Ⅲ

일제 식민통치의 기본 성격은 일본 본국 경제와 직결된 식민경제, 민족동화정책의 달성, 그를 위한 직접 식민통치의 강행 등, 세 가지로 요약할 수 있다. 그러한 식민경제를 수립하기 위하여 1910년대에 토지조사사업을, 1920년대에는 산미증식계획을, 1930년대에 군수공업의 상륙과 1940년대에 미곡증산계획을 추진했다. 민족동화정책을 위해서는 식민문화와 식민교육을 강행했고, 그러한 식민정책을 달성하자면 식민통치의 서양 제국주의 방법이었던 간접통치가 아니라 직접통치를 계획하여 1천 4백만 인구의 조선에 2백만 일본인을 이주시켜 지배할 것을 획책하였다. 그렇게 하자니 통치비용이 남달리 많이 지출되었다. 그러한 많은 비용의 투자를 외형상 개발 투자로 착각하여 식민지 개발이라는 억설을 펴기도 했다. 그러한 식민통치의 기반을 구축하기 위하여 1910년대에 무단통치를 감행했는데 그것이 조선총독부 조직의 완성, 토지조사사업, 〈조선교육령〉의 실시 등을 무단적 방법으로 강행한 것이다. 교원이 칼을 차고 수업한 사례는 세계에서 1910년대 일제 식민교육 현장에서만 있었던 현상이다.

1920년대에는 조선총독 사이토 마코토(齋藤實)가 1910년대 무단통치를 중단하고 문화정치를 표방하여 제국주의 학자들로부터 찬양을 받았다. 1910년대에는 식민지 수탈의 기반을 확립하자면 무단통치가 필요악으로 불가피했다는 것인데 수탈기반을 확립한 연후인 1920년대에는 본격적으로 수탈 시기를 맞았기 때문에 통치방법을 전환할 필요가 있었다. 수탈 방식이 1910년대와 같은 무단적 방법이 아니라 관료 조직을 통한 외형상 평화적으로 진행할 착취 방법이 필요했다. 외형상 폭력적이 아니라는 뜻에서 그것을 문화정치라고 했다. 그것이 수탈의 극대화를 기할 수 있다고 판단한 것이다.

식민통치자들은 비례세제의 세금 수탈과 평양광업소·전매·철도·영림사업 등의 관영사업을 통하여 수탈을 강화하면서 산미증식계획을 추진하여 농산물 수탈의 일원적 통제를 기하였다. 1920년대에 추진된 산미증식계획을 식민지 수탈이라는 측면에서 보면 여러 가지 종류의 농업을 쌀 농사로 일원화하여 수탈의 극대화를 도모한 것이다. 아울러 그것은 일본의 쌀 공급문제를 근본적으로 해결하는 길이기도 했다. 그와 같이 조선의 식민경제는 간접적으로 부의 축적을 위한 것이 아니라 직접 일본 본국인의 생활을 위하여 존재하였다. 제국주의적 일반 이윤을 추구한 서구 식민지와 다른 점이다.

한편 1920년대에 신문 발행을 인가하고 학교 설립을 허가했다는 이유를 들어 문화정치를 했다고 변론하고 있다. 그것도 하지 않았다면 3·1운동과 같은 민족적 저항을 막을 방도가 없었겠지만, 실제로 교원이 칼을 차고 수업하거나 헌병경찰제 방식의 무단통치는 철폐하여 1910년대와는 달랐던 것은 사실이다. 그러나 1920년대의 문화정치란 종래의 무단적 방법이 아니라 적극적으로 식민문화를 일으켜 조선의 민족문화와 민족정신을 파괴하고 식민성 문화로 변질시키고 변태적 식민정신을 심어 간다는 방침이었으므로 무단통치 이상으로 가혹했다고 볼 수 있다. 《동아일보》를 허가할 때 총독부 고등과장 시라가미(白上祐吉)의 말대로 정간·폐간과 회유 등의 방법으로 식민통치에 유익한 언론으로 조종해 간다는 것이었다. 그리하여 각종 학교도 식민교육의 기관으로 육성해 갔다.

그 위에 식민사학을 개발하여 토착민의 지성과 민족문화를 파괴하였다. 1916년에 일으킨 半島史編纂事業을 1922년에 朝鮮史編纂委員會를 설치하여 조직화하고, 1925년에는 朝鮮史編修會로 확대 개편하여 식민사학 개발에 박차를 가하고, 京城帝國大學과 朝鮮史學會를 설치하여 조선사편수회의 좌우익으로 삼았다.

그 무렵에 자유주의나 민족주의 사조가 세계적으로 확산된 한편, 사회주의와 무정부주의 등의 좌파 이론도 확산되고 있었으므로 그를 봉쇄하기 위하여 조선공산당이 창립된 1925년에 〈治安維持法〉을 만들어 탄압하였다. 그 해에 군국주의를 교육에 반영하여 중등학교에 군사교련을 부과하기 시작하였다. 1920년대 후반 중등학교 동맹파업에 군사교육 반대 구호가 등장했던 것이 바로 그것을 의미했다. 이러한 식민통치가 어떻게 문화정치가 될 수 있는가.

Ⅳ

그와 같은 식민통치에 대항하여 한국인은 지속적으로 독립운동을 전개했는데 독립운동 가운데는 시종 독립전쟁이 중심 위치에 있었다. 한국독립운동에서 독립전쟁이 활발했던 시기를 보면, 구한말의 의병전쟁, 1920년대 만주와 연해주에서 전개된 독립군의 독립전쟁, 1930년대 후반 만주에서 조국광복회 등의 보천보전투를 비롯한 독립전쟁, 1940년대 중국 관내에서 전개된 한국광복군과 조선의용군의 독립전쟁 등이 대표적인 것이었다.

거기에서 1920년대의 독립전쟁만 한정하여 본다면 1919년 3·1운동 후에 국내외 각처에서 일어난 독립군 단체가 추진한 무장독립운동이 그것이다. 1910년대 무장독립운동은 국내에서는 대한광복회와 조선국민회의 활동이 대표적인데 그것은 군사조직이라기보다는 의열투쟁 조직의 성격이 강했다. 해외에서는 서간도·북간도·연해주·몽골·하와이 등지의 독립군기지개척과 그것이 1914년 제1차 세계대전과 더불어 봉쇄당한 후에는 서간도 白西農庄軍營이 독립전쟁의 준비체제로 대표적인 경우이다.

그러한 1910년대 독립전쟁의 준비체제가 3·1운동을 계기로 폭발하여 독립전쟁으로 발전하였다. 먼저 동포들이 망명 이주하여 살던 서·북간도를 중심으로 한 만주 각처에서 독립군 단체의 결성이 추진되었다. 서간도에는 백서농장군영을 확대 개편한 서로군정서와 새로 망명한 의병 출신자와 평안도 일대에 조직된 대한청년단연합회 인원으로 결성한 대한광복군총영이 있었고, 북간도에는 국민회군·북로군정서·대한독립군·군무도독부·의군부 등의 독립군이 대표적이었다. 그들이 1920년 10월부터 청산리전쟁을 끝내고 그해 연말에 密山에 집결하여 러시아로 넘어갈 때 大韓獨立軍團을 결성했는데 그때 10개 독립군 단체가 대한독립군단을 결성하였다.

대한독립군단 독립군은 임시정부 국무총리 李東輝의 종용에 따라 러시아로 들어가 자의타의간에 볼쉐비키 혁명군으로 전환하여 洪範圖·李青天을 중심으로 이르쿠츠크 고려공산당군으로, 桂奉瑀·李鏞을 중심으로 상해파 고려공산당군으로 개편되었는데, 결국은 양군이 대립하여 1921년 6월에 自由市慘變을 맞아야 했다. 민족 최대의 비극이었다. 대한독립군단 단장인 徐一이 그해 말에 밀산 白泡子로 돌아와 자결로 삶을 마감한 것도 개인의 인생사에 한정되는 것이 아니었다.

청산리전쟁을 전후하여 만주에서는 일제에 의해 庚申慘變이 자행되었고, 러시아에서는 4월참변이 자행되었다. 그에 이어 1921년에는 자유시참변을 겪었다. 동포들은 독립전쟁에 몸 바쳐 죽고 망국민의 각종 참변을 맞아 죽어야 했다. 나라가 망하고 동포들은 식민지에서 혹은 해외에서 무참하게 학살당해야 했다. 그래서 러시아로 망명한 시인 趙明熙는 〈짓밟힌 고려〉를 읊었고 동포들은 그가 남긴 노래를 외우며 재기의 칼을 갈았다.

1920년의 경신참변과 4월참변, 이듬해의 자유시참변을 겪은 뒤에 독립군 단체는 재정비되었다. 재정비하는 가운데 몽골지방에 독립군기지를 건설하려는 노력도 있었으나 뜻대로 되지는 않았다. 그리하여 경신참변으로 얼룩진 만주지방으로 집중될 수밖에 없었는데 처음에는 이합집산을 거듭하다가 1923년에 남만주에서 參議府가, 1924년에 남부와 중부 만주에서 正義府가, 1925년에 북만주에서 新民府가 결성되면서 안정을 찾아갔다. 그때 연해주에서 결성된 赤旗團이 신민부 지역인 중동선 일대에 들어와 활동하고, 역시 같은 지역에 조선공산당 만주총국이 결성되어 독립군 진영에 좌우익의 세력 분화가 일어났다. 그것을 통일전선 또는 협동전선으로 묶어 보려고 1927년부터 만주에서 민족대당 또는 민족유일당운동이 전개되었다.

민족유일당 또는 민족대당 결성운동은 임시정부 창조파(金奎植·尹海·金應燮)의 국민위원회가 1924년 2월 19일부터 개최한 해삼위 회의에서 결정·포고한 데서 비롯되었다. 그것이 곧 민족대당으로 나타나지는 않았으나 1924년 말에 만주 반석에서 金應燮을 중심으로 결성한 한족노동당이나 이듬해에 梁起鐸을 중심으로 결성한 고려혁명당이 국민위원회에서 제기한 '대독립당'·'민족대당'·'민족유일당' 결성운동의 여파로 탄생한 것이라고 보면 국민위원회의 민족대당의 제창이 적지 않은 영향을 미쳤다고 이해되어야 한다.

그후 민족대당운동은 물밑으로 추진되어 1926년 대독립당 북경촉성회가 결성되면서 표면화하여 1927년에 국내외에 크게 확산되었다. 만주에서도 1927년에 金東三이 선봉에 서서 일어났으나 뜻과 같지 않았고, 참의부·정의부·신민부 3당합당운동으로 변질되고 말았다. 3당통합도 1930년을 전후하여 국민부와 한족자치연합회로 개편 양립하게 되었다. 아울러 국민부는 조선혁명당과 조선혁명군을 조직하고 한족연합회는 한국독립당과 한국독립군을 조직하여 활동했다.

한편 남북만주 곳곳에 당세를 확장하고 있던 조선공산당 만주총국은 1928년 코민테른 6차대회에서 채택한 1국1당의 원칙에 따라 해체되었다. 그후 조선인 당원은 모두 중국공산당에 입당하여 각처의 유격대에 편입하여 활동했다. 그러나 1932년부터 몰아닥친 民生團事件으로 희생이 막심하였다. 민생단사건으로 말미암아 민족적 생기는 마멸되고 말았다.

동포들은 이민 초기부터 어느 한 사람이 중국 국적을 얻어 토지를 구입하여 나머지 동포들이 분할하여 농장을 경영하는 방식을 최대로 이용하고 있었는데 1926년부터는 전지제도도 금지당하고 거의 중국인의 소작농으로 전락하고 있던 때였다. 그러한 참담한 처지에서 토지개혁의 구호에 따라 공산주의자가 되었다고 해도 공산주의 세계혁명보다는 조국의 독립을 추구했다. 그러므로 공산당에 가입했더라도 민족을 앞세웠던 것이 사실이었다. 그것이 중국 공산당의 눈에는 못마땅해 보였다. 결국 민생단이라는 유령단체에 가입하여 활동했다는 누명을 쓰고 5백여 명의 공산주의 중견 지도자가 희생되고 말았다. 민생단사건이 끝난 것은 1936년 초이므로 4년간의 비극이 만주에서 전개된 한국공산주의 운동을 피로 물들게 하였다.

V

무장독립운동에는 군사조직의 투쟁과 義士와 俠士의 투쟁형태가 있었는데 의협사의 투쟁을 의열투쟁이라 한다. 의열투쟁을 총괄하여 서술한 최초의 저서인 《의열투쟁사》를 보면, 한일의정서가 체결된 1904년부터 대한제국이 멸망의 길로 기울자 李漢應·趙秉世·閔泳煥 등이 자결로 항쟁한 것을 열사의 효시라 했고, 의사의 투쟁은 1905년 을사조약을 계기로 오적암살단 문제도 있으나 본격적 단계에 이른 것은 張仁煥과 安重根의 투쟁에서 비롯된다고 했다. 그리고 1910년대에는 대한광복회와 조선국민회의 활동이 의열투쟁의 성격을 가지고 있었고 그를 계승한 암살단과 주비단 등이 3·1운동에 이은 의열투쟁 단체를 대표한다고 할 수 있다.

그런데 의열투쟁의 이론은 1923년 의열단 선언인 丹齋 申采浩의 〈朝鮮革命宣言〉이 발표되면서 정립되었다. 뿐만 아니라 의열투쟁도 의열단의 결성과 활동을 통하여 독립운동 방략으로 확립되었다고 이해된다. 의열단은 1919년 만주 길림에서 金元鳳을 중심으로 창립되었다. 그후 1935년 남경에서 민족혁명당을 창립하면서 해체될 때까지 16년간을 중국에 본부를 두고 국내외에서 의열투쟁을 전개하여 한때 독립운동의 대명사와도 같이 의열단의 명성을 청사에 남겼다.

의열단의 16년간 활동은 3시기로 구분해 볼 수 있다. 제1기는 1919~1925년의 대한광복회 방식을 계승한 작탄(테러)활동 기간으로 이때는 의열단이 민족주의에서 무정부주의로 기울고 있었다. 金益相・吳成崙・金相玉・金祉燮 등의 활동이 의열투쟁을 대표했다. 제2기는 1926~1931년으로 황포군관학교 입교 후 공산주의에 경도되어 간 시기이다. 졸업 후에는 중국 북벌에 참전하고 국공분열 후에는 중국공산당과 함께 南昌봉기와 廣州봉기에 참가하여 활동했다. 제3기는 1932~1935년으로 남경에서 의열단 간부학교를 운영하며 다시 국내공작활동을 전개하던 시기이다.

의열투쟁 단체로 또 하나 손꼽는 것은 임시정부 외곽단체인 韓人愛國團이다. 한인애국단은 白凡 金九가 이끌렀던 조직으로 1932년의 작전이 불후의 업적으로 손꼽힌다. 李奉昌의 동경의거, 尹奉吉의 상해의거, 李德柱의 조선총독부 폭파추진, 崔興植의 만주 관동청 공격추진 등이 그것인데, 안중근의 하얼빈 의거와 함께 국제적 파장을 크게 일으켰다. 국제적으로 제국주의에 대한 경종이었을 뿐 아니라 1920년대에 침체일로에 있던 임시정부를 기사회생시켰다. 그래서 나라는 망해도 겨레는 망하지 않았다는 자부심을 지킬 수가 있었다.

의열투쟁은 다물단・공명단・병인의용대・남화한인청년연맹 등의 활동을 통하여 나타나기도 했다. 특히 남화한인청년연맹 등이 전개한 무정부주의자의 자치촌 건설운동과 함께 추진한 의열투쟁은 특별히 주목되어야 한다. 앞에서 단재 신채호의 〈조선혁명선언〉을 언급했거니와 그것도 무정부주의를 대변한 글이었다. 단재의 또 다른 글인 〈龍과 龍의 大激戰〉도 무정부주의를 극명하게 보여준 작품이다. 단재는 이념으로는 무정부주의, 방략으로는 의열투쟁을 장식한 대표적인 인물이었다.

Ⅵ

3·1운동과 더불어 국내외 곳곳에서 임시정부가 수립되었다. 그것은 3·1운동과 동시에 독립이 임박했다고 믿었던 의식의 반영이었다. 임시정부란 정식정부를 수립하기 위한 준비정부이다. 준비정부라는 점을 생각하면 임시정부를 수립할 때 무엇을 계산하고 있었던가를 짐작할 수 있을 것이다. 임시정부는 서울·평안도·연해주·간도·길림·상해 등지에서 독립선언과 더불어 공표되었다. 7개의 임시정부가 공표되었는데 거기에서 정부 수립자의 실체를 알 수 있는 것은 서울의 大朝鮮共和國(세칭 漢城政府), 연해주의 國民議會, 상해의 大韓民國臨時政府였다. 그러니까 3자의 교섭으로 통합이 추진되어 1919년 9월에 상해에 대한민국임시정부라는 통합정부를 수립하였다. 거기에서 놀라운 것은 어느 것이나 자유주의 이념과 공화주의 정부를 표방하고 있었다는 사실이다.

통합정부를 수립할 때 만든 헌법에 당장에 급하지도 않은 삼권분립까지 표방한 민주주의의 이상을 나타낸 것은 정식정부를 예상한 준비정부로서 만전을 기하자는 뜻이었다. 그러나 정식정부 수립이 요원해지자 임시정부의 헌법은 독립운동에 필요한 조항만 두게 되었다. 그것이 1925년과 1927년의 헌법이다. 그후 1940년 중경에 정착하면서 만든 헌법에 이어 1944년의 헌법에서는 광복을 전망하면서 다시 준비정부로서의 내용이 추가되었다. 그것은 권력구조를 나타낸 정부형태의 변화를 보아도 알 수 있다.

임시정부의 변천에 대하여는 어느 각도에서 보느냐에 따라 다르다. 정치사에서는 권력구조를 중시하기 때문에 헌법의 변화, 즉 정부형태의 변화를 기준해서 보는 경우가 많다. 그런가 하면 독립운동사의 각도에서는 1932년 윤봉길의 상해의거와 1940년 光復軍의 창설을 기준하여 변천시기를 나누고 있다. 그러한 독립운동의 시기구분은 임시정부가 머물렀던 곳에 따라 상해시기(1919~1932), 이동시기(1932~1940), 중경시기(1940~1945)로 나누는 것과 일치하므로 이해하기가 편리하다. 이 글도 그러한 용례를 따라 상해시기의 임시정부에 한정해서 살피기로 한다.

임시정부는 1919년 준비정부로 탄생했기 때문에 정식정부의 수립 준비를 위하여 파리강화회의에 대한 외교에 집중하는 한편, 각종 법령과 제도를 정비하였다. 그리고 독립운동에도 박차를 가하였다. 정부란 주권의지의 조직이기 때문에 임시정부의 수립은 일본에 대한 여하한 타협도 용납하지 않는 절대독립의 의지를 집약한 표상의 실체였다. 그리고 주권은 최고·절대·유일·불가분한 존재이기 때문에 주권의 존재인 임시정부는 독립운동의 최고기관으로 탄생했다고 보아 좋을 것이다. 따라서 정부조직을 정비하면서 국내외 동포를 관할하는 聯通府·交通局·居留民團을 설치 운영한 것이다.

그런데 파리강화회의에서 독립의 외교적 쟁취가 무산되고 1920년 청산리전쟁에 이은 경신참변 등으로 독립전쟁이 크게 타격을 입은 뒤에 준비정부로서의 임시정부 성격은 희석되고 말았다. 1920년 말 대통령 李承晩이 상해에 도임하여 분란만 일으킨 것을 고비로 준비정부의 위치는 상실했다고 보아도 좋을 것이다. 그래서 1921년 초에 李東輝·金奎植·安昌浩 등 임시정부 초기의 주도자들이 줄줄이 임시정부를 떠났던 것이다. 그러나 임시정부는 3·1운동의 주권의지로 수립한 것이므로 발생가치를 포기할 수는 없었다. 그것은 독립운동을 포기하는 것과 같았다. 그래서 독립운동 전체를 재정비하려고 1921년부터 國民代表會 소집이 제기되었다. 朴殷植·元世勳·安昌浩·金東三 등이 국민대표회 개최를 추진하였다. 어떤 정부이건 정부란 국민적 기반 위에서 존재하는 것이므로 국민적 기반을 만회하자는 의도이기도 했다. 그리하여 1923년 1월 3일부터 그해 5월 15일까지 상해에서 국민대표회가 열렸다. 임시정부의 보존(李承晩·李始榮)과 개조(安昌浩·金東三·呂運亨)와 창조(金奎植·金應燮·尹海)의 주장이 대립하여 회의는 실패하였다.

실패의 근본 이유는 통일전선에 대한 이해부족이었다. 보존파의 막후 방해도 그것이었지만 창조파가 국민대표회를 깨고 국민위원회를 결성하여 상해를 떠나 결렬되고 말았다. 연해주에서 국민위원회가 통일전선에 새롭게 눈을 뜨고 1924년에 민족대당을 제창했을 때는 시기가 맞지 않았다.

임시정부 요인들은 대통령 이승만의 변태적 운영 때문에 임시정부가 잘못됐다고 생각하여 1923년에는 대통령불신임안을 결의하고 그래도 물러나지 않자 1925년에 대통령탄핵안을 통과시켜 이승만을 축출하고 뒤이어 박은식을 대통령으로 선출하였다. 그리고는 임시정부를 준비정부보다는 독립운동 지도체제에 맞게 헌법을 개정하였다. 그것이 1925년의 國務領을 중심한 내각책임제 개헌이다. 새 헌법에 따라 安昌浩·梁起鐸·李相龍·洪震·金九 등이 차례로 국무령에 선임되었다.

이때는 1924년부터 국민위원회 인사들이 추진하던 민족대당운동이 설득력을 얻으면서 1926년부터는 임시정부 안팎에서 민족대당 결성운동이 크게 일어났다. 그때 국무령에 취임한 김구가 민족대당을 임시정부 위의 최고기관으로 한 以黨工作 체제의 헌법을 만드니, 이것이 1927년의 국무위원회 중심의 관리정부 형태의 헌법이다. 그리하여 독립운동의 거리는 온통 민족대당 형성을 위하여 동분서주하게 되었다. 만주와 북경·천진·상해·남경·무한·광주 등의 관내 곳곳에서도 民族大黨結成促成會가 탄생하였다. 그런데 때마침 중국국민당의 국공분열 영향으로 국내에서 新幹會가 결성된 이외에 어느 곳의 대당운동도 성공하지 못하였다. 오늘날의 분단 현실과 관련하여 생각하면 안타까운 역사라고 하겠다.

그러나 두 가지 긍정적 유산도 남겼다. 하나는 민족대당운동을 계기로 정당 결성운동이 일어났다는 점이다. 1924·1925년 만주에서 韓族勞動黨과 高麗革命黨이 탄생한 후, 1930년부터 朝鮮革命黨(만주)·韓國獨立黨(만주)·韓國獨立黨(상해)·新韓革命黨(상해)이 결성됐다는 것을 말한다. 또 하나는 결과론이기는 하지만 정부를 관리정부 형태로 개편함으로써 1932년 윤봉길 의거 후 移動期의 임시정부를 운영하기에 편리했다는 점이다. 이동기의 임시정부가 왜소하게 보였던 것도 관리정부 형태의 정부조직이었기 때문이다.

그러나 정부라고 말하기에는 너무도 초라한 모습이었다. 그것을 탈출하여 독립운동의 활력소를 찾고 임시정부의 생기를 찾았던 것이 韓人愛國團이 주도한 1932년의 이봉창의 동경의거와 윤봉길의 상해의거였다. 이러한 한인애국단의 의열투쟁은 일본 군국주의에 대한 정의의 경종인 동시에 세계 제국주의에 대한 경종이었다. 그리고 한국독립운동이 새롭게 활기를 찾는 쾌거이기도 했다. 그러므로 한국독립운동은 잊어버린 임시정부를 다시 주목하게 되었다. 국민적 기반을 회복했다는 말도 된다. 국제적으로도 다시 주목을 받았다. 따라서 한인애국단의 활동이나 이봉창·윤봉길의 의거는 임시정부를 다시 한국독립운동의 중심 위치에 끌어올렸다는 점에서 주목을 받고 있다. 이와 같이 임시정부는 3·1운동에 의해 탄생한 그의 발생가치는 누구도 부인하지 못한다. 그러나 발생가치를 충실하게 수행하였느냐의 역할가치는 사람에 따라 평가를 달리할 수 있다. 많은 한계가 있다고 치더라도 그의 존재 자체가 한국독립운동의 특징을 규제하는 표상이라고 보아 좋을 것이다. 그러한 경우가 다른 나라 독립운동에서는 없었기 때문이다.

Ⅶ

이상에서 독립군의 독립전쟁과 의열투쟁, 그리고 임시정부의 개요를 살피면서 역사적 위치와 의미를 더듬어 보았다. 거기에서 다시 기억할 것은 한국독립운동은 임시정부를 수립하여 독립운동을 전개했고, 그 임시정부는 한국사에서 볼 때 혁명적으로 추구한 자유주의 이념과 공화주의 정치를 표방하여 한국근대사 발전에 크게 기여했다는 점이다. 그리고 독립군이나 임시정부는 식민지 무효론의 역사적 근거이며 절대독립의 민족적 의지를 대변하고 있었다는 점을 주목해야 한다. 그러므로 독립운동자가 해방 조국의 주인이 되어야 할 것은 역사의 순리였다. 그것을 미국 주둔군이 방해하였다. 또 독립군이나 임시정부가 식민지 무효론을 주장하고 절대독립을 주장하고 있었다는 것은 어떠한 타협도 거부했다는 말이다. 바로 여기에 해방 후 한국이 독립할 엄연한 근거가 있는 것이고 또 일본에 배상금을 청구할 근거가 있는 것이다. 해방 후 신생 대한민국의 정치인은 그러한 역사성을 이해하지 못하였다. 특히 군사정권은 1965년 한일협정에서 배상금을 포기한 민족적 과오를 저질렀다. 그러한 민족적 과제는 앞으로 있을 북일회담을 통하여 극복되기를 기대해 본다.

1920년대의 한국사에는 독립운동이 민족총력항쟁으로 전개되면서 3·1운동에서 부상한 인도주의가 여러 가지 실천 논리를 찾던 가운데 사상과 방략이 만발하였다. 사상적으로는 자유주의와 자본주의, 사회주의와 공산주의, 그리고 무정부주의가 매력을 끌었다. 거기에서 자유주의나 사회주의나 무정부주의가 원칙으로 국제주의 또는 세계주의를 추구하는 이념이지만 그에 앞서 민족주의를 표방한 경우가 많았다. 식민지하에 있던 약소민족은 해방운동의 논리를 자유주의·사회주의·무정부주의 어디에서 찾더라도 그의 전 단계로 민족주의를 표방했던 것이 일반적이었다. 한국독립운동의 경우도 마찬가지였다. 그때의 민족주의는 세계주의로 가는 중간 단계의 이념이기 때문에 국수주의와 구별됐다. 그러한 이치를 외면하고 직접 세계주의를 달성할 수 있다고 선전·선동한 공산주의 노선이 있었다. 그것이 한때의 독립운동을 혼돈에 빠뜨렸는데 깊이 반성할 문제이다.

방략은 정치투쟁·무장투쟁·외교론·실력양성론을 비롯하여 자치론·타협론·비타협론 등, 각자의 처지에 따라 다양하게 제기되고 논의되고 있었다. 다양하게 추구되었다는 자체가 민족총력항쟁기에 보여준 특징이라 할 것이다. 그런데 1920년대가 깊어가면서 자치론이나 타협론은 독립운동에서 탈락해 갔다. 그리하여 1930년대가 되면 사회운동이나 문화운동도 새롭게 정비되어 갔다. 그러한 경향은 임시정부나 독립군의 행적을 통해 보아도 분명했는데 그것은 다른 기회에 재론키로 한다.

<趙東杰>

Ⅰ. 문화정치와 수탈의 강화

1. 문화정치의 실상

2. 수탈체제의 강화

Ⅰ. 문화정치와 수탈의 강화

1. 문화정치의 실상

1) 경찰기구의 강화

(1) 보통경찰제의 확립

식민지의 폭발적인 저항은 제국주의 국가의 통치수단 및 형태의 변용을 초래하였다. 이는 비단 일본에 국한된 문제는 아니었다. 인도의 '대반란(세포이 난)' 이후 영국의 인도 통치방식은 제한적이지만 인도인에게 자치를 부여하는 방식으로 전환하였다. 물론 이러한 현상이 제국주의 모든 국가에서 일률적으로 일어났다고 보기에는 한계가 있다. 그럼에도 불구하고 이에 대한 연구자들의 논의는 대략 두 가지로 요약된다. 하나는 통치방식의 전환주체 입장에서 식민지의 외연성을 강조하고 나아가 지배논리의 현실성에 초점을 맞추고 있으며,[1] 다른 하나는 피억압 민족의 대항세력에 대한 기만적인 분열책과 이를 통한 식민지의 영구지배가 목적이었다는 데 초점을 맞춘 경우이다.[2]

일제가 추진한 '문화정치'는 조선총독부의 관제개정이나 헌병경찰제도에서 보통경찰제도로 탈바꿈한 것에 지나지 않으며, 지배대상인 식민지 조선인의 삶의 질적 수준 향상 및 정치참여와 경제력 향상에 어떠한 영향을 미쳤는가에 대한 기본적 입장이 선행되어야 이해할 수 있는 것이다.

---

1) 김동명, 〈1920년대 식민지 조선에서의 정치운동 연구〉(《한국정치학회보》 32-3, 1998).

2) 姜東鎭, 《日帝의 韓國侵略政策史》(한길사, 1980).
朴慶植, 《日本帝國主義의 朝鮮支配》(청아출판사, 1986).

주지하듯 일제는 1910년 한일합병 이후 강력한 헌병경찰제도하에서 무단통치의 상징성을 도출하였다.[3] 이러한 무단통치에 대하여 조선인은 저항을 통해 그들의 독립에 대한 열정을 강하게 표출하였다. 즉 조선총독부에게 헌병경찰 만능시대에 대한 심각한 반성과 자기쇄신을 압박한 것이 3·1운동이었다. 일본 정부는 3·1운동 이후 식민통치에 대한 기본적 수단의 전환을 꾀하였다. 당시 일본 수상인 하라 다카시(原敬)는 3·1운동 이후 조선의 '신정치'에 대한 자신의 견해를 다음과 같이 피력하였다.

> 조선은 내지(일본)와 지리상 관계에서 밀접되어 있을 뿐만 아니라 인종은 물론 풍속, 인정도 내지와 큰 차이가 없다. 때문에 일본인과 조선인은 똑같이 제국 주민으로서 정사상 차등이 있을 수 없을 뿐 아니라 모든 면에 걸쳐 어떠한 이유로도 차이가 있을 리 없다(《東京朝日新聞》, 1919년 8월 20일, 〈原首相談話〉; 강동진, 《日帝의 韓國侵略政策史》, 한길사, 1980, 299쪽 재인용).

이러한 분위기는 일본 식민지정책에 대한 전반적인 통치수단 재구성의 변용을 초래하였으나 근본방침은 변하지 않았다.[4] 제3대 조선총독으로 부임한 사이토 마코토(齋藤實)는 해군대장 출신으로 당시 일본정부의 분위기에 편승하여 발령된 전형적인 무관이었다. 그리고 정무총감으로 부임한 미즈노 렌타로(水野鍊太郎)는 전 내무차관으로 사이토에게 인사권을 위임받고 이른바 '문화정치'의 틀을 마련한 인물이다. 이들 총독 핵심부 인사는 먼저 1910년대 총독정치의 근간인 헌병경찰제를 폐지하고 보통경찰제를 실시하였다. 이른바 '민중경찰제'의 이행은 이미 1910년대부터 그 조짐이 보이고 있었다. 헌병은 무력의 상징으로 의병진압에 효용성이 가장 컸지만, 합병 이후에는 그 기능이 상당히 상실되었다.[5]

---

3) 朝鮮總督府 警務局, 《朝鮮警察之槪要》(1925), 6~9쪽.

4) 內田良平은 수상 原敬에게 조선의 3·1운동은 총독통치에 대한 조선인들의 무지 및 몰이해에 기인한 것이라고 하여 이를 주지시키는 것이 신정치의 주목적이라고 하였다. 이를테면 조선인 가운데 상층부를 포섭하여 이들로 하여금 식민통치의 정당성을 선전·주장할 수 있도록 해야 한다는 것이었다(姜德相 編, 《現代史資料》 26, 朝鮮(2), みすず書房, 1977, 618~619쪽).

5) 松田利彦, 〈日本統治下の朝鮮における警察機構の改編－憲兵警察制度から普通警察制度への轉換をめぐって－〉(《史林》 74-5, 1991), 75~76쪽.

3·1운동 직후 1919년 6월 10일 다나카 기이치(田中義一) 육군대신은 조선 정무총감 야마가타 이사부로(山縣伊三郞)에게 헌병경찰제도 폐지에 관한 의견서를 전달하였다. 이를 기점으로 헌병경찰제 폐지론이 강하게 제기되면서 내무부장 우사미 가쓰오(宇佐美勝夫)에 의하여 빠르게 추진되었다.[6] 이렇게 추진된 경찰제도 개정에서 외형적으로 나타난 가장 큰 특징은 경찰력의 증강을 수반하였다는 데 있었다. 1919년 8월 헌병경찰관은 14,341명이었으나 1920년 2월에는 경찰관이 20,083명으로 증원되었다.[7] 이는 무단통치기 헌병경찰제도의 이중성에 대한 비판의 대가였다. 종래 경찰은 헌병이 기본조직을 이루고 있어 그 우두머리인 경무총장은 조선주재 헌병사령관이, 각 도의 경무부장은 각 도 헌병장인 헌병좌관이 맡게 되었으며 헌병장교 및 준사관과 하사는 경시 및 경부에서 임용할 수 있도록 되어 있었다. 그 운영에서는 양자의 특성을 살려 경찰은 개항지 및 철도연선을 비롯한 주로 질서를 필요로 하는 곳에 배치되어 행정 및 사법경찰의 기능을 담당하였고, 헌병은 주로 군사경찰상 필요한 지역, 국경지역, 의병이 출몰하는 지방에 배치되었다.[8] 그러나 일제는 3·1운동 이후 이 제도를 가지고 더 이상 식민지를 통치하는 것은 무리라고 판단하였다.[9]

관제개정에 즈음하여 조선총독부에서는 다음과 같은 말로써 새로운 정치의 구현을 선전하였다. "조선통치의 방침인 一視同仁의 대의에 따라 민중의 복리를 증진하고 동양의 평화를 영원히 유지하기 위해서는 한일합병의 大精神으로써 … 문화적 정치의 확보에 따라 조선의 민생을 안정시키는 것이다."[10] 즉 새로운 정치를 구현하기 위해서 총독과 정무총감을 경질하고 관제개혁을 추진하여 조선을 새로운 방식으로 통치한다는 것을 천명한 것이다. 이 가운데 핵심이 경찰제도의 전환이었다.

---

6) 松田利彦, 앞의 글, 82쪽.
7) 糟谷憲一, 〈朝鮮總督府の文化政治〉(《近代日本と植民地》 2, 岩波書店, 1992), 131쪽.
8) 김민철, 〈식민지통치와 경찰〉(《역사비평》 24, 역사문제연구소, 1994), 210쪽.
9) 松田利彦, 앞의 글, 69쪽.
10) 朝鮮總督府, 《朝鮮に於ける新施政》(1923), 1~3쪽.

일제는 경찰제도를 개정하면서 특히 지방청에 있는 도 장관에게 경찰권이 없기 때문에 경무부장 이하 경찰관 사이에 명령체계의 혼선이 초래되기도 하고 종종 협조가 이루어지지 않는 경우가 있다고 하여 이를 단선화하였다. 따라서 이 개정에서는 경찰관서 관제를 폐지하고 중앙사무를 총독부로 이관시키며, 同部에 경무국을 신설하고 지방경찰사무는 각 도 장관이 관장하게 하며 총독부 산하에 경찰사무를 통일하였다. 물론 외형상으로는 명령의 수직하달이 생명인 경찰제도의 보완을 주목적으로 한 듯 하지만 실질적으로는 지방에 대한 중앙의 유기적인 치안유지책을 강화시키는 방책이었던 것이다.[11]

일제의 경찰제도의 변화는 1府郡－1경찰서, 1面－1주재소를 표준으로 한 긴밀한 배치를 실현하였다. 이는 3·1운동의 탄압과정에서 경찰제도의 허점을 보완하고자 함이었다.[12] 그러나 일제가 보통경찰제도를 실현하는 데는 몇 가지 해결해야 할 점이 있었다. 먼저 재정확보이며,[13] 전 단계와의 차별성, 식민지 민중에 대한 경찰 인식의 전환이라는 측면이다.[14] 일제가 헌병경찰에서 보통경찰제도로 그들의 통치권력을 전환하였다고 그 목적성을 상실한 것은 아니다. 따라서 이러한 목적성에 부합되고 유기적인 공조체제를 완비하기 위해서는 재정조달이 무엇보다도 급선무였다. 이러한 측면에서 헌병경찰제도와 보통경찰제도의 계통표를 정리하면 다음의 〈표 1〉·〈표 2〉와 같다.

---

11) 朝鮮總督府, 李忠浩·洪金子 譯, 《朝鮮統治秘話》(螢雪出版社, 1993), 26~27쪽.
12) 姜德相 編, 《現代史資料》 26, 602쪽.
13) 1918년 경찰관계비는 약 800만 엔이었으나, 경찰관의 증원 등에 따라 1,600만 엔으로 증가하였다. 이는 전년에 비하여 배 이상 증액된 것으로, 총독부 예산의 약 10%를 차지한다. 따라서 보통경찰제로의 전환이 식민통치에 이완을 가져온 것이 아니라 오히려 더 적극적인 감시·통제체제를 수립하였음을 알 수 있다(朝鮮總督府 警務局, 《朝鮮警察之槪要》, 103쪽).
14) 김정은, 〈1920~30년대 경찰조직의 재편〉(《역사와 현실》 39, 한국역사연구회, 2001).

〈표 1〉 헌병경찰제도

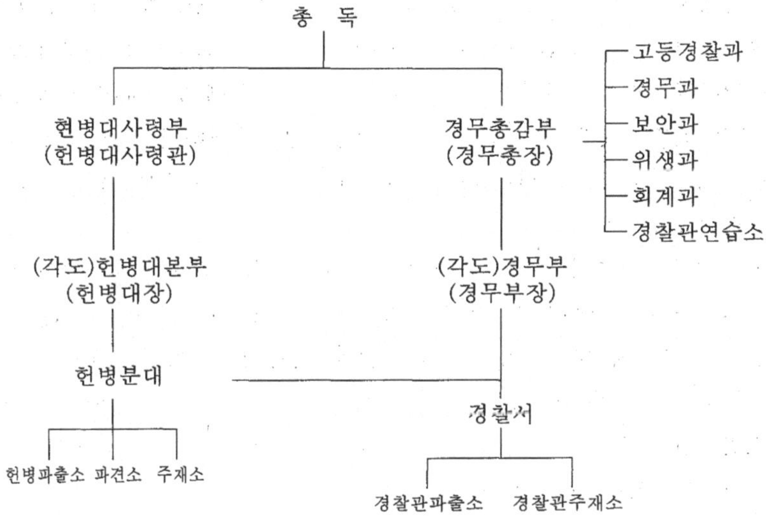

〈표 2〉 보통경찰제도

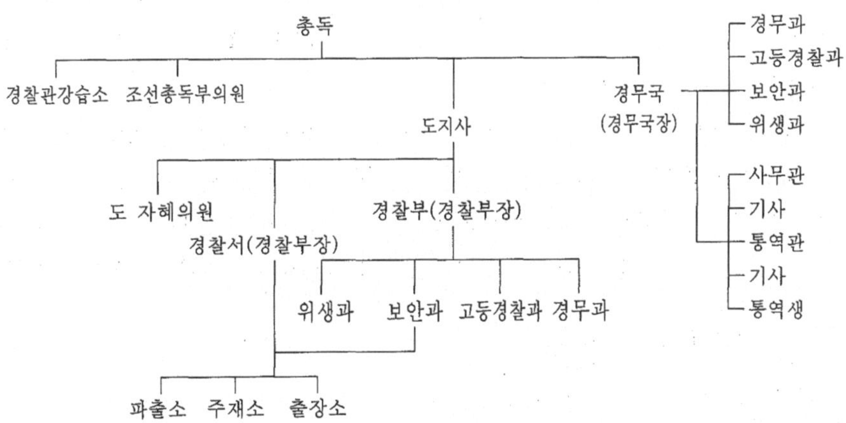

* 朝鮮總督府 警務局, 《朝鮮警察之槪要》, 15쪽 ; 松田利彦, 앞의 글, 68쪽.

경무국은 경찰 및 위생사무를 분장하고 도에는 제3부를 두고 부장은 도사무관으로 임명하였다. 또한 1부군-1경찰서의 원칙에 따라 각 부군에 경찰서를 설치하여 경시나 서장을 임명하고 경부 밑에 경부보를 새로 두었다. 종래 조선인만으로 임명된 순사보를 폐지하고 이들을 일률적으로 순사로 임용함으로써 경찰관리의 대우를 개선하였다.[15] 이와 함께 헌병대의 역할은 다른 방향으로 전환되었다기보다는 본래의 기능을 더 충실하게 수행할 수 있도록 병제를 개정하였다. 즉 헌병대는 국경지대 또는 독립운동이 격렬한 곳에 한하여 배치하였다.[16]

일본정부는 보통경찰로의 이행과 관련해서 과거 헌병경찰의 인력으로는 외형적인 수행이 어렵다고 판단하였다.[17] 즉 각 府·縣에 할당된 500명의 현임 순사를 조선에 전보시켜야 하고 거기에 3,000명의 순사를 새로 모집해야 하는 문제에 봉착하였다. 그러나 이러한 인원 충원은 보통경찰제의 확립이라는 표면적인 이유보다 3·1운동 이후 촉발된 식민지 조선의 저항을 보다 효율적으로 억제하는 데 목적이 있었다.[18]

경찰제도의 개정은 관제개정 발표가 있었던 8월 20일 이전에 이미 東京에서 대강의 개요가 완성되었으며,[19] 그 골자는 앞서도 언급하였듯이 경찰소와 주재소를 증가시키는 것이었다. 이 가운데 內鮮一體의 예로 들 수 있는 것이 순사보에 대한 처우로서, 한 계급 아래로 취급되어 왔던 조선인 순사보들을 모두 순사로 끌어 올렸으며 헌병보조원으로 일하던 조선인 대부분도 순사로 바꾸어 임명하였다.[20]

총독 사이토는 문화정치의 가시적 효과를 거두고자 먼저 1919년 11월 4일 총독관저를 경비하던 헌병 대신 보통경찰에게 모든 업무를 이관하였다. 이로써 헌병이 맡던 일을 보통경찰이 담당하는 체제로의 전환을 꾀하였으며, 이를 정치선전에 활용하였다.[21] 1920년 말 정보위원회의 설치를 통해 조선총독

15) 朝鮮總督府, 《朝鮮統治秘話》, 119쪽.
16) 松田利彦, 앞의 글, 84쪽.
17) 朝鮮總督府, 《朝鮮統治秘話》, 115쪽.
18) 김민철, 앞의 글, 215~216쪽.
19) 《朝鮮總督府官報》, 1920년 8월 20일, 號外.
20) 朝鮮總督府, 《朝鮮統治秘話》, 119쪽.

부가 정치선전을 보다 효과적으로 추진했다는 사실에 비추어 볼 때 일련의 제도개정은 체제유지 차원에서 이루어진 것이었다.[22] 3·1운동 직후 정보과를 확충하여 정무총감을 위원장으로 하고 경무국장·재무국장 등 관계 고급관리 12명과 민간의 지식경험자 약간 명으로 구성하였다.

그러나 보통경찰제를 확립하는 데 소요된 기간이 불과 2개월이었기 때문에 그 구성인원의 자질은 떨어질 수밖에 없었다. 당시 2개월이라는 짧은 기간에 제한된 심사인원만으로 3,000명의 인원을 선발하고 통치체제의 근간을 개정한다는 것은 매우 어려운 문제였다. 선발된 인원 가운데 심지어 목욕탕 근무자, 요리집 배달부 같은 자들도 있었으며, 이들에 대한 면밀한 심사·조사를 행하지 않았기 때문에 자격을 갖추지 못한 인물도 상당수에 달하였다. 또한 이들을 충분히 교육시킬 수 있는 절대적 시간이 부족하였기 때문에 인적 구성이라는 형식적인 측면을 달성하는 데 치우쳐 실질적인 보통경찰의 업무를 수행하는 데는 많은 문제점이 노출되었다.[23]

그렇다면 일제가 경찰조직원의 부실화를 초래하면서까지 보통경찰제를 시행하였던 근본적인 원인은 무엇인가. 이는 외적 요인의 강제에 의한 경찰조직의 변화를 초래한 데서 알 수 있듯이 두 가지의 연동작용에 의한 일련의 결과이다. 경무국장 아카이케 아츠시(赤池濃)는 보통경찰제 시행에 대하여, “당시 조선인 순사의 근무태도 및 사상적 경향을 무시할 수 없고 이들이 불온한 선전에 말려들 소지가 있다”[24]고 판단하였다. 따라서 일본인 순사의 확대와 이를 통한 말단 치안력의 유지를 강화하였던 것이다. 즉 3·1운동 전후 조선인 저항세력에 대한 면밀한 조사 및 체포를 위한 인적 자원은 헌병경찰제도의 틀로써는 감당하기 어려웠다고 판단하였다.[25] 또한 3·1운동 이후 국

---

21) 朝鮮總督府, 《齋藤實文書》 13, 185~186쪽.
22) 姜東鎭, 앞의 책, 29쪽.
23) 朝鮮總督府, 《朝鮮統治秘話》, 123쪽. 각 도의 순사교습소는 경찰부에 두고 초임 한국인 순사에게 3개월 내지 4개월의 교육을 실시하였으며 초임 순사에 대한 학과는 普通學·語學·실무강습·수양훈화·조련·무술포승술·체조·수영·선박·신호법·선박의 식별 방법 및 조선술 등이며 주로 실용적인 측면을 강조하여 교수되었다(朝鮮總督府 警務局, 《朝鮮警察之槪要》, 80~81쪽).
24) 朝鮮總督府, 《朝鮮統治秘話》, 82~83쪽.
25) 松田利彦, 앞의 글, 83쪽.

외 저항세력의 독립운동은 다양한 방법으로 전개되었으며, 이들 단체의 활동과 유지를 위해 필요한 것이 군자금이었다. 이들 단체에서는 군자금을 모집하기 위해 정예인원을 국내에 파견하였다. 따라서 이러한 독립운동단체의 적극적인 국내활동을 감시·탄압하기 위해 총독부에서는 1919~1920년에 대규모의 경찰인원을 확충해야만 하였다. 그리하여 이른바 경성 '집중주의'와 '집합주의'를 택하여 치안유지에 총력을 기울였다.[26]

요컨대 일제가 조선의 경찰제도를 단 시일 내에 확립하였던 것은 문화정치라는 슬로건 속에 치장된 하나의 부산물에 불과한 것이다. 3·1운동이라는 거족적 저항에 직면한 일제는 보다 강력한 통치수단을 강구할 필요가 있었다. 따라서 국내외의 식민통치 비난 속에서 명분을 찾고자 하였고 그 결과물이 보통경찰제도의 확립인 것이다. 이는 군사적인 색채의 헌병경찰을 일신하여 치안유지는 순수한 보통경찰로 대체한다는 것이 조선민중에게 신정치를 선전하기 위함이었음을 의미한다.[27] 하지만 보통경찰제도는 총독부 관제개정, 즉 식민지배 매카니즘 속에서 치안유지를 강화하기 위해 취해진 조처였음은 두말할 필요가 없다.

(2) 신간부의 선정과 보통경찰의 기능

1919년 8월 19일 조선총독부 및 지방관 관제에 대한 개정이 단행되었다. 식민지 조선을 보다 안정적으로 통치한다는 기치하에 실행된 일제의 관제개정은 식민통치의 상징인 조선총독의 임용에 대한 부분부터 이루어졌다. 총독의 임용범위를 확장하여 오로지 육해군 대장만이 총독이 될 수 있다는 제도를 명목상 폐지하였다. 또한 총독부의 조직은 사무를 간단하게 처리하고 총독에게 모든 권한이 집중될 수 있도록 장관을 폐지하고 局 중심 체제로 이행되게 하였다.[28] 즉 종래 내무·탁지·농상공·사법을 내무·재무·식산·법무의 4국으로 고치고, 내무부에 부속되었던 학무국을 각 4국과 대등한 위

26) 朝鮮總督府, 《朝鮮統治秘話》, 84쪽.
27) 松田利彦, 앞의 글, 86~88쪽.
28) 朝鮮總督府, 《施政三十年史》, 135~136쪽.

상으로 승격하였다. 또 종래 독립관청이었던 警務總監部를 폐지하고 경무국을 설치하여 경찰위생에 관한 사무를 통할하였다. 그리고 總督官房의 총무·토목·철도 3국을 서무·토목·철도 3부로 하였다. 또한 지방관청의 권한을 강화하여 지방민에 대한 통치를 강화하고자 하였다.

한편 관제개정에서 특이한 점은 조선인과 일본인 관리의 차별을 철폐한 것이다. 물론 이것은 형식적인 측면이 강하게 내포되었지만 일부 조선인들의 마음을 움직이는 데 상당한 역할을 하였다.[29] 구체적으로 보면 1919년 10월 〈조선인 관리의 분한 및 급여에 관한 규정〉을 철폐하고 일본인 관리와 균등하게 〈高等官 官等 俸給令〉 및 〈判任官 俸給令〉의 적용을 받을 수 있게 하였다. 그리고 조선인의 특별임용 범위를 확대하였다.[30]

1920년 8월 보통경찰제의 실시는 경찰관의 대폭적인 증가를 가져왔는데 거의 모두는 일본인에 의해서 충당되었다. 1925년 3월 말 경찰관서 및 경찰관의 통계에 기초하여 경찰관의 민족별 구성을 보면, 경찰관 총수 18,485명 가운데 일본인이 11,125명으로 60.3%를 차지하고 있다. 더욱이 계급별 구성을 보면 경찰부장 13명은 모두 일본인이며, 경시·경부·경부보 1,257명 가운데 일본인은 981명으로 78%를 차지하고 있다. 또한 순사부장·순사의 총수 17,188명 가운데 일본인은 10,131명으로 58.95%를 차지하고 있다. 이러한 계급별 구성체계는 식민지인과 직접적인 업무관계가 많은 하급일수록 조선인 경찰이 많이 분포되어 있음을 알 수 있다.[31]

일제가 경찰관 확충 필요성을 인식하였던 것은 조선뿐만 아니라 만주에서도 마찬가지였다. 1910~20년대 만주에서도 자국인의 치안유지 및 보호를 목적으로 경찰관을 충원하였다. 보통경찰관제로의 전환은 이렇듯 경찰관의

---

29) 濱口裕子, 《日本統治と東アジア社會-植民地期朝鮮と滿洲の比較分析》(勁草書房, 1996), 28쪽. 조선참모부에서는 3·1운동 이후 조선인 관리에 대한 처우개선을 주문하였다. 즉 지식계급에 대한 불평을 제거하여 그들의 지위를 안정시키고 나아가 일본인과 조선인을 똑같이 등용하여 불미스러운 일을 방지해야 한다는 것이다(姜德相 編, 《現代史資料》 26, 648쪽).

30) 朝鮮總督府, 《施政三十年史》, 137쪽.

31) 朝鮮總督府, 《統計年報》(1925), 356~357쪽.
朝鮮總督府 警務局, 《朝鮮警察之概要》, 44쪽.

충원을 필연적으로 수반하였던 것이다. 이러한 경찰관제 개정의 핵심적인 인물이 미즈노 렌타로(水野練太郎)이다. 그는 총독 사이토와 함께 1919년 부임하여 실질적으로 관제개정을 추진하였던 인물이다. 미즈노는 총독 사이토에게서 인사권을 일임받았으며 이는 그대로 총독부 간부 선정으로 이어졌다.[32] 미즈노가 부임하면서 당면한 과제는 두 가지였다. 하나는 실무를 담당할 총독부의 새로운 간부를 선정하는 것이고, 다른 하나는 경찰관의 대폭적인 증원이었다.[33]

미즈노는 사이토의 일임을 받고 먼저 총독부 간부 인선에 착수하였다.[34] 경무국장 노구치 준기치(野口淳吉), 내무국장 아카이케 아츠시(赤池濃), 학무국장 시바타 젠사부로(柴田善三郎), 척식국장 니시무라 야스기치(西村保吉) 등 4국장과 총독비서관 모리야 히데오(守屋榮夫)·이토 타케히코(伊藤武彦)를 비롯한 인물이 '신간부'로 선정되었다. 이들은 대부분 1907년에서 1914년 사이에 고등문관시험에 합격한 인물들로서 조선의 난국을 극복하고 조선통치를 원활하게 추진할 미즈노의 포진이었다. 또한 제3부장 인선에서는 국장들의 교섭력에 의해 확보된 인물이 대부분이었다.[35]

이렇게 신간부가 선정되고 경찰관이 충원되면서 치안유지와 저항탄압이라는 기능을 수행하는 경찰조직체계가 완비되었다. 특히 이들의 기능은 국경방위에서도 나타나고 있었다. 압록강과 두만강 연안지역은 독립군이 주로 활동하던 곳으로서, 1920년에서 1926년에 걸쳐 무장투쟁이 활발하게 전개되었다. 독립군은 경찰관 주재소·면사무소 등을 습격하고, 경찰관·군수·면장·면서기·일본에 협력한 자 등을 살해하고, 평안북도 경찰부 및 각 경찰서가 편성한 조사반과 교전하였다. 이러한 독립군과의 교전에 대비하기 위해서 평안북도에 경찰력이 집중적으로 배치되었다. 1925년 평안북도에 배치된 경찰관은 2,883명으로 전체의 15.6%를 차지하였다. 이는 京城府를 포함한 경기도의 2,231명을 훨씬 능가하는 숫자이다. 게다가 평안북도의 일본인

32) 朝鮮總督府,《朝鮮統治秘話》, 55쪽.
33) 松田利彥, 앞의 글, 91쪽.
34) 朝鮮總督府,《朝鮮統治秘話》, 38~41쪽.
35) 松田利彥, 앞의 글, 92~93쪽.

경찰관은 2,080명으로 총수의 72.1%로, 전국 경찰관 수에 비하여 일본인 경찰관의 비율인 66%를 훨씬 뛰어넘는 수치이다. 즉 국경수비의 주력은 일본인이며, 일제는 이들에게 보다 안정적인 체제유지의 임무를 담당케 하였던 것이다.[36]

〈표 3〉 일본인과 조선인 경찰의 비교표

(1924. 12)

경 부		경 부 보		순 사	
일본인	조선인	일본인	조선인	일본인	조선인
333명	95명	611명	170명	10,131명	7057명

* 朝鮮總督府 警務局, 《朝鮮警察之槪要》, 44쪽.

한편 조선총독부는 치안강화를 목적으로 풍부한 무기를 배포하였다. 또한 이와 함께 군대식 훈련도 실시하였다.[37] 경찰관의 총기는 보통경찰제도로 전환할 때 소총 5,657정, 권총 1,272정이었는데, 1922년 10월 31일 현재 소총 13,894정, 권총 4,563정으로 크게 증가하였다. 게다가 소총은 22년식 무라타 연발기총·구라총이 폐기되고 헌병대에서 인계한 30년식 보병총, 새롭게 구입한 44식기총·38식기총이 주력으로 대체되어 보통경찰제 시행 이후 무기 지급의 질적 향상은 더욱 강화되었다. 특히 1925년 〈치안유지법〉 발포를 즈음하여 이러한 무기류의 지급은 더욱 증가하였다.[38]

총독부에서 경찰관의 질적 향상을 위해 실시한 군대식 훈련은 1924년 3월 27일 개정된 〈朝鮮總督府 警察操典〉으로 구체화되었다. 각개교련과 소대교련·중대교련·중대의 산개교련 및 중대의 밀집교련 등을 실시하였다. 경찰관에 대한 교육의 강화는 기술적인 측면에서만 이루어진 것은 아니다.

---

36) 糟谷憲一, 앞의 글, 131쪽.

37) 朝鮮總督府, 《施政三十年史》, 141쪽. 1919년 8월에 신설된 경찰관 강습소는 새로 모집한 순사의 훈련교육을 담당한 곳이며, 이후 경부 이하의 교육도 담당하여 경찰관의 질적 향상을 위해 노력하였다고 한다. 그러나 이러한 경찰관 강습소는 초기 급조되었기 때문에 순사의 교육이라는 측면이 시간적인 제약 속에서 이루어졌으므로 많은 한계를 지니고 있었다(朝鮮總督府 警務局, 《朝鮮警察之槪要》, 81~84쪽).

38) 朝鮮總督府, 《齋藤實文書》 4, 669~671쪽.

정신 함양, 즉 조선인 경찰관의 내선일체의 측면을 강화하는 교육이 진행되었다.[39]

한층 강화된 조직체계를 구축한 경찰은 식민지에 대한 감시체제를 더욱 공고히 하였다. 총독부는 1922년 7월 13일 〈호구조사규정〉을 제정하고 경찰서장에게 외근 순사로 하여금 3개월마다 1회 이상 호구조사를 실시케 하였다.[40] 호구조사의 실시요령은 도마다 규정되었는데, 이는 보통경찰의 임무와 기능을 엿볼 수 있는 중요한 것이다. 특히 호구조사에서는 자산·소득뿐만 아니라 사상·당파·경력 등에 이르는 그야말로 대민사찰의 성격을 띠고 진행되었기 때문에 일반적인 인구센서스와는 그 내용면에서 질적인 차이를 보이고 있었다. 경찰의 호구조사 및 봄과 가을에 실시한 대청결행사는 일반 식민지 조선인을 주기적으로 감시하는 기능을 하였다.[41]

헌병경찰에서 보통경찰제로의 전환은 조선총독부의 문화정치에 부합하여 정치선전으로 이용되었다. 이는 경찰의 업무를 대민편의제공 업무로 전환하는 형식적 양상을 띠면서 진행되었기 때문에 나타난 현상이었다. 하지만 일반인들이 느끼고 있었던 경찰에 대한 것은 식민지경찰 그 이상은 아니었다.[42] 특히 보통경찰의 일반적 모습과는 달리 1920년대 범죄검거율은 무단통치기 보다 훨씬 많았다. 즉 문화정치를 강조하면서 식민지 조선의 경찰력은 이전에 비하여 더욱 강화되었던 것이다.

보통경찰제로의 전환은 오히려 경찰조직의 비대화를 초래하였을 뿐 식민지인에 대한 통치방식에는 전혀 변화가 없었음을 알 수 있는 중요한 지표이다. 즉 조선총독부 경찰의 내부조직은 불안정한 상태에서 조선인을 억압하고 사회의 기강을 확립해야 하였다. 앞서 살펴보았듯이 보통경찰제의 확립은 경찰관의 증원을 초래하였으며, 이를 바탕으로 조선민중의 저항을 사전에 방지

39) 糟谷憲一, 앞의 글, 132쪽.
40) 경찰의 임무 가운데 호구조사는 매우 중요한 것에 속한다. 일본은 메이지유신 이후 근대적인 경찰제도를 수립하였다. 메이지정부에서도 경찰의 임무 가운데 호구조사는 필수적이며, 체제를 공고히 하는 데 중요한 것으로 인식하였다(由井正臣·大日方純夫, 《官僚制警察》 日本近代思想大系 5, 岩波書店, 1990 참조).
41) 《朝鮮總督府官報》, 1922년 8월 17일.
42) 김정은, 앞의 글, 315쪽.

하고 조선총독부의 시정방침을 조선인에게 관철시킨다는 것이었다. 따라서 저항방지와 사회기강 확립이라는 양면적이지만 동일한 기능을 수행한 보통경찰은 공공의 안녕질서유지, 危害의 예방과 배제, 국민의 복리증진을 위해 존재한다고 하지만 실질적으로는 민중통제를 강화하기 위한 방법으로 활용된 제도였다.[43] 즉 총독훈시의 문화적인 행복 이익의 증진은 경찰력의 강화로 나타났으며, 표현의 자유는 검열의 강화로 대치되었다.[44]

2) 지방제도의 개편

(1) 동화정책하의 참정권 문제

하세가와 요시미치(長谷川好道)의 후임으로 부임한 사이토는 1919년 9월 3일 조선총독부 관리에게 다음과 같은 새로운 시정방침을 훈시하였다.

> 조선통치의 대방침은 1910년 한일합병 당시 메이지천황의 조서에 입각하였다. 종래 총독부 관제 및 그 하부에서 행하였던 각반의 행정시설은 모두 이 성지의 실현을 기도하는 것 외에는 아무것도 아니다. 관제의 개정 취지는 위에 나타난 바와 같으며 일한병합의 본지에 기초하여 一視同仁을 각기 실행하였던 것이며 … 더욱이 헌병경찰에 의한 경찰제도에 대신하여 보통경찰관에 의한 경찰제도로서 더욱이 복제의 개정을 위해 일반 관리·교원 등의 복제·帶劍을 폐지하고 조선인의 임용·대우 등에 고려를 가한다(《朝鮮總督府官報》, 1919년 9월 4일).

1910년 9월에 취임한 테라우치 마사타케(寺內正毅)의 훈시와 비교하였을 때 다소 유화적인 표현을 쓰고 있으나 이는 3·1운동의 영향을 참작하여 식민통치의 변용을 초래하였던 것이다. 하라 수상의 담화 내용에서도 이러한 측면, 즉 조선인과 일본인은 하나라고 하여 참정권 문제를 부각시키고 있었다.[45]

---

43) 김정은, 위의 글, 314~317쪽.

44) 鈴木敬夫, 《朝鮮植民地統治法の研究-治安法下の皇國植民敎育-》(北海道大學 圖書刊行會, 1989), 123~130쪽.

45) 姜東鎭, 앞의 책, 299쪽.

식민지를 경영하는 제국주의 국가들의 통치방침은 이견은 있지만 대략 두 가지로 구분된다. 하나는 자치방식이며 다른 하나는 동화방식이다.[46] 일제는 후자의 방식으로 식민지 조선을 통치하였다. 동화주의는 일제가 정치·경제·사회·문화·교육 등 식민정책의 여러 부문 정책을 시행할 때 그들의 목적을 극대화하기 위한 명분을 창출하는 이데올로기의 역할을 맡았다. 특히 일제가 1910년대 무력을 축으로 제도적 권력과 동시에 자신들의 목적을 실현하기 위한 수단의 하나이며 무단권력을 보완하는 역할로서 동화주의라는 이데올로기를 이용하였다.[47] 특히 동화주의 슬로건은 內鮮融和와 內鮮一體 단계를 거치고 있는데, 1920년대까지는 대략 내선융화로서 동화의 주요 대상은 중상류층 또는 지식인 계급이었다. 나아가 이는 일제가 식민지 조선의 문화적 열등성을 강조하는 방향으로 흘러 조선인의 저항력을 약화시키고자 하였던 것이다. 이러한 동화주의 기조하에 일제는 조선인에게 제한된 정치적 참여를 신중하게 고려하였다.

참정권은 자치방식의 기본 골격이다. 근대 국민국가에서 참정권은 국민이 "국가권력·국정에 참여하는 것을 내용으로 하는 적극적인 권리로서, 국민이 국가지배기구에 참여하든지 아니면 참여하는 자를 결정하는 권리, 즉 선거권·피선거권·국민투표권·국민심사권 및 공무원이나 배심원이 되는 권리"를 뜻한다. 하지만 20세기 초 제국주의 국가에 의해 식민지로 전락한 국가들에게 참정권을 부여하는 것은 극히 이례적인 일이다. 자치와 참정권 부여는 지배국가의 자본주의 발달과 피지배 국가의 저항과 그 역량에 의해 규정된다. 따라서 참정권 문제는 그것이 피지배민족의 독립과 효과에 어떠한 관계를 갖느냐에 따라 구체적인 의의를 확인할 수 있다.[48]

46) 일제는 동화정책의 기조하에 교육에서도 이를 철저히 추진하였다. 당시 특수층에 대한 포섭 내지 흡수화 정책이라고도 할 수 있다.

47) 朴成眞,《한말－일제하 사회진화론 연구》(韓國精神文化硏究院 博士學位論文, 1998), 113쪽.

48) 姜東鎭, 앞의 책, 296쪽.

원래 정부에서는 조선의 관제에 대해 오래 전부터 개혁을 단행할 생각이었다. 그러나 뜻하지 않는 소요로 인해 이것이 연기되었고, 그 후 소요가 진정되었기 때문에 전부터 추진하려 했던 관제개혁을 단행하기에 이르렀다. 여러 면에서 조선의 제도·법률 등은 일본과 비교할 때 어딘지 모르게 차별대우가 있는 듯한 느낌이 드는데 이는 단지 실제적 사정에 근거한 것이고 일본과 조선 사이에 차별을 두어야 할 하등의 이유가 근본적으로 없다. … 종국에 이르러서는 조선도 일본과 똑같은 지위에 도달하지 않으면 안되겠지만, 그렇다고 해서 사정여하를 불문하고 지금 즉시 무리하여 조선을 일본과 똑같이 만들어 놓고 이로서 日韓同化가 되었다고 생각하는 것은 아주 잘못된 견해라고 생각된다. 어디까지나 조선 자체가 가지고 있는 특수한 사정이 있다는 것을 잊어서는 안될 것이다(朝鮮總督府, 《朝鮮統治秘話》, 158쪽).

3·1운동 이후 일본 수상 하라가 조선의 자치불가능을 피력한 견해이다. 당시 하라를 방문한 조선의 친일파가 자치와 조선 의회 개설을 주장한 데 대해, 그는 조선의 자치는 절대 불가능하다고 일축하였으며 우회적인 조선인 정치참여를 개진하였다.[49] 사이토 또한 조선의 자치를 허용하지 않는다는 것을 부임 초부터 견지하였다.[50] 그렇다면 일본정부의 참정권 문제가 대두하게 된 근본적인 이유는 어디에 근거한 것일까. 이는 조선의 저항이 강할 때 이를 무마하고 회유할 목적에 기인한다고 할 수 있다.[51]

조선총독부는 참정권문제를 정책적인 의도로 이용하였다. 특히 참정권 청원운동을 주장한 친일파들을 적극 이용하여 정치선전을 추진하였다. 청원운동을 처음 시작한 인물은 경무국장 마루야마 쓰루기치(丸山鶴吉)의 지시를 받은 閔元植이며, 이에 일부 대지주와 예속자본가가 동조하였다.[52] 그러나 조선에서의 이러한 청원운동에 대하여 일본 언론의 반응은 매우 냉담했다.[53]

참정권 청원운동이 제기되고 이에 대한 총독부의 대응은 체제유지 차원에서 매우 유용한 측면을 내포하고 있었다. 1920년부터 1924년까지 친일운동의 주된 내용은 청원운동으로서 해마다 연중행사처럼 아무 반응도 없는 일본의

49) 朝鮮總督府, 《朝鮮統治秘話》, 160~161쪽.
50) 朝鮮總督府, 위의 책, 161쪽.
51) 朴成眞, 앞의 책, 111쪽.
52) 姜東鎭, 앞의 책, 306쪽.
53) 《帝國議會衆議院議事速記錄》 4(太山, 1991), 155쪽.

회에 청원서가 제출되었다. 사이토는 참정권 문제를 조선의회 창설이 아니라 일본의회로 보내는 참정권 부여 청원에만 한정하였다.[54] 이러한 총독의 통치 방침에 대하여 당시 친일인사들은 내정독립 청원을 일본 국회에 제출하기도 하였다. 1922년 3월 22일 鄭薰謨 외 42명은 일본 헌법에 저촉되지 않는 범위 내에서 일본 '천황'의 '聖慮'에 따라 조선의 내정독립을 갈구하였다.[55] 그러나 이에 대해 조선민중의 반응은 냉담하였다. 일본 제국주의의 식민통치방식에 대한 정확한 이해부족과 자신들의 영달을 위해 식민주체의 실현불가능한 참정권 문제는 동화라는 큰 틀 속에서 매몰되어 갔다.[56]

한편 일본 본국에서는 1923년 관동대지진과 금융불황, 1925년 〈치안유지법〉 및 정권의 교체 등 일련의 사건 속에서 체제의 공고화를 위해 여러 가지 방책을 모색하였다. 이러한 가운데 1926년 조선인의 거족적인 저항과 신간회운동으로 대표되는 민족적 저항이 고조되는 분위기 속에서 1927년부터 조선총독부에서는 조선인 참정권 부여 문제를 재론하였다.[57] 한일합병 이후 식민통치 당국자가 언급하였듯이 일본과 조선은 지리적 인접성, 문화적인 동질성, 자연환경의 유사성에 기초하여 동화방식을 택하여 통치되어 왔으나, 식민지 통치를 지속적으로 수행하기 위해서는 식민지에 대한 보다 확고한 관념적 국가이념을 주입시켜야만 하였다. 총독 사이토는 1927년 조선총독부 관방 문서과장 나카무라 소노스케(中村宗之助)에게 현 시기 조선지배체제의 동요를 막을 수 있는 방안을 강구하라고 지시하였다.[58] 이에 나카무라는 프랑스의 알제리 지배를 모델로 내세워 정치적 능력이 있을지라도 본국인과의 동일한 국가관념이 없다면 참정권 부여는 식민지를 위해서만 이용될 수 있

54) 朝鮮總督府, 《朝鮮統治秘話》, 161~162쪽.

55) 강동진, 앞의 책, 308~309쪽.

56) 조선의 자치론은 일반인 보다는 기업인들에게 상당한 관심을 불러일으켰다. 1923년 제정된 〈新朝鮮關稅令〉에 酒精, 주정함유 음료, 직물을 제외한 나머지 모든 상품에 대해 무관세가 규정된 다음부터 실력양성론자는 자치주의운동에 본격적인 관심을 갖게 되었다. 한국인 기업가가 정치권력에 의해 보호받지 못하는 한 한국시장조차 차지할 수 없었음을 알았기 때문이었다(박섭, 《식민지의 경제변동》, 문학과지성사, 2001, 125쪽).

57) 副島道正, 〈朝鮮統治に就いて〉(《齋藤總督の文化政治》, 友邦協會, 1970), 110쪽.

58) 金東明, 〈1920년대 조선에서의 일본제국주의의 지배체제의 동요〉(《일본역사연구》 8, 1998), 68쪽.

고 일제에게는 큰 위험 요소로 작용할 수 있다고 경고하였다.[59] 따라서 일본 의회에 참정권의 부여보다는 국가관념이 서로 다른 사실에 근거하여 자치주의 지배체제로 전환하는 것이 바람직하다고 하였다. 이러한 견해는《京城日報》사장으로 재임하면서 조선의 자치를 주장했던 토미시마 미치마사(副島道正)도 마찬가지였다.[60] 토미시마는 하라의 동화정책, 즉 내지연장주의 등을 비판하면서 조선인에게 일정한 자치를 주어야 한다고 주장하였다.[61] 그는 동화주의는 조선의 현실과 괴리되어 이들을 통치하는 데 역기능을 초래할 수 있어 이를 지양하고 조선 특유의 문화적 특질에 입각한 문명적 정치형식을 제공해야 한다고 하였다.[62] 조선의 식민지배에 대한 억압된 형태를 지속하기에는 일제에게 상당한 타격을 줄 수 있고 따라서 이를 미봉하기 위해 통치에 전면으로 내세운 것이 이른바 자치론이다.[63] 즉 토미시마가 자치론을 제기하였지만, 조선의 독립에 대하여서는 '夢想'이라 하여 실현불가능한 것으로 인식하였다. 이러한 자치론이 제기되면서 조선의 지식인들은 이에 경도되어 민족개조론과 같은 일제의 기만적인 문화통치에 포섭되는 경우가 많았다.[64]

(2) 지방제도의 개편과 자문기구의 설치

조선총독부는 조선의 자치(Home rule)를 인정하지 않았지만 지방단체의 자치는 상황에 따라 점차 이를 인정할 필요성이 있다고 판단하였다. 한일합병 이후 조선총독부는 1914년과 1917년 두 차례 지방 행정단위를 조정하여 조선의 전통적인 공동체적 행정단위를 개선하고 식민지 경영에 필요한 명령조직 체계를 구축하였다.[65]

---

59) 金東明, 위의 글, 75쪽.
60) 副島道正, 앞의 글, 95~102쪽.
61) 森山武德, 〈現地新聞と總督政治〉(《近代日本と植民地》7, 岩波書店, 1993), 17쪽.
62) 副島道正, 앞의 글, 100쪽.
姜東鎭, 앞의 책, 347쪽.
63) 朝鮮總督府, 〈朝鮮治安の現狀及將來〉(《齋藤總督の文化政治》), 392~394쪽.
64) 朴成眞, 앞의 책, 162~163쪽.
65) 3·1운동 이전의 지방행정에 대해서는 아래의 연구를 참조.
강동진, 앞의 책, 323~327쪽.
김익한, 〈일제의 초기 식민통치와 사회구조변화〉(한국정신문화연구원, 《일제식민통치연구 1 : 1905~1919》, 백산서당, 1999).

이러한 지방제도의 개정은 일제가 기존의 총독부 중심의 집권적 통치체제를 기본틀로 하고 3·1운동 이후 지방민에 대한 효율적인 통제를 위해서는 지방제도의 개편을 단행할 수밖에 없었기 때문에 이루어진 것이었다. 또한 일제는 지방행정 사무의 개선과 진흥을 위해 행정강습소를 설치하였다. 행정강습소는 지방관리의 훈련·보충을 목적으로 이전의 판임관 교육에 치중한 것을 지방제도의 개정 이후 다시 이 시설을 확충하여 우선 1922년 京城에 설치되었다. 교육기간은 종래 6개월에서 1년으로 연장하였고 매년 관비 강습생 약 50명을 수용하여 지방관리에게 필수적인 학과를 교수하였다.[66]

근대 국민국가의 지방자치는 '官治'라기 보다는 '民治'에 가깝다. 즉 지방행정기구의 구성원을 지방민의 선거에 의해 선출하기 때문에 정부 주도의 행정의 단일화와 지방민에 대한 직접적인 정보취득 및 대민업무를 추진할 수 있는 장점이 있다.

조선총독 사이토는 지방제도의 개정에 대하여, "지방 民力의 함양 및 民風의 長興은 지방단체의 힘에 맡기는 것이 편리한 만큼 장래에는 적당한 시기를 보아 지방자치제를 시행하는 것을 목적으로 하고, 하루라도 빨리 이에 대한 조사 연구에 착수하라"[67]는 뜻을 밝혔다. 총독부에서는 이 안건을 둘러싸고 두 가지 논의를 개진하였다. 첫째 자문기관을 임명제로 하는 것, 둘째 선거에 의한 의결기관으로 하는 것이다.[68] 그러나 미즈노 정무총감은 조선의 도시와 농촌 현실에 적합한 제도를 선택해야 한다는 취지를 밝혔다. 즉 도에는 평의회, 부와 면에는 협의회를 각각 설치하고 도평의회의 일부는 선거에 의해, 일부는 임명에 의해 조직한다는 취지였다. 또 부와 면협의회는 선거에 의해 선출된 의원으로 조직하는 것을 원칙으로 하여, 그 1/3은 지방 유력자 가운데 도지사가 임명한 자를 배치하고 指定面[69]에서는 선거주의를 택하고,

66) 朝鮮總督府, 《朝鮮に於ける新施政》, 60쪽.

67) 朝鮮總督府, 《朝鮮統治秘話》, 254쪽.

68) 일본의회에서는 1922년 1월 27일 原敬에게 조선의 자치기구 성격에 대한 질의가 있었으며, 이를 조선인의 참정권 부여와 연결하지 말 것을 주문하였다(《帝國議會衆議院議事速記錄》 4, 224쪽).

69) 새 법령 시행당시의 부와 지정면은 다음과 같다. 부는 경성·인천·군산·목포·대구·부산·마산·평양·진남포·신의주·원산·청진이며, 지정면은 경기도의 수원군 수원면·개성군 송도면·시흥군 영등포면, 충청북도 청주군 청주

그 이외의 면에서는 임명주의로 하고 군수·島司가 이를 임명하는 것으로 하였다. 의원수는 대략 인구비례로 결정하고 그 수가 많은 곳은 30명으로 하며 적은 곳이라 할지라도 최소한 8명 이상은 배치하는 것을 원칙으로 하여 그 이전 제도보다 수를 늘렸다.[70]

1920년 7월 29일 지방제도의 대폭적인 개정이 이루어졌으며, 道·府·面에 자문기관이 설치되었다.[71] 府制는 1914년 4월 설치되었는데, 府尹의 자문기관으로서 도지사가[72] 임명하는 府協議會가 설치되었다. 지방제도의 개정에 따라 부협의회는 임명제에서 선거제로 바뀌었으며, 협의회원의 임기도 2년에서 3년으로 연장하였다. 정원은 부의 인구규모에 따라 총독이 정하였으며 종래 6~16명에서 12~30명으로 증원되었다. 기능은 부 조례의 제정·개폐, 세출입 예산의 결정, 부의 부채에 관한 것 등이었지만 임명제와 큰 차이가 없었다.

면에는 새롭게 面협의회가 설치되었다. 이 가운데 총독이 지정하는 면협의회는 선거제로 하고 나머지 면협의회는 군수·도사의 임명제로 정하였다. 면협의회원의 임기는 3년, 정원은 8~14명의 범위 내에서 총독이 정하게 되었다.[73] 자문사항은 세출입 예산의 결정, 사용료·수수료·부과금 등의 징수에 관한 것 등이었다. 보통면의 협의회원은 지방유지의 의견을 참작해서 군수·도사에게 임명시키는 것으로 친일적인 지주가 많이 임명되었다.[74]

한편 〈學校費令〉과 〈도지방비령〉을 제정하여 교육과 재정을 강화시키는 자문기구를 설치하였다. 조선인 일반교육에 관한 사무는 이전에는 관청에서

면, 충청남도 공주군 공주면·대전군 대전면·논산군 강경면·연기군 조치원면, 전라북도 전주군 전주면·익산군 익산면, 전라남도 광주군 광주면, 경상남도 진주군 진주면·창원군 진해면·통영군 통영면, 황해도 해주군 해주면·황주군 겸이포면, 평안북도 의주군 의주면·강원도 춘천군 춘천면, 함경남도 함흥군 함흥면, 함경북도 경성군 나남면·성진군 성진면·회령군 회령면 등 24개 면이다(朝鮮總督府, 《施政二十五年史》, 330쪽).

70) 朝鮮總督府, 《朝鮮統治秘話》, 256쪽.

71) 《朝鮮總督府官報》, 1920년 7월 29일, 號外.
糟谷憲一, 앞의 글, 133쪽.

72) 1920년 7월 29일 총독부관제 개정 때 기존 道長官을 '知事'로 개칭하였다(《朝鮮總督府官報》, 1920년 7월 29일, 號外).

73) 《朝鮮總督府官報》, 1920년 7월 29일, 號外.

74) 姜東鎭, 앞의 책, 328~329쪽.

직접 관장하였으나, 학교비의 부과, 사용료의 징수에 관한 사항은 학교평의회의 자문을 받도록 하였다.75) 학교평의회원은 府에서는 부 주민의 선거로, 군과 島에서는 면협의회원이 뽑은 후보자 가운데 군수·도사가 임명했다. 정원은 부에서는 6명 이상 20명 이하, 군과 도에서는 面數와 같게 하였다. 하지만 일본인 자제의 교육사무 처리를 위해서 학교조합은 그대로 존속되었다. 도에는 〈도지방비령〉이 새롭게 제정되었다. 도지방비에 관한 자문기관으로서 도평의회가 설치되었다.

도지방비는76) 재산수입 및 부과금을 재원으로 하여 권업·토목·구휼·위해·교육·소방 그 외 지방의 공공사업을 행하는 데 필요한 사업비로서 도의 독자적인 재정이었다. 도평의회원은 도지사가 임명하고 그 2/3는 부·군·島에서 부·면협의회원이 선거한 후보자 가운데 임명하였으며 나머지는 '학식이 유망한 자' 가운데 임명하였다.77) 도평의회의 자문사항은 세출예산의 결정, 지방세·사용료·수수료 부역 현품의 부과징수에 관한 것 등이었다. 또 도평의회는 '도의 공익에 관한 사건'에 대하여 의견서를 도지사에게 제출할 수 있는 권한을 가지고 있었다. 하지만 자문기관은 행정에 대한 규정력 및 강제력은 없었다. 그야말로 행정에 대한 보조적인 역할을 수행하였을 뿐 실질적인 권한은 없었다. 즉 자문기관의 의장은 부윤·면장·도지사이며 이들은 자문회의를 소집할 권한이 있고, 의장은 의원에 대하여 발언의 금지·취소, 회의장 밖으로의 퇴거를 명할 수 있는 권한이 있었다.78) 또 각 자문기관의 구성원이 직무를 태만이 하는 경우에는 부협의회원·도평의회원은 총독의 인가를 받은 도지사가, 면협의회원은 도지사의 허가를 받은 군사·도사가 해임시킬 수 있는 불안정한 자리였다.79)

---

75) 朝鮮總督府, 《朝鮮に於ける新施政》, 52쪽.

76) 京畿道, 《京畿道事業ノ概況》(1934), 4~11쪽. 경기도의 경우 지방비 재원의 팽창에 따라 조세제도 역시 개정할 수밖에 없었으며, 시장세와 같은 새로운 세수원을 확보해야만 하였다(朝鮮總督府, 《朝鮮に於ける新施政》, 52~53쪽).

77) 糟谷憲一, 앞의 글, 134~135쪽.
姜東鎭, 앞의 책, 329쪽.

78) 《朝鮮總督府官報》, 1920년 7월 29일, 號外.

79) 糟谷憲一, 앞의 글, 134쪽.

자문기구의 설치에 대하여 조선총독부에서는 이른바 획일주의를 피하고 절충주의 제도를 시행하였다고 선전하였다.[80] 하지만 자문기구는 설치자체가 갖는 의미는 있을지라도, 그것이 식민지 지방행정에 직접적인 영향을 미쳤는가에 대해서는 재고의 여지가 있다. 먼저 지정면으로 선택한 곳은 일본인들이 가장 많이 거주하는 곳이며, 총독부의 입장에서는 이곳에서 선거를 통해 자문기구의 구성원을 뽑는다는 것은 식민통치 근간에 별다른 영향을 끼치지 않을 것이라고 판단하였다.[81] 또한 지정면협의회원의 피선거권자와 선거권자의 자격에 관한 문제이다. 1920년 11월 20일 협의원과 평의원 선거가 실시되었다. 부협의회원의 선거권자는 25세 이상의 남자로서 부 주민으로 1년 이상 거주한 자에 한하며 府稅를 년 5엔 이상 납부한 자로 제한하였다. 피선거권자는 소속 도와 그 부의 관리, 유급관원·검사 및 경찰관리·종교인·소학교 및 보통학교의 교원을 제외한 자였다. 지정면협의회원의 선거권자의 자격요건은 부협의회원과 동일하며 피선거권자는 소속 道·郡·島의 관리 및 유급관원과 그 면의 면장과 유급관리는 제외되었다.[82]

이와 같이 民意暢達과 지방민의 정치참여라는 거창한 슬로건 속에서 추진된 자문기구의 설치는 관치 중심의 큰 틀을 벗어나지 않았다. 그리고 선거라는 국민대의제의 형식을 가장하여 오히려 계층간의 분열을 더욱 조장하는 방향으로 흘러갔다. 예를 들면 면협의회원의 선거권자는 지정면마다 정도의 차이는 있지만 모든 구성원이 투표권을 행사하지는 못했다. 이러한 과정에서 발생하는 계층간의 알력과 분열은 민족적인 저항을 불러 일으키는데 상당한 제약으로 표출되었다.

또한 자문기관의 설치·운용에도 민족차별주의로 일관하였다. 일본인이 많은 부협의회의 권능은 다른 여러 자문기관보다 컸다. 게다가 의장의 회원해임권이 없다는 것이나 한국인이 다수를 차지하였던 도평의회원을 민선으로 하지 않고 부·면협의회 회원이 뽑은 후보 중에서 도지사가 임명하고 나머지 1/3도 관선으로 하였다.[83] 따라서 국가의 구성원이 모두 참여하는 보통선

80) 朝鮮總督府, 《朝鮮統治秘話》, 260쪽.
81) 朝鮮總督府, 《朝鮮統治秘話》, 258~259쪽.
82) 糟谷憲一, 앞의 글, 135쪽.

거의 형태를 띤 것이 아니라 권력기관의 체제유지를 위한 제한선거를 실시하였던 것이다.[84] 즉 선거가 실시된 부·면협의회원의 선거자격에도 총독부는 극도의 제한을 두었다. 이는 당시 조선총독부의 정책 시행의 핵심은 식민지 구성원 가운데 중산층(부유층) 이상을 중점으로 두어 이들을 매수·회유하는 방식을 취하였다는 데 있다. 이는 다음의 인용문을 통해서 보다 명확하게 알 볼 수 있다.

> 당시 조선인은 사상적으로 매우 흔들리고 있던 시절이라서 늙은이는 보수적인 반면, 청년은 공연히 급진적인 정세를 나타내고 있었다. 때문에 납세액에 제한을 두지 않으면 당장 조선인 협의회원은 소장층에서 많이 나와 부협의회는 공론도의의 자리가 되고 만다. 중정하고 온건한 인사가 뽑히도록 하기 위해서는 납세액 제한을 두어야 했다. 부협의회의 다수 의석을 조선인에게 주게 되면 민족적으로 편중되어 회의를 정쟁터로 만드는 것과 같은 폐단이 생기지 않을까. 그 영향을 끼치는 바가 있으므로 이 제도는 시행 초에는 협의회원의 반수 이상은 일본인을 뽑도록 해야 한다. 그래서 의사진행상 일본인에게 조선인을 지도시켜 협의회제도의 운용에 공정과 원만을 가한다(朝鮮總督府, 《齋藤實文書》 4 참조).

이러한 가운데 1920년 11월 제1회 선거는 府에서는 투표자 수가 일본인 1,224명, 한국인 1,198명으로 당선자는 일본인 133명, 한국인 57명이었다. 지정면에서는 투표자 수 일본인 1,224명, 한국인 1,198명으로 당선자는 일본인 130명, 한국인 126명이었다. 이들 당선자의 민족별 대비는 일본인이 다수를 차지하였으며, 한국인 당선자 가운데 상당수는 사상이 온건한 친일적인 인물이었다.[85]

이와 같이 일제는 관치중심의 지방제도를 식민지인이 일정부분 정치에 참여할 수 있는 권한을 부여하여 식민지의 불만요소를 제고하고자 하였다. 따

83) 姜東鎭, 앞의 책, 331쪽.
84) 《東亞日報》, 1920년 7월 30일.
85) 朝鮮總督府, 《朝鮮總攬》(1933), 33~34쪽.
朝鮮總督府, 《朝鮮に於ける新施政》(1919), 53쪽.
姜東鎭, 앞의 책, 337~338쪽.
糟谷憲一, 앞의 글, 137~141쪽.

라서 먼저 지방관제의 개정 때 협의기관으로서 자문기관을 설치함으로써 예산 및 과세 등에 관한 식민지인의 의견을 개진할 수 있는 길을 열어 주었다고 자평하였다.[86] 하지만 이러한 표면적인 기구설치가 조선인의 정치참여에 직결되는 것은 아니었다. 그리고 지방의회에 참여한 자들의 성분을 분석해 보면 대다수가 일제에 협력할 수 있는 가능성이 있는 자들이었다. 즉 지방자문기구는 조선인 상층과 자산가 대부분을 식민지 권력에 끌어들이려는 역할을 수행하였던 것이다.[87]

면협의회원이나 도평의회원도 명예직이었으며, 급여를 지급받지 않고 직무에 필요한 수당만을 받았다. 그리고 대다수는 자산가들이었으며 이들은 자문기구를 통해 자신들의 정치력을 발휘하고 사회적 지위를 공고히 하고자 하였다. 비록 한정된 발언권이었지만 이는 자산가들의 높은 정치력을 표출하는데 매우 유용한 수단이었으며, 이들에게 자문기관은 필요조건이었다. 즉 지정면에서 투표율의 제고는 이를 반영한다.[88]

요컨대 일제가 실시한 지방제도의 개정은 지방자치제를 실시한 것이 아니라 지금까지 총독부가 쥐고 있던 중앙집권적인 통치권력의 일부를 나누어 맡긴다는 分任主義 원칙에 따라 각급 지방관청에 분할한 것에 지나지 않았다.[89] 그리고 중앙정부에서 지방민에 대한 직접적인 통제라는 인식을 심어주기보다는 지방관의 권한을 확대하고 조선인의 정치참여에 대한 긴박성을 어느 정도 해소하여 지배력의 강화를 추진하였던 것이다.

(3) 면제의 운영과 촌락정책의 실상

1917년 실시된 면제는 행정구획 통폐합에 이르는 과정에서 일제가 지향했던 방향성이 법제적으로 응축 표현된 것이다. 강점 직후 지방관제와 면에 관한 규정을 토대로 과도적인 면 운영에 임했던 일제가 통폐합조치를 거치면서 면 재정의 안정화 및 면장층의 질적 개선을 어느 정도 달성하였다. 또한

---

86) 朝鮮總督府, 《朝鮮統治秘話》, 260쪽.
87) 驅込武, 《植民地帝國日本の文化統合》(岩波書店, 1996), 196쪽.
88) 糟谷憲一, 앞의 글, 142쪽.
89) 姜東鎭, 앞의 책, 313쪽.

이러한 변화를 전제로 하면서 면 운영의 정책방향을 면제라는 법제적 형태로 공고히 하려는 움직임을 보이기 시작한 것이다.[90] 따라서 일제가 1917년 10월부터 시행하였던 制令 제1호 〈면제 및 면제시행규칙〉은 면의 행정력을 강화해 이를 제도적으로 완비하려는 지방통치제도의 틀을 규정한 것이었다. 이러한 일제의 지방행정제도 개정은 한국 행정제도의 내재적 발전을 단절시켰다.

면제는 면 가운데 일본인이 다수 거주하고 있던 곳을 총독이 지정하는 지정면으로 하고 그 외에는 보통면으로 나누는 것이다. 또 지정면에는 도장관이 임명하는 상담역을 두고 洞里長을 폐하고 區長을 두며, 면 조합을 설치할 수 있도록 하였다.[91] 따라서 1910년대 면제의 특징은 총독부 권력이 면장·구장을 통해 식민지 사회전반을 장악할 수 있는 구조로 정착해 가는 중요한 제도적 장치였다는 데 있다.[92]

1919년 3·1운동 이후 일제가 제도개정을 하면서 면제에도 일정부분 수정이 가해졌고 앞서 언급하였던 면협의회가 설치되었다. 일제는 면협의회를 지방자치제의 실시와 민의창달이란 측면에서 매우 중요시 여겨 이를 적극 홍보하였다.[93] 하지만 실질적으로 면협의회는 의결기관이 아닌 자문기관으로서 면장의 권한 안에서 활동하였던 수족과 같은 존재였다. 또한 지정면에서 실시한 선거도 매우 불평등한 것이었으며, 면협의회의 선거권과 피선거권을 제한적으로 규정하는 등 총독정치의 근간은 흔들리지 않았다.

한편 일제는 면협의회를 설치하여 지역 유지에 대한 분열책을 시행하면서 보다 강력하게 지방민에 대한 통제를 가하고자 하였다. 이러한 일제의 지방통제책의 중심에 있었던 자들이 유지집단이었다.[94] 이 유지집단의 정치적·경제적 성향과 활동은 총독부의 정책적 의도와 합치하는 경향이 강하게 나

---

90) 김익한, 앞의 글, 201쪽.

91) 일제는 면제의 시행을 자치제를 실시하는 것처럼 선전하였으나 결국 자치제도는 도입하지 않고 면을 잘 정비된 말단 행정단위로 편제하는 선에서 정책방향이 결정되었다(김익한, 위의 글, 207쪽).

92) 姜東鎭, 앞의 책, 327쪽.

93) 任洪淳, 《朝鮮行政要覽》(朝陽出版社, 1929), 102쪽.

94) 지수걸, 〈일제하 충남서산군의 관료-유지체제〉(《역사문제연구》 3, 1999) 참조.

타났다.[95] 면제는 특히 농촌조직화 정책에서 지방민을 통제하는 데 있어서 전통 행정조직의 단절을 피하여 총독부의 지방침투를 원활하게 하였던 제도였다. 이러한 면 행정의 강화 과정에서 중요한 것이 면리원의 증원에 관한 문제였다. 그런데 면리원의 증원에는 몇 가지 선행조건이 있으며 이는 지방통치의 필요충분조건을 완비하는 것이었다. 즉 면서기로 대표되는 행정실무자들의 인력충원은 안정적인 면 행정을 실행하는 데 중요하였기 때문에 일제로서는 이러한 외양적 요소를 갖추어야만 하였다.[96]

한편 모범부락을 통한 농촌통제정책을 시행한 일제는 산미증산계획하에서 농업생산력 증진에 초점을 두었다. 1920년대 초부터 시행된 모범부락정책은 20년대 중후반에 이르러 본격적으로 전개되었다. 1927년부터 성적이 양호한 모범부락을 선정하여 200~400원씩 보조금을 지급하는 방식으로 동리에 이르는 전 지역을 통제하게 되었다. 즉 모범부락정책의 본격적 수행은 1910년대 동리의 자치적 운영이 제도적으로 부정되고 1920년대에 들어와 기존의 동리운영의 주역이었던 지역 명망가층에 대한 분열정책이 실시됨으로써 그들의 지역 내부에서의 사회적 위상에 일정한 변동이 야기되었고, 이에 따라 동리운영의 관행이 약화되는 지역이 발생하기 시작하였다는 지역사회의 변동을 배경으로 할 때 성립 가능한 것이었다.[97]

일제는 모범부락을 선정하면서 이를 적극 정책에 이용하고 나아가 전국적인 선전활동도 병행하였다. 1930년대 농촌진흥정책에서 보이는 외형적이며 가시적인 측면을 부각하여 식민지정책의 정당성을 확보하려 했던 모습이 이미 1920년대에도 나타나고 있었던 것이다. 모범부락의 지정 수는 전체 동리에 비하여 매우 적은 수였지만 모범부락의 선정과 이에 대한 경제적 지원을 제도화시킴으로써 모범부락정책이 다른 동리를 체제 순응적으로 재편한다는 점에서 매우 자극적인 요소로 작용하였다. 이러한 '모범'이라는 용어의 강제성은 다른 동리에서도 일제의 정책에 대하여 적극적인 호응을 끌어낼 수 있

95) 松本武祝, 《植民地朝鮮と朝鮮農民》(社會評論社, 1998), 70쪽.
96) 김익한, 〈1920년대 일제의 지방지배정책과 그 성격〉(《韓國史硏究》 93, 1996), 159쪽.
97) 김익한, 위의 글, 164~165쪽.

는 것이었다. 하지만 일제가 시행하였던 모범부락정책은 광범위한 지역을 모범부락으로 선정하기 보다는 선정된 곳에 행정력을 집중적으로 지원하여 이를 더욱 발전시키는 형태를 보이면서 진행되었다. 이는 지역마다 특수성에 기인하기도 하였지만 일제의 행정력이 강하게 뿌리내릴 수 있는 내적기반을 확보하지 못한 데서 발생하는 한계였다.

이를 위해서 일제는 재지세력의 포섭을 진행하였다. 그 가운데 이른바 지역유지 내지 지역 명망가로 대표되는 자들이 일제의 면 행정정책에 부합되는 인물이었다. 이들은 자신들의 사회적 지위를 공고히 하고 식민지 권력과 결탁하여 먼저 면협의회 등을 통하여 정치적 진출을 시도하였다. 1920년대 식민지 수탈이 가속화되면서 농촌의 궁핍화현상이 심해졌으며, 소작쟁의가 광범위하게 발생하였다. 따라서 식민지 권력은 지방행정과 농민간의 갈등을 해소하기 위한 매개체로서 지방유지를 활용하였다.[98] 특히 1921년 8월 지방관제의 개정에 즈음하여 면장 50명에 한하여 주임의 대우를 해주었다. 면제 실시 이후 면장에 대한 처우개선에 대하여 조선총독부에서는 이를 대민업무 및 지방정책의 원활성 확보라는 차원에서 이해하였다.[99]

3) 친일세력의 양성

(1) 친일과 협력이란 개념

제국주의 국가들의 식민지 경영은 인적자원의 활용을 어떻게 하느냐에 달려 있다고 해도 과언이 아니다. 영국의 경우 인도를 통치하면서 식민지인들의 복잡하고 다양한 성격을 도식화하여 그들에게 적합한 식민지형 인간을 창출하는 데 초점을 두었다. 무엇보다도 중요한 것은 식민지를 경영하는 데 필요충분조건을 마련하여 절대적인 협력은 아닐지라도 저항을 불러 일으키고자 하는 잠재적 세력의 흥기를 제거하는 데 있었다.

3·1운동 이후 '신정치'를 구현하고자 하였던 일제도 새로운 방식으로 협

98) 松本武祝, 앞의 책, 80~81쪽.
99) 朝鮮總督府, 《朝鮮に於ける新施政》, 59~60쪽.

력세력을 창출할 필요가 있었다. 이른바 '친일파' 생산의 제도적 방안을 마련하여 이들로 하여금 식민지인을 대리 지배할 수 있는 시스템의 완비를 추진하였다. 지금까지 친일파 연구는 해방 이후 친일파 청산작업이 제대로 이루어지지 않은 사회에 대한 반작용으로 지나치게 식민지 조선인을 재단한 느낌이었다. 즉 친일=매국노, 저항=애국자라는 등식 속에서 친일의 속성 및 친일파 생산의 구조적 특징에 대한 부분을 간과한 점 또한 없지 않다.100) 따라서 일제시기 친일파 문제를 다루는 데 있어서 '친일'(=적극적인 동조 내지 동화), '협력'(=소극적인 동조)에 대한 명확한 개념이 선행되어야 할 것이다.101)

먼저 '친일'은 대한제국기의 친일과 좀더 차별을 두고 살펴보아야 할 것이다. 친일은 제한된 정치활동을 전개하였으며 자신의 영달을 위해 총독부의 통치에 적극적으로 동화되었음을 의미한다.102)

또한 친일에 대한 개념화 작업에서 가상 많이 적용될 수 있는 것이 정치세력이었다. 이를테면 개항 이후 親美·親淸·親露·親日이라는 것은 쇠약해진 국체의 주도층이 자신의 정치적 입지를 강화하고 나아가 이를 통해 반대세력을 거세시키는 방법으로 선택한 것이 대부분이었다. 그러나 '일제시대'의 '친일'이라는 개념은 국체가 완진히 다른 나라에 강탈된 상태에서 그 이전시기와 구분하여 반민족적인 분위기를 퇴색시킬 수 있는 요소가 있다. 즉 첫째 이미 대한제국에서 조선총독부로 권력의 핵심이 이동되었기 때문에 조선인이라고 할지라도 '친일한다'라고 하는 것이 큰 수치심으로 작용하지는 않았을 것이라는 점이다.103) 일제는 이를 통해 조선의 민족적 차별 및 계급적 차별화를 더욱 심화시켜 민족분열로 이끌어나가 민족의 주체성 및 정체성을

100) 친일파 연구에 대해서는 다음의 연구가 주목된다.
임종국, 《일제침략과 친일파》(청사, 1982).
姜東鎭, 앞의 책.
朴慶植, 앞의 책.
高崎宗司, 〈朝鮮の親日派〉(《近代日本と植民地》 6, 岩波書店, 1993).
민족문제연구소, 《한국 근현대사와 친일파 문제》(2000).

101) 박섭, 앞의 책, 43~73쪽.

102) 동화주의의 특징은 제한적인 폭력과 제한적인 정치참여를 가장하는데 있다. 즉 저항세력에 대해서는 제한적이며 극단적인 방법으로, 식민통치에 협력하는 부류에 대해서는 일정한 리베이트를 제공하였다.

103) 朴成眞, 앞의 책, 142쪽.

말살하고자 하였다. 둘째 조선인으로서 신분적 상승을 위하여 선택한 순수하고 정치적인 결단이었다고 주장하는 경우이다.[104] 즉 조선인의 친일은 일제의 지배정책에 기인한 것도 사실이지만 조선인 내부의 계층적 질서가 합의하고 있었던 모순의 표출이라고도 할 수 있다는 것이다.[105]

친일을 "남보다 먼저 일제의 통치정책에 영합하고, 나아가 내선일체를 자신의 정치적·사회적 목표로 인식하여 행동한 것"이라고 규정할 때, 일제의 조선 침략에 따라 기생하여 나타난 정치세력은 자의적이건 타의적이건 이 범주에 속한다고 할 수 있다. 따라서 식민지 구성원에 대한 민족분열을 담당하고 나아가 일제의 식민통치에 기생하여 자신의 영달을 목적으로 생을 영위한 자를 친일파라 한다.

한편 식민지 조선의 내적 발전을 위하여 어쩔 수 없이 일제와 타협하여 자신의 목적을 관철하는 친일파에 대하여 협력자라는 개념을 부여하기도 하였다.[106] 일제강점기 정책주체인 조선총독부 및 일제가 식민지인에 대하여 적극적으로 도움을 주었다면 그 객체는 누구인가를 규명할 필요가 있다. 이는 객관적인 조건하에 수세적 입장에 있었던 식민지인 가운데 기업가의 경우가 정치세력보다는 친일이라는 굴레에서 자유로울 것이다. 즉 식민지의 경제적 발전을 위해서 조선총독부와 타협하지 않으면 기업활동을 진행할 수 없다는 논리가 성립된다.

이와 같이 친일과 협력의 공통점은 일제의 식민통치에 대하여 별다른 저항을 표출하지 않았다는 데 있다. 물론 내적인 자기갈등은 있을지라도 이 문제를 공론화하여 자기 내면에 대한 성찰을 적어도 해방 이전에는 하지 않았다는 데 있다. 특히 1931년 이후 일본제국주의의 대륙침략이 본격화되면서 조선인을 전쟁에 동원하기 위하여 오히려 독립운동가에 대한 사상전환을 획책하기도 하였다. 따라서 친일과 협력이란 개념은 정치세력과 경제세력의 자

104) 《新韓民報》, 1920년 9월 2일, 〈치욕적인 신일본파의 장두〉.

105) 김동명, 〈1920년대 식민지 조선에서의 정치운동 연구〉(《한국정치학회보》 32, 1998) 참조.

106) 이 문제를 더 확대하면 '수탈론'과 '식민지근대화론'으로 나아가기 때문에 여기서는 범위를 한정하여 서술하였다.

기발전을 위해서 조선총독부 및 일본제국주의의 통치정책에 야합하여 조선인에 대한 감시·탄압과 정체성의 상실에 이르기까지 대한제국의 국체를 부정하고 일제의 식민지 정책에 동화된 것을 의미한다.

(2) 친일파의 육성과 이용책

1919년 7월 조선군 참모부는 〈친일조선인 유력자의 이용 및 보호〉라는 보고서를 작성하였다. 이 보고서에서는 일제가 3·1운동 이후 친일세력을 어떻게 육성하여 이를 이용하고 보호해 나아가고자 하였는지를 명확하게 알 수 있다.

> 합병 전부터 우리에게(일본) 호의를 갖고 계속해서 친일적 태도를 가진 상당한 지위와 수완을 보유한 자로서 이들을 유용·보호하는 데 한층 힘을 써야 한다. 한일합병 공로자로서 친일한 자를 지금 귀족으로 앉혀 놓았으나 그 대우에 있어서는 아직 유감스러운 감이 없지 않다. 이들에 대해서는 귀족원 의원의 자리를 약간 마련하여 공로에 보상해주면서 보호하여 우리 정치의 일부에 관여하게 해도 굳이 안될 것은 없다. 그리고는 이들을 이용하여 조선인 유력자의 회유에 노력한다면 그 효과는 클 것이다. 그 외에 진실한 친일자로서 전력을 다하고 있는 자는 크게 보호하고 우대해 주는 방도를 강구할 필요가 있다. 요컨대 진정한 친일자에 대한 보호·이용은 앞으로 더욱 더 향상시킬 필요가 있다(姜德相 編, 《現代史資料》 26, 651쪽).

일제가 이렇듯 친일파를 보호·육성하여 식민통치의 내실화를 기하고자 하였음은 주지의 사실이다. 일제가 식민지 통치를 추진하는 과정에서 현지인의 협력에 대해서 시기적 차이는 있지만 필수적인 요소라는 것을 인식하였다. 따라서 친일파를 정치·경제·사회·문화의 비중을 두면서 적절하게 이들을 이용하는 움직임이 있었다. 먼저 이들에 대한 접근은 개인과 단체로 구별할 수 있다. 개인과 단체는 유기적인 관계에 있으므로 상호 보완관계를 가지면서 추진되었다. 또한 일제의 친일파 육성책은 조선인이 집단적 행동으로 저항을 표출하였을 때, 경제적인 문제점이 상당히 노출되었을 때 강하게 제기된다. 3·1운동 이후 조선총독 사이토는 내지연장주의를 주창하면서 조선과 일본은 하나라고 하는 의식을 심어주고자 하였다. 물론 이러한 작업 대상은 전 조선인이 아니라 조선을 움직일 수 있는 특수층에 한하였다.[107] 예컨대 정치세력·기업가·문화인 등과 같이 개인의 역량이 미칠 파급효과를 극대화시킬 수 있는 인물들에 대한 포섭이 이루어졌다.[108]

1919년 이전 친일파의 대표군은 이완용을 비롯한 자들이 작위를 받고 들어간 총독부 자문기구였던 중추원이었다. 이 기관은 의장, 부의장 및 고문 5인에게는 모두 親任 대우를, 참의 65인은 주임 대우를 부여하였다. 의장은 정무총감으로 하고 부의장 이하 임기는 3년을 원칙으로 하였다. 특히 이들 구성원은 거의 총독의 주청에 따라 일본 내각에서 결정하였다. 이를테면 조선총독의 권한을 넘어 일본 본국에서 친일파의 육성과 보호책을 결정하였던 점은 일본제국주의가 식민지 지배의 정당성과 명분을 얻기 위한 동화정책의 일환이었다.[109] 일제는 식민통치 초기 주로 구한국관료 및 문명개화론자들을 적극 회유·이용하고자 하였다. 일제의 이러한 방침은 일제의 논리를 무비판적으로 받아들인 문명개화론자를 친일세력으로 양성하는 데 매우 유용하게 작용하였다. 또한 일제가 그들의 통치이념을 경제적인 힘으로 추진하였기 때문에 당시 상당수의 개화론자들은 친일세력이 되었다.[110] 나아가 일제는 합병 당시 나름대로 역할을 수행하였던 一進會와 같은 조직적인 친일단체보다는 친일세력권을 형성하는 방향으로 정책을 결정하였다. 즉 친일조직보다는 광범위한 분야에서 보다 공고히 식민지통치를 경영할 수 있는 인적 토대를 갖추고자 하였다.

일제 식민통치의 특질 가운데 하나가 회유와 통제(탄압)이다. 일제는 이 방법을 사용하면서 적절하게 조선인을 이용하였다. 1919년 조선총독 사이토가 부임하면서 시행된 새로운 관제개혁은 형식적인 틀을 벗어나지 못하였다.

---

107) 朴成眞, 앞의 책, 141~144쪽.

108) 1937년 조선총독부 學務局 社會敎育課가 주도하였던 朝鮮文藝會는 친일파의 육성과 친일단체의 조직을 확대·재생산하기 위해 설립된 것이다(高崎宗司, 앞의 글, 126쪽). 게다가 전시체제하에서 친일파나 친일단체가 벌인 행위는 1920년대 이후 지속적으로 추진해온 친일파 육성 및 이용책의 결과라고 할 수 있을 것이다.

109) 金度亨, 〈日帝侵略初期(1905~1919) 親日勢力의 政治論 硏究〉(《啓明史學》 3, 1992), 6쪽.

110) 金度亨, 위의 글, 14쪽.

이러한 가운데 총독부에서는 민의창달을 목적으로 지방유지를 소집하여 총독정치의 실현을 강조하였다. 1919년 9월 19일부터 1주일간에 걸쳐 각 도의 유력한 명망가 및 신지식인 51명을 경성으로 소집하여 총독의 시정방침에 대한 강연을 하였다.[111] 즉 "총독부의 시정에 대하여 불만을 품고 있는 자가 적지 않고 이들 대다수는 시정방침을 이해하지 못함으로써 개혁의 취지를 지방민에게 철저히 주지시키고자 지방유력자들을 소집하였다"[112]는 것이다. 이들 51명은 각 도의 장관으로부터 추천된 자들로 이전부터 친일적 태도를 가지고 있었다. 일제가 이들은 초청하여 강연한 것은 즉각적인 효과를 거두기 보다는 새 통치방침에 정략적인 투자를 하여 후일 식민지인에 대한 원활한 통치를 행하는 데 그 목적을 두었다.[113]

다음으로 조선총독부에서는 친일태도를 가진 조선의 유력자들을 일본에 파견하여 일본문화의 발선된 보습을 보여줌으로써 식민정책의 협력을 구하고자 하였다. 그리고 일본 유학생에 대하여 배일적 색채를 강하게 띠고 있는 자들을 회유하고 나아가 이들을 친일분자로 만들고자 하였다.[114] 뿐만 아니라 사이토 총독은 내지연장주의에 기초하여 일본인과 같은 조선인을 육성하지 않고는 조선지배가 불가능하다고 인식하여 다음과 같은 방침을 내세웠다. 친일분자를 귀족·양반·유생·부호·실업자·교육가·종교가 등에 침투시켜 그 계급과 사정에 따라 각종 친일단체를 조직케 할 것이며, 친일적인 민간 유지자에게 편의와 원조를 제공하고 수재교육의 이름 아래 조선 청년을 친일분자의 인재로 양성할 것, 양반 유생 가운데 직업이 없는 자에게 생활방도를 주는 대가로 이들을 민정염탐에 이용할 것, 조선인 부호·자본가에 대해 일선 자본가의 연계를 추진할 것, 농민을 통제 조종하기 위해 전국 각지에 유지가 이끄는 친일단체, 교풍회·진흥회를 조직할 것 등이다.[115] 또한 일제는 종교적 사회운동을 이용하기 위해 〈사찰령〉을 개정하여 불교 각 종

111) 朝鮮總督府, 〈併合の由來と朝鮮の抵抗〉(《齋藤總督の文化統治》), 47쪽.
112) 朝鮮總督府, 《朝鮮統治秘話》, 142쪽.
113) 朝鮮總督府, 《朝鮮統治秘話》, 142~143쪽.
114) 姜德相 編, 《現代史資料》 26, 651쪽.
115) 姜東鎭, 앞의 책, 167~168쪽.

파의 총본산을 경성에 두고 이를 관장하고 원조하는 기관의 회장을 친일분자로 앉히고, 기독교에 대해서도 상당한 편의와 원조를 제공한다는 방침도 정하였다.116)

일제는 조선을 통치하면서 표면적으로는 두 가지를 내세웠다. 하나는 내지연장주의라는 일체감을 부여하여 식민지 동화정책을 채택하였으며, 다른 하나는 조선의 고유한 풍습·습관을 훼손하지 않고 식민지인을 일본의 문명화된 세계로 인도하여 발전시킨다는 것이다.117) 따라서 이러한 정책을 실행하기 위해서는 무엇보다도 식민지의 지도층에 대한 회유공작이 우선되었다. 사이토는 재임 7년 8개월 동안 鮮于鎬을 119회로 가장 많이 면회하였으며, 李軫浩·李堈·純宗·韓相龍·閔興植·宋秉畯·申錫麟·方台榮·朴泳孝 등도 자주 만났다. 이 가운데 송병준은 사이토의 부임 초기에 자주 면회하였으나 후기에는 거의 면회하지 않았다. 그리고 사이토 재임 후기에 올수록 친일관료와 매판자본가들의 면회 빈도가 점차 증가하였다.118)

한편 사이토는 조선귀족에 대한 이용가치의 상실을 지적하면서, 오히려 매국노라는 조선인의 질시를 부담으로 여겨 관료들에 대한 친일화 작업을 선호하였다.119) 조선 귀족들은 박영효 등과 같이 몇몇을 제외하고 사이토 총독과 면회할 기회를 갖지 못했다. 즉 조선통치를 원활하게 시행하기 위해서는 노쇠한 조선귀족보다는 일본유학을 경험한, 새로운 문물을 접한 조선인 고급관료의 친일화 작업이 효용성이 크다고 인식하였기 때문이다. 따라서 친일관리의 육성과 이용은 이른바 관제개정을 단행하면서 조선인 관리에 대한 차별을 없애고 일본인과 동일한 처우를 받을 수 있다고 선전하였듯이, 이들의 조직적인 협력없이는 조선통치가 매우 어렵다는 것을 인식하였다.120) 조선총독부에서는

---

116) 朝鮮總督府, 《朝鮮統治秘話》, 190~191쪽.
朝鮮總督府 警務局, 〈朝鮮統治と基督敎〉(《齋藤總督の文化統治》) 참조.

117) 朝鮮總督府, 《齋藤實文書》 13, 132쪽.

118) 姜東鎭, 앞의 책, 169~171쪽. 강동진은 사이토 총독의 친일세력 육성책의 기본은 정치선전과 첩보활동에서 일해 온 직업적 친일분자를 가장 소중히 여기고 거기에 친일각료를 더 보탠 이원제였다고 하였다.

119) 姜東鎭, 앞의 책, 178~181쪽.

120) 姜德相 編, 《現代史資料》 26, 648쪽.

조선인 관리에 대해서 한일합병 직후 조선인 관리의 능력이 부족하기 때문에 봉급 및 기타 처우에 차등을 둔 것은 사실이나 1919년 관제개정 이후에는 이러한 차별을 없애고 '一視同仁'의 원칙에 따라 일본인 관리와 함께 〈고등관 관등의 봉급령〉 및 〈판임 봉급령〉의 적용에 따라 대우하였다.[121]

하지만 이러한 개정 법령에도 불구하고 조선인 관리에 대하여 조선총독부의 차별이 완전히 없어진 것은 아니다. 표면적으로 일시동인·내선일체·내지연장주의를 내세웠지만, 실질적으로는 잠재적 저항세력인 식민지 민중에 대한 차별인식이 저변에 깔려 있었기 때문에 친일적인 관료를 양성하였을지라도 일본인과 조선인을 동등하게 대우한다는 것은 불가능하였다.[122] 따라서 이들에게 '친일성'은 승진과 연관되는 것이었므로 총독부에서의 힘든 관문을 통과하기 위해서도 더욱 친일에 열성을 쏟았다. 1919년부터 21년까지 사이토 총독을 5회 이상 면접한 친일관료로는 도지사 및 학무국장을 지낸 李軫浩·魚潭·具然壽·吳台煥·張憲植·金潤晶 등 6명에 지나지 않았지만 퇴입기에는 5회 이상이 17명으로 증가한 사실로 비추어 보아 당시 조선총독부의 친일파 육성·이용정책의 단면을 파악할 수 있다.[123]

3·1운동은 일본의 조선 통치에 표면적으로 많은 변화를 초래하였다. 특히 조선인에 대한 식민화정책의 실상을 선전하고 저항세력의 감시체제를 강화할 필요성이 대두되었다. 이는 독립운동가에 대한 체계적인 회유공작으로 나타난 반면 직업적 친일분자를 생산하는 쪽으로 정책방향이 모아지게 되었다. 1919년 11월 수상 하라는 정무총감 미즈노에게 조선의 치안상 기밀금을 증액할 필요가 있다고 하여 100만 엔의 기밀비를 책정하였다. 이러한 기밀비는 대부분 직업적 친일분자를 양성하는 데 유용한 자금이었다. 이렇게 많은 자금을 들여 직업적 친일분자를 양성하는 이유는 이들이 물욕에 가득찬 이기주의자라는 점을 일제가 간파하였기 때문이다.[124] 총독부에서는

121) 朝鮮總督府, 〈朝鮮に於ける新施政〉, 《齋藤總督の文化統治》, 41쪽.
122) 朝鮮總督府, 〈朝鮮治安の現狀及將來〉, 《齋藤總督の文化統治》, 394쪽.
123) 姜東鎭, 앞의 책, 189쪽.
124) 姜東鎭, 위의 책, 194~195쪽.

거액의 자금을 살포하여 직업적 친일분자의 육성에 심혈을 기울였다. 이는 민족적 정신에 호소하기 보다는 금품에 의한 포섭과 회유가 수월하였기 때문에 취해진 결과이다. 이렇게 조선총독부의 자금을 받아 친일행위를 수행한 자들은 李紀東·朴春琴을 비롯하여 박영효·신석린·선우순 등을 들 수 있다.

또한 일제는 자본제를 이식하면서 본국의 자본주의 발달을 위하여 1920년 〈회사령〉을 철폐하여 조선에서 친일적 민족부르주아의 성장을 꾀하였다. 그러나 조선인 기업가들은 조선총독부에 대한 협력과 타협없이 기업활동을 영위할 수 없었다. 따라서 이들 대부분은 총독정치에 대한 타협의 산물로 기업운영권을 지속적으로 유지할 수 있었다.[125] 1920년대 기업자유화정책에 따라 매판자본가들은 총독부에 대한 '협력'을 담보로 '보상'을 받았다. 이러한 현상은 1930년대에도 조선인 자본가들이 자본축적을 위해서도 총독부의 협력을 받은 것과 비슷한 맥락에서 이해하여야 할 것이다. 1920년대의 예속자본가로는 閔大植·閔應植과 한상룡·芮宗錫·張稷相·白完赫 등이 대표적이다. 물론 金性洙와 같이 경성방직을 경영하면서 일제와 타협한 경우도 예외는 아니었다.[126]

요컨대 조선총독부에서는 식민지 조선인의 저항에 직면하면서 자본주의 체제를 확고히 하고 나아가 대륙침략의 기틀을 마련하기 위해서는 식민지 조선을 잡음없이 통치해야만 하였다. 따라서 사이토 총독이나 일본 본국의 입장에서는 대민업무를 포함한 기타 행정업무를 월활히 진행하기 위해서는

125) 박섭, 앞의 책, 129쪽.

126) 姜東鎭, 앞의 책, 214~215쪽. 특히 일제는 지방 거주의 조선인 갑부를 이용하여 재지세력의 동화를 꾀하였다. 그 가운데 대표적인 인물이 충청도의 갑부인 김갑순이다. 그는 자신의 사회적 지위를 신장하기 위해 조선총독부와 긴밀한 관계를 유지하였으며, 나아가 신분적인 제약을 극복하고 일제통치기에 정치적인 성장을 도모한 대표적인 친일파였다(池秀傑, 〈日帝下 公州地域 有志集團 硏究 ―사례2 : 金甲淳(1872~1960)의 '有志基盤'과 '有志政治'〉, 《于松趙東杰先生停年紀念論叢》, 1997 참조). 예속자본가에 대한 총독부 당국의 입장은 매우 명확하였으며 이를 식민지 통치와 연계하여 조선인 자본의 성장을 막기보다는 일본자본을 흡수하여 조선인 자본을 예속하고 나아가 이를 이용하여 실질적인 일본자본의 축적을 단행하는 방향으로 경제정책이 시행되었다.

일본인과 같은 조선인을 육성·보호·이용하는 것이 가장 적합하고 효율적이라고 판단하였다. 이러한 맥락에서 키워진 친일파들은 일본인보다 더한 일본인으로 탈태한 경우도 있었으며, 이들의 역할은 1930년대 말 전시체제하에서 일본제국주의 정책에 더욱더 협조하는 양태로 표출되었으며, 지식인 및 예술인에게까지 확대되었다. 일제의 친일파 육성책은 단박약과 같은 폭력적 억압책으로는 식민체제의 유지가 힘들기 때문에 나타난 하나의 고육책이자 당시 현실적으로 가장 합리적인 동화정책이었던 것이다.

(3) 친일단체의 조직

조선총독부에서는 시정일반을 개선한다는 명목으로 조선인을 선별하여 또는 조선인 단체를 선별하여 지원금을 대여하고 그들을 육성하였다. 앞서 살펴보았듯이 조선인에 대한 조선총독부의 동화·친일정책은 매우 광범위하게 전개되었다. 3·1운동 직후 《京城日報》에서 발간한 《朝鮮騷擾の眞相》에서는 "조선인의 광범위한 저항은 총독정치, 식민지 통치에 대한 조선인의 무지와 이를 알리기 위해서는 온건한 인물을 키워 새로운 정치의 이해를 꾀하여야 한다"고 하였다.[127] 이러한 가운데 일세는 개인의 효용성과 단체의 효용성을 두고 후자가 좀더 조직적인 친일활동을 전개할 것이라고 판단하여 일진회와 같은 각종 친일단체를 설치하였다. 친일단체란 식민지 한국에서 조선총독부 및 일본정부의 사주·지원으로 조직된 어용적·반민족적 결사를 말한다. 총독부가 친일단체의 조직에 관심을 보인 것은 사이토가 총독으로 부임하면서부터이다.

> 당국의 태도를 분명히 하는 것만으로는 흑백을 가리기 어렵고 또한 흑백이 선명하게 가려지지 못한 결과로 압박정치라는 따위의 비난이 높아가는 것은 본의가 아니다. 따라서 이 기회에 일반 인민의 거취를 분명히 밝히도록 하기 위한 방법으로서 믿을 수 있는 민간 유지를 시켜 은밀히 조선인 가운데 우리와(일본)와 같은 이상과 정신을 지니고 신명을 걸고 일을 해줄 핵심인물을 골라낸다. 다시 이 인물로 하여금 귀족·양반·유생·갑부·실업가·교육가·종교가 등에게 각 계층과 사정에 따른 각종 친일단체를 조직하게 하고 이에 얼마간의 편의와

---

127) 加藤房藏, 《朝鮮騷擾の眞相》(京城日報社, 1920), 100~101쪽.

원조를 주어 충분히 활동하게 한다(朝鮮總督府, 〈朝鮮民族運動に對する對策〉, 《齋藤實文書》 4).

이러한 친일단체를 조직하게 된 것은 조선인의 저항을 미연에 방지하고 폭넓은 지지세력을 만들기 위함이었다.[128] 즉 식민지 각계각층에 침투하여 조직적으로 동화정책을 시행하는 데 친일단체는 매우 유용하였다. 이렇게 해서 조직된 단체는 국내의 國民協會·矯風會·大東同志會·大正親睦會·維民會·小作人相助會·大東斯文會·商務社·相愛會·甲子俱樂部·同友會 등이며, 국외 특히 만주에서는 保民會·朝鮮人民會 등이 활동하였다. 이 가운데 조선총독부의 전폭적인 지지와 후원을 받으면서 친일행위를 전개한 대표적인 단체는 국민협회이다.

국민협회는 1919년 8월 1일 閔元植이 세운 協成俱樂部를 개칭하여 친일단체로 전환한 것이다. 1920년 1월 경무국 사무관 마루야마 쓰루기치(丸山鶴吉)의 지원으로 조직되었다. 회장 민원식은 일본 수상 하라의 내지연장주의에 기대어 조선의 자치청원운동을 적극적으로 주장하면서 친일여론을 조성하였다. 특히 민원식은 참정권 청원운동에 진력하면서 일본의 자금혜택으로 친일활동을 지속할 수 있었다. 이는 대한민국임시정부에서 가장 먼저 처단할 인사로 민원식을 지목한 데서 알 수 있듯이, 그의 행위는 친일의 전형적인 형태로 표출되었다.[129] 이른바 신일본주의를 주창하면서 일제의 식민통치를 합리화하고 나아가 조선인의 각성을 촉구하는 등의 행위를 하였다.[130] 하지만 국민협회도 민원식이 梁槿煥에게 암살당한 이후 그 활동은 급격하게 퇴조하였다.[131] 당시 국민협의의 대표적인 구성원은 金明濬·鄭丙朝·金甲淳·韓永源·李炳學·金錫永·申錫雨·朴鳳柱 등이었으며, 후일 有志聯盟의 조직에 중요한 역할을 하였다.

---

128) 친일단체에 대해서는 姜東鎭, 앞의 책, 220~264쪽.

129) 姜東鎭, 위의 책, 221쪽.

130) 《新韓民報》, 1920년 7월 22일, 〈소위 신일본주의파의 망동〉.

131) 민원식이 양근환에게 피살된 사건은 일부 일본 지도자의 동정을 받았으며, 同和에 종사하는 친일파의 중대한 위협이라고 강조하였다(《帝國議會衆議院議事速記錄》 4, 153쪽).

다음으로 평양에 본부를 두고 활동한 大東同志會를 들 수 있다. 평안남도 지방은 일본에 대한 저항의식과 저항운동이 강한 지역이므로 일제로서는 이 지역에 대한 잠재적인 저항세력을 제거하기 위해 전 통감부 간도파출소 핵심 인사였던 평남지사 시노타 지사쿠(篠田治策)의 지원 아래 선우순과 羅一鳳·金興健 등에게 대동동지회를 조직케 하였다.132) 대동동지회의 친일행위는 주로 강연과 선전에 의존하였다. 즉 친일여론을 모으기 위하여 조선민중이 최후의 행복을 얻을 수 있는 길은 일본 통치에 달려있다고 하는 조선총독부의 新政을 알리는 데 주력하였다.133) 하지만 평양에 본부를 두었기 때문에 그 이외의 지방에까지 세력을 넓히는 일은 어려웠다.

한편 일제는 대지주 및 기업가를 포섭하고 보다 조직적인 활동을 전개하기 위해 維民會를 설치하였다. 또한 지역 유생들을 친일세력으로 끌어들이기 위해 내동사문회·儒道振興會를 설치하였다. 유도진흥회는 1920년 1월 16일 서울 및 지방 유림 88명이 서울에 모여 조직한 단체이다. 이 단체는 양주·남양·장단 등을 중심으로 빠르게 지회가 설치되었으며, 각 도지사 역시 적극적인 지원을 하였다. 유도진흥회의 설립목적은 "유도를 진흥해서 피폐된 유풍을 되살리고 동양도덕의 진원을 발휘하여 민심의 안정"을 꾀하는 데 있다고 하였다. 이는 조선총독부의 식민통치와 부합되는 것으로 金榮漢 등을 중추원의 참의로 우대한 데서 알 수 있듯이 이 단체는 친일유생을 이용하여 각 지역의 민중을 장악하기 위한 것이었다.134)

또한 일제는 보부상 단체인 商務社를 이용하여 식민지인에 대한 민간 감시체제를 더욱 강화하였다. 한국 근대사에서 보부상 집단은 주로 어용적·반민족적·전근대적 존재로 인식되었다. 이에 사이토 총독은 보부상을 상무사로 바꾸어 대민감시를 강화하였던 것이다. 당시 인물로는 李寅榮·金光熙·李址鎔·구연수 등이었다. 그러나 이 단체에 대한 민중의 반감은 매우 격렬하였으며 활동 역시 위축될 수밖에 없었다.

---

132) 朝鮮總督府, 《朝鮮統治秘話》, 143쪽.
　　姜東鎭, 앞의 책, 223쪽.
133) 《新韓民報》, 1921년 6월 23일, 〈양적의 백두활동〉.
134) 姜東鎭, 앞의 책, 227~230쪽.

1920년대 국내에서는 민족주의세력과 사회주의세력이 성장하면서 독립운동이 활발하게 전개되었다. 일제는 이 대항책으로서 탄압과 회유를 목적으로 위축된 친일파 연합을 추진하였다. 이렇게 하여 조직된 각파유지연맹은 1924년 1월 발기인대회를 통해 4월 11일 경성호텔에서 창립총회를 개최하였다.[135] 즉 국민회의·조선소작인상조회·유민회·동광회·노동회·조선경제회·교풍회·노동상애회·대정친목회·동민회·유도진흥회·청림교 등 12단체가 연합하여 친일단체를 조직하였다. 이 연맹은 일본과 조선의 융합에 힘쓰며 한일합병의 대원칙하에 두 민족이 영원한 행복, 발전을 위해 일치단결해야 함을 강조하면서 이를 위해서는 과격사상의 배격, 총독정치에 절대적인 신뢰를 보내야 한다고 하였다. 이들 단체는 사회주의 사상의 만연과 이를 통한 식민지인의 저항이 광범위하게 전개될 것을 우려한 일제에 의해 조직된 허수아비 단체였다. 특히 이 과정에서 많은 조선인들은 허울좋은 일제의 식민통치에 매몰되어 자기 민족을 가혹한 식민통치의 수탈구조에 고착시켰다.

일본제국주의는 이러한 친일단체를 통하여 조선민중에게 민족개량주의 사상을 침투시켜 식민지 지배에 협력시키려고 하였다. 이 부르주아 상층부는 식민지 지배의 달콤한 유혹에 현혹되어 독립시기상조론 및 독립불능론을 주장하면서 적극적인 저항운동은 펼칠 수 없었다.[136]

〈尹海東〉

135) 발기인대회 참석한 인물은 金明濬·李炳烈·姜麟祐·南相一·金丸·李東雨·이희간·고희준·박병철·김동진·나홍석·이철호·이동혁·채기두·이풍재·유병룡·문택·박해원·유문환·유병필·김중환·정홍진·예종석·천영기·신석린·김상우·박춘금 등이다(姜東鎭, 위의 책, 248~249쪽).

136) 朴慶植, 앞의 책, 210쪽.

2. 수탈체제의 강화

1) 총독부 산업정책의 전환

1910년대 말에서 1920년대 초반에 걸쳐 조선 경제는 전환기를 맞이하였으며, 총독부는 이에 걸맞는 산업정책의 수립을 요청받았다. 조선 경제의 전환을 가져온 계기는 식민지 기반구축사업의 일단락 및 일본 자본의 조선 진출이었다.

러일전쟁 직후의 화폐정리사업에서 시작된 식민지 기반구축사업은 토지조사사업이 완료됨에 따라 대체적인 윤곽이 드러났다. 일제는 화폐정리사업과 재정정리사업을 통하여 식민지 재정·금융·화폐제도를 정비하고, 관세 및 〈회사령〉을 통하여 자유로운 상품유통 및 자본유통을 제한한 위에서, 토지조사사업을 실시하여 근대적인 등기제도와 지세제도를 도입하였다. 이러한 식민지 기반구축사업을 통하여 조선 경제를 일본 경제에 결합시킴으로써 식민지 조선이 일본 자본주의의 상품시장이자 자본시장으로 기능할 수 있게 만들었다.

일본 자본의 조선 진출이 본격화된 것은 1910년대 후반이었다. 일본자본주의는 1910년대 후반 제1차 세계대전의 호경기를 이용하여 수입국에서 수출국으로, 채무국에서 채권국으로 전환하는 등 비약적인 발전을 이룩하였다. 그러나 제1차 세계대전 중의 호황은 교전국으로부터 넘어온 군수와 미국의 호황에 힘입은 것이었다. 따라서 1918년 11월 휴전조약이 성립하자 곧 주식시장을 비롯한 산업 전반의 동요가 일어났고, 전쟁종결에 따른 급속한 시장 축소로 인하여 1920년 '전후공황'에 돌입하였다. 일제는 공황기에 접어들면서 식량과 원료의 공급기지로 활용해 오던 식민지 조선을 한편으로는 과잉생산된 상품의 수출시장으로, 다른 한편으로는 과잉축적된 자본의 수출시장으로 활용함으로써 공황의 돌파구를 마련하였다. 1916년에 147개이던 일본인 회사는 1920년에 414개로 늘어났으며, 불입자본금도 2천 3백여 만원에서 1억 5천

여 만원으로 크게 증가하였다.[1]

이렇게 일본 자본의 진출이 급증하자 자본의 자유로운 출입을 제한하는 〈회사령〉과 關稅가 대두되었고, 결국 1920년 4월의 〈회사령〉폐지와 1923년의 관세폐지로 이어졌다. 1910년 12월에 발포된 〈회사령〉은 두 가지 목적을 가지고 있었다. 하나는 조선인 자본, 조선 내 일본인 자본, 조선에 진출하고자 하는 일본 내 자본을 막론하고, 모든 민간자본의 투자방향을 총독부가 장악하는 것이며, 다른 하나는 조선인의 전통적인 상업관행을 말살하고 일본 자본의 자유로운 활동공간을 보장하기 위하여 자유경쟁체제를 구축하려는 것이었다.[2] 그러나 1914년 제1차 세계대전의 발발과 함께 일본의 호황이 시작되자 총독부는 〈회사령〉의 시행규칙을 완화하여 조선에서 사업을 경영하려는 일본 내 자본가들의 진출을 원활하게 하였으며, 전쟁경기에 편승하여 조선에 대한 투자가 급증하고 조선 내 회사 설립이 급속하게 늘어남에 따라 1918년 6월 〈회사령〉을 개정하여 자본 진출의 모든 장애물을 제거함으로써 회사령은 사문화되었다. 1920년 4월의 〈회사령〉폐지는 이미 사문화된 채 법령으로만 남아 있는 〈회사령〉을 최종적으로 없앤 것에 불과하였다.

〈회사령〉 폐지와 더불어 상공업계 초미의 관심사로 떠오른 것은 관세문제였다. 관세제도는 강제병합 당시 국제통상의 마찰을 우려하여 10년간 유지하기로 한 관세율이 1920년 8월로 만료되기 때문에 관세의 개정문제가 대두하였다. 일본은 관세제도 유보기간이 만료됨에 따라 일본과 조선간의 관세를 완전히 철폐하는 방안을 검토하였다. 그러나 당시 관세가 총독부 재정수입에서 地稅 다음으로 큰 비중을 차지하고 있었고, '문화정치'가 실시됨에 따라 재정수요가 확대되고 있던 상황에서 관세의 완전한 철폐는 유보되지 않을 수 없었다. 이 때문에 1920년 8월 일본측 이입세만 폐지되고 한국측 이입세 폐지는 유보되었으며, 1923년에 가서야 酒類와 織物類를 제외한 모든 물품의 이입세가 폐지되었다.

---

1) 《朝鮮總督府統計年報》, 각년판.

2) 전우용, 《19세기 말~20세기 초 한인 회사 연구》(서울대 박사학위논문, 1997).

식민지 기반구축사업이 일단락된 뒤에서 일본 자본이 대대적으로 진출함에 따라 종합적인 산업정책의 수립이 요구되는 상황에서 총독부는 1921년 9월 "조선총독의 자문에 응하여 조선산업에 관한 중요사항을 조사, 심의하기"(〈조선산업조사위원회규정〉 제1조) 위하여 '朝鮮産業調査委員會'를 개최하였다.[3] 조선산업조사위원회는 정무총감을 위원장으로 하여 일본측 20명(관료 4, 학자·전문가 5, 실업가 11), 조선측 27명(관료 8, 일본인 실업가 10, 조선인 실업가 9) 등 47명의 위원으로 구성되었다.

한편 조선산업조사위원회의 개최를 앞두고 조선인 자본가들은 '조선인 본위의 산업정책'을 총독부에 건의하였다.[4] 조선인 자본가들이 자신들의 입장을 표명하게 된 것은 일제의 강점으로 위축되었던 조선인 자본이 1910년대 말의 호황과 일본 자본의 투자를 타고 일어난 회사 설립 붐('會社熱') 속에서 크게 증대하였기 때문이었다. 1916년에 36개이던 조선인 회사가 1920년에는 99개로 늘어났고 불입자본금도 478만원에서 1,920만원으로 크게 늘어났다.[5] 이렇게 회사 설립 붐을 타고 크게 증가한 조선인 자본은 1920년 일본 자본의 홍수와 일본으로부터 불어닥친 불황 앞에서 존립 자체가 위협받기에 이르렀다. 이러한 상황에서 산업조사위원회가 구성된다는 발표가 있자 조선산업조사위원회에 조선인들의 요구를 반영시키기 위하여 저명인사와 조선인 자본가들을 중심으로 1920년 7월에 '조선인산업대회'가 창립되었다.

조선인산업대회에서는 조선산업조사위원회가 열리기 직전인 9월 12일 총회를 열고, 조선인 본위의 산업정책과 조선인 산업의 보호정책을 건의하는 결의문과 강령을 채택하였다.

---

3) 조선산업조사위원회 개최는 ① '문화통치'로의 전환에 따라 조선인을 참가시킨 각종 조사심의기관의 설립, ② 경성상업회의소 등 재조선 일본인 실업가의 건의 등이 직접적인 계기로 작용하였다(金子文夫, 〈1920年代における朝鮮産業政策の形成－産業調査委員會を中心に－〉, 《近代日本の經濟と政治》, 山川出版社, 1986).

4) 조선산업조사위원회를 전후한 조선인 자본가측의 동향에 대해서는 박찬승, 《한국근대 정치사상사연구－민족주의 우파의 실력양성론－》(역사비평사, 1992), 191～196쪽.

5) 《朝鮮總督府統計年報》, 각년판.

〈결의문〉

산업의 발달 여부는 사회의 흥망성쇠를 결정하는 기초문제라. 이제 우리는 조선인의 생존권을 확충하여 그 발달을 확보하기 위하여 아래의 강령을 결의하는 동시에 집행위원으로 하여금 이 강령을 일반 사회에 선포케하여 조선총독부에 건의케 함.

〈강 령〉

1. 조선인 본위의 산업정책을 확립하되 소수 유산계급의 이익을 목적하지 말고 일반 다수 민중의 행복을 목표로 할 것.
1. 농업을 토대로 하여 상공업의 발달을 기하되 보호정책을 채용하여 경쟁의 참화를 제거할 것(《東亞日報》, 1921년 9월 14일, 〈産業大會決議案〉).

친일단체인 維民會에서도 9월 초 임시총회를 열어 '조선인 본위의 산업정책'과 조선인 중심의 농업회사와 금융기관의 설립을 건의하는 건의안을 채택하였다. 《동아일보》도 산업조사위원회의 개막에 즈음하여 수차에 걸친 사설을 통해 '조선인 본위의 산업정책'을 세울 것을 촉구하였다. 《동아일보》는 조선인산업대회와 유민회의 입장을 전폭적으로 지지하면서, 조선인의 경제적 발달을 위해서는 조선인을 일본인과의 자유경쟁 상태에 방임하는 것은 곤란하므로 조선인을 위한 특별한 보호가 필요하다고 주장하였다. 일본인 자본가와 조선인 자본가의 이해관계 차이는 이미 관세폐지 문제에서도 보였지만[6)]

6) 일본에서 관세를 폐지하는 방안을 검토하고 총독부에서도 관세철폐를 표방하자 조선인 상공업자들은 강력하게 항의하였다. 《동아일보》에서는 관세의 철폐가 ① 조선에서 생산되는 값싼 원료를 보다 생산시설이 잘 갖추어진 일본으로 무제한 방출되게 할 것이며, ② 일본산 상품이 조선에 물밀듯 밀려와 국내시장을 독점하여 자본과 기술면에서 열세에 있는 조선의 공업을 形迹도 없게 할 것이며, ③ 총독부의 수입원이 감축되어 조선인들의 조세부담이 증가하게 될 것이라면서 이를 반대하였다. 반면 일본인 상공업자를 대변하는 경성상업회의소에서는 관세철폐를 적극적으로 지지하였다. 경성상업회의소에서는 1919년 7월 탁지부장관의 자문에 대한 답신에서 한국의 대외관세는 일본 현행 〈관세법〉 및 〈관세정율법〉을 시행하고 이입 관세는 철폐를 원칙으로 하되 일정한 산업보호관세 및 재정수입상의 관세를 존치하도록 하였다. 1920년 들어 재정상의 이유로 관세철폐를 연기한다는 소문이 돌자 경성상업회의소는 "조선에서 들어오는 이입품에 대하여 일본 이입관세를 철폐하고, 아울러 일본에서 조선으로 이입하는 공업원료의 조선 이입관세를 면제할 것을 요망"하는 건의서를 내각 및 총독 등에게 제출하였다.

산업정책의 측면에서도 현저한 것이었다.

9월 15일부터 20일까지 조선산업조사위원회에서는 3개 특별위원회의 항목별 심의를 거쳐 〈조선산업에 관한 일반 방침〉과 10개 항목의 〈조선산업에 관한 계획요항〉을 결의하였다.

〈조선산업에 관한 일반 방침〉

> 조선의 산업상 계획은 제국산업정책의 방침에 순응할 것이며 내외의 정세 특히 일본 內地, 중국, 노령아세아 등 인접지방의 경제적 사정을 고찰하여 이 대책을 강구할 필요가 있도다. 조선의 산업은 시정 이래로 진보의 자취가 현저하나 그 진보는 필경 草創의 초기에 속하므로 그 기초가 오히려 박약하여 전도 발전의 요건에 결여한 바가 적지 않다 하노라. 따라서 장래 더욱 더 지식 기능의 향상 발달을 촉진하고 근면·협동의 관습을 조장하여 산업 제반의 조직 및 교통·통신의 기관을 정비하여 資力의 충실 및 금융이 소통을 도모하여 日鮮人 및 日鮮의 관계 연락을 일층 밀접하게 하는 방법을 강구하여 조선 경제력의 진보와 일선 공동의 복리증진을 기하지 아니하지 못할지라. 조선 산업에 관한 제반정책의 실행에 대하여는 미리 일본 內地 및 인접지와의 관계, 조선 내부의 사정 및 재정상의 관계 등을 고려하여 그 규모를 정하고 경중을 較量하고 완급을 안배하기를 요하노라(《産業調査委員會會議錄》, 29~30쪽).

조선산업조사위원회에서는 조선의 산업정책이 일본제국의 산업방침에 순응해야 하는 것임을 분명히 하였으며, 산미증식과 철도 건설을 중점사업으로 제기한 총독부의 산업정책을 추인하였다.

조선산업조사위원회에서 산업정책의 대강이 확정되자 일본인이 중심이 된 각지의 상업회의소는 1922년 2월 임시조선상업회의소연합회를 개최하여 철도 건설, 이입세 철폐, 산미증식, 수산 개발 등 '産業開發四大要項'을 요구하는 등 일본 정부와 의회에 조선 산업개발을 촉구하는 운동을 전개하였다. 산미증식계획이 총독부의 최우선 시책으로 시행되고, 1923년 4월 대부분의 이입세가 폐지됨에 따라 상업회의소의 활동은 철도 건설로 옮겨졌으며, 상업회의소는 제국철도협회·조선철도협회와 더불어 총독부의 〈조선철도12년계획〉의 입안·실행에 커다란 역할을 하였다.

반면 조선인 자본가들이 제기한 '조선인 본위의 산업정책'이 일본인 위원의 반대에 부딪쳐 무산되고 '일본인 본위의 산업정책'으로 귀결되자 조선인 자본가들은 자구책을 마련하지 않을 수 없었다. 《동아일보》는 조선산업조사위원회에서 채택한 산업정책은 결국 조선의 경제를 일본에 완전히 예속시키려는 것이므로 이제 일본인과 조선인 사이에 '경제전쟁'이 시작되었다고 선언하면서 조선인 자본가들의 분발을 촉구하였다. 이러한 '조선인 본위의 산업정책'의 좌절은 이후 경제적 실력양성론이 대두되고 물산장려운동이 시작되는 계기가 되었다.

2) 농업—산미증식계획

1920년부터 본격적으로 추진된 산미증식계획은 20년대의 대표적인 식민지 산업정책이었다. 조선총독부는 당초 30개년 계획으로 총 80만 정보의 토지를 개량하고 耕種法을 개선하기 위하여 대규모의 자본을 투자하였으며, 대공황의 여파로 1934년에 중단되기까지 산미증식계획은 식민지 산업정책의 중추적 역할을 담당하였다. 나아가 수많은 자금과 인력이 투하된 산미증식계획은 조선사회에 커다란 변동을 가져왔다.

산미증식계획은 기본적으로 1918년 일본에서 일어난 '쌀소동'에 대처하기 위하여 실시되었다. 제1차 세계대전기의 호황으로 공업이 급속히 발전하고 공장노동자가 증가하였으며, 이에 따라 쌀값이 폭등하고 식량사정이 악화되었다. 서민생활의 악화는 결국 1918년 생활난 구제와 쌀값인하를 요구하는 전국 각지의 시위와 폭동으로 번졌고, 그 대책으로서 일본쌀과 같은 자포니카계인 조선쌀의 도입이 추진되었다. 또한 산미증식계획은 일본의 과잉자본을 조선에 투입함으로써 당면한 불황을 넘어서기 위한 방책인 동시에, 지주층에게 지원을 집중하여 農政의 주체로 만듦으로써 식민통치를 안정적으로 수행하기 위한 방책이었다.

산미증식계획은 1920년에 시작되어 1934년에 중단되기까지 두 차례 시행되었으며,[7)] 토지개량사업(관개 개선, 지목 변경, 개간 및 간척)과 농사개량사업

7) 일반적으로 산미증식계획은 세 차례에 걸쳐서 시행된 것으로 파악한다. 그렇지만 1940년의 '조선증미계획'과 1943년의 '개정증미계획'은 식민지 산업정책의 중

(施肥증대, 우량품종보급)을 중심으로 추진되었다. 조선총독부는 1920년부터 30개년 계획으로 총 80만 정보의 토지를 개량하고 경종법을 개선할 방침을 세우고, 그 전반기에 해당하는 15개년 동안의 산미증식계획을 입안, 시행하였다. 이 계획은 15개년에 걸쳐 사업비 2억 3,621만원을 투자하여 42만 7,500정보의 토지개량을 시행하고, 약 900만 석의 쌀을 증수하여 이 중에서 절반 가량인 460만 석을 일본으로 가져가려고 하였다. 그렇지만 1925년까지 6년 동안 매년 2백여 만원의 사업비를 총독부 예산에서 지출하는데 그쳐, 토지개량에 착수한 곳이 9만 7,500정보(계획의 59%)이고 준공한 것은 7만 1,000정보(계획의 61%)에 불과하였다. 이처럼 사업의 진척이 부진했던 원인은 연이은 불황, 물가등귀 및 금리등귀에 따른 공사비 증대, 정부알선자금의 낮은 비중, 토지경영의 높은 수익률 등으로 인한 것이었다. 이 기간 동안에 미곡생산량은 다소 증가하였지만 일본으로의 반출은 미곡생산량 이상으로 크게 증가하여 생산량보다 더 많은 쌀을 반출하였다.

이처럼 사업이 부진하자 조선총독부는 1926년부터 12개년 동안 '산미증식갱신계획'을 시행하였다. 제2차 계획은 향후 12개년 동안 사업비 3억 2,533만원을 투자하여 35만 정보의 토지개량을 시행하고, 약 817만 석의 쌀을 증수하여 일본으로 이출하고자 하였다. 제2차 계획은 정부알선 저리자금의 비중을 크게 높이고(32%→73%) '조선토지개량주식회사'를 설립하여 사업을 적극적으로 추진하게 함으로써 제1차 계획에서 미흡했던 점을 보완하였다. 그 결과 20년대 후반에는 상당한 성과가 있었지만 30년대에 들어 극히 부진하였다. 1926~29년에 5,751만원을 투자하여 토지개량에 착수한 곳이 11만 4,000정보(계획의 105%)이고 준공한 것이 4만 5천 정보(계획의 56%)였으며, 1930~1933년에 6,090만원을 투자하여 토지개량에 착수한 곳이 4만 100정보(계획의 35%)이고 준공한 것이 9만 2,600정보(계획의 85%)였다. 1930년 이후 대공황의 여파로 정부알선자금이 급격히 감소하고 쌀값하락으로 수리조합의 경영이 악화되었기 때문에 실적이 부진하였으며, 이러한 상황에서 일본 농민들이 조

심이 되었던 1920년대의 산미증식계획과 그 위상이나 성격을 달리하는 것이기 때문에, 여기에서는 1920~1925년에 실시된 '산미증식계획'과 1926~1934년에 실시된 '산미증식갱신계획'을 산미증식계획으로 포괄하고자 한다.

선미 이입을 반대함에 따라 조선토지개량주식회사도 해산하고 산미증식계획은 중단되었다.

산미증식계획의 결과 증산된 쌀보다 더 많은 양의 쌀이 일본으로 반출되었으며, 쌀로의 단작농업화가 크게 진전되었다.

〈표 1〉 농가 경영 구성의 시기별 변화

(단위 : %)

부 문		조선 남부		조선 서부·북부	
		1910년	1935년	1910년	1935년
경종	소 계	66.0	93.1	78.9	93.2
	쌀	37.5	70.3	32.9	79.3
	맥 류	10.5	7.6	4.5	0.5
	두 류	4.8	2.3	12.2	4.2
	잡 곡	0.5	0.5	22.0	3.4
	특용작물	4.9	4.7	6.0	0.7
	채 소	7.8	7.6	1.3	5.1
	녹 비		0.1		
양 잠			2.2	0.6	0.2
축 산		5.4	2.0	9.2	2.9
농 산 가 공		28.6	1.8	11.2	2.9
기 타			0.8		1.5

* 비고 : 小早川九郎, 《朝鮮農業發達史》 發達編, 574~575쪽.

또한 일본에서 신품종이 들어오고 개량농법이 보급됨으로써 재래농법이 파괴되었으며, 농가의 비료 소비가 크게 증대하였다. 그리고 지주제와 관련하여 일본인 대지주 및 조선인 대지주가 성장한 반면 조선인 중소토지소유자는 몰락하였는데, 이는 농업금융의 편중, 과중한 수리조합비 때문이었다.

이상에서 살펴본 것처럼 산미증식계획의 전체적인 모습은 정리되었지만 산미증식계획의 배경·성격, 지주제에 미친 영향 등에 대해서 상이한 평가들이 제기되고 있다. '산미증식계획이 실제로 생산성의 증가를 가져왔는가'라는 기본적인 질문에 대해서도 답변이 엇갈리고 있는 실정이다. 아래에서는 크게 ① 산미증식계획이 농업의 생산성과 생산관계에 미친 영향, ② 수리조합사업이 지주제에 미친 영향이라는 두 가지 쟁점에 대하여 검토해 보기로 하겠다.

첫 번째 쟁점은 산미증식계획이 조선 농업의 생산력과 생산관계에 어떠한 영향을 미쳤는가에 대한 것이다. 이이누마 지로(飯沼二郎)[8]는 산미증식계획을 통하여 생산력이 높은 후쿠오카(福岡)농법이 보급됨으로써 일본의 농업혁명에 비견되는 조선의 농업혁명이 일어났다고 보았다. 그에 의하면 후쿠오카농법은 深耕과 多肥를 특징으로 하는데, 산미증식계획 기간 중 제1차 계획시 정부알선 저리자금의 40%, 제2차 계획시 정부알선 저리자금인 농업개량자금의 80% 이상이 비료구입비에 사용되어 1926년 경부터 화학비료의 소비가 크게 증가하였으며, 심경을 위한 개량농구도 총독부의 보조금 지급 및 개량농구강습회 개최에 힘입어 널리 보급되었다고 하였다. 일본식 '우량품종'과 일본식 농법의 강제는 주로 일본인 지주에 의하여 이루어졌으며, 일본식 농법은 1~2정보를 경작하는 소농에게 적합하고 임노동에 의존하는 상층농에게는 상대적으로 불리한 기술체계였다. 이러한 일본식 농법의 보급은 동태적 지주는 성장하고 정태적 지주는 쇠퇴하는 계기가 되었다.

산미증식계획이 생산성을 증대시켰다는 이이누마의 견해에 대하여 鄭文鍾[9]은 산미증식계획에 대한 대부분의 연구가 쌀 생산의 비약적 증가에 근거하여 생산력의 증가를 전제하고 있음을 지적하고, 산미증식계획에 의하여 생산력이 정체되고 생산구조가 왜곡되었음을 실증하였다. 그에 의하면 산미증식계획에 의한 쌀의 생산량 증가는 비료 사용의 증대, 田作으로부터 畓作으로의 노동력 이전에 의한 것인데, 이렇게 볼 때 농업 전체의 생산력 수준은 변동이 없으며 오히려 비료대금의 압박, 토지의 척박화, 재래농법의 파괴를 가져와 생산력 증가 기반을 잠식하게 되었다고 하였다. 또한 개량농구는 경작과정에 사용되는 것보다는 곡물가공 과정에 사용되는 것이 대부분이고 소작농을 중심으로 하는 영세농경영이 지배적인 조선의 현실에서 개량농구의 보급이 구조적으로 한계를 가지고 있었기 때문에 개량농구에 의한 생산력

8) 飯沼二郎, 〈日帝下朝鮮の農業革命〉(《朝鮮史叢》 5·6, 1982).
———, 〈1920, 30年代朝鮮農業の構造〉(《朝鮮近代の歷史像》, 日本評論社, 1988).
9) 鄭文鍾, 〈産米增殖計劃과 農業生産力停滯에 관한 연구〉(《한국근대농촌사회와 농민운동》, 열음사, 1988).

증대는 거의 없었다. 이는 일본에서 도입된 우량품종이 재래종 보다 수확량이 많은 것은 경작지가 비옥한 토지였고 시비량이 많았기 때문이었다. 따라서 산미증식계획의 본질은 생산력 수준의 변화보다는 쌀로의 단작농업화, 재래농법의 파괴라는 생산력 구조의 변화에서 찾을 수 있으며, 이러한 생산력 구조변화의 결과 농민 몰락의 촉진, 생산력 증가 기반의 파괴가 나타났다고 파악하였다. 禹大亨[10]도 개량농법이 소농에게 유리하다는 이이누마의 견해를 비판하면서 개량농법의 보급이 농업생산력과 농민층 분해에 미친 영향을 분석하였다. 그에 의하면 1910년대 남한지역을 중심으로 급속히 확산된 少肥 개량종은 1910년대 말부터 미작생산성이 정체하기 시작하였다. 미작생산성의 정체는 1920년대 들어 산미증식계획에 힘입은 수리조합의 건설과 金肥 소비 증대를 통해서도 회복되지 못하였고 20년대 후반에 들어와서는 稻熱病이 빈발하는 등 오히려 정체가 심화되었는데, 이러한 정체는 少肥성 품종에 金肥의 소비만을 강제하는 잘못된 증산정책 때문이었다. 결국 이 시기 일제의 증산정책은 생산성 향상은 보지 못하고 농민에게 부채와 몰락만을 가져다 주었다. 개량농법은 자금력, 위험 감수 능력, 노동력, 기술력 등을 가진 부농층(상층농)에게 유리하였기 때문에 개량농법의 보급이 일부 부농층에게는 성장의 계기가 된 반면, 대부분의 중·하층 농민들의 몰락을 초래하여 농민층의 양극분해를 낳았다. 또한 개량농업의 보급은 소작농간의 양극분화 현상을 심화시켰으며, 소작료 수입의 극대화를 도모하는 동태적 지주를 출현시킨 중요한 계기가 되었지만 동시에 고율소작료와 자본이득에 기반을 두고 있는 정태적 지주를 여전히 다수로 남을 수 있게 한 계기가 되기도 하였다.

두번째 쟁점은 토지개량사업의 추진주체로서 핵심적인 역할을 담당했던 수리조합에 대한 평가의 문제이다. 산미증식계획이 실시되면서 '근본적인 증산책'이라 하여 위로부터 강력하게 추진되었던 수리조합사업은 시행 당시부터 추진, 운용과정에서 허다한 문제를 낳으면서 논란의 대상이 되었다. 한편에서는 수리조합의 강제적인 설립과 배타적이고 半官的인 운영방식, 과중한

---

10) 우대형, 《일제하 '개량농법'의 보급과 농촌구조의 변화》(연세대 경제학과 박사학위논문, 1994).

조합비, 그 과정에서 야기된 토지겸병과 농민층 몰락이라는 현상을 들어 수리조합사업을 비판하거나 수리조합정책의 전면적인 재검토를 주장한 반면, 다른 한편에서는 그것은 '百年大計'를 위해 어쩔 수 없이 치뤄야 할 부분적이고 일시적인 현상이라고 주장하였다.

全剛秀[11]는 토지개량사업 관련 저리자금 및 보조금의 80%가 집중적으로 투입된 수리조합은 식민지 농업개발에 동참한 일본인 대지주와 소수의 조선인 대지주가 적극 추진한 산미증식계획의 핵심적인 사업이자 식민지지주제가 전형적으로 나타나는 지점으로 파악하였다. 그에 의하면 수리조합사업은 식민지 통치권력에 의한 지원과 통제를 배경으로 하면서 조선식산은행·동양척식주식회사 등의 금융기관 및 대행기관과 대지주층 간의 밀접한 상호의존관계를 기초로 하여 진행되었으며, 수리조합비의 과중한 부담과 대지주에 의한 수리조합비의 횡적·종적 전가는 조선인 중소토지소유자의 토지 상실과 소작농의 궁핍화를 촉진하였다고 하였다. 또한 수리조합지역은 농장회사 형태로 존재하는 일본인 대지주로의 토지집중이 나타나는 동시에 식민지지주제의 핵심인 일본인 대지주와 소수의 조선인 대지주 존재가 가장 전형적으로 나타난 지역이었다.

이애숙[12]도 전강수와 마찬가지로 수리조합이 중농·빈농층의 희생 위에서 일제와 대지주의 이익을 위하여 설립, 운영되었다고 보았다. 그에 의하면 수리조합은 일본인 대지주들의 주도 하에 주로 개량·개간의 여지가 많았던 전북·경남과 중북부지방에서 활발하게 추진되었으나, 대다수 조합원의 이해와 부담능력을 도외시한 채 쌀의 급속한 증산과 일부 대지주층의 토지를 개량, 확장하기 위하여 강압적으로 추진되었다고 하였다. 수리조합사업은 양적·질적으로 성장한 대지주층, 과중한 조합비 부담으로 인하여 토지로부터 축출당한 농민층 및 운영난에 빠진 수리조합을 양산하고 일단 중지되었다. 수리조합사업은 설립 당시부터 중농·빈농층의 격렬한 반대에 부딪쳤으며,

---

11) 전강수, 〈일제하 수리조합사업이 지주제 전개에 미친 영향〉(《경제사학》 8, 1984).

12) 이애숙, 〈일제하 수리조합의 설립과 운영〉(《한국사연구》 50·51, 1985).

취약한 재무구조로 인하여 1934년 전체 조합의 35%에 해당하는 68개소의 수리조합이 부실 수리조합으로 규정, 정리되었다.

최근 사례분석과 통계분석에 기초하여 수리조합에 대한 기존의 이해를 비판하는 견해가 제기되었다. 마쓰모토 타케노리(松本武祝) 등은[13] 종래의 수리조합 연구가 산미증식계획과 관련해서 수리조합을 다루었기 때문에 시기적으로 유형적으로 아주 한정적이고 개별 수리조합의 사례분석이 결여되어 있다고 지적하면서, 1908년부터 1945년 8월까지 창설된 수리조합 639개 전체를 통계처리하여 조합장의 국적, 창설시기, 규모, 水源의 네 가지 지표를 기준으로 식민지기의 수리조합을 크게 3가지 유형으로 구분하였다. 이러한 유형구분에 기반하여 산미증식계획기 수리조합의 핵심을 이루었던 것은 '일본인을 조합장으로 하고 몽리면적이 3,000정보를 초과하는 대규모 저수지를 수원으로 하는 조합'이었지만 30년대 중반부터 '조선인을 조합장으로 하고 소규모 저수지나 洑를 수원으로 하는 조합'이 주류를 이루었다고 파악하였다. 그리고 이와 같은 흐름의 변화를 수리조합이 점차 조선사회에 정착해 가는 과정으로 보고, 식민지기 수리조합의 전개과정은 일본의 식민지정책이 점차 조선사회에 침투해 간 과정이었음과 동시에 수리 발달에서 일본인의 역할이 감소하고 조선인이 주체로 성장해 온 과정으로 파악하였다.

이러한 관점과 사례분석에 기초하여 일본인 대지주 중심의 설립과 운영, 조합비 부담의 과중성 등을 인정하면서도 몇 가지 문제점을 제기하였다. 즉 수리조합의 경영이 극도로 곤란한 와중에 어떻게 일본인으로 토지가 집중되고 있었는가를 좀더 구체적으로 해명할 필요성을 제기하였으며, 평야 및 수리조합 구역 내에서 1~2정보층 소농민경영의 증가가 나타나는데, 이 점도 기존의 양극분해와는 다른 설명을 필요로 하는 것이라고 지적하였다. 또한 수리조합비의 전가에서 소작료율의 인상을 통한 조합비의 종적 전가는 인정하지만 기존의 관개우량지 또는 조합 편입 후 혜택을 받을 수 없는 지역을 조합구역에

13) 松本武祝,《植民地期朝鮮の水利組合事業》(未來社, 1991).
李榮薰・張矢遠・松本武祝・宮嶋博史,《近代朝鮮 水利組合硏究》(一潮閣, 1992).

강제로 편입시켜 조합비를 부담하게 하는 조합비의 횡적 전가에 대하여 등급 부과제 원리에 기반하여 반론을 제기하였다.14)

3) 공 업

(1) 식민지 공업구조의 형성

1920년대 들어 〈회사령〉 폐지 및 관세폐지에 따라 일본 자본의 투자가 증대하였으며, 이에 따라 공업의 규모도 확대되었다. 먼저 공업의 확대를 통계 수치를 통하여 확인해 보기로 하자. 조선 전체의 물자생산액 가운데 농산액과 공산액의 비중을 보면 1918년에 80%라는 높은 비중을 차지하던 농산액이 1930년에는 60%로 하락하였으며, 15%에 불과하던 공산액의 비중은 26%로 높아졌다. 공장 수도 1918년에 1,800여 개이던 것이 1930년의 4,400여 개로 증가하였으며, 회사(조선에 본점을 둔 회사)의 자본금도 1918년에 7,000여 만원에 불과하던 것이 1929년에는 3억 1천여 만원으로 크게 증가하였다. 공산품시장도 확대되었다. 조선 내 공산품 생산의 확대 및 일본에서 공산품의 이입에 힘입어 전체 소비 중에서 공산품의 소비는 1918년의 21%에서 1930년에는 41%로 확대되었다.

이러한 공업의 양적인 확대는 조선 산업에 대한 일본 자본의 지배가 확립되었고, 식민지 본국과 식민지를 연결하는 식민지적 공업구조가 형성되었음을 의미하는 것이었다. 1910년대 후반부터 일본 자본의 진출이 본격화되면서 조선 산업에서 차지하는 일본 자본의 비중이 크게 증대되었다.

---

14) 마쓰모토는 조합비의 부과가 등급별 차등부과의 방식이었기 때문에 조합비의 횡적 전가는 일어날 수 없다고 보았다. 또한 이영훈도 조합비 전가에 의문을 표시하면서 문제는 개간지의 증수효과가 기간지에 비하여 상대적으로 미숙한 것이었다는 점에 있으며, 이 때문에 조합비의 조정과정에서 개간지의 과중한 조합비 부담의 일부가 기간지의 부담으로 이전되면서 전체적으로 조합비의 부담이 전등급에서 과중되었다고 주장하였다. 그러나 등급사정이 실제 증수량이 아닌 예상 증수량에 의거하는 한, 현실적으로 등급사정의 불공평성에 따른 횡적 전가가 발생할 가능성도 있으며, 특히 조합 창설의 초창기와 지주회·농민조합의 힘이 약한 지역일수록 이러한 전가가 발생할 가능성은 더욱 크다고 할 수 있다(장시원, 〈산미증식계획과 농업구조의 변화〉, 《한국사》 13, 한길사, 1994, 278쪽).

〈표 2〉 조선에 본점을 둔 회사

(단위 : 천원)

연도	구분	공업회사 수	공업회사 불입자본금	회사 전체 수	회사 전체 불입자본금
1918	소 계	82	10,501(100)	266	69,870(100)
	조선인	8	379(3.6)	18	7,316(10.5)
	일본인	70	9,974(95.0)	208	54,662(78.2)
	합 자	4	139(1.3)	39	5,891(8.4)
	기 타	–	–	1	2,000(2.9)
1925	소 계	322	54,637(100)	1,189	221,478(100)
	조선인	42	3,523(6.4)	163	22,584(10.2)
	일본인	250	42,967(78.6)	938	156,652(70.7)
	합 자	30	8,147(14.9)	86	40,232(18.2)
	기 타	–	–	2	2,010(0.9)
1929	소 계	520	107,740(100)	1,768	310,621(100)
	조선인	148	5,204(4.8)	362	19,878(6.4)
	일본인	333	98,587(91.5)	1,237	193,737(62.4)
	합 자	38	3,838(3.6)	165	95,785(30.8)
	기 타	1	112(1.0)	4	1,222(0.4)

* 《朝鮮總督府統計年報》, 각년판.

조선에 본점을 둔 회사의 경우 일본인 자본의 비중은 1918년에 87%에서 1925년에 89%, 1929년에 93%로 증가한 반면 조선인 자본의 비중은 1918년의 11%에서 1925년에 10%, 1929년에 6%로 감소되었다.[15] 공업회사의 경우 일본인 자본의 비중은 더욱 압도적이었다. 1919년에 96%를 차지하던 일본인 자본은 1925년에 94%, 1929년에 95%로 여전히 절대적인 비중을 유지하였으며, 조선인 자본은 1919년의 4%에서 1925년에 6%, 1929년에 5%로 미미한 비중에는 별다른 변화가 없었다. 이렇게 압도적인 비중을 점하고 있는 일본인 공업자본도 규모면에서는 중소 규모에 불과하였다. 즉 1회사당 자본금 규모를 볼 때 1925년에 17만원, 1929년에 30만원 정도였다. 물론 조선인 공업

15) 합자자본은 일본인 자본에 포함시켰다. 합자자본이 형식적으로 조선인을 참가시켰다는 점에서, 식산은행·동양척식·경성전기 등 특수회사가 포함되어 있다는 점에서 일본인 자본으로 보아도 무리는 없을 것이다.

회사의 1회사당 자본금이 1929년에 3만 5천원 정도인 것에 비하면 상당한 규모라고 할 수 있지만 일본에서 들어오는 독점자본 계통의 대규모 회사와는 질적인 차이가 있었다.

조선에 본점을 둔 공업회사뿐만 아니라 일본에 본점을 두고 조선에 지점을 둔 공업회사까지 포괄해서 볼 때 20년대 중반까지 일본 중소자본에 의한 투자가 주류였다면, 20년대 후반 이후 일본 독점자본의 투자가 본격화되었다. 1920년대 후반 일본 독점자본의 진출은 미쓰이(三井)와 노구치(野口)를 중심으로 방직공업과 화학공업에 집중되었으며, 중소자본과는 비교할 수 없는 대규모 독점자본이 들어옴으로써 조선 산업에 대한 일본 자본의 지배는 더욱 확고하게 되었다.16)

〈표 3〉 1920년대 조선에 들어온 일본독점자본

계통 \ 연도	1917~1920	1921~1925	1926~1930
三井	朝鮮紡織, 南北綿業 朝鮮生絲, 王子製紙		義州鑛山, 三成鑛業 郡是製絲, 東洋製絲 鐘淵紡織 小野田시멘트
日産	朝鮮燐寸		
日窒		雄基電氣	朝鮮鑛業開發 赴戰江發電所 朝鮮窒素, 新興鐵道
片倉		片倉製絲	
日綿		朝鮮棉花, 全南道是	

공업구조에서는 식민지 본국에의 예속이 강화되었다. 공업의 대부분이 경공업이었으며 그 중에서도 정미업이 가장 큰 비중을 차지하고 있었다. 강점 이전부터 일본인에게 쌀을 공급하고 일본으로 쌀을 반출하기 위하여 성장한 정미업은 1920년대에 들어서도 전체 공업 생산액의 2/3 가량을 차지하는 유

16) 1929년의 경우 일본에 본점을 두고 조선에 지점을 둔 공업회사는 16개, 불입자본금은 1억 6천여 만원으로, 1회사당 자본금은 1천만원에 달하였다(《朝鮮總督府統計年報》, 1929년판).

력한 업종으로 자리잡고 있었다. 정미업 다음으로 큰 비중을 차지하고 있는 것은 방직공업이다. 방직공업은 조면업·방적업·직물업·제사업으로 구성되는데, 특히 방직원료 생산부문인 조면업과 제사업에 일본 독점자본의 진출이 집중되었다. 조선방직주식회사·남북면업주식회사·조선면화주식회사 등의 대규모 공장에서는 목화를 반제품인 繰綿으로 가공하여 일본으로 반출하였으며, 조선생사주식회사·동양제사주식회사·편창제사주식회사·군시제사주식회사 등의 대규모 공장에서는 누에고치를 생사로 가공하여 일본으로 반출하였다. 이처럼 조면업과 생사업은 국내의 직물 생산과 연결되지 않고 일본의 방직공업과 바로 연결되었다.

특히 면방직 부문은 식민지 본국에 예속된 식민지 공업구조를 가장 잘 보여준다. 면방직 부문은 수확한 목화를 조면으로 가공하는 조면업, 조면을 가공하여 綿絲를 생산하는 면방적업, 면사를 짜서 면직물을 생산하는 면직물업으로 나누어지는데, 조선에서는 조면업만 발달하였을 뿐 면방적업은 거의 없었고 면직물업도 일본 면제품이 지배하는 영역 바깥에서 겨우 명맥을 유지하는 정도였다. 이러한 상황에서 조선에서 생산된 목화는 조면공장에서 조면으로 가공되어 일본으로 반출되며, 이렇게 반출된 조면이 일본의 면방적공장과 면방직공장을 거치면서 면사로 가공된 후 면제품으로 만들어졌다. 이렇게 생산된 면제품이 다시 조선에 이입되어 조선의 면제품시장을 지배하였다. 시장에서는 일본에서 들여온 광목·옥양목이 면제품시장을 독점하였다.

京城지역에서 식민지 공업이 형성되는 과정은 조선의 공업이 어떠한 방식으로 일본의 영향 아래 일본에 예속되면서 그 틀이 만들어지는가를 잘 보여준다.[17] 경성지역의 공업이 한말과는 다른 식민지적 모습을 띠게 된 것은 1920년대 초반이었다. 러일전쟁 이후 일본인의 이주 및 일본인 공장의 설립, 1910년대 식민지 도시화 및 1910년대 말에서 1920년대 초반에 이르는 조선인 공장과 일본인 공장의 설립 붐을 거치면서 경성지역의 소비인구와 시장을 대상으로 하는 경성 공업이 형성되었는데, 여기에 가장 커다란 영향을 미

17) 이하 경성지역 공업구조에 대해서는 배성준, 《일제하 경성지역 공업 연구》(서울대 박사학위논문, 1998), 제2장 참조.

친 것은 일본에서 들어오는 일본 제품과 경성 및 인접지역에 거주하는 조선인과 일본인의 거주지 분포였다.

대규모 소비인구를 가진 경성지역은 강점 이전부터 일본의 유력한 상품시장이었으며, 면직물·설탕·종이 같은 대중소비재는 대부분 일본 제품이 시장을 장악하고 있었다.

〈표 4〉 이입 공산품의 품목별 생산·이입 현황

(단위 : 천원)

구 분 \ 연 도	1915년			1928년		
	이입(A)	생산(B)	B/A	이입(A)	생산(B)	B/A
소맥분	104	1	1.0	1,752	888	50.7
설탕	600	-	-	716	-	-
청주	357	53	14.8	557	396	71.1
일본 간장	60	54	90.0	213	819	384.5
비누	57	41	71.9	460	478	103.9
염료·도료	60	58	96.7	1,056	468	44.3
면직사	719	-	-	2,047	-	-
면직물	3,682	73	2.0	16,413	*1,399	8.5
견직물	96	-	-	8,646	0.4	-
종이	870	-	-	4,328	3	0.1
유리	88	17	19.3	596	59	9.9
금속제품	644	60	9.3	5,511	2,227	40.4
차량	196	33	16.8	3,518	53	1.5
기계류	280	68	24.3	2,958	223	7.5
기구류	255	-	-	1,117	300	26.9
고무제품	3	-	-	403	1,918	475.9

* 이입액은 《朝鮮貿易年表》, 각년판 ; 1915년 생산액은 《京畿道統計年報》, 1915년판 ; 1928년 생산액은 京城府, 《京城の工場と工産》(1929).

이입품의 시장장악 속에서 일정한 수요를 확보할 수 있고 기술 없이 소자본만으로도 경쟁이 가능한 일부 업종에서 이입대체가 진행되었다. 고무신·간장·비누·청주 등의 품목에서는 이입품을 구축하는 정도에 이르렀으며, 청주·밀가루 등의 업종에서도 이입대체가 이루어지고 있었다. 그렇지만 이러한 이입대체는 일부 업종에 불과할 뿐 대다수 업종은 일본 제품이 잠식하지 않은 공간에서 독자적인 수요를 창출해 나갔다. 대표적인 업종이 면직물인데, 대부분의 면직물공장이 이입면직물의 압박을 피하여 마포 대용품이나 허리띠·대님 같은 編造物을 생산하였다. 편조물업·금은세공업·유기제조업·기름제조업·고무제품제조업·전통가구제작업·조선주제조업·재봉업 등 조선인 수요를 겨냥한 업종도 이입품의 압박을 피하여 협소한 시장을 형성하였다.

또한 전통적인 업종은 주로 조선인을 대상으로 제품을 생산하였고, 일본에서 들어온 업종은 주로 일본인을 대상으로 하였기 때문에 조선인과 일본인의 거주지 분포가 공장 분포에 직접적인 영향을 미쳤다. 경성의 일본인 인구는 강점 이후 크게 증가하여 1920년대에는 경성 인구의 약 1/4을 넘어서게 되는데, 일본인 거주지가 진고개·명동 일대에서 본정통과 용산으로 확대된 결과 1910년대 말에는 청계천을 경계로 일본인 거주구역인 '南村'과 조선인 거주구역인 '北村'이 분리되었다.[18] 공장 설립도 민족별 거주지를 따라 이루어지면서 청계천을 경계로 남쪽에는 일본인 공장이, 북쪽에는 조선인 공장이 집중되었다. 일본인이 거주하는 용산지역에는 일본인 금속공장이, 조선인이 거주하는 마포지역에는 한국인 정미소가 몰려 있었다.

또한 원료면에서도 방직공업·금속공업·기계기구공업·화학공업 및 기타 공업의 일부는 일본을 통한 이입 혹은 수입에 원료 공급을 의존하였다. 방직공업의 경우 생사를 제외한 대부분의 原絲를 이입하였으며, 원면은 오사카의 무역상을 통하여 인도면을 수입하였다. 금속공업과 기계공업의 경우 강재·철재·각종 금속원료를 이입하였다. 화학공업의 경우 생고무는 미쓰이물산 등 일본의 무역상을 통하여 공급되었으며, 염료·약품·기름을 비롯한 각종 원료가 이입되었다. 기타공업의 경우에도 양복지·종이·밀짚 등이 이입되었으며, 그밖에도 고급 원료의 대부분은 이입에 의존하였다.

---

18) 손정목, 《일제강점기 도시화과정 연구》(일지사, 1996), 360~366쪽.

〈그림 1〉 경성지역 공장 분포도(1922년)

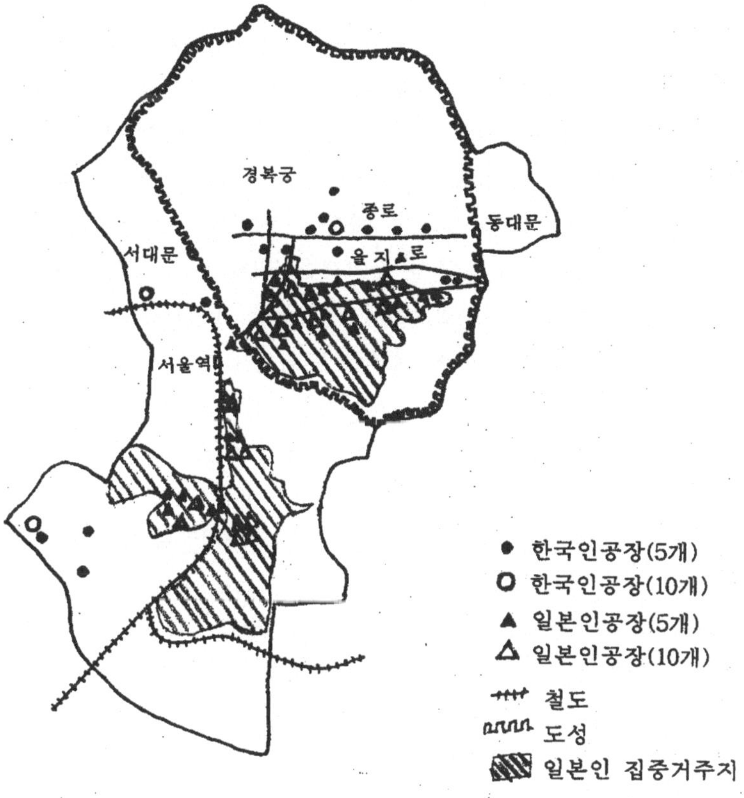

(2) '민족자본'과 조선인 자본

1920년대 식민지적 공업구조의 형성과 더불어 조선인 자본의 동향이 주목의 대상이 되었다. 조선인 자본의 동향에 대해서는 두 개의 상이한 경향이 제시되었는데, 하나는 '민족자본'의 관점에서 조선인 자본의 동향을 추적하는 것이었으며, 다른 하나는 '민족자본'을 부정하고 조선인 자본 자체의 동향을 추적하는 것이었다.

'민족자본'의 관점에서 조선인 자본에 대한 연구는 일본 자본과 총독부 권력에 의하여 조선인 자본의 성장이 저지당하고 몰락하는 측면에 집중되었는데, 이러한 측면은 朴玄埰[19]와 가지무라 히데키(梶村秀樹)[20]에 의하여 '민족경제', '민족자본'이라는 이론적 틀로 제시되었다. 박현채에 따르면 '민족경제'란 민족주의의 기초이자 민족적 생활을 위한 경제적 기초라고 할 수 있다. 그리고 '민족자본'은 민족경제에 자신의 기반을 갖는 자본으로서, 민족경제를 파괴하려는 제국주의 자본이나 그 대행자인 매판자본과 이해가 대립되는 자본으로 규정된다. 가지무라도 조선인 자본의 정치적 자세, 즉 항일운동에 협동적인가 적대적인가에 따라 조선인 자본을 '민족자본'과 '예속자본'으로 구분하고 식민지에 민족자본이 진보성과 독립성을 유지하려면 독자적인 경제영역(원료 조달, 제품 판매, 금융)을 확보하고 경제적 자유를 지향하는 경쟁적 산업자본이어야 하며, 중간 규모 이하의 자본이어야 한다고 규정하였다.

이러한 민족자본의 관점에 기반하여 조선인이 운영하는 개별 업종의 동향이 구체적으로 추적되었다. 메리야스업[21]은 고무신제조업과 더불어 조선인 자본가층에 의하여 발전된 대표적인 근대적 업종이었다. 1906년 경에 창업된 평양의 메리야스업은 1910년대에 수직기를 몇 대 갖춘 소규모였지만 1920년대에는 상인들이 참여하면서 공장이 속출하고 경영도 대규모화되었다. 잇따른 공황과 업자들 사이의 경쟁 및 노동운동의 고양으로 경영이 위기에 부딪쳤으나 공장주들은 양말생산조합의 조직, 양말外職을 통한 하청화, 제품의 다양화 등의 방법으로 타개해 나가는 한편 권력에의 접근을 통하여 노동운동을 무마하였다. 1926~1927년 경 저렴한 전력 공급을 계기로 공장주들 사이에 '자동화 붐'이 일어났으며, 1920년대 말까지 자동직기의 도입이 진행되었다. 이처럼 평양 메리야스업의 경우 일본인 자본가와 구별되고 조선의 노

19) 박현채, 《민족경제론의 기초이론》(돌베개, 1989), 28~33·62~65쪽.

20) 梶村秀樹, 〈民族資本と隷屬資本〉(《朝鮮における資本主義の形成と展開》, 龍溪書舍, 1977).

21) 梶村秀樹, 〈日本帝國主義下朝鮮人資本家層の對應〉(《朝鮮史硏究會論文集》 3, 1967·《朝鮮史硏究會論文集》 5, 1969). 가지무라는 평양 메리야스공업의 변천사를 초창기(1906~10), 소경영기(1910~19), 기업의 증가(1919~27년), 자동화와 공황(1927~33), 만주진출 문제와 종합메리야스공업화로의 전개(1933~38), 전시경제와 자본의 동화(1938~45)의 6시기로 구분하였다.

동자 · 농민과도 이해를 달리하는 조선 자본가층이 독자적인 논리를 가지고 존재하였다.

연초업의 경우[22] 일제는 〈회사령〉과 〈煙草稅令〉을 통하여 소자본의 조선인 자본가들을 몰락하게 하고 일본인 자본가들이 제조업을 장악하게 만들었으며, 연초전매제의 기반을 갖추기 위해 연초의 재배 · 제조 · 판매업을 통제하였다. 총독부가 1921년 연초전매제를 실시하여 연초업의 모든 부분을 통제함으로써 조선인 연초재배업과 판매업은 몰락하였으며, 조선인들은 비싼 전매연초의 소비로 무거운 경제적 부담을 질 수밖에 없었다. 이에 조선인들은 연초경작 기피, 수납소 습격, 〈전매령〉 위반 등 다양한 방법으로 총독부의 전매정책에 저항하였다. 주조업의 경우[23] 1916년 〈주세령〉의 시행으로 영세한 조선주 제조장(탁주 · 소주)의 84~96%가 정리대상이 되었으며, 이후 制限石數의 대폭 인상과 제조장 집중화정책을 계기로 영세한 조선주 제조장이 급감하여 1915년에 39만여 개이던 제조장이 30년대 초에는 4천여 개로 축소, 정리되었다. 이렇게 영세한 제조장의 정리를 통하여 형성된 주류시장에 20년대 들어 상당수의 조선인 신규 자본가가 새로 주조업에 진출하였으며 주조업은 이들을 중심으로 전개되었다. 식민지 이전부터 주조업에 종사하던 기존의 주조업자들은 대부분 소멸의 길을 걸을 수밖에 없었고, 20년대 주조업의 담당자는 대체로 1920년 이후 주조업에 새로 진출한 자들이었다.

직물업의 경우[24] 일본제 면직물의 끊임없는 유입과 시장지배 속에서도 농촌 및 도시의 직물업은 강하게 잔존하였다. 농촌에서는 일제에 의해 강제로 증산된 육지면이나 재래면을 원료로 하여 전통적인 '무명'을 생산하였는데, 농가에서는 자신이 생산한 면화를 씨아 · 물레를 이용하여 실을 만들고 이를 다시 재래 베틀로 짜서 무명을 만들었다. 농민들은 이러한 재래 면직물이 질기고 실질적이었기 때문에 기계제 면직물보다 재래 면직물을 선호하였다. 농촌의 가내직물업은 주로 농한기에 부녀자의 노동에 의해서 직물을 생산하는

22) 이영학, 《한국 근대 연초업에 대한 연구》(서울대 박사학위논문, 1990).
23) 정태헌, 〈일제하 주세제도의 시행과 주조업의 집적 집중과정에 대한 연구〉(《國史館論叢》 40, 1992).
24) 權泰檍, 《韓國近代綿業史硏究》(一潮閣, 1989), 제4장.

부업적인 것이었으며, 자가소비를 위주로 한 가계보충적인 것이었다. 한편 도시지역에서는 전업적 직물업자들이 생산활동을 계속하고 있었는데, 특히 제1차 세계대전으로 인한 호황으로 많은 직물업자들이 등장하였다. 그러나 이들은 대개 영세한 규모였고 사용하는 직기도 대부분 개량 수직기와 足踏機였기 때문에 공장제수공업 단계에 있었다. 이들은 일제 면제품에 대항할 수 없었기 때문에 대개가 색조나 조직에 변화를 가한 직물이나 교직물 혹은 마포 대용품을 생산하였다. 이들은 일제의 방적자본이 침투하지 못하거나 시장 규모가 너무 작아 무시하고 있었던 분야를 자신의 시장으로 삼았으며, 이러한 대응방식이 성공함으로써 일정 수준까지 성장, 존속할 수 있었다. 20년대 들어 일본인 자본가와 조선인 지주·상인 출신에 의해 근대적 공장이 설립되고 力織機를 갖춘 비교적 규모가 큰 공장들이 출현하였지만 이들 역시 견직물 및 마포 대용품을 주로 생산하였다.

그러나 민족자본을 제기했던 가지무라조차도 1920년대에 전형적인 민족자본의 성격을 보인 메리야스공업이 30년대에는 식민지 지배에 동화됨으로써 독자적이고 능동적인 저항의 흔적을 남기지 못하였기 때문에 완전 식민지 조선에서 민족자본이란 단순 재생산적인 영세자본 이외에는 존재하지 않는다고 보았다.[25] 장시원[26]은 완전 식민지에서 민족자본가계급이 부르주아 민족주의운동의 주도세력이 될 수 없다는 점은 인정하더라도 민족주의 운동의 과정에서 '동맹의 대상'으로 인식될 수 있는, 경제범주로서 민족자본은 존재한다고 전제하였다. 그리고 경제범주로서 민족자본을 설정하는 기준을 '중소규모의 산업자본'으로 상정하고 민족자본을 추출하려고 시도하지만, 다른 한편으로는 일제하 한국사회에서 민족자본의 범주가 대단히 제한되어 있었고 그나마 선천적 능력부족이라는 취약성을 안고 있었다고 파악하였다. 이렇게 민족자본의 개념을 수용하여 민족자본의 실체를 확인하려는 연구는 논리적인 면에서 민족주의라는 정치논리를 경제분석에 적용하여 관념적인 대상을 추구한다는 문제점이 있으며, 현실적인 면에서 중소공장이나 가내사업장도

---

25) 梶村秀樹, 앞의 글(1977).

26) 장시원, 〈식민지반봉건사회론〉(《한국자본주의론》, 까치, 1984).

원료를 일본에서 공급받는 곳이 많으며, 직물업 같은 일부 중소공업이나 가내공업의 확대가 총독부의 정책적 지원 아래 이루어졌다는 점을 고려할 때 민족자본의 존립 자체를 문제삼을 수밖에 없다.

이러한 문제점을 비판하면서 민족자본을 부정하고 조선인 자본 자체의 동향을 추적하는 다른 하나의 경향이 등장하였다. 하시타니 히로시(橋谷弘)[27]는 철도화물의 운송실태를 분석하여 식민지에서는 제국주의 본국의 경제권에 포섭된 식민지 경제권만이 존재할 뿐 독자적인 민족경제권은 있을 수 없다고 주장하였다. 호리 가즈오(堀和生)[28]도 조선경제가 일본제국주의 경제에 완전히 포섭된 상황에서 독자적인 민족경제나 민족자본은 존재할 수 없다는 전제 아래, 일본에서 진출한 대자본과 한국인 중소자본은 보완관계에 있으며, 원료 공급, 상품유통을 일본(인)에게 의존하고 있다는 점에서 조선인 중소자본을 일본자본주의의 '外業部'로 파악하였다. 허수열[29]은 1910년대 후반부터 시작된 조선인 자본의 발전 추세는 20년대 들어 만성적 불황을 겪으면서 대자본이 침체되고 영세·소자본에 의하여 지속되었다고 파악하였다. 그에 의하면 조선인 공장은 영세한 규모로 정곡업·양조업·직물업·도자기제조업·鰮油제조업 등 몇몇 소수의 업종에 집중되었으나, 한편 금속기계공업 가운데 강주물·침류·방직용 기계기구·인쇄제본용 기계기구·의료기계·자동차·톱니바퀴 제조 등 종래의 전통적인 산업과는 이질적인 업종에서 소규모 조선인 업종이 새롭게 출현하였다고 지적하였다. 또한 1928년의 경우 단순가공업인 정미업과 양조업이 전체 공장 수에서 58%를 차지하였는데, 정미업은 원동기 사용을 전국적으로 전파하는 데 상당히 기여했다고 보았다. 朱益鍾[30]은 성공적인 경제성장의 비결로서 '후발성의 이익' 못지 않게

27) 橋谷弘, 〈兩大戰間期日本帝國主義と朝鮮經濟〉(《朝鮮史硏究會論文集》 20, 1983).

28) 堀和生, 〈朝鮮人民族資本論－植民地期京城工業の分析－〉(《朝鮮近代の歷史像》, 日本評論社, 1988).

29) 허수열, 〈식민지경제구조의 변화와 민족자본의 동향〉(《한국사》 14, 한길사, 1994). 허수열은 조선인 자본의 존재양태를 '제1차 기업발흥기'(1916~20), '만성적 불황기'(1920~33), '제2차 기업발흥기'(1933~37), '전시경제체제하 조선인 기업의 성장과 몰락'(1937~45)이라는 4개의 시기로 구분하고 있다.

30) 朱益鍾, 《일제하 평양의 메리야스공업에 관한 연구》(서울대 경제학과 박사학위논문, 1994).

'흡수능력'이 중요하며, 그 중요한 구성요소의 하나가 실제 공장 건설, 제품생산, 시장개척을 수행한 유능한 기업가 집단이라 보고, 평양 메리야스공업을 대상으로 근대적 기업가의 성장과정을 규명하였다. 그에 의하면 1910년대 가내공업 단계로 출발한 평양의 메리야스공업은 1910년대 말에서 1920년대 초에 걸쳐 전국을 제패하고 공장공업적 단계로 발전해 갔다. 평양 공업은 경성 공업의 쇠퇴로 생겨난 시장 기회를 놓치지 않고 활용하여 전국시장을 장악하였으며, 그 과정에서 기존 업체가 규모를 확대하고 안정성을 높였으며 다수의 신규업체가 생겨났다. 그리고 1920년대 중반 일종의 위기를 맞았으나 그에 대응하면서 한층 발전해 갔다. 그 위기란 저렴한 중국인 노동력을 이용하는 신의주 양말공업이 강력한 경쟁자로 대두한 것이었는데, 평양의 업체들이 그와 경쟁하기 위해서는 비용을 절감해야 했다. 따라서 메리야스 공장주들은 우선 직공 임금을 대폭 인하하였고, 그로 인해 촉발된 직공들의 저항을 억눌렀다. 그리고 부분적으로 전동직조기를 도입하여 노동생산성을 높였다. 이렇게 도전에 적극적으로 대응함으로써 평양 메리야스공업은 한층 더 발전할 수 있었다.

4) 재정 · 금융

(1) 재 정

가. 세 출

일본정부의 단계적인 보충금 폐지로 위축되었던 재정이 제1차 세계대전 직후의 호황으로 크게 팽창되었다.31) 1918년 6,500만원 정도이던 세출이 1921년에는 1억 5,000만원으로 늘어났으며, 이를 기초로 지배기구 및 개발사업을 대대적으로 확충하였다.

20년대 초반 '문화정치'를 뒷받침하기 위한 보통경찰제도의 실시로 통치비가 대폭 늘어났으며, 철도사업 · 전매사업 · 토목건설 등 관영사업의 확장으로 관영사업비가 세출의 40%를 상회하였다. 특히 조선철도의 운영을 남만주철

31) 堀和生, 〈朝鮮における植民地財政の展開−1910~30年代初頭にかけて−〉(《植民地朝鮮の社會と抵抗》, 未來社, 1982).

도주식회사에 위탁함으로써 철도사업비는 줄어들었으나 1921년 〈연초전매령〉의 실시로 전매사업비가 크게 증가하였다. 또한 산미증식계획의 실시로 경지개량확장비가 크게 늘어나 산업경제비의 비중이 높아졌다.[32]

〈표 5〉 조선총독부 세출구성(1919~1929)

(단위 : %)

구분	통치비		관영사업비			산업 경제비	교육비	공채비	총세출
	일반 행정비	사법 경찰비	교통 통신비	전매 사업비	토목 건설비				
1919	23.2	21.6	22.3	2.1	9.7	2.6	1.8	6.5	100(93,026천원)
1921	30.3	6.7	19.4	15.3	8.0	3.7	4.5	6.2	100(148,414천원)
1923	29.6	5.5	18.9	10.9	10.0	6.2	3.9	8.7	100(144,768천원)
1925	21.9	4.4	36.1	8.4	5.1	5.6	3.1	8.5	100(171,763천원)
1927	18.8	3.9	37.2	10.0	7.3	6.4	3.2	7.9	100(210,852천원)
1929	19.6	4.1	35.7	9.7	7.1	6.7	3.7	8.3	100(224,740천원)

* 《朝鮮總督府統計年報》; 《明治大正財政史》 18.

이러한 재정팽창을 가능하게 한 것이 보충금 부활, 공채자금 도입, 조세증수였다. 일본정부 일반회계 보충금은 1918년에 폐지되었지만 '문화정치'에 따른 경비의 증가로 부활되었으며, 이후 1,500만원 정도의 보충금이 계속 도입되었다. 이와 더불어 총독부는 공채발행 한도액을 수시로 확장하여 공채발행을 대폭 증가시킴으로써 세입에서 공채수입이 차지하는 비중이 높아졌다. 당시 〈조선사업공채법〉을 비롯한 공채관계 법률은 일본 제국의회에서 결정되었고 발행한도액, 발행 및 상환의 시기와 방법 등 공채와 관련된 사항이 일본 대장성에 의하여 결정되었으며, 공채의 대부분이 일본에서 소화되었다. 공채는 보충금과 더불어 식민지 조선의 재정이 일본 정부와 일본 자본에 직접적으로 예속되어 있음을 보여준다.

1918년 이후 팽창하던 재정은 1923년 일본 정부의 재정긴축과 관동대지진에 따른 불황으로 긴축이 불가피하였다. 일본 정부의 재정긴축은 공채와 보

32) 禹明東, 《日帝下 朝鮮財政의 構造와 性格》(고려대 경제학과 박사학위논문, 1987).

충금의 삭감으로 나타났다. 1924년 예산에서 조선의 공채가 없어지고 1,000만원의 사업비 차입금이 인정되는 정도로 재정긴축이 강화되어 1921년에 3,700여 만원에 이르던 공채 수입이 1924년에는 1천여 만원으로 격감하였다. 보충금도 다소 삭감되었으나 종전의 수준을 유지하였다.

공채 수입의 감소로 재정운영이 위기에 처하자 공채 지불에 의존하고 있던 개발사업이 중단되었으며, 행정정리가 강행되었다. 경비의 절감과 더불어 1924년 말에는 판임관 이상 3,200명, 고용원 2,500명 정도의 인원이 감축되었고 많은 관청의 통폐합이 행해졌다. 1925년부터 재정이 팽창하는 것처럼 보이지만 이는 남만주철도주식회사에 위탁경영되었던 조선철도의 운영권이 조선총독부로 반환되었기 때문인데, 철도 경상수지를 제외하면 실제로는 1924년도보다 더욱 긴축된 상태였다.

공채 수입이 격감한 가운데 행정정리와 조세 증수만으로 경비 지출을 보충하는 데 한계가 있었기 때문에 본격적인 세제개혁이 추진되었다. 1923년 6월 '조선재정조사위원회'를 설치하여 국세와 지방세에 대한 전반적인 검토를 하였으며, 1926년 6월에 설치된 '조선세제조사위원회'에서는 일반소득세를 세제의 중추로 삼고 수익세를 보완세로 해야 한다는 기본방침을 세웠다. 그리고 1927년에 바로 '제1차 세제정리'를 단행하였다. '제1차 세제정리'에서는 논란이 많았던 일반소득세 시행을 유보하고, 영업세와 자본이자세를 신설하여 수익세를 정비하였다. 그리고 소비세를 증수하기 위하여 주세·사탕소비세의 세율인상과 연초전매제의 강화가 이루어졌다.

1920년대 후반 세출구성의 추이에서 두드러지는 점은 통치비의 감소와 관영사업비의 증가이다. 20년대 초반 총세출의 40%를 상회하던 통치비는 20년대 후반에 20~25% 정도로 비중이 크게 감소한 반면 40% 정도의 비중을 차지하던 관영사업비는 50%를 상회할 정도로 비중이 증가하였다. 이는 '산미증식갱신계획'의 실시에 따른 산업경제비의 지속적인 증가에서도 볼 수 있듯이 식민지배가 직접적인 통치에서 식민지 경영으로 중점이 이동했음을 말해준다.

나. 세 입

1920년대 세입구성에서 현저한 변화는 공채수입의 비중 격감과 官業 수입의 증대이다. 일본 정부의 재정긴축과 불황으로 인한 공채 삭감으로 공채 수입의 비중은 6~7% 정도였으며, 공채 수입의 감소를 보충한 것이 관업 수입이었다. 세입에서 50% 이상의 비중을 차지하고 있는 관업 수입에서 철도 수입의 비중이 가장 커서 관업 수입의 절반 정도를 차지하고 있으며, 전매 수입이 그 다음으로 30% 정도의 비중을 차지하였다. 철도 수입의 급증은 남만주철도주식회사에 위탁경영되었던 조선철도회사의 운영권이 1925년에 조선총독부로 반환되었기 때문인데, 철도의 건설·경영이 투자에 상응할 만한 수지가 없었다는 사실을 고려한다면[33] 철도 수입은 순수한 세입원으로서의 의미는 가지지 못하며, 오히려 관업사업비의 증가를 가져왔다. 결국 관업 수입에서 세입원으로서의 역할은 전매 수입이 담당하고 있었다.

〈표 6〉 조선총독부 세입구성(1919~1929)

(단위 : %)

구 분	경 상 부		임 시 부		총 세 입
	조세수입	관업수입	보충금	공채수입	
1919	31.1	20.6	0.0	11.5	100(125,803천원)
1921	21.0	28.4	8.6	21.2	100(175,314천원)
1923	22.5	33.0	9.8	17.4	100(152,713천원)
1925	20.9	52.5	9.0	5.9	100(184,901천원)
1927	18.5	51.7	6.6	7.8	100(234,243천원)
1929	19.1	53.2	6.4	6.8	100(240,579천원)

* 《朝鮮總督府統計年報》; 《明治大正財政史》 18.

그렇기 때문에 전매 수입을 조세 수입에 포괄하여 조세구성을 파악해야 실제 세입원 및 납세층을 제대로 파악할 수 있다. 1923년 관세개정으로 수입

33) 조선 철도는 화물이 적은 사람 중심의 수송이었기 때문에 화물수송이 중심인 만주 철도에 비하여 수입이 크게 떨어졌다. 따라서 철도 수입보다도 철도의 건설, 경영에 들어가는 경비 지출이 더 크기 때문에 투자에 상응하는 수지가 없었다. 1920년대 조선 철도의 순익은 공채이자 지불 때문에 매년 700~800만원의 부족이 발생했다.

세가 철폐되어 관세 수입이 격감한 것을 제외하고는 1920년대 조세 수입은 꾸준히 증가하였다. 이 시기 조세구성에서 두드러진 특징은 직접세의 비중이 감소하고 소비세의 비중이 증가하여 소비세 중심의 조세체계가 형성되었다는 점이다.[34)]

〈표 7〉 조세 구성의 추이(1919~1929)

(단위 : %)

	직 접 세					소 비 세					조세 총계
	지세	영업세	자본 이자세	소득세	소계	관세	주세	연초세	전매 수입	소계	
1919	29.0	–	–	2.0	37.3	40.4	7.5	12.6	–	62.7	3,852
1921	28.3	–	–	2.0	34.7	32.4	12.5	7.2	10.3	65.3	4,114
1923	38.5	–	–	2.4	44.3	18.1	19.6	1.1	13.1	55.7	3,957
1925	31.7	–	–	1.7	36.0	20.6	17.5	0.7	19.7	64.0	4,810
1927	26.8	2.2	0.4	2.1	32.8	17.3	19.5	0.7	24.9	67.2	5,758
1929	24.0	2.5	0.4	1.9	30.2	17.4	21.4	0.4	25.5	69.8	6,170

* 정태헌, 《일제의 경제정책과 조선사회－조세정책을 중심으로－》(역사비평사, 1996), 44쪽.

비고 : 조세 총계의 단위는 만원.

1910년대에는 지세가 조세 수입의 절반을 넘어 지세가 조세 수입의 중심이 되고 주세·연초세 같은 소비세가 이를 보완하는 형태였으나, 20년대 들어 지세 수입이 정체되고 조세 전체에서 차지하는 비중도 29%에서 24%로 감소하였다. 1927년에 영업세와 자본이자세가 신설되었으나 비중은 미미하였다. 반면 소비세는 주세와 연초세(1921년 이후는 전매 수입) 수입의 증가를 기반으로 63%에서 70%로 비중이 증가하였다. 특히 관세의 수입 감소와 주세의 세율인상 및 연초 전매제 실시로 인하여 소비세 내에서도 1919년에 관세(40%)·연초세(13%)·주세(8%)의 순이던 것이 1929년에는 연초세(26%)·주세(21%)·관세(17%)의 순으로 바뀌었다. 이처럼 20년대에는 10년대와는 달리 소비세가 중심이 되고 지세가 이를 보완하는 형태의 조세체계가 만들어졌다.

34) 정태헌, 《일제의 경제정책과 조선사회－조세정책을 중심으로－》(역사비평사, 1996).

소비세는 간접세로 대중과세의 형태를 띠기 때문에 소비세 중심의 조세체계는 상대적으로 저소득층의 과세부담을 증대시켰다. 더욱이 직접세 중에서도 지세가 전형적인 대중과세의 형태를 띠고 있다는 점을 고려한다면 20년대의 조세체계가 저소득층의 수탈에 기반해 있음을 알 수 있다. 이 때문에 증징효과도 제한적이어서 소비세의 증징만으로는 경비 지출을 대응하는 데 한계가 있었으며, 유산층에 대한 과세체제인 소득세제로의 전환이 불가피하였다.

(2) 금 융

중앙은행인 조선은행을 비롯하여 특수은행·보통은행 및 금융조합에 이르는 식민지 금융기구를 확립한 일제는 1920년대 들어 농업 개발을 위주로 한 산업금융의 확장에 주력하였다. 대규모 자본을 필요로 하는 농업개발정책으로서 산미증식계획이 실시되었으며, 조선식산은행(이하 식산은행)·동양척식주식회사(이하 동양척식)·금융조합 같은 식민지 정책금융기관을 통하여 일본의 과잉자본을 공급하였다.

산미증식계획의 소요자금 2억 3,620만원 중 총독부 보조금으로 6,300만원, 총독부가 알선하는 금융기관의 대출금으로 7,500만원을 충당하고자 하였으며, 산미증식갱신계획의 소요자금 3억 2,533만원 중 총독부 보조금으로 6,507만원, 총독부가 알선하는 자금 2억 3,820만원은 대장성 예금부와 식산은행·동양척식이 절반씩 분담하기로 하였다. 이에 따라 금융기관의 농업관계 대출은 급속히 증가하였다. 일반은행은 여전히 상업관계 대출이 80% 이상을 차지하였지만, 금융조합과 동양척식은 농업관련 대출이 압도적이었다. 특히 농업관련 대출에서 가장 큰 비중을 차지하고 있는 식산은행의 경우 1923년 경부터 농업관련 대출이 상업관련 대출을 능가하였다.

농업관련 대출을 위주로 한 산업금융의 확장은 일본 내 과잉자본의 도입을 전제로 한 것이었다. 식산은행은 사채발행을 통한 자금조달의 비중이 50%를 상회하였는데, 사채의 대부분은 일본에서 소화되었다. 채권의 2/3 가량은 일본 증권회사가 인수하여 민간인에게 판매하였으며, 나머지는 대장성 예금부·일본권업은행 등의 특수금융기관이 인수하였다. 식산은행이 이렇게 조달한 자금 중 10% 정도가 금융조합연합회를 통하여 금융조합에 공급되었다. 동양척식도 주식과 사채의 발행을 통하여 자금의 대부분을 조달하였는데, 주식과 사채는 거의 일본에서 소화되었다. 이처럼 식민지 정책금융기관이 일본에서의 자금동원에 의존하여 산업금융을 확장해 나감으로써 산업정책의 수행을 금융적으로 뒷받침할 수 있었고 일본 내 과잉자본이 조선에 투자되어 이자를 획득할 수 있게 하였다.

〈표 8〉 각 금융기관의 산업별대출액

(단위 : 천원)

연도	구분	조선은행	식산은행	일반은행	금융조합	동양척식
1918	농업	6,884	6,546	514	5,617	9,668
	상업	37,747	18,888	39,580	626	
	공업	5,882	627	1,155		
1920	농업	245	20,988	630	21,167	31,757
	상업	40,343	30,082	59,769	6,560	
	공업	3,759	4,107	2,552		
1922	농업	167	42,554	1,217	32,414	32,314
	상업	33,845	43,597	72,393	11,142	
	공업	2,321	9,857	2,324		
1924	농업	547	60,953	1,064	32,741	32,153
	상업	38,632	51,330	80,803	14,190	
	공업	1,937	5,485	2,407		
1926	농업	669	91,904	2,086		23,425
	상업	32,400	61,344	88,179		
	공업	973	5,573	2,725		
1928	농업	599	124,746	5,490		28,626
	상업	23,211	81,833	85,960		
	공업	2,003	4,635	3,453		

* 배영목, 《植民地朝鮮의 通貨金融에 관한 硏究》(서울대 박사학위논문, 1990), 198~199쪽.

1927년의 금융공황은 일본의 금융제도 개편에 이어 조선의 금융제도 개편을 가져왔다. 총독부는 1927년 6월 '조선금융제도조사회'를 결성하여 금융제도를 전면적으로 검토한 후, 이를 기초로 1929년 초 〈개정은행령〉·〈저축은행령〉·〈개정금융조합령〉을 공포, 시행하였다. 이 과정에서 개편의 초점이

된 것은 일반은행과 금융조합이었다. 계속된 경기침체와 은행간 경쟁격화로 일반은행의 경영이 크게 악화된 상황에서, 일반은행측은 금융조합의 일반은행 업무를 축소하여 일반은행의 성장을 촉진시키고자 한 반면 총독부측은 금융조합의 일반은행 업무를 존속시키면서 일반은행의 합동을 추진하고자 하였다. 법령의 개정으로 금융조합은 非組合員의 당좌예금을 금지하는 대신 비조합원의 예금제한 규정을 없애고 장기대출을 실시하였으며, 금융 이외의 업무를 산업조합에 양도하도록 하였다. 일반은행은 원칙적으로 자본금 200만원 이상의 주식회사에 한정하고 예금자 보호장치로 1/10 지불준비제도를 채택하였다. 그리고 금융조합의 이사를 총독부에서 임명하도록 하였으며, 은행의 업무 결정과 은행과의 합병은 총독부의 허가를 받도록 하였다. 이처럼 은행제도의 개편을 통하여 금융조합과 은행에 대한 통제를 강화하는 한편 금융조합을 일반은행화하고 일반은행의 합병을 추진할 수 있는 근거를 마련하였다. 그 결과 1920년에 21개에 달했던 일반은행은 1925년에 16개 은행, 1930년에 13개 은행으로 감소하였다.

가. 식산은행

1910년대 후반의 호황으로 산업의 규모가 확대되고 자금 수요가 증가함에도 불구하고 산업자금을 공급하는 '동척-농공은행-금융조합'의 계통적 기구가 제 구실을 하지 못하자 조선총독부는 1918년 6월 農工銀行을 합병, 해산하고 산업금융을 전담하는 특수은행인 殖産銀行[35]을 설립하였다. 식산은행은 자본금을 농공은행의 4배인 1,000만원으로 늘리고 채권의 발행한도를 납입자본금의 10배로 확장하는 한편 '일본신민'이면 누구나 주주가 될 수 있게 함으로써 자금동원력을 크게 강화하였다. 또한 부동산 담보 대부와 유가증권 대부의 제한을 철폐하고 신탁업무와 저축업무를 추가하여 업무영역을 대폭 확장하였다.

---

35) 이하 식산은행에 대한 서술은 다음의 글 참조.
배영목, 〈조선식산은행과 농업〉(《국사관논총》 79, 1992).
정병욱, 《일제하 조선식산은행의 산업금융에 관한 연구》(고려대 박사학위논문, 1998).

1920년에서 1930년까지 10년간 식산은행은 납입자본금이 4배, 예금이 4배, 대출이 10배 증가하는 등 예기치 못한 확장을 이룩하였으며, 이에 따라 창립시 전 금융기관의 20% 정도이던 대출이 1931년에는 44%로 크게 증가하여 산업자금을 공급하는 중추적인 금융기관으로 자리잡았다. 1920년대 식산은행의 급속한 확장을 뒷받침한 것은 자금동원력의 강화였다. 창립시 2,000만원 정도이던 자금조달액이 1930년에 3억 원을 넘어서게 되는데, 그 중 채권발행이 50~60% 정도로 가장 큰 비중을 차지하였고 그 다음으로 예금이 25~30% 정도의 비중을 차지하였다. 자금조달에서 채권발행의 비중이 크고 채권의 대부분이 일본에서 소화되었기 때문에 식산은행의 자금조달은 일본 금융시장의 상황에 크게 좌우되었다. 또한 일본 대장성 예금부가 정책자금을 지원하기 위하여 저리로 사채의 일부를 인수하였다. 1920년대 전반까지 채권발행액의 10~20% 정도를 대장성 예금부가 인수하였으나, 산미증식갱신계획이 실시되는 1926년부터 인수액이 20~30%로 증가하였다.

〈표 9〉 식산은행의 자금조달 추이

(단위 : 천원)

	납입자본	적립금	채권발행	정부대하	차용금	예금고	저축계정	계
1919	8,059	625	17,500(24%)	1,459	11,927	32,916	355	72,841
1921	15,000	1,108	49,500(38%)	1,459	27,043	37,067	178	131,355
1923	15,000	2,003	100,250(56%)	1,459	14,040	40,350	4,920	178,022
1925	15,000	3,153	135,976(64%)	1,459	1,200	47,416	6,776	210,980
1927	15,000	5,503	173,445(66%)	1,459	1,205	52,482	13,518	262,612
1929	20,000	7,043	199,685(65%)	1,459	4	58,327	19,485	306,003

* 배영목, 〈조선식산은행과 농업〉(《국사관논총》 79, 1992), 179쪽.

이렇게 채권발행을 통해 조달한 자금은 농업부문에 공급되었고, 예금을 통해 조성한 자금은 상업부문에 공급되었다. 식산은행의 산업별 대출추이를 보면 창립 초기에는 절반 이상이 상업대출이었지만 1923년부터 농업대출이 상업대출을 앞질렀다. 특히 산미증식갱신계획이 시작되는 1926년부터 농업대출은 급격히 증가하여 전체 대출의 50~60% 정도를 차지하였다. 식산은행의 대출은 용도별로 산업·공공대부,[36] 일반대부, 저축대부로 구성되는데, 이 중 장기대부인 산업·공공대부의 비중이 2/3 이상을 차지하였다. 산업·공공대부는 산업 각 부문에 제공되는 장기 저리의 정책금융으로, 행정·위생·교육·토목·한해구제 등 각종 공공사업에 소요되는 자금, 농사개량·토지개량·수리조합 등 농업관련 사업에 소요되는 자금, 금융조합의 활동에 소요되는 자금, 상업·교통·운수사업에 소요되는 자금, 토지·건물 등의 구입이나 지주의 고리채 정리에 소요되는 자금, 광공업·전기가스업에 소요되는 자금 등을 공급하였다.

〈표 10〉 식산은행 산업·공공대부의 구성

연도	산업·공공대부	비중	산업대부				공공대부		
			소계	농업자	공업자	상업자	소계	수리조합	금융조합
1921	77,936	60%	42,829	82%	6%	16%	30,882	28%	47%
1923	119,509	70%	66,936	63%	6%	24%	47,809	45%	37%
1925	138,796	70%	81,101	58%	6%	27%	57,302	53%	28%
1927	174,912	73%	101,093	64%	5%	25%	73,476	60%	26%
1929	207,355	77%	124,179	70%	4%	18%	83,174	66%	23%

* 배영목, 〈조선식산은행과 농업〉(《국사관논총》 79, 1992), 193쪽.

이 중 '농업'(경지구입·종묘·비료·농기구 등), '수리사업', '토지개량', '금융조합연합회' 등 농업관련 항목이 1920년대 전반에는 전체 대부액의 60~65%, 1920년대 후반에는 70%를 상회하였다. 그리고 산업대부 중 2/3 가량이 농업자에게 제공되었고 공공대부의 대부분은 수리조합과 금융조합연합회에 제공되었다.

식산은행은 공공단체나 수리조합·금융조합 같은 비영리법인에 대해서는

36) 산업·공공대부는 산업대부와 공공대부로 구성된다. 산업대부는 부동산·어업권·재단을 담보로 하는 50년 이내 연부상환 및 5년 이내의 정기상환 대부인데, 장기자금을 필요로 하는 개인이나 회사에게 확실한 담보를 전제로 제공되었다. 공공대부는 농공업자 10인 이상의 연대보증에 의한 무담보 정기상환 대부, 공공단체 및 금융조합 같은 비영리법인에 대한 무담보 연부상환 및 정기상환 대부, 다른 은행이나 회사의 업무대리에 의한 대부인데, 공공기관이나 산업단체에 제공되는 정책금융의 일종이었다.

담보 없이 대출하였으나 개인이나 회사에 대해서는 부동산, 특히 전답과 같은 농경지를 담보로 대출하였다. 이처럼 농경지를 담보로 한 대출이 담보대출의 대부분을 점하였고 건당 대출액이 5,000원 이상으로 500원 가량이던 금융조합 건당 대출액의 10배가 넘는 고액이었다는 점에서 식산은행은 주로 지주층에게 농사자금을 공급하였음을 확인할 수 있다.[37] 또한 조선인 대출의 비중이 전체 대출의 절반 가량을 차지하며, 도시 지점에서는 일본인 대출이 압도적이지만 농촌 지점에서는 조선인 대출이 일본인 대출을 능가하였다. 1920년대 조선은행의 조선인 대출이 10% 내외였던 것에 비하면 식산은행의 정책자금은 일본인뿐만 아니라 조선인에게, 특히 조선인 지주에게 집중적으로 공급되었다.

식산은행은 정책금융기관으로서 총독부가 추진한 산미증식계획의 자금 공급을 담당하였다. 식산은행은 창립 직후부터 대장성 예금부가 공급한 자금과 당행이 조달한 보통자금으로 수리사업 및 토지개량사업에 자금을 공급해 왔으며, 1926년 산미증식갱신계획이 실시되면서 본격적으로 정책자금의 공급을 담당하였다. 1926년부터 예금부 저리자금과 보통자금을 각각 1/2씩 조달하여 매년 산미증식갱신계획에 의한 토지개량사업 및 농사개량사업 자금을 공급하였는데, 1929년의 경우 토지개량사업 대출이 식산은행 전체 토지개량사업 대출잔액의 25%를 차지하였으며, 농사개량사업 대출이 전체 토지개량사업 대출잔액의 6% 정도를 차지하였다.

나. 일반은행

1910년대 후반의 호황과 회사열로 인하여 일반은행[38]의 신설, 확장이 진

---

37) 1925년과 1929년의 경우 용도별 장기대부의 1구당 금액은 토지개량이 5,394원과 10,960원, 농업이 3,176원과 3,598원, 부채정리가 11,430원과 13,700원이었다. 이를 당시 평균 지가에 따라 경지면적으로 환산하면 토지개량은 4.8정보, 농업은 2.8정보, 부채정리는 10.1정보이며, 대부액을 시가의 1/2로 규정하면 대부자는 5.6정보에서 25.6정보 사이의 토지를 가진 계층이라고 할 수 있다.

38) 이하 일반은행에 대한 서술은 다음의 글 참조.
배영목, 《식민지 조선의 통화금융에 관한 연구》(서울대 박사학위논문, 1990).
윤석범·홍성찬·우대형·김동욱 공저, 《한국근대금융사연구》(세경사, 1996).

행된 결과 1920년에는 일반은행이 21개에 달하였다. 이 중 한성은행(1897 : 서울)·한일은행(1906 : 서울)·호서은행(1913 : 예산)·호남은행(광주 : 1920)·대구은행(1913 : 대구)·동래은행(1918 : 동래)·삼남은행(1919 : 전주)·경일은행(1920 : 대구)·경남은행(1912 : 부산)·해동은행(1919 : 경성)·북선상업은행(1918 : 함흥) 등 11개 은행은 조선인이 설립한 조선인 은행이었고, 조선상업은행(1899 : 서울)·밀양은행(밀양)·부산상업은행(1913 : 부산)·선남상업은행(1912 : 대구)·경상공립은행(1920 : 대구)·평양은행(1920 : 평양)·삼화은행(1916 : 진남포)·신의주은행(1917 : 신의주)·원산상업은행(1918 : 원산)·조선실업은행(1920 : 경성) 등 10개 은행은 일본인이 설립한 일본인 은행이었다. 그 밖에도 제일은행·만주은행·십팔은행·야스다(安田)은행·야마구치(山口)은행 같은 일본에 본점을 둔 지점은행들이 있었다.

일반은행은 주로 일반예금을 통하여 자금을 조달하여 중소상공업자에게 자금을 공급하였다. 일반은행의 예금/대출 비율은 70% 내외로 금융기관 중 예금 의존도가 가장 높았으며, 정기예금의 비중이 절반 정도에 이르렀다. 자금조달을 상대적으로 금리가 높은 정기예금에 의존하였던 것은 대출담보가 대부분 부동산이어서 부동산의 자금화나 부동산저당권을 담보로 한 자금 공급이 곤란하였기 때문이었다.

〈표 11〉 본점 일반은행의 영업동향

(단위 : 천원)

	본점(개)	지점(개)	자본금		순이익	대출금			예금		차용금
			수권	납입		소계	부동산 담보	상품 담보	소계	정기 예금	
1918	15	30	9,993	5,678	593	44,968	15%	20%	37,572	35%	6,661
1920	21	44	33,350	14,950	1,606	67,477	26%	14%	54,422	34%	10,033
1922	20	56	34,350	16,500	1,945	83,196	34%	10%	70,370	47%	16,563
1924	17	57	33,475	16,700	1,753	93,429	35%	16%	82,508	44%	13,729
1926	16	59	32,275	16,525	1,409	105,013	34%	14%	102,609	56%	16,179
1928	14	65	29,025	15,056	1,221	107,183	32%	15%	117,201	54%	24,520
1930	13	76	26,425	14,721	1,168	104,359	44%	7%	109,576	62%	29,180

* 배영목, 《식민지조선의 통화금융에 관한 연구》(서울대 박사학위논문, 1990), 253쪽.

대출은 부동산이나 상품을 담보로 하여 중소상공업자를 대상으로 이루어졌는데, 대출의 80~90%는 상인에게 집중되었고, 공업자에 대한 대출은 3% 내외에 불과하였다.

일반은행 고객은 은행이 누구에 의하여 운영되는가에 따라 민족적으로 양분되어 있었다. 일본인이 설립, 운영하는 본점은행과 지점은행에는 일본인이 출입하였고, 조선인이 설립, 운영하는 본점은행 및 지점, 출장소에는 조선인이 주로 출입하였다. 1925년의 경우 조선인 은행예금액의 53%를 조선인이 점하였으며, 일본인 은행에서 조선인 예금은 12%에 불과하였다. 대출의 경우도 마찬가지였다. 1924년의 경우 일반은행 대출 총액의 61%는 일본인에게, 38%는 조선인에게 대출되었는데, 조선인 은행은 총대출액의 79%를 조선인에게 대출하였고, 일본인 은행은 총대출액의 84%를 일본인에게 대출하였다.

1920년대 초반까지 일반은행은 불황 속의 자금난을 배경으로 예금과 대출을 지속적으로 증가시키고 10% 정도의 순이익을 확보하였으며, 지점과 출장소를 증설하는 등 성장을 계속하였다. 그러나 1920년대 중반에 접어들면서 일반은행의 경영은 위기에 처하게 되었다. 1924년을 기점으로 자본금·순이익이 감소하고 1926년부터는 예금과 대출이 정체되었다. 이것은 부동산 담보를 중심으로 한 대출로 자금이 고정화되었을 뿐만 아니라 예금에 의존한 신규자금의 조달도 난관에 부딪혔음을 보여 준다. 이처럼 일반은행의 경영이 악화된 것은 만성적인 불경기로 금융의 한산, 자금의 유휴, 금리의 하락 등 은행경영에 불리한 여건이 지속된 점도 있지만 일반은행의 신설, 확장으로 은행간 경쟁이 격화되었기 때문이었다. 경기침체로 인한 부동산 담보 비중 증가로 대부자금이 고정되어 일반은행들은 은행간 협정이자율을 무시한 채 치열한 예금쟁탈전을 벌일 정도가 되었으며, 부동산 고정대부를 정리하고 은행원을 감축하는 등 대책에 부심하였다.

이러한 제약조건에 더하여 좀더 근본적인 제약조건은 특수은행이 일반은행의 기반을 잠식하였다는 점이었다. 조선은행과 식산은행이 상업은행 업무를 겸하면서 일반은행의 대출기반을 잠식하였으며, 금융조합이 저리의 자금을 공급하여 일반은행의 대출기반을 잠식하는 한편 조합원이 아닌 사람의 예금까지 취급함으로써 일반은행의 예금기반을 잠식하였다. 1910년 말에는 금융기관 전체 예금의 54%를 차지하던 일반은행의 예금흡수율은 1920년에 41%, 1930년에 37%로 하락한 반면, 금융조합의 예금흡수율은 1920년의 8%에서 1930년의 27%로 증가하였다. 또한 일반은행 대출액이 점하는 비중도 점차 하락하였다. 1910년 말에 47%를 차지하던 일반은행의 대출액점유율이 1920년에 24%, 1930년에 16%로 하락한 반면, 식산은행의 대출금점유율은 1920년의 31%에서 1930년에는 45%로 크게 증가하였으며, 금융조합의 대출액 점유율도 1920년의 11%에서 1930년에는 19%로 늘어났다.

이러한 일반은행의 경영악화에 대응하여 일반은행에서는 특수금융기관 위주의 금융정책을 전면 수정하여 금융기관 전체를 합리화하거나, 소은행 합동을 통해 일반은행만이라도 합리화해야 한다는 방안을 제기하였다. 총독부의 은행합병정책 추진으로 일반은행의 합병이 진행되었으나, 자금지원을 매개로 은행합병이 본격적으로 추진되는 것은 1929년 〈은행령〉 개정 이후였다. 1920년 말 21개에 달하였던 일반은행은 그후 신규 설립이 전무한 가운데 1925년에 16개 은행, 1930년에 13개 은행으로 감소하였다.

〈그림 2〉 일반은행 합병도(1920년대)

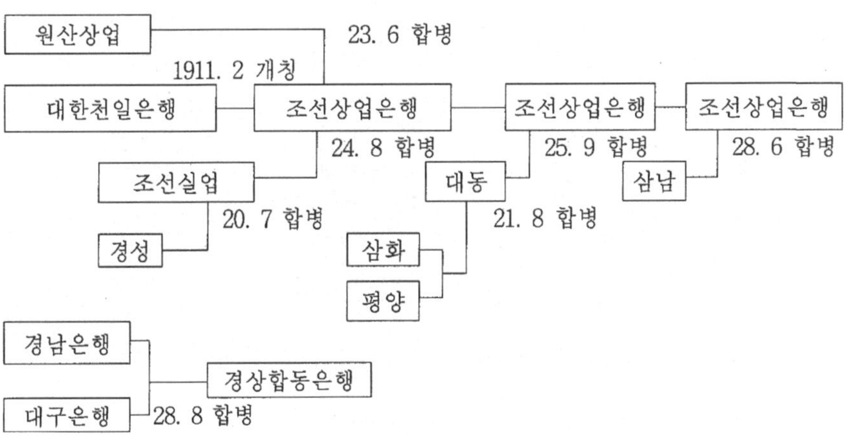

〈은행령〉 개정 이전에는 주로 불황으로 경영난에 직면했던 일본인 은행들이 조선상업은행에 합병되었다. 조선보다 더 심각했던 일본의 불황으로 인하여 재조선 일본인과 그들의 주거래 은행인 일본인 은행이 커다란 타격을 받았으며, 이들 일본인 은행이 경영난을 타개하기 위하여 조선상업은행에 합병되었다. 조선인 은행인 삼남은행은 영업상태가 양호하였으나, 〈은행령〉 개정으로 존속이 어렵게 될 것이라는 판단하에 조선상업은행과 합병을 추진하였다. 조선인 은행인 대구은행과 경남은행도 경영난을 타개하기 위하여 통합을 거쳐 경상합동은행을 설립하였다.

〈표 12〉 조선상업은행·한성은행 대주주의 변화

	1921년		1925년		1929년		1933년	
조선상업은행	朝鮮總督	2,679	中村再造	11,258	商銀行友會	14,868	昭和證券	54,593
	朴宇鉉	2,185	古城梅溪	4,615	朴榮喆	7,000	朴榮喆	10,100
	殖産銀行	1,778	山口泰兵衛	4,200	仁川米豆	6,697	朝鮮取引所	6,697
	條崎半助	1,600	古城管堂	4,173	中村イセ	5,153	商銀行友會	5,840
	小杉謹八	1,490	梶原木太郎	3,762	古城梅溪	4,200	中村イセ	4,520
	齋藤久太郎	1,370	廣澤居太郎	3,762	山口太兵衛	4,200	古城憲治	4,300
	李王職長官	1,010	和田常市	3,650	古城管堂	4,173	古城管堂	4,175
	趙鎭泰	900	朝鮮總督	2,697	和田俊一	3,650	朝鮮火保	2,820
	唐川立造	764	釘本太次郎	2,428	昭和證券	2,894	朝鮮總督	2,679
	宋秉畯	745	中村伊勢子	2,400	朝鮮火保	2,820	釘本藤次郎	2,428
한성은행	李王職長官	23,232	李王職長官	23,232	殖産銀行	28,000	殖産銀行	28,000
	李埈公	10,290	李埈公	10,290	李平	2,155	李平	2,226
	李堈公	3,697	李完用	5,293	內藏頭	1,000	內藏頭	1,000
	李完用	5,283	李堈公	3,657	集城社	1,000	集城社	1,000
	李恒九	3,510	李恒九	3,611	淺野太三郎	835	淺野太三郎	835
	朴富陽	2,880	朴富陽	2,880	韓相龍	808	韓相龍	750
	李允用	2,776	李允用	2,766	共濟信託	800	釘本藤次郎	800
	李達鎔	2,500	朝鮮商業	2,200			韓昌祿	750
	朝鮮商業	2,200	韓昌洙	2,048			李萬福	684
	韓昌洙	2,048	內藏頭	2,000				

*배영목, 《식민지 조선의 통화금융에 관한 연구》(서울대 박사학위논문, 1990), 268·270쪽.

이러한 은행합병은 불황을 타개하기 위한 은행자본의 대규모화인 동시에 이를 통하여 일본인이 조선인 은행의 경영권을 장악해 나갔다. 대한천일은행의 후신인 조선상업은행은 강점 초기에 주주와 중역이 조선인으로 한정된 조선인 은행이었다. 그러나 1921년 7월 주주총회에서 최대주주인 조선총독부의 지원 아래 일본인이 중역에 참여하였으며, 합병과정에서 일본인 중역이 대폭 기용되고 이들이 대주주로 등장하면서 경영권은 일본인 실업가와 관리에게로 넘어갔다. 대표적인 조선인 은행인 한성은행도 경영난 속에서 일본인에게 경영권이 넘어갔다. 한성은행은 조선왕실의 자산관리은행으로 지정되어 조선인에게만 주주와 중역의 자격이 부여되어 있었다. 그러나 1920년에 주주자격이 철폐되고 1923년부터 일본인이 중역에 임명되었으며, 특히 관동대지진 때 일본 내 지점의 화재와 부실대출로 인한 경영위기에 직면하여 식산은행이 일본정부의 구제금융을 조건으로 한성은행을 인수하였다. 그 결과 식산은행이 한성은행 주식의 절반 가량을 소유하게 되고 한성은행의 경영권은 식산은행으로 넘어갔다.

다. 금융조합

1918년 〈금융조합령〉 시행으로 도시금융조합 및 각도 금융조합연합회를 신설하고 금융업무를 확대한 금융조합[39]은 1920년대 들어 조직이 크게 확대되었다. 조합수는 1917년 260개에서 1929년 621개(촌락금융조합 559개, 도시금융조합 62개)로 늘어났고 조합원수도 1917년 12만 명에서 1929년 59만 명(촌락금융조합 56만 명, 도시금융조합 3만 명)으로 늘어나 금융조합의 농가조직율이 4.5%에서 20%로 크게 증가하였다.

설립시 금융조합은 중하층 농민을 중심으로 한다는 원칙을 세웠으나, 조합원은 주로 재지지주를 비롯한 자소작 상층으로 구성되었다. 총독부는 일제의 농업정책 수행에 협력할 인물들을 중심으로 조합원을 구성하고자 하였으며, 조합의 운영에 중심적인 역할을 한 사람들은 일정한 토지를 소유

---

39) 이하 금융조합에 대한 서술은 다음의 연구를 참조.
윤석범·홍성찬·우대형·김동욱 공저, 위의 책.
이경란, 《일제하 금융조합과 농촌사회 변동》(연세대 박사학위논문, 2000).

하고, 부업을 하며, 총독부로부터 보조금을 받거나 금융조합의 자금을 수월하게 대출받을 수 있는 '자산계급'이었다. 재산정도에 따른 조합원 구성을 보면, 수익이 400원 이하인 하급에 속하는 조합원이 절반 가량 되었다. 그렇지만 계층별 가입비율을 보면 1929년 상급은 50%에 달하는 데 비하여 하급은 10%에 불과하였다. 1929년 당시 400원의 수익을 올리려면 자소작농일 경우 자작하는 전답 3정보 이상, 소작하는 전답 9단보 이상을 경영해야 하는데, 당시로서는 대농에 가까운 수준이었다. 따라서 중급 이상의 조합원, 즉 조합원의 절반 정도가 상당한 정도의 토지를 소유, 경영하는 지주였음을 알 수 있다.

조직의 확대와 더불어 사업규모도 크게 확대되었다. 예금은 1917년 57만원에서 1929년 7,689만원으로 크게 증가하였고 대출도 같은 기간에 376만원에서 1억 493만원으로 급증하였다. 출자금과 수익금에 제한되었던 금융조합의 자금원을 확대하는 한편 농촌 내 유휴자금을 흡수하여 식민지 농정수행의 자금원으로 삼고자 하는 의도에서 시작된 금융조합의 예금업무는 20년대 들어 금융조합의 최대 자금원이 되었다.

금융조합의 자금원으로는 출자금・예금・정부보조금・차입금 등을 들 수 있는데, 예금의 비중이 1917년 13%에서 20년대 말에는 50%까지 늘어났다. 그렇지만 예금을 비롯한 내부자금으로는 대출수요를 감당할 수가 없어서 식

〈표 13〉 금융조합 구역에서의 자산정도별 조합원 비율

	1925			1929		
	상급	중급	하급	상급	중급	하급
세대수(A)	118,598	268,254	175,8???	107,008	650,818	2,569,201
조합원수(B)	37,331	58,988	86,852	49,739	204,045	268,260
비율(B/A)	31.5%	21.9%	8.6%	46.5%	31.4%	10.4%

* 1925년은 〈金融組合區域內世帶の資産並組合員加入狀況〉(《金融と經濟》, 1926), 55~63쪽 ; 1929년은 牟田口利彦, 《金融組合運動》(1929), 284쪽.

비고 : 조사기준은 戶別割賦課標率額, 상급은 1,000원 이상, 중급은 400원~999원, 하급은 400원 이하.

산은행에서 자금을 차입하여 대출금을 충당하였다. 각도 금융조합연합회는 식산은행으로부터 자금을 차입하여 금융조합의 대출금을 공급하였는데, 예금의 증가에 따라 1923년 이후 자금원천에서 차입금이 차지하는 비중이 예금보다 떨어지기는 하였지만 여전히 30~40% 정도에 달하는 상당한 비중을 유지하였다. 차입금을 매개로 '일본금융시장－식산은행－도금융조합연합회－금융조합'이라는 금융체계가 만들어져 농촌 말단까지 일본 금융자본의 직접적인 영향력 아래 놓이게 되었다.

〈그림 3〉 금융조합의 자금 원천(1907~1930)

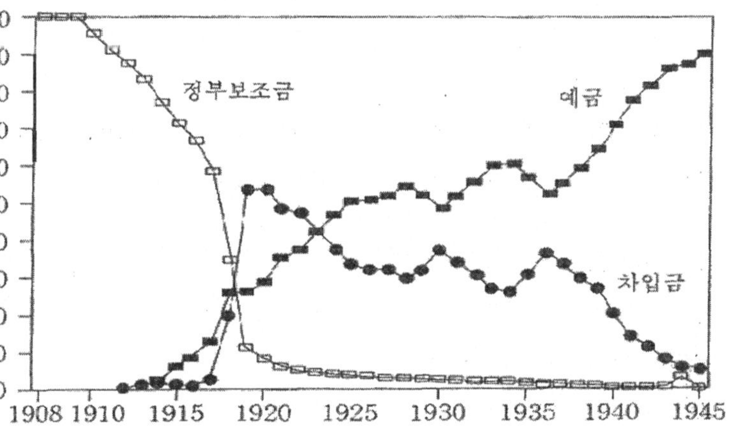

* 윤석범 · 홍성찬 · 우대형 · 김동욱 공저, 《한국근대금융사연구》(세경사, 1996), 192쪽.

예금업무의 확대와 예금의 급증으로 자금원의 중심이 차입금에서 예금으로 바뀜에 따라 금융조합의 은행화가 진행되었다. 금융조합에서는 1914년부터 조합원 예금과 함께 비조합원 예금을 취급하고 있었는데, 20년대 예금 증가의 원인은 조합원들의 저축 증가도 있지만 비조합원의 예금 증가가 더 큰 부분을 차지하였다. 1929년 금융조합의 예금 중에서 조합원의 예금이 1/5, 단체와 조합원 가족의 예금이 2/5, 비조합원의 예금이 2/5를 차지하였다. 특히 도시금융조합에서는 비조합원의 예금이 더 많았다. 이렇게 금융조합이 비조합원의 예금을 끌어들여 자금력을 확충한 결과 조합원의 금융활동을 지원하기 위하여 만들어진 금융조합이 예금업무에 중점을 둔 일반 금융기관으로 변모하였다. 1918년의 〈금융조합령〉으로 조합원의 범위가 농업자에서 구역내 거주자로 확대되어 도시지역 중소상공업자를 대상으로 한 도시조합이 설립되었고, 도시조합의 비조합원 예금의 확보가 주요한 업무로 부각되었다. 그리고 금융조합 업무도 신용사업과 경제사업을 겸하던 방식에서 신용사업 위주로 변화하였다. 1918년부터 농사지도 업무는 중단되고 경제사업이 산업자료 대부와 구판사업으로 축소되었으며, 1929년의 법령개정으로 창고업무를 제외한 경제사업은 모두 폐지되었다.

금융조합의 자금은 대부금과 예치금으로 운영되었다. 예치금이 자금운용의 20% 정도를 차지하였지만 농촌의 경제활동과 밀접하게 관련된 대부금이 자금운용의 중심이었다. 조합원이 금융조합에서 자금대부를 받으려면 조합원 가입시 받은 신용점수가 규정하는 대부금의 한도 내에서, 그리고 법으로 지정된 사용범위 내에서 대부신청을 해야 했으며, 조합에서는 신용도조사를 거쳐 담보나 보증인을 확인하고 대부하였다. 본래 촌락금융조합의 경우 보증인을 세우는 신용대부가 기초가 되었지만 점차 신용대부보다는 부동산을 담보로 하는 담보대부가 많아졌다. 대부용도를 보면 주로 토지 구입, 소 구입, 고리채 상환 등의 명목으로 대출되었다.

토지구입이 전체 대부자금의 40%를 상회한다는 것은 금융조합이 자작농·자소작농에게 농지매입자금을 빌려줌으로써 이들의 경제적 안정을 추구하려고 하였음을 보여준다. 그러나 고리채 상환자금의 증가와 관련하여 농가경제의 불안정이 가중되고 있으며, 부동산 담보대부가 중심이 되면서 토지구입자금은 비교적 재력이 있는 지주에게 대출되어 지주의 토지 확대와 고리대에 활용되었다. 더욱이 금융조합에서 식량자금이나 관혼상제 같은 생활자금은 비생산적 금융이라는 이유로 대부를 하지 않음으로써 조합원이라고 할지라도 춘궁기가 되었거나 급한 돈이 필요할 때 고리대를 활용하지 않을 수 없었다.

〈표 14〉 금융조합의 용도별 대출

(단위 : 천원)

구 분		1921	1923	1928
농업자금	토지구입	9,943 (38.0%)	17,898 (42.4%)	29,765 (44.4%)
	토지개량	3,097 (11.8%)	3,530 (8.3%)	3,430 (5.1%)
	경우구입	5,367 (20.5%)	7,504 (17.8%)	10,913 (16.3%)
	기타	2,815 (10.7%)	2,979 (6.9%)	3,592 (5.3%)
	소계	21,224 (81.0%)	31,915 (75.8%)	47,703 (71.1%)
비농업 자금	상공업자금	2,171 (8.3%)	4,054 (9.5%)	6,217 (9.3%)
	수산업자금	-	161 (0.3%)	-
	잡자금	2,742 (10.7%)	6,017 (14.5%)	13,189 (19.7%)
	구채상환	-	5,332 (12.7%)	11,891 (17.7%)
	기타	-	678 (1.8%)	1,298 (1.9%)
합 계		26,138 (100%)	42,148 (100%)	67,110 (100%)

* 이경란, 《일제하 금융조합과 농촌사회 변동》(연세대 박사학위논문, 2000), 95쪽.

라. 전근대적 금융기관

1930년대 들어 은행·금융조합 같은 근대적 금융기관의 예금과 대출이 크게 늘어난 반면 근대적 금융기관에 접근할 수 없었던 소생산자층과 하층민을 대상으로 한 고리대금업도 꾸준히 확대되었다. 1931년 9월 6일자 《동아일보》에 의하면 농촌의 부채 4억 2,855만원의 차입선 중 은행이 56%, 금융조합이 25%, 신탁·무진업이 8%, 개인대금업이 14%의 비중을 차지하여 1930년대 초에도 無盡業·貸金業·典當業 같은 전근대적 고리대금업이 여전히 상당한 비중을 차지하고 있다.

무진업은 일본인들 사이에서 행해지던 無盡講에서 유래한 것으로, 1922년 8월 〈조선무진업령〉 시행을 전후하여 무진강은 무진회사[40]로 흡수되었다.

---

40) 無盡講은 우리 나라의 계와 유사한 일본의 전통적인 상호부조 조직이다. 무진회사는 금전대차뿐만 아니라 토지건물 임대차, 생산물 위탁판매 등의 재산관리를 겸하여 다른 금융회사와 명확히 구분되지 않으나 무진강을 취급한다는 점(종래의 무진강 관리자가 회원의 부금을 모집하여 이를 자기 명의로 당첨자에게 대부)에서 다른 금융회사와 구분되었다.

〈조선무진업령〉이 시행되기 전해인 1921년 7월 현재 무진강은 영업자수 77명, 취급강수 776개, 구좌수 28,710, 급부금계약고 3,100만원에 달하였고, 1922년 말에 김천무진·목포무진·원산무진·인천무진 등 6개 무진회사가 설립되었다. 1922년에 6개 회사에 자본금 115만원, 급부금 904만원, 대부액 17만원에 불과하던 무진회사는 이후 크게 증가하여 1929년에는 32개 회사에 자본금 374만원, 급부금 5,289만원, 대부액 276만원에 달하였다. 무진회사의 가입자 현황을 보면 1932년 말 현재 총가입자 43,306명 중 조선인이 9,999명이고 일본인이 33,423이며, 직업별로는 농업자 1,619명, 상업자 27,586명, 공업자 2,320명, 봉급자 14,029명이었다. 여기에서 무진회사는 도시노동자 및 영세 상공업자의 자금융통을 담당하였으며, 조선인도 일부 가입되어 있었으나 일본인이 중심이었음을 알 수 있다.

대금업은 대금회사와 개인대금업으로 구분된다. 대금회사는 대금업을 비롯하여 부동산 임대·매매업·신탁업 등을 겸하는 금융회사로 대개 자본금 10만원 미만의 영세회사였다. 1921년에 33개이던 대금회사는 1929년에 112개로 크게 증가하였으며, 일반은행을 이용할 수 없는 중소상공업자에게 30% 내외의 고리로 대출하였다. 대금회사 이외에도 운수창고회사·농업회사·상업회사·정미회사·광업회사·수산회사 등 대부분의 회사들이 대금업을 부대업무로 취급하였기 때문에 구체적인 대출상황을 파악하기 곤란하다.

개인대금업도 20년대 들어 확대되었다. 대금업자는 1927년에 8천여 명이던 것이 1930년에는 1만2천여 명으로 증가하였으며, 대출액은 1927년의 4,874만원에서 1930년에는 5,819만원으로 증가하여 같은 기간 금융기관 총대출액의 7~8%에 달하였다.

대금업자의 건당 대출액도 1927년의 123원에서 1930년에는 138원으로 증가하였으며, 건수도 40만 건 내외에 이르렀다. 금융조합의 건당 대출액이 1927년에 550원, 1932년에 128원이었던 점으로 미루어 볼 때, 개인대금업자로부터 자금을 빌리는 계층은 금융조합으로부터 자금을 빌리지 못하는 중소농업자나 중소상공업자였음을 알 수 있다. 그리고 개인대금업자는 금융기관의 자금을 이용할 수 있는 담보력이 있거나 유동자금을 가지고 있었던 중대

지주나 중대 상인이었을 것이며, 이들은 30%에 달하는 고리를 통하여 부를 증식시켜 나갔다.

〈표 15〉 개인대금업 및 전당업의 추이

연도	대금업자			대금업		전당업자			전당업	
	일본인	조선인	계	대출액	총건수	일본인	조선인	계	대출액	총건수
1927.9	2,174	6,002	8,212	48,746천원	396,308	608	799	1,406	3,450천원	-
1928.9			10,323	52,921	437,778					
1929.9	3,384	8,156	11,583	53,091	397,077					
1930.9	3,453	8,663	12,153	58,194	422,443	578	699	1,261	4,206	1,038,303

* 배영목, 《식민지조선의 통화 금융에 관한 연구》(서울대 박사학위논문, 1990), 263쪽.

개인대금업자로부터도 돈을 빌릴 수 없었던 최하층을 대상으로 한 것이 典當鋪였다. 전당포의 수는 전국적으로 천여 개가 넘었으며, 대출액도 4백여 만원에 달하였다. 1930년에 이용 건수가 104만 건이고 건당 금액이 4원 정도이며, 1930년 공영 전당포(公益質屋) 이용자 34,763명 중 소상인이 32%, 봉급생활자가 16%, 노무자가 9%, 소공업자가 7%이고, 전당물은 가구가 43%, 유가증권이 37%, 장신구가 14%였음을 볼 때, 전당포는 최소한의 담보물도 갖지 못한 소상인·노동자 같은 최하층민이 4원 정도를 구하기 위하여 일상용품을 전당하던 곳이었다.

〈裵城浚〉

Ⅱ. 대한민국임시정부의 수립과 활동

1. 임시정부의 수립과 초기 활동
2. 임시정부와 국민대표회의
3. 임시정부와 유일당운동

Ⅱ. 대한민국임시정부의 수립과 활동

1. 임시정부의 수립과 초기 활동

1) 임시정부 수립의 배경

(1) 세계대전의 종전과 민족자결주의

제1차 세계대전은 독점적 자본주의체제가 형성되면서 나타난 서구 자본주의국가들 사이의 불균등 발전으로 인해 식민지와 시장확보를 둘러싸고 폭발한 제국주의전쟁이었다. 전쟁의 결과 열강간 힘의 관계가 재조정되고 세계자본주의체제가 재편되었다. 세계경제의 지도적 지위에 있었던 영국이 몰락하고 미국이 그 자리를 차지했다. 또한 전쟁 중에 일어난 세계사상 최초의 사회주의혁명의 성공은 러시아를 전쟁에서 이탈하게 하여 제국주의전쟁을 전면 부정하고 사회주의혁명과 약소민족의 해방운동을 촉진시킴으로써 자본주의체제를 위협했다.[1]

전쟁이 발발하자 일본은 서구열강이 유럽의 긴장고조로 아시아에 대한 관심이 소홀해진 틈을 타 신속하게 이 지역에서의 독점적 지위를 굳혀갔다. 그들은 동맹국인 영국이 독일과 교전상태에 들어간 것을 구실로 독일에 선전포고하고, 독일령의 남양군도뿐만 아니라 靑島를 비롯한 중국 산동반도 일대의 독일 租借地까지 점령했다. 나아가 일본은 袁世凱 정권에 '21개조 요구'를 제시하여 만주와 산동성, 그리고 복건성 및 내몽고지역의 식민화까지 기도했다.[2]

---

1) 이지원, 〈3·1운동〉(《한국사》 15, 한길사, 1994), 83~84쪽.
2) 이정식, 〈1910년대 국제정세〉(《한민족독립운동사》 3, 국사편찬위원회, 1988), 19쪽.

전쟁의 결과 세계사의 중심무대는 유럽·대서양에서 미국의 전략적 이익의 관건이 되는 아시아·태평양지역으로 이동했다. 미국은 중국 본토와 만주에 대한 경제적 팽창을 도모하고 독일의 점령지였던 남양군도의 전략적 가치를 중시하고 있었다는 점에서 장차 일본과의 대립이 필연적이었다. 그러면서도 미국은 한편으로 소련의 사회주의 혁명노선이 동아시아로 확산되는 것을 막고, 파리강화회의에서 국제연맹의 창설을 순조롭게 하기 위해 일본의 협조가 필요했다.[3)]

식민지의 지위에도 중대한 변화가 나타나기 시작했다. 1917년 11월 러시아혁명을 일으킨 뒤 레닌(V. Lenin)은 자국 내 100여 개 소수민족에 대해 '민족자결'을 원칙으로 하는 〈러시아 제민족의 권리선언〉(1917. 11. 15)을 선포함으로써, 제국주의 열강의 식민지 지배로 신음하고 있던 아시아의 피압박민족을 고무시켰다. 1918년 1월 미국 대통령 윌슨(W. Wilson)도 전쟁 중에 표출된 피압박민족의 독립 열망을 반영하고, 전후 식민지 문제 처리방안으로 '민족자결주의'를 제창했다.[4)]

레닌과 윌슨이 표방한 '민족자결'은 전후 식민지 약소민족 문제의 처리에 있어서 표면상 동일한 원칙을 제시한 것이었으나 함축하고 있는 내용은 본질적으로 다른 것이었다. 윌슨은 열강간 국제협약과 국제연맹하의 '위임통치'라는 형식으로 식민지 약소민족의 문제를 점진적·평화적으로 해결하려고 했던 것이고, 레닌은 궁극적으로 사회주의혁명에 의한 제국주의 타도만이 식민지문제를 근원적으로 해결할 수 있다고 보았다.

한국민족운동세력은 미국이 일본과 잠재적인 적대관계에 들어갔다고 간주하고 미국의 대외정책에 큰 관심을 보였다. 그러나 민족자결주의는 패전국이 보유했던 식민지를 처리하기 위한 원칙으로 제시된 것이므로 승전국인 일본의 식민지 지배를 받고 있던 한국에는 적용되지 않는 것이었다. 뒤에 3·1운동을 추진한 '민족대표'들도 이점을 분명히 알고 있었지만 그들은 민족자결주의를 독립운동에 유리한 조건으로 이용하려 했던 것이다.[5)]

---

3) 조민, 〈제1차 세계대전 전후의 세계정세〉(《3·1민족해방운동연구》, 청년사, 1989), 59~60쪽.

4) 김용구, 《세계외교사》(서울대 출판부, 1998), 539~540쪽.

(2) 정부수립운동과 〈대동단결선언〉

1910년의 '한일합방'부터 3·1운동에 이르기까지 줄기차게 전개된 정부수립운동의 무대는 미주와 노령, 북경과 상해 등 세계정세의 변동에 민감한 지역이었다. 이 시기에 전개된 정부수립운동에 가장 큰 영향을 준 사건은 역시 제1차 세계대전이었다. 따라서 1910년대 정부수립운동은 전쟁이 발발하는 1914년을 전후로 하여 두 시기로 구분해 볼 수 있다.

처음 정부수립이 제창된 곳은 미주 한인사회였다. 1911년 초 '미일전쟁'설이 유포되자 박용만은 이를 조선이 독립할 기회로 포착하여 사회조직인 대한인국민회를 정치조직인 '無形國家'로 건설할 것을 제창했다.[6] 이를 위해 대한인국민회를 국가인민을 대표하는 총기관인 '임시정부'로 설립, 3권 분립에 의한 자치제도를 실시하며, 병역과 납세의무를 규정해야 한다고 주장했다.

이 주장은 1910년대 전반기 한국민족운동의 주된 방략인 독립전쟁론을 미일전쟁이라는 가정하에 제시한 것으로 당시 노령과 만주의 무장독립운동 세력과 연계된 것으로 주목된다.[7] 그러나 전쟁설의 誤判, 대한인국민회를 임시정부보다는 한인의 '자치기관'으로 위치지우려는 온건론에 밀려 더 나아가지 못했다.

반면에 노령 연해주는 만주와 함께 '독립전쟁론'에 따라 독립운동기지화가 추진된 독립전쟁의 주요 거점이었다. 여기에서 勸業會는 1914년 러시아에서 '제2 러일전쟁'설이 팽배한 가운데 大韓光復軍政府의 설립을 주도했다. 대한광복군정부는 노령과 중령을 세 개의 군구로 나누고 사관학교를 설치, 운영하는 한편 독립전쟁에 대비하여 노령과 만주에서 양성된 '광복군'을 망라하는 전투 편성계획까지 수립했다.[8]

---

5) 李炳憲, 《三一運動秘史》(시사시보사 출판국, 1959), 514쪽.
6) 《新韓民報》, 1911년 3월 29일.
金度勳, 〈1910년대 초반 미주한인의 임시정부 건설론〉(《한국근현대사연구》 10, 1999), 258쪽.
7) 尹炳奭, 《增補 李相卨傳》(일조각, 1998), 159쪽.
8) 리영일, 《리동휘 성재선생》(필사본), 201쪽.
반병률, 〈이동휘와 1910년대 海外民族運動〉(《한국사론》 33, 서울대, 1995), 227~228쪽.

그러나 세계대전의 발발로 '제2 러일전쟁'에 대한 기대가 사라짐으로써 이 계획은 물거품이 되었다. 대한광복군정부 안의 복벽주의와 공화주의를 둘러싼 이념적 갈등, 출신지역에 따른 파쟁도 급격한 정세변동기에 독립전쟁을 지휘할 사령부로 출범한 대한광복군정부의 효과적 운용을 어렵게 만들었다.

세계대전의 발발은 한국민족운동에 '외교독립노선'을 정립시켰다. 1914년 권업회와 대한광복군정부의 해산으로 중국 상해에 집결한 민족운동자들은 일본의 참전으로 독일의 승전과 중·독 연합에 의한 對日開戰을 전망하면서 전쟁을 국권회복의 기회로 판단했다. 이들은 상해에서 신한혁명당을 결성하고 광무황제(고종)를 당수로 추대, 대한제국의 망명정부 수립을 추진했다. 이들의 구상은 독일정부의 보증하에 중국과 한국 망명정부 사이에 군사동맹을 체결함으로써 독립전쟁에 대비한다는 것이었다. 이 계획은 무위로 끝났지만 대한광복군정부가 와해된 뒤 세계대전의 발발을 계기로 정세변화에 능동적으로 대처하여 독립전쟁론에 외교노선을 접목시킨 사례로 주목된다.[9]

신한혁명당이 추진한 망명정부 수립의 실패는 세계정세에 대한 오판과 복벽주의와 공화주의 등 조직 내부의 정치·사상적 갈등 때문이었다. 이런 가운데 미국의 참전으로 전선이 확대되고 신한혁명당의 붕괴로 국외 독립운동의 구심이 사라지자 국면의 전환이 필요했다. 1917년 7월 상해에서 14명의 명의로 발표된 〈대동단결선언〉은 이러한 상황에서 나온 것이었다. 〈대동단결선언〉은 단결의 필요성, 국내동포의 참상, 해외동포의 역할, 선언 당시의 국제환경, 대동단결에의 호소, 그리고 '提議의 강령'으로 구성되어 있는데[10] 요지는 다음과 같다.

첫째 주권불멸론에 의한 국민주권설을 제창했다. 주권은 민족 고유의 것이므로 대내적으로 융희황제가 주권을 포기한 것은 국민에게 이를 讓與한 것으로 인식했다. 둘째 주권상속의 방법으로 "국가상속의 대의를 선포하여 해

9) 李賢周, 〈1910년대 국제정세와 정부수립운동〉(《대한민국임시정부수립 80주년 기념논문집》 상, 국가보훈처, 1999), 89쪽.

10) 〈大同團結宣言〉은 독립기념관에 기증된 도산 안창호의 유품과 문서에서 나온 자료로 원문이 《韓國學論叢》 9(국민대 한국학연구소, 1987) 끝에 영인, 수록되었다.

외동지의 총단결을 주장하며 국가적 행동의 進級的 활동을 표방"했다. 셋째 세계 피압박 민족운동이 고조됨을 예시하면서 당시의 국제정세를 "吾人의 유기적 통일"을 가능하게 해주는 유리한 조건이라고 판단, 세계여론을 환기할 것을 주장했다.

〈대동단결선언〉은 임시정부의 수립과 이를 위한 민족대동의 회의를 제창한 것으로 요약된다.[11] 이틀은 공화주의에 입각하여 주권불멸론에 의한 국민주권설을 제창하고 대한제국 황제가 포기한 주권을 상속하기 위해 임시정부를 수립할 것을 주장했다. 이를 위해 국외 독립운동 단체나 개인으로 민족대회의를 소집할 것을 제안한 것이다. 따라서 〈대동단결선언〉의 임시정부 수립론은 1910년대 이래 제기된 임시정부 수립론이 결집된 것이라 할 수 있다.

〈대동단결선언〉은 주도 인물들이 국외 각지에 흩어져 있었기 때문에 그 이념이 당장에 구현되기는 어려웠다. 그러나 전쟁 중에 국외 민족운동자들이 국제정세의 변동에 능동적으로 대처하여 공화정체의 국민국가를 건설하고자 기도했던 노력은 높이 평가할만하다. 2년 뒤에 3·1운동을 계기로 국내외 각지에서 임시정부 수립운동이 일어나는 것도 1910년대 초 '한일합방' 직후부터 시작되어 이념적으로는 1917년에 이르러 국민주권론에 의거, 공화정을 표방하는 〈대동단결선언〉의 토대 위에서 가능했기 때문이다.

2) 임시정부의 수립과 통합

(1) '국민대회'와 국내 정부수립운동

가. '국민대회'와 한성정부의 선포

3·1운동 뒤 국내에서 전개된 임시정부 수립운동은 향후 민족운동을 이끌어 갈 영도기관이 될 것이라는 점에서 민족 구성원의 합의라는 절차가 중시되었다. 이런 점에서 국민대회는 합의의 절차로 간주되었다. 즉 국민대회가 갖추어야 할 요건은 국내를 기초로 13도 '국민대표'로 조직되어야 하며, 임시

11) 조동걸, 〈臨時政府 樹立을 위한 1917년의 '大同團結宣言'〉(《韓國學論叢》 9, 국민대 한국학연구소, 1987), 131쪽.

정부의 정치형태는 민주공화정이어야 한다는 것 등이었다.[12]

국민대회를 통해 임시정부를 수립하려는 계획은 3월초부터 李奎甲·洪冕禧(洪震)·韓南洙·金思國 등에 의해 비밀리에 추진되었다. 여기에는 申泰鍊(申肅)·安商德 등 천도교 측의 인물들도 개입하고 있었다.[13]

이들은 '비밀독립운동본부'를 조직하고 임시정부 수립과 국민대회 개최를 위한 준비위원회를 구성했다. 3월 17일에는 현직검사 韓聖五의 집에서 준비위원 회의를 개최하여 "13도 대표자회의를 4월 2일 인천 만국공원에서 열고, 임시정부를 수립하여 이를 국민에게 공포할 것"을 결의했다. 회합에는 위의 4명 외에도 이교헌·윤이병·윤용주·최전구·이용규·김규·이민태·閔橿 등 준비위원 거의 전원이 참석해 〈국민대회 취지서〉와 〈임시정부 약법〉 등을 작성하고 임시정부 각원, 평정관, 파리강화회의에 출석할 국민대표 명단을 확정했다.[14]

그러나 인천 만국공원에서 열린 13도 대표자회의는 성원 미달로 국민대회를 준비하는 회합에 머물렀다. 여기서 참석자들은 "국민대회를 조직하고 假政府를 만들어 파리강화회의 및 각국에 조선독립의 승인을 요구할 것"을 결정했다.[15]

국민대회의 실행은 김사국의 주도하에 이루어졌다. 한남수와 홍면희·이규갑 등이 해외와의 연락을 위해 상해로 망명했기 때문이다. 김사국은 이미 3월 중순께 보성전문학교 졸업생인 朱翼의 소개로 明治大에 재학중인 金裕寅

12) 《朝鮮獨立新聞》 제2호(國史編纂委員會 編, 《韓國獨立運動史》 資料5 : 3·1運動篇, 正音文化社, 1968), 2쪽.
李賢周, 〈3·1운동 직후 '國民大會'와 임시정부 수립운동〉(《한국근현대사연구》 6, 한울, 1997), 114쪽.

13) 李奎甲, 〈漢城臨時政府 樹立의 顚末〉(《新東亞》 1969년 4월호, 동아일보사), 176쪽.
독립운동사편찬위원회, 〈한남수·김사국에 대한 신문조서〉(《독립운동사자료집》 5 : 3·1운동재판기록, 1975), 78쪽.
申肅, 《나의 一生》(日新社, 1963), 50쪽.

14) 李奎甲, 위의 글, 176쪽.
〈국민대회취지서〉의 내용은 《이화장소장 우남 이승만문서》 4(연세대 현대한국학연구소, 1998), 26~27쪽.

15) 〈한남수 및 안상덕 신문조서〉(독립운동사편찬위원회, 《독립운동사자료집》 5), 138~139쪽.

을 만나면서 張彩極·金鴻植·全玉玦·李鐵·崔上德 등을 끌어들였다.16) 김사국·김유인·玄錫七·민강 등 국민대회 지도부는 4월 23일을 거사일로 정하고 제반 준비를 진행했다. 현석칠과 민강은 〈국민대회 취지서〉·〈결의문〉·〈약법〉·〈선포문〉 등을 인쇄하기 위해 서소문동 李敏洪 집 홍제당에서 목판을 새겨 6천장을 인쇄했다.

이들의 계획은 4월 23일 정오에 서린동 춘추관에서 국내 13도 대표자가 모여 임시정부를 선포하고 노동자를 동원, 종로 보신각을 중심으로 대대적인 시위를 벌이고 문서를 배포한다는 것이었다.

당일 종로 일대에서는 이들 주도로 '國民大會'와 '共和萬歲'의 깃발 아래 만세시위가 벌어졌고 한성정부의 수립이 선포되었다.17)

> 4월 23일 낮 12시 10분 종로 보신각 부근에서 4~5명의 학생 같은 자가 3本의 小旗를 흔들고 만세를 부르면서 질주하여 종로서 방면으로 향하는 것을 보고 곧 추적하였는데 소기를 종로통에 버리고 관철동 소로로 도망하여 드디어 소재가 불명되었는데 24일 이 5명 중 2명은 체포했다. 소기는 목면제이며 2本에는 國民大會라고 쓰고 1本에는 共和萬歲라고 묵서한 것이다. 4월 23일 경성에서 〈임시정부선포문〉·〈국민대회취지서〉·〈선포문〉이라는 불온인쇄물을 발견하였다. 전항 1부의 행동은 이 선포에 관계가 있는 것으로 관찰되어 목하 신문중이나 … (《韓國民族運動史料》 三一運動篇 其三, 국회도서관, 1979, 323쪽).

현장에서 주동자가 체포된 데 이어 5월 초에는 지도부를 포함하여 십수명이 검속되었고, 8월 30일 예심 개정 전까지 모두 28명이 검거되었다. 이 사건으로 검거된 사람은 270여 명에 달했다.18)

주목되는 것은 검거가 계속되는 와중에서도 임시정부 수립을 알리는 만세시위와 전단의 살포가 계속되었다는 점이다. 4월 23일의 국민대회가 원만하

---

16) 〈김사국 예심조서〉(독립운동사편찬위원회, 《독립운동사자료집》 5, 1975), 140쪽.
17) 고정휴는 13도 대표자회의와 국민대회 개최사실을 부인하고 있다(高珽烋, 〈세칭 한성정부의 조직주체와 선포경위에 대한 검토〉, 《한국사연구》 97, 1997 ; 〈대한민국임시정부의 성립과정에 대한 검토〉, 《한국근현대사연구》 12, 2000 참조).
18) 《每日申報》, 1920년 2월 2일.
《獨立新聞》, 1920년 2월 12일.
《新韓民報》, 1920년 4월 2일.

게 진행되지 못했다고 판단한 김유인·장채극 등은 풍선을 이용한 대규모 전단 살포를 계획, 준비하던 중 장채극 등이 체포되었고 5월 7일 서울 일원에서는 국민대회 당일보다 확대된 규모의 집회가 다시 시도되었다.[19]

한성정부의 조직 소식은 국민대회 이전에 중국 신문에 보도되었다.《天津大公報》(4월 11일자)와《上海時報》(4월 16일자)는 한성정부의 조직과 각료 명단을 보도했다.[20] 뿐만 아니라 한성정부의 성립은 국민대회 직후 尹致昊 등 기독교 세력과 국내 민족운동세력에게 알려지고 서울발 연합통신의 電文에 의해 미국 등 해외 한인사회에까지 전파되었다.[21]

그런데 국민대회를 통한 임시정부 수립운동이 '민족대표 33인'이 상해에 파견한 대표와의 연락 속에서 태동되었다는 것은 주목할 만한 일이다. 김사국의 공판기록에 따르면 이규갑은 상해에 파견된 현순에게서 편지를 받고 3월 중순 경 이것을 한남수와 자신을 설득하여 국민대회의 준비에 착수했다는 것이다.[22] 玄楯의 막후 역할에 대해서는 윤치호도 동일한 견해를 피력한 적이 있다.[23]

현순이 3·1운동 계획에 처음 참여한 것은 1919년 2월 17·8일 무렵 세브란스병원 구내의 이갑성 방에서 열린 회합에서였다. 이 자리에는 이승훈·함태영·안세환·이갑성·박희도 등이 참여했다. 참석자들은 독립을 선언하고 천도교와 공동으로 일본정부 및 조선총독부에 건의서를 보낼 것, 상해에 대표를 파견하여 열강에 독립을 청원하는 문서를 발송할 것 등을 결정했다. 이에 따라 상해 파견대표로 현순이 선임되었다.[24]

---

19) 〈京城覆審法院 公判始末書, 장채극 신문〉(國史編纂委員會 編,《韓國獨立運動史資料》5), 61쪽.
〈韓人이 端午節에 臨時政府組織布告文을 宣布코자 하는데 關한 電報〉, 特第131號, 1919. 5. 9(국회도서관,《韓國民族運動史料》三一運動篇 其一, 1977), 177~178쪽.

20) 任椿洙,〈1920-30년대 中國 新聞에 실린 韓國 關係記事 硏究〉(《國史館論叢》90, 國史編纂委員會, 2000), 245쪽.

21)《尹致昊日記》7, 1919년 4월 26일.
《新韓民報》, 1919년 6월 12일.

22) 〈三一獨立示威關聯者公判始末書-5〉(國史編纂委員會 編,《韓民族獨立運動史資料集》19 : 三一運動Ⅸ, 1994), 30쪽.

23)《尹致昊日記》7, 1919년 4월 26일.

24) 〈朴熙道先生取調書〉(李炳憲 편,《三一運動秘史》), 434~435쪽.

그에게 부여된 임무는, 즉시 한국을 빠져나가 중국 奉天으로 가서 그곳에서 '한 독립운동가'를 만나 동행하는 것이었다. 현순은 봉천에서 崔昌植을 만나고 그와 동행하여 3월 1일 상해에 도착했다. 당일 이들은 미국인 선교사 피치(George A. Fitch)의 소개로 선우혁을 만나고 이튿날에는 申圭植·李光洙·金澈·신석우 등 신한청년당계 인사들을 만나 자신들이 "민족독립당('National Independence Party')을 대표하여 연락·선전과 외교를 위해" 상해에 왔음을 밝혔다. 최창식은 〈독립선언서〉를 소지했고 3·1운동 발발 소식이 연합통신을 통해 3월 4일자 중국신문에 보도되었다.[25)]

이들은 상해 프랑스 조계지 내에 독립임시사무소를 설치했다. 현순은 총무로 뽑혀 상해주재 각국 공관에 〈독립선언서〉를 배포하고 국내의 독립운동 상황을 현지 언론에 제공하면서 신한청년당이 파리강화회의에 파견한 김규식 및 미국의 이승만에게도 연락을 취했다.

3월 초·중순 경 현순은 국내의 이규갑에게 편지를 보내 '모종의 계획'을 지시한 것으로 보인다. 그가 특별히 이규갑에게 편지를 보낸 이유는 분명치 않으나, 1919년 1월 이규갑이 전도사로 시무하던 의주장로교회에서 부흥회를 인도했다는 기록이 있어 참고된다.[26)] 독립임시사무소의 이광수도 현순과는 별도로 3·1운동 지도자들이 남겨놓은 의사를 확인하기 위해 이봉수를 서울에 파견했다.[27)]

3월 27일 밤 상해 프랑스 조계의 한 예배당에서 상해의 독립운동자들이 모인 가운데 '최고기관'을 조직하기 위한 회의가 열렸다. 다수의 참석자들이 최고기관의 수립을 서두를 것을 주장했다. 그러나 현순은 "국내로부터 지시가 올 때까지 기다려야 한다"며 이에 반대했다.

이광수도 "독립선언을 하였으니 정부를 조직하는 것은 당연한 일이나 〈독립선언서〉에 서명한 33인의 의사도 듣지 않고 우리가 여기에서 정부를 조직한다면 미국동포들도, 하와이동포들도, 노령에서도, 서북간도에서도 저마다 정부를 조직하게 될지도 모르니 이리되면 우리 독립운동이 분열될 염려가

25) Soon Hyun(현순), *MY AUTOBIOGRAPHY*(나의 자서전), p.79.
26) Soon Hyun, *ibid.*, p.77.
27) 이광수, 〈나의 고백〉(《이광수전집》 7, 삼중당, 1970), 255~257쪽.

있다. 그러므로 서울에 보낸 사람이 돌아오기를 기다리는 것이 옳다"고[28] 현순의 주장에 동조했다.

이규갑은 현순의 편지를 받고 바로 동지 규합에 나섰다. 먼저 정부수립운동을 지휘할 '중앙대표'로 이규갑·신태련(신숙)·안상덕·권혁채·홍면희 등 5인이 선정되었다.[29] 이들은 실행을 담당할 조직으로 '비밀독립운동본부'를 조직했다.

이 무렵 상해로부터 임시정부 조직문제에 관해 "국내의 동의를 얻기 위해" 洪濤(洪鎭義)와 李鳳洙가 파견되었다.[30] 이에 5인의 중앙대표는 신숙의 중재로 통합을 시도했으나 실패했다. 통합이 결렬되자 5인 중앙대표는 당시 조직중이던 대동단에 주목했다. 대동단은 3·1운동 중 조직되어 의친왕 이강을 상해로 망명시켜 독립운동의 구심점으로 삼으려던 비밀결사였다. 그러나 이들은 정치사상과 노선의 차이로 국민대회와 조직적으로 결합하지 않고, 일부가 개인으로 참여하는 데 그쳤다.

남은 문제는 정부형태와 각료의 인선이었다. 국민대회 지도부는 이 문제를 논의하기 위해 '준비위원회'를 구성하고 3월 16, 7일 경 회의를 개최했다. 이 회합에서 논란이 된 것은 정부형태였다. 기독교계 인사들은 공화정체를 주장했고 유림출신 인사들은 대한제국의 회복을 역설했다.[31] 결국 정부수반과 각료 명칭 등 외형상으로는 후자로 했으나, 실제로는 약법을 통해 공화정체의 틀을 갖추었다.[32]

한성정부의 각원명단은 다음과 같다.

---

28) 이광수, 위의 글, 254쪽.
29) 李炳憲, 앞의 책, 854쪽.
30) 申肅, 앞의 책, 50쪽.
31) 그러나 이들도 공화정체를 대세로 받아들였다(《省齋遺稿》, 省齋尹履炳先生遺蹟刊行協會, 1959, 14~16쪽).
32) 〈약법〉 제1조 國體는 民主制를 採用함, 제2조 政體는 代議制를 채용함, 제3조 國是는 國民의 自由와 權利를 尊重하고 世界平和의 韋運을 增進케 함, 제4조 臨時政府는 左의 權限이 有함 ① 一切 內政 ② 一切 外政, 제5조 朝鮮國民은 左의 義務가 有함 ① 納稅 ② 兵役, 제6조 本 約法은 正式國會를 召集하여 憲法을 頒布하기까지 此를 適用함(《이화장소장 우남이승만문서》 4, 1998, 29쪽).

집정관총재 李承晩, 국무총리총재 李東輝, 내무부총장 李東寧, 외무부총장 朴容萬, 재무부총장 李始榮, 차장 韓南洙, 교통부총장 文昌範, 군무부총장 盧伯麟, 법무부총장 申圭植, 학무부총장 金奎植, 노동국총판 安昌浩, 참모부총장 柳東說, 차장 李世永('국민대회' 명의의 〈宣布文〉(《우남 이승만문서》 4, 28~29쪽).

나. '경성독립단본부'와 신한민국정부

국민대회 당일 서울 종로 일대에 배포된 문건은 〈임시정부선포문〉·〈국민대회취지서〉·〈선포문〉의 3종이었다.[33] 앞의 두 문건은 국민대회 추진세력이 배포한 것이고 〈임시정부선포문〉은 '조선민족대회'의 명의로 배포된 것으로 〈임시정부령〉 제1호와 제2호가 附記되었다. 문건을 작성하고 배포한 주체가 서로 다른 것이다.

그렇다면 〈임시정부선포문〉이 어떤 경위로 국민대회 당일 한성정부 문건들과 함께 배포되었을까. 여기서 이 문건이 1919년 4월 15일 경 평안북도 철산·선천·의주 일대에 살포된 '신한민국정부'의 선포문건과 함께 배포되었다는 것을 상기할 필요가 있다.

신한민국정부 관계 선포문건으로는 〈신한민국정부 선언서〉, 〈각원명단〉, 〈경제적 공약〉, 〈약법〉(미 발견) 등이 있는데,[34] 이 중 각원명단은 다음과 같다.

집정관 李東輝, 국무총리 李承晩, 내무부장 (미정) 차장 曺成煥, 외무부장 朴容萬, 차장 金奎植, 재정부장 李始榮, 차장 李春塾, 교통부장 文昌範, 차장 李喜儆, 노동부장 安昌浩, 차장 閔瓚鎬.

이들 신한민국정부의 문건이 4월 23일 국민대회에서 한성정부의 문건을 배포할 때 학생조직에게 전해지고 있음은 흥미롭다. 국민대회 사건으로 체포된 이춘균에 대한 공판에서 검사는 1919년 3월 30일 경 학생조직의 리더인 김유인의 지시에 따라 '임시정부에 관한 불온문서'을 수령하러 갔었는지를

33) 〈獨立運動에 關한 不穩文書 發見의 件〉, 1919년 4월 24일, 騷密第783號(국회도서관, 《韓國民族運動史料》 三一運動篇 其三), 323쪽.
34) 姜德相 編, 《現代史資料》 26 : 三一運動篇 二(みすず書房, 1972), 70쪽.
金正明 編, 《朝鮮獨立運動》 II : 民族主義運動篇(原書房, 1967), 22쪽.

추궁했다.[35]

이춘균은 협의를 부인했지만 신의주를 갔었던 것은 사실이고 또 국민대회 당일 시위투쟁의 한 당사자인 장채극이 〈임시정부선포문〉을 이춘균에게서 받아 김유인에게 주었다고 진술하고 있는 것으로 보아 검사의 추궁은 어느 정도 사실관계를 반영한 것으로 판단된다.

그가 이를 부인한 것은 의주에서 자신이 가져온 문건 가운데 국민대회 당일 배포되지 않은 문건이 있기 때문이었다. 그것이 바로 신한민국정부의 〈각원 명단〉과 〈7개조의 약법〉이었을 것이다. 그러므로 김유인이 이춘균으로부터 받은 문건 속에는 국민대회 당일 배포된 〈임시정부선포문〉 외에도 신한민국정부의 〈각원명단〉이 포함되었을 것이다. 이들은 전자만 배포하고 후자는 배포하지 않았다. 배포한 문건도 이춘균이 장채극에게 준 것을 김유인이 받아 바로 인쇄한 것이 아니라 시기를 기다려 국민대회 당일에 임박해서야 인쇄,[36] 한성정부의 문건과 함께 배포했던 것이다. 이들이 임시정부의 각원 명단을 배포하지 않은 것은 한성정부 추진세력과 신한민국정부 추진세력 사이의 협상이 결렬되었기 때문이었다.[37]

국민대회 당일 한성정부 선포문건과 별도의 〈임시정부선포문〉을 배포한 주체가 신한민국정부 수립을 주도한 세력과 동일하다는 사실은 이들이 단순한 전단정부가 아님을 확인해 주고 있다. 이들은 누구이고, 이들이 국민대회에 개입하는 경위는 어떠한가.

> (1919년) 4월 8일 임시관제를 발포하다.
>
> 동일 경성독립단본부 姜大鉉은 이동휘를 집정관으로 한 각원명부 및 임시정부헌법 초안을 휴대하고 상해에 도착하다(外務省警察史 支那之部, 《朝鮮民族運動史(未定稿)》 제1권, 고려서림 영인본, 1989, 87쪽 ; 國史編纂委員會, 《韓國獨立運動史 資料4 : 臨政篇 IV》, 1968, 207~208쪽 ; 桂奉瑀, 《朝鮮歷史》 卷之三 원고본, 1952, 67~68쪽).

---

35) 〈公判始末書〉 4 (國史編纂委員會 編, 《韓民族獨立運動史資料集》 19), 23쪽.
36) 〈覆審公判 公判始末書〉, 59쪽.
37) 〈公判始末書〉 5(國史編纂委員會 編, 《韓民族獨立運動史資料集》 19), 34쪽. 申肅, 앞의 책, 50쪽.

이 기사는 서울에 이승만을 '집정관총재'로 한 한성정부가 아닌 이동휘를 집정관으로 하는 다른 정부가 이미 조직되어 있음을 말해준다. 앞서 본대로 3·1운동 뒤 국내에서 선포된 임시정부 가운데 신한민국정부만이 이동휘를 집정관으로 한 정부였다. 따라서 姜大鉉이 상해로 가져왔다는 〈각원명단〉과 〈헌법초안〉은 신한민국정부의 것으로 추정된다.

여기에서 문제는 강대현이 상해로 가져왔다는 〈각원명단〉이 신한민국정부와 동일한지의 여부이다.

> 獨立新報 號外 기원 4252년 4월 10일
>
> 京城電, 昨日 下午 10시에 來한 特電을 據한즉 경성셔 우리 臨時政府가 如左히 組織되얏다더라.
>
> 집정관 李東輝, 총리 李承晩, 내무총장 安昌浩, 차장 曺成煥, 외무총장 朴容萬, 차장 金奎植, 재무총장 李始榮, 차장 李春塾, 교통총장 文昌範 〔차장 玄楯〕(《獨立新報》 제9호, 1919년 4월 10일, 號外 ; 日本外務省史料館, 《不逞團關係雜件朝鮮人ノ部新聞雜誌》, 국사편찬위원회 마이크로필름, 분류번호 4門-3類-2項-2-1-1).

강대현이 상해로 가져온 〈각원명단〉이 이것과 동일하다는 사실은 1919년 4월 11일 상해 임시의정원 회의에서 이루어진 각원 선출과정을 살펴보면 쉽게 알 수 있다. 《獨立新報》 호외에 실린 이 각원명단은 4월 22일 북간도에서 발행된 《우리들의 편지》(제12호)에도 全文이 게재되었다.[38)]

문제는 경성독립단본부가 왜 4월 23일의 국민대회가 있기도 전에 서둘러 정부가 수립된 사실과 각원의 명단을 공표했는가 하는 점이다. 이것을 해명하기 위해서는 먼저 신한민국정부의 각원명단과 이것을 비교해 볼 필요가 있다.

강대현이 소지한 경성독립단본부案과 신한민국정부안이 다른 점은 세 가지이다. 첫째는 신한민국정부의 내무부장이 공석인 반면 경성독립단본부안은 '내무총장'이 안창호로 되어 있다. 둘째 신한민국정부에서 교통차장은 이희경

---

38) 姜德相 編, 《現代史資料》 27, 朝鮮三 : 獨立運動一(みすず書房, 1970), 51~52쪽. 李智澤, 〈남기고 싶은 이야기들 第28話 : 北間島 21〉(《中央日報》, 1972년 11월 4일).

인데 경성독립단본부안은 현순으로 되어 있다. 셋째 신한민국정부는 노동부장에 안창호, 차장에 민찬호인데 경성독립단본부안에는 노동부가 없고 신한민국정부의 노동부장 안창호는 경성독립단본부안에 내무총장으로 되어 있다.

이렇게 볼 때 강대현이 가져온 경성독립단본부의 〈각원명단〉은 신한민국정부안을 토대로 만든 것으로 판단된다. 신한민국정부에 공석인 내무부장은 후자에 안창호로 補任되고 있으므로 안창호가 부장으로 되어있는 신한민국정부의 노동부는 직제 자체가 폐지된 것이다. 남은 문제는 신한민국정부의 교통차장 이희경이 여기서는 현순으로 바뀌어 있다는 점과 신한민국정부 각원의 직명이 '부장'과 '총장'으로 다르다는 사실이다.

전자와 관련하여 이춘숙의 행적을 주목할 필요가 있다. 그는 신한민국정부와 강대현이 상해로 가져온 〈각원명단〉에 공통적으로 재무(재정)차장에 올라있다. 더욱이 각원명단의 인물중 국내에 있었던 인물은 이춘숙 밖에 없었다. 그는 국민대회 직전까지 서울에서 임시정부 수립운동에 참여하고 한성정부 조직을 주도한 이규갑·홍면희·한남수 등에 한발 앞서 상해로 건너간 뒤[39] 임시의정원의 성립에도 관여했다. 이 점은 신한민국정부와 경성독립단본부 명의의 수립주체가 동일하다는 하나의 증거가 된다.

그의 활동은 文昌範·尹海 등 노령지역 민족운동 세력과도 연계되었다. 이춘숙은 이들과의 약속에 따라 국내에 들어와 일본유학생 출신들과 접촉하였고, 洪濤를 표면에 내세워 활동했다.[40] 홍도는 국내에서 이봉수와 접촉했다. 이봉수는 함남 홍원 출신으로 명치대학 상과에 재학중이었고 홍도와는 명치대학의 선후배 사이였다.[41] 이봉수는 상해와 국내를 오가며 독립임시사무소와 연락을 취하고 있었다. 이들은 신숙을 통해 국민대회 쪽과 통합을 시도했다.[42]

---

39) 李炳憲, 앞의 책, 1,016쪽.
金東成, 〈祖國光復에 바친 一生－晩悟 洪震先生의 16周忌를 마치고－〉(《京鄕新聞》, 1962년 9월 27일).

40) 洪濤는 洪震義의 가명이며 洪鎭義로도 쓴다. 1894년 함경도 함흥 태생으로 명치대학을 졸업했다(〈在外鮮人新運動團體と其中心人物〉 1927年 5月條〔未定稿〕, 《齋藤實文書》 10 : 民族運動二, 고려서림 영인본, 281쪽).

41) 〈本年度卒業生一覽〉(《學之光》 17, 1919), 81쪽.
〈在日京 우리 留學生界의 消息〉(《學之光》 20, 1920), 62쪽.

42) 申肅, 앞의 책, 39·48쪽.

홍도와 이봉수 등은 신한민국정부案을 토대로 홍면희·이규갑 등 국민대회측과 통합, 이를 선포한다는 구상을 가지고 있었다. 교섭 과정에서 이들은 국민대회의 배후에 현순이 있음을 알게 되었을 것이다. 결국 교통차장이 이희경에서 현순으로 바뀐 것은 국민대회쪽을 의식한 결과였다. 각원 명칭에서 '부장'이 '총장'으로 바뀐 것도 한성정부와 타협의 소산이었다.

그러나 통합 협상은 국민대회 개최일자에 대한 이견으로 결렬되었다. 한성정부 추진세력은 4월 8일 경에 열 것을 주장한 반면, 홍도는 그 이후를 고집했다.[43] 홍도의 주장은 《독립신보》 호외의 보도일자(1919. 4. 9), 혹은 강대현의 상해 도착일자(1919. 4. 8)와 관련하여 주목을 끈다.

이봉수의 행적도 주목된다. 독립임시사무소의 대변인을 자임했던 이광수는 3·1운동 지도자들이 남겨놓은 의사를 확인하기 위해 이봉수를 서울에 파견했다. 이봉수는 홍도와 국민대회와의 접촉 직전에 상해로 돌아와 자신은 '경성독립단본부'의 파견으로 "가정부를 조직하라"는 사명을 띠고 상해에 온 것이라고 했다. 이에 독립임시사무소에서는 이봉수에게 "① (경성독립단) 본부로서 (임시정부를) 조직함이 가한 것과 ② 파리대표에게 신임이 긴급함과 ③ 국민통일 관계로 정부를 속히 조직하여야 할 것"이라고 말하고 이봉수를 다시 서울로 보냈다.[44]

그가 다시 서울에 도착한 것은 4월 3일의 협상이 결렬된 직후였다. 협상이 결렬되었음을 확인한 홍도와 이봉수는 4월 8일 이전에 모종의 조치를 취해야 했다. 홍면희·한남수 등이 국민대회를 4월 8일 전후로 계획해 놓고 있었기 때문이었다. 그 결과 강대현이 '경성독립단본부'의 임시정부 〈각원명단〉과 〈헌법초안〉을 가지고 서둘러 한성정부측보다 먼저 상해로 건너간 것이다. 강대현은 4월 8일에 상해에 도착할 수 있었다.

(2) 상해 임시정부의 성립

국내의 '지시'를 기다려야 한다는 주장은 3월 중순 이래 중국 북경과 만

43) 〈公判始末書〉 5(國史編纂委員會 編, 《韓民族獨立運動史資料集》 19), 34쪽.

44) 國史編纂委員會 編, 《韓國獨立運動史》 資料4 : 臨政篇Ⅳ, 27쪽.

주, 특히 노령에서 상해에 온 이동녕·이시영·조완구·조성환·김동삼·조영진·조소앙 등 30여 명에 달하는 원로급 인사들이 상해에 도착하면서 잦아들기 시작했다.

이광수의 표현을 빌자면 이들 '독립운동의 대선배'들은 "왜 33인만 거드는가. 나라의 법통이 하필 33인에 있는가. 만일 33인이 아무 의사도 남겨놓은 것이 없으면 영영 정부조직을 못하는가"라고 반박하면서 무한정 기다릴바에야 상해를 떠날 것이라고 주장했다고 한다.[45]

임시정부의 조직을 서둘러야 한다는 주장은 상해에 집결한 인사들의 노령 니콜리스크에서 결성된 대한국민의회에 대한 견제와도 관계가 있다. 1월에 김규식을 파리에 파견한 신한청년당은 연락·자금조달과 운동전략을 논의하기 위해 여운형을 만주와 노령에 파견했다. 여운형은 노령쪽 인사들을 만나 파리대표 파견문제와 동지 규합, 자금조달, 독립운동의 중앙기관 문제 등 전반에 대해 논의했다.[46]

여운형·이동녕·조완구는 중앙기관은 무력단체가 아니고 외교활동을 해야 하므로 국제도시인 상해에 두어야 한다고 주장했고, 문창범·남공선·김립 등은 수십만 동포가 살고 있는 노령이 적당하다고 주장했다. 의견의 불일치가 해소되지 않은 채 노령의 민족운동 단체 대표들은 1919년 2월 25일 대한국민의회 조직을 결의하고 3월 17일에는 독립선언과 함께 그 조직을 선포했다. 이에 불만을 품은 이동녕·조완구·조성환·조영진 등은 북간도를 거쳐 만주의 이시영·김동삼·조소앙 등과 합류하여 상해로 가버렸다. 상해임시정부는 이들의 주도로 성립되는 것이다.[47]

노령과 만주지역 인사들이 상해로 집결함에 따라 독립임시사무소는 중앙기관 수립문제를 해결하기 위해 이동녕·이시영·조소앙·이광·조성환·신석우·이광수·현순의 8인으로 (특별)위원회를 구성했다. 8인 가운데 5인이 기호파 인사들인 이들이 상해 임시정부를 출범시킨 핵심이었다. 최고기관을

45) 이광수, 앞의 글, 256쪽.
46) 이만규, 《여운형선생투쟁사》(총문각, 1946), 25쪽.
47) 반병률, 〈한인사회당의 조직과 활동(1918~1920)〉(《한국학연구》 5, 인하대 한국학연구소, 1993), 152~153쪽.

수립하기 위한 움직임은 급류를 타기 시작했다. 4월 초 독립임시사무소는 내외 각지에서 상해로 모여든 민족운동자들을 중심으로 "많은 회의와 토론 후에 임시의정원을 세우기로 결정"했다.[48]

4월 8일에는 강대현이 경성독립단본부로부터 이동휘를 집정관으로 하는 임시정부의 〈각원명단〉과 〈헌법초안〉을 가져왔다. 이로 인해 상해의 민족운동자들 간에는 '紛議'가 일어났으며[49] 같은 날 정부 형태와 임시의회의 기본 골격을 담은 임시관제가 공포되었다.[50]

1919년 4월 10일 오전 10시 상해 프랑스조계에서 손정도와 이광수의 제의로 '각 지방 대표회'가 소집되었다. 회합에 모인 인사는 총 29명이었다. 모임의 명칭을 임시의정원으로 하자는 조소앙의 동의가 신석우의 제청으로 가결되었고 무기명 투표로 초대 임시의정원 의장에 이동녕, 부의장에 손정도가 선출되었다.

그런데 각 지방의 '대표'라고 했지만 이는 명분에 불과했다. 이들 29인 가운데 서울·경기·충청 등 기호지역 출신이 절반에 달했다. 앞서 독립임시사무소에서 최고기관 수립을 위해 구성되었던 '8인 위원회' 전원도 이에 포함되었다. 때문에 뒤에 상해로 들어온 인사들 사이에서 이들 '초대' 의원들의 지역 대표성에 의문이 제기되었다.[51]

이튿날에 이들은 임시정부를 수립하는 절차에 들어갔다. 먼저 '대한민국'의 국호와 연호를 제정했다. 신석우의 동의와 이영근의 재청으로 가결된 이 국호가 갖는 의미는 민주정체의 국가를 표현하는 '민국'의 채택이었다. 나라 이름은 10년 전에 잃은 대한제국을 회복한다는 뜻에서 '대한'을 찾아 쓰되 정치체제는 군주제를 지양하고 민주주의에 입각한 국가를 건설한다는 것이었다.[52]

이어 임시관제를 집정관제에서 총리제로 개정하고 국무원을 선출했다. 즉

---

48) Soon Hyun, *op.cit.*, p.82.

49) 〈獨立運動에 關흔 略史〉(國史編纂委員會 編, 《韓國獨立運動史》 資料4, 臨政篇IV), 207쪽.

50) 外務省警察史 支那之部, 《朝鮮民族運動史》 1(未定稿), 87쪽.

51) 李賢周, 〈대한민국 임시의정원의 성립과 위상 변화(1919~1922)〉(《대한민국임시정부 수립80주년기념논문집》 상), 217~218쪽.

52) 윤병석, 《한국사와 역사의식》(인하대출판부, 1989), 241쪽.

강대현이 가져온 〈헌법원문〉과 집정관제 〈각원명단〉을 토대로 4월 8일에 선포했던 임시관제를 개정, 집정관을 폐지하고 헌법을 개정하여 "국무원을 내지 본부와 합의 선거"한 것이다.[53] 임시관제 개정의 핵심은 집정관제를 폐지하고 국무총리 직제로 바꾼 것이었다. 다음으로 〈10개조의 임시헌장〉을 제정했다.

주목되는 것은 국무총리로의 관제개정에도 불구하고, 정부 각원의 인선은 강대현이 소지해 온 원안이 거의 유지되고 있다는 점이다. 상해 임시정부의 각료 명단은 다음과 같다.[54]

> 국무총리 이승만, 내무총장 안창호, 외무총장 김규식, 재무총장 최재형, 교통총장 문창범, 군무총장 이동휘, 법무총장 이시영, 내무차장 신익희, 외무차장 현순, 재무차장 이춘숙, 교통차장 선우혁, 군무차장 조성환, 법무차장 남형우, 국무원비서장 조소앙.

(3) '통합' 임시정부의 출범

상해 임시정부의 성립이 공포된 뒤 강대현에 이어 이춘숙·홍도·이봉수 등이 상해에 도착해 4월 21일에 개원된 제2회 임시의정원에 합류했다. 임시정부가 성립되자 이들은 한성정부를 구축할 필요를 느꼈다. 회의 마지막 날인 4월 23일에 임시의정원은 "內地에 있는 국민대회에 대하여 임시의정원이 성립되었음을 발포하자고 하는 이춘숙의 동의를 조완구의 제청으로 가결"했다.[55]

4월 23일은 서울에서 국민대회가 개최된 날이었고, 한남수를 제외하고 이를 주도한 인물들은 아직 도착하지 않고 있었다.[56] 이규갑·홍면희·장붕 등

---

53) 〈獨立運動에 關훈 略史〉(國史編纂委員會 編,《韓國獨立運動史》資料 4, 臨政篇 Ⅳ), 208쪽.

54) 〈임시의정원기사록〉 제1회집(김정명 편,《朝鮮獨立運動》Ⅱ), 32~35쪽. 반병률은 경성독립단본부에서 집정관으로 선임되어 있던 이동휘가 국무총리 후보로언급조차 되지 않은 사실을 들어 집정관제를 국무총리제로 바꾼 관제개정의 목적이 행정수반을 이동휘에서 이승만으로 교체하려는 것이었다는 견해를 제시했다(潘炳律, 〈大韓國民議會와 上海臨時政府의 統合政府 수립운동〉,《한국민족운동사연구》2, 지식산업사, 1988, 97쪽).

55) 〈大韓民國臨時議政院記事錄第2回集〉(《朝鮮民族運動史》1, 未定稿), 154~159쪽.

국민대회 지도부가 상해에 도착한 것은 4월말 경이었다. 이들은 상해에 도착하자마자 서울에서 한성정부가 조직되었음을 전했다. 그러나 임시의정원은 상해 임시정부 지지를 확인하고 이들의 발표에는 귀를 기울이지 않았다.[57]

임시의정원은 제4회 회기 중(1919. 4. 30~5. 12)인 5월 3일 한성정부 문제에 대하여 회의를 열고 "4월 23일 경성에서 정한 〈임시정부조직 선포문〉 및 각원의 선정을 인정하지 않고, 〈대한민국임시정부의 성립〉·〈대한민국임시헌장선포문〉·〈대한민국임시헌장〉·〈선서문〉·〈정강〉 등 임시정부 성립에 관한 인쇄물을 국내에 송부하기 위해 연락원을 파견하기"로 결정했다.[58]

그러나 주요 각료들이 취임을 유보함으로써 상해 임시정부는 정체상태에 빠졌다. 특히 국무총리 이승만(한성정부의 집정관총재)과 군무총장 이동휘(신한민국정부의 집정관)의 취임거부는 임시정부의 출범을 사실상 불가능하게 만들었다.

한성정부의 집정관총재인 이승만은 이미 미국 워싱턴에 '大韓共和國 臨時事務所'라는 한성정부의 간판을 걸고 활동하고 있었다.[59] 이승만은 상해임시정부와 한성정부 양쪽에서 정부수반에 선임되었으면서도 후자가 국민대회라는 절차를 밟아 성립되었다는 '명분'과, 상해 임시정부가 정부수반의 선출권과 탄핵권을 임시의정원에 부여하고 행정권을 국무총리가 중심이 되는 국무원에 일임함으로써 자신의 독주를 제도적으로 차단했음에 비해 한성정부는 〈約法〉을 통해 독립된 국가로서 정식 국회가 개원될 때까지 정부수반의 절대권력을 보장해 준 '실익' 때문에[60] 한성정부의 집정관총재직을 수임했다.

이동휘도 사정은 비슷했다. 1919년 4월 13일 상해 임시정부의 성립이 내외에 공포되고 노령과 간도일대에 이같은 사실이 알려진 뒤에도 그는 신한

---

56) 한남수는 이규갑의 使者로 4월 8일 서울을 출발하여 4월 16일에 상해에 도착하여 현순을 만났으나 이때는 이미 상해임시정부가 선포된 뒤였다(〈한남수예심종결서〉, 독립운동사편찬위원회, 《독립운동사자료집》 5, 140쪽).

57) Soon Hyun, 앞의 책, 83쪽.

58) 〈上海에 있어서의 韓國獨立運動〉(국회도서관, 《韓國民族運動史料》 中國篇, 1976), 25~31쪽.

59) 《新韓民報》, 1919년 7월 19일.

60) 孫世一, 〈大韓民國臨時政府의 政治指導體系－臨時憲法 改定過程을 中心으로－〉(《三·一運動50周年紀念論集》, 동아일보사, 1969), 916~917쪽.

민국정부의 '집정관' 직무를 수행하고 있었다. 일제관헌의 보고에 따르면 그는 4월말 경 노령으로부터 훈춘현 塔道溝에 들어와 대한국민의회 훈춘지부를 설치하는 한편 4월 24일부터 3일간에 걸쳐 회의를 열고 국내 침투를 결의했다.[61)]

상해 임시정부가 표류하고 있을 때 1919년 5월 외무차장 현순의 안내로 내무총장 안창호가 상해에 도착함으로써 그를 중심으로 임시정부 운영의 정상화가 시도되었다. 시급한 문제는 선임된 각료들을 속히 상해에 집결시키는 일이었다. 안창호는 이승만과 이동휘를 취임시키는 일이 사태 해결의 첩경이라고 판단했다. 취임을 요구받은 이승만은 안창호에게 "국무총리를 대통령으로 바꿀 것", "애국금을 폐지하고 오직 공채만을 발행할 것"을 조건으로 제시했다.[62)] 후자에 대해 안창호는 거부의사를 분명히 했으나, 전자의 요구에 대해서는 "당신은 당신이 원하는 어떤 직함도 사용할 수 있으며 우리는 반대하지 않는다"고 회신했다. 상해 임시정부가 이승만을 집정관총재로 하는 한성정부를 수용할 뜻을 밝힌 것이다.

한성정부의 수용방침은 이동휘를 상해로 불러오는 데에도 유리했다. 그는 상해 임시정부의 군무총장이지만 한성정부에서는 집정관총재 다음 가는 '국무총리총재'였기 때문이었다. 상해 임시정부와 대한국민의회의 통합협상도 한성정부의 활동에 유리한 명분을 제공했다. 상해 임시정부가 선포된 뒤 대한국민의회는 원세훈을 파견하여 대한국민의회와 임시의정원을 병합하고 정부의 위치를 노령으로 하자고 제의했었다.[63)]

대한국민의회는 1919년 4월 29일 블라디보스톡 신한촌에서 회의를 열어 상해 임시정부를 '假承認'하기로 하고 일본군이 시베리아에서 철수한 뒤 임시정부를 노령으로 이전한 다음 행동을 일치할 것을 결의했다.[64)] 대한국민의회는 상설의회 의장 원세훈을 상해에 파견하여 임시정부에 이 같은 결정을

61) 姜德相 編,《現代史資料》26 : 三・一運動篇 二, 154~155쪽.
62) Soon Hyun, *op.cit.*, pp.84~85.
63) 반병률, 〈大韓國民議會와 上海臨時政府의 統合政府 수립운동〉(《한국민족운동사연구》2, 1988), 98쪽.
64) 위와 같음.

전달했다.

그러나 임시정부의 소재지를 노령으로 이전해야 한다는 대한국민의회 쪽 제안은 상해 임시정부에서 반대에 부딪혔다. 임시의정원은 국민의회의 제안을 심의하기 위한 1919년 5월 13일 제4회 회의에서 장병준 · 손두환 · 한위건 · 장도정 · 임봉래 · 홍도 등 6인의 연서로 〈의회 통일에 관한 건〉을 제출했나.

한위건은 하나의 국가에 두 개의 국회가 있을 수 없으므로 시급히 통일해야 한다고 주장하고 손두환은 대한국민의회를 속히 임시의정원에 통일시키자고 제안했다. 이에 따라 임시의정원은 대한국민의회에 대해 "임시정부로 하여금 3일 이내로 派員 조사한 후 그 사건을 의정원에 제출케 할 것"을 결의했다.[65]

그러나 이러한 결의에도 불구하고 양자의 통합문제는 쉽게 결말이 나지 않았다. 여기에는 임시의정원 쪽이 대한국민의회가 소비에트제를 채용, 의회 기능뿐만 아니라 행정 · 사법의 기능까지도 통일적으로 공유한 조직[66]임에도 불구하고 의회기능만을 수행하는 것으로 간주한 데도 원인이 있었다. 요컨대 임시의정원은 국민의회와의 통합을 '양 의회의 합병론'으로 여겼던 것이다.[67] 이 경우 임시의정원과 국민의회가 의회 대 의회로 통합해도 상해 임시정부는 그대로 존속한다는 계산이 깔려 있었다. 이 점은 1919년 6월 7일 상해 임시정부가 임시의정원에 제출하여 7월 14일에 통과된 제의안을 보아도 분명하다.[68]

대한국민의회는 이 결의안을 그대로 받아들일 수 없었고 협상은 다시 교착상태에 빠졌다. 이 과정에서 '한성정부 봉대론'이 급속하게 대두했다. 한성정부 쪽의 이규갑은 홍면희와 함께 5월 25일 안창호의 상해 도착으로 국민의회와의 통합운동이 본격화되자 협상과정에 참여한 것으로 보인다.[69]

---

65) 〈大韓民國臨時議政院記事錄第4回集〉(《朝鮮民族運動史》 1, 未定稿), 49~50쪽.
66) 〈大韓民國臨時議政院記事錄第5回集〉(《朝鮮民族運動史》 1, 未定稿), 53~54쪽.
67) 손세일, 앞의 글, 914쪽.
68) 〈大韓民國臨時議政院記事錄第2回集〉(《朝鮮民族運動史》 1, 未定稿), 53~54쪽.
69) 송남헌, 《시베리아의 투사, 원세훈》(천산산맥, 1990), 34쪽.

그 결과 한성정부는 상해 임시정부와 국민의회 사이의 협상이 교착된 상황에서 양자를 아우르고 이를 통합하는 구심으로 떠올랐다. 우여곡절 끝에 이들은 다음과 같은 정부 개조안에 합의했다.

① 상해와 노령에서 설립한 정부들을 일체 작소하고, 오직 국내에서 13도 대표가 창설한 한성정부를 계승할 것이니 국내의 13도 대표가 민족 전체의 대표인 것을 인정함이다.
② 정부의 위치는 아직 상해에 둘 것이니 각지에 연락이 비교적 편리한 까닭이다.
③ 상해에서 설립한 정부의 제도와 인선을 작소한 후에 한성정부의 집정관총재 제도와 그 인선을 채용하되, 상해에서 수립 이래 실시한 행정은 그대로 유효를 인정할 것이다.
④ 정부의 명칭은 대한민국임시정부라 할 것이니, 독립선언 이후에 각지를 원만히 대표하여 설립된 정부의 역사적 사실을 살리기 위함이다.
⑤ 현재 정부 각원은 일제히 퇴직하고 한성정부가 선택한 각원들이 정부를 인계할 것이다.[70)]

1919년 8월 대한민국임시정부는 집정관총재 이승만, 국무총리총재 이동휘를 비롯한 한성정부 각원 명의로 〈약법 6조〉까지 첨부, "海港(상해)에서 국민대리총회를 大開하고 국민의 요구와 사업상을 위해 京城에서 조직된 정부를 채용하기로 의결"하는 내용의 〈國務院諭告文〉을 발표함으로써[71)] 통합을 공식 선언했다.

이에 따라 대한국민의회는 1919년 8월 30일 블라디보스톡 신한촌에서 상설의회 총회를 열고 상해 임시정부 쪽 파견원도 참석한 가운데 해산을 선언

이규갑, 앞의 글, 186쪽.
당시 상해의 '노령대표'(국민의회)들도 한성정부를 지지했다(이정규, 《又觀文存》, 삼화인쇄 출판부, 1974, 102쪽).

70) 김원용, 《재미한인오십년사》(김호, 1956), 458쪽.
71) 〈大韓民國臨時政府國務院諭告〉(국회도서관, 《韓國民族運動史料》 三一運動篇 其二), 743~744쪽. 고정휴는 몇 가지 내용상의 미비점을 들어 '국무원유고문'의 실체를 의심하고 있다(高珽烋, 〈대한민국임시정부의 통합정부 수립운동에 대한 재검토〉, 《한국근현대사연구》 13, 2000, 43~44쪽).

했다. 임시의정원도 1919년 8월 18일 제6회 회의를 열어 〈임시정부 개조 및 임시헌법 개정에 관한 제안〉을 통과시켰다.72)

3) 임시정부의 초기활동

(1) 외교·선전활동

대한민국임시정부는 성립 이전부터 외교 활동을 시작하여 한국 독립을 국제여론에 호소하고 열강의 승인과 지원을 얻기 위해 노력했다. 통합정부가 수립된 뒤에 안으로는 연통제 등으로 독립운동 진영의 통할을 꾀하면서 밖으로는 파리강화회의와 국제연맹 등의 국제기구와 중국·미국·소련 등에 대한 외교에 역량을 집중했다.

1919년 4월 상해 임시정부가 수립되자 정부는 신한청년당의 대표로 파리강화회의에 파견된 김규식을 외무총장 겸 대한민국 주 파리위원으로 임명하고 신임장을 발송했다.73) 이에 김규식은 대한민국임시정부의 대표로 주 파리위원부를 구성하여 이관용을 부위원장에, 황기환을 서기장에 임명하고 프랑스정부와 각국 원수에게 신임장을 발송했다.

파리위원부는 국내 및 시베리아·하와이·미국·멕시코에 살고 있는 1,870만 명의 한국인 및 세계대전 당시 유럽 동부전선에 참전했던 5천여 명의 한국인 명의로 된 〈獨立控告書〉를 프랑스 내각수반이자 강화회의 의장 클레망소(G. Clemenseau)에게 제출했다. 또한 이사회 회원들과 로이드(Lloyd George) 영국 수상, 이태리 수상 등 각국 국가원수들에게도 발송했다. 5월 24일에는

---

72) 그러나 임시의정원에서 통과된 개조안은 '승인·개조분쟁'으로 국민의회의 거부에 직면했다. 상해 임시정부가 이해한 통일안은 임시정부만을 해체하고 한성정부의 각원대로 개조함을 뜻하는 것이지, 임시의정원의 해산까지 포함한 것은 아니었다. 반면에 국민의회 쪽이 이해한 통일안은 임시의정원과 국민의회의 동시해산→한성정부 승인→신국회의 구성이었다. 그러므로 국민의회의 입장에서 임시의정원이 해산은커녕 임시헌법 개정과 임시정부의 개조를 단행한 것은 '불법'이었다. 1920년 2월 15일 국민의회는 상해임정의 '약속위반'을 비난하며 재건을 선언했다(반병률, 앞의 글(1988) 참조).

73) 〈獨立運動에 關흔 略史〉(國史編纂委員會 編, 《韓國獨立運動史》 資料4, 臨政篇 Ⅳ), 208쪽.

클레망소에게 임시대통령 이승만이 서한을 발송하여 강화회의가 대한민국임시정부를 승인해 줄 것과 이를 위해 임시정부 대표인 김규식의 의견을 청취해 줄 것도 요청했다.[74]

그러나 강화회의는 아무런 반응도 보이지 않았다. 이에 파리위원부는 6월 11일 다시 서한을 보내 강화회의가 한국 국민의 요구를 묵살하지 말고 한국문제에 관해 대표단의 발언을 청취할 위원회를 구성해 줄 것을 요구했다. 6월 14일과 16일에는 강화회의 참석차 파리에 와있던 영국의 로이드 수상과 윌슨 미국 대통령에게도 같은 내용의 서한을 보냈다.

파리위원부의 집요한 요청에 대해 강화회의 측은 사무총장 두사다(Dusata)와 화이트(White) 명의로, 한국문제는 제1차 세계대전 이전의 문제이기 때문에 강화회의에서 취급될 성질의 것이 아니고 곧 창설될 국제연맹에서 제기되어야 할 것이라고 회신했다.

파리강화회의가 끝나기 전날인 6월 27일에 파리위원부는 임시대통령 이승만의 명의로 평화조약에 대해 무책임함을 사무국에 통고하고, 클레망소 의장과 윌슨 대통령에게 이를 비난하는 내용의 전보를 보냈다.[75] 그러나 이와 같은 외교활동에도 불구하고 강화회의 자체가 본래 전승국인 열강들의 이권도모를 위한 것에 불과했기 때문에 약소민족의 의견은 철저히 무시되었다. 그리하여 파리강화회의는 강대국간 전후 처리문제만 거론하고, 한국문제에 대해서는 한마디의 토론도 없이 6월 28일로 끝나고 말았다.

그러나 파리위원부는 좌절하지 않고 꾸준한 외교활동을 전개하여 적지 않은 성과를 거두었다. 이들의 활동으로 국제사회에서 무시당하던 한국문제가 국제여론화된 것이다. 파리위원부는 1919년 6월 30일 미국대표단을 상대로 한국문제를 설명하였고, 7월 28일에는 프랑스 동양정치연구회에서 한·중 양국문제에 대한 연설회를 개최했다. 7월 30일에는 프랑스 국민정치연구회에서 한국문제보고회를 가져 많은 호응을 얻었고, 31일에도 동양정치연구회에서

74) 鄭用大, 〈대한민국임시정부의 파리강화회의 및 유럽 외교활동〉(《대한민국임시정부 수립80주년기념논문집》 하), 234쪽.

75) 전보의 내용은 정용대 편, 《해외의 한국독립운동사료》Ⅰ(국가보훈처), 307~308쪽.

제2차 한국문제 연설회를 개최했다.[76]

파리위원부의 활동은 1919년 8월 9일 스위스 루체른에서 개최된 제2차 사회주의인터내셔널 대회에서 〈한국민족독립결정서〉가 통과되는 성과를 거두었다.

> 모든 민족은 각자의 운명에 대한 주체자로서 실질적인 국제연맹의 설립을 통해서 자유로운 민족발전과 지속적인 세계평화의 달성을 목적으로 하며 피압박 민족의 권리와 이해를 보호하기로 규정한 인터내셔널의 결정에 따라서 '루체른'의 국제사회주의자대회는 민족자결의 견지에서 한국민족의 권리에도 불구하고 한국민족에 대한 일본정부의 야만적인 폭력과 압제에 대하여 항의한다. 同 회의는 이민족의 멍에로부터 해방되어 자유스러운 독립국가로서 인정받기를 바라는 한국의 요구를 만장일치로 가결한다. 동 회의는 국제연맹에 한국을 회원으로 받아들이도록 요구한다(《독립신문》, 1919년 10월 28일).

이는 한국독립 요구가 처음으로 국제회의에서 인정된 성과로 주목된다. 〈결의안〉이 통과되자 한국대표단의 일원인 조소앙은 네덜란드 로테르담에서 개최되는 제2차 인터내셔날 집행위원회에 참가하여 다시 〈한국독립문제 실행요구안〉을 제출했다.[77] 이에 따라 브뤼셀의 국제사회당본부는 이듬해 4월 대한민국임시정부의 성립과 대한민국이 독립국임을 승인하도록 국제연맹과 열강에게 요구했다.

파리강화회의에 대한 기대가 수포로 돌아간 뒤 임시정부의 외교활동은 중국과 미국·소련 등 개별 국가에 집중되었다. 외교활동의 방향도 점차 선전과 여론환기에서 나아가 군사부문으로 확대해 갔다. 그러나 역량을 총 집중시킨 1922년 워싱턴 군축회의(태평양회의)에서도 한국문제가 전혀 거론되지 않음으로써 임시정부의 외교노선은 시련에 봉착했다.[78]

---

76) 駐 파리위원부 선전국, 《歐洲의 우리 事業》(1922년 12월) 참조.
77) 《독립신문》, 1920년 4월 8일.
78) 임시정부의 對 태평양회의 외교활동에 대해서는 李炫熙, 《大韓民國臨時政府史》(집문당, 1982), 124~149쪽.

(2) 국내조직과 활동

가. 연통제의 시행과 운영

임시정부의 존립을 위한 절실한 과제는 국민적 기반을 획득하는 일이었다. 상해의 대한민국임시정부는 정부의 통합에 노력하는 한편 성립 직후부터 국내활동을 전개하였다. 그리하여 1919년에 연통부와 교통국, 1920년에는 선전대를 설치하면서 국내 조직의 기반을 넓혀 나갔다.[79]

연통제는 임시정부의 비밀 국내 통치제도로 내무총장 안창호에 의해 추진되었다. 그는 상해 임시정부의 지지 기반이 국내라는 점을 인식하고 상해와 국내를 연결할 수 있는 행정·통신망 구축에 심혈을 기울였는데, 그러한 노력의 하나가 특파원의 파견이었다.[80]

안창호의 후임으로 내무부장에 선임된 이동녕이 1920년 12월 대통령 이승만에게 보고한 한 문건은 특파원의 국내파견 목적에 대해 "연통제 施設, 선전 및 시위운동, 내외지의 종교·단체 및 유력가 연락" 등 세 가지를 지적하고 있다.[81] 즉 1919년 7월 16일부터 시작되는 특파원의 국내 파견은 연통제의 시행과 밀접한 관련이 있다. 연통제는 상해에서 국내로 밀파된 특파원들에 의해 전국 각지에서 조직·시행될 수 있었다.

임시정부는 국내에 연통제를 실시하는 한편, 국외의 한인사회에 대해서는 1920년 3월 16일 국무원령 제2호로 〈임시거류민단제〉를 공포하여 한인사회를 통합하려 했다. 원래 연통제가 출범할 당시에는 상해의 한인사회와 서북간도, 노령 연해주 등 국외지역에도 국내와 동등하게 연통부를 설치하려고 했다. 그러나 시행과정에서 처음의 의도대로 국외에까지 연통부가 확대 설치되지는 못한 것으로 보인다.

연통제는 1919년 7월 10일 대통령 이승만과 내무총장 안창호의 이름으로 발표된 임시정부 국무원령 제1호 〈임시연통제〉가 공포되면서 출범했다. 그

---

79) 張錫興, 〈대한민국임시정부와 국내독립운동-1920년대를 중심으로-〉(《대한민국임시정부 수립80주년기념논문집》 상, 1999), 320쪽.

80) 朴敏泳, 〈대한민국임시정부의 연통제 시행과 운영〉(《대한민국임시정부 수립80주년기념논문집》 상), 338쪽.

81) 〈內務部經過狀況報告書〉(《우남이승만문서》 동문편7, 1998), 10~11쪽.

뒤 통합 임시정부의 성립으로 1919년 9월 11일 안창호가 노동국총판으로 전임되고 이동녕이 내무총장으로 취임하였으나, 이동녕이 10월 27일에야 북경에서 상해에 도착해서 집무를 시작했으므로 초기 연통제의 운영은 안창호가 주도했다.

도·군·면에 따른 〈임시연통제〉의 직제는 안창호가 1910년 '한일합방' 이전에 국내에서 비밀결사로 조직한 신민회의 조직원리를 계승한 것으로 알려져 있다. 중앙의 총책인 총감독 아래에 각 도에는 도총감, 군에는 군감을 두었던 신민회의 직제는[82] 곧 임시연통제에서 각 도마다 부의 책임자로 감독을 두고, 군에는 총감, 면에는 사감을 두는 것으로 그 조직원리를 계승 발전시킨 것이다.[83]

〈임시연통제〉는 1919년 12월 1일 〈임시지방연통제〉로 개정·시행되었다. 개정된 〈임시지방연통제〉에서는 지방 행정단위를 道·府·郡·面으로 통일적으로 완비했다. 이 때 임시정부는 전국 행정구역을 총 13도 12부 215군으로 나누고 있었다. 그러나 실제로 연통제가 실시된 곳은 1920년 말 현재 9개 도, 1개 부, 45개 군에 지나지 않았다. 그 중에서도 연통 각 부가 제 기능과 역할을 수행한 지역은 안창호의 지역기반과 관련하여 평안도와 함경도 일부에 국한되고 있었다.

반면에 경기 이남의 삼남지방에는 연통제가 실시되지 못하거나 시행되더라도 한정된 지역에 불과했다. 특히 경상남북도와 강원도의 경우 연통제의 실시와 관련된 어떤 기록도 남아있지 않다. 충청남도와 전라남북도의 경우에는 독판이 임명된 기록 외에는 특기할 사항이 없고 경기도 지역도 독판과 인천부 府長을 임명한 사실 외에는 별다른 내용이 보이지 않는다. 다만 남부지방 가운데 충청북도 만큼은 충주·제천·괴산·보은·청주·단양 등지에서 연통제 직원이 다수 임명된 점으로 보아 활동이 비교적 활발했던 것으로 보인다.[84]

---

82) 愼鏞廈, 〈新民會의 創建과 그 國權回復運動硏究(上)〉(《韓國學報》 8, 일지사, 1977), 48~49쪽.

83) 주요한, 《安島山全書》 上(범양사, 1990), 206쪽.

84) 박민영, 앞의 글, 356쪽.

연통제를 시행한 목적은 비밀 행정조직을 통해 국내 통치력을 장악함으로써 궁극적으로 독립을 달성하는 것이었다. 이러한 목표하에서 연통 각 부는 임시정부에서 발포하는 법령이나 기타 각종 공문의 전파를 비롯하여 독립전쟁에 대비한 군인징모라든가 군수품의 조사, 그리고 시위투쟁의 준비 및 주동, 애국금의 갹출, 통신연락 등 여러 방면에 걸쳐 임무를 수행했다.[85]

그러나 연통제는 일제의 극심한 탄압으로 그 조직을 지속적으로 유지하기가 어려웠다. 연통제가 비교적 활발하게 기능하던 평안도와 함경도는 탄압의 정도가 더욱 심했다. 1919년 7월 연통제 시행 이후 1920년 말에 이르러 조직의 대부분이 와해되었다. 그럼에도 불구하고 함경남도와 경기도, 충청남도의 일부 지역에서 연통제의 명맥은 1921년 말까지 유지되었다.

나. 임시교통국의 설치와 운영

임시정부는 연통제의 시행과 더불어 국내외 동포를 대상으로 정부수립과 독립사업을 선전하고 여러 독립운동 단체나 개인들과의 연락·접촉을 위해 특별기구로 교통부 산하에 임시교통국의 설치를 계획했다. 이와 관련하여 1919년 5월 12일 제4회 의정원회의에서 내무차관 조완구가 "교통부에 안전한 기관 4개"를 둘 것이라는 시정방침을 밝힌 바 있는데 이 4개의 기관이 임시교통국으로 판단된다.[86]

임시정부는 1919년 5월 교통부 안동지부를 안동현 舊市街 興隆街의 영국 국적의 아일랜드인 쇼우(George L.Show)가 경영하는 怡隆洋行 2층에 설치하고 책임자로 교통차장에 임명되었던 평북 정주 출신 孔南海를 파견했다. 임시정부는 8월 20일 국무원령 제2호 〈임시지방교통사무장정〉을 공포함으로써 임시교통국에 대한 법적 근거를 마련했다. 이에 따르면 "局의 위치를 교통총장이 此를 定"하고 임시교통사무국은 교통부의 郵傳사무와 내왕인원의 接際사무를 겸장하고(제1조), 직원은 국장 1인, 참사 2인, 서기와 통신원 약간명을 두도록 했다(제2조).[87]

---

85) 《韓國民族運動史料》 三一運動篇 其二(국회도서관, 1978), 649~651쪽.

86) 尹大遠, 《大韓民國臨時政府의 組織·運營과 獨立方略의 분화(1919~1930)》(서울대 박사학위논문, 1999), 75쪽.

임시교통국의 설치 목적은 국내와의 통신연락 및 상해와 국내를 내왕하는 인사의 길잡이 역할을 하는 데 있었다. 또한 관할구역을 연통제에 준하게 함으로써 임시교통국 지부들은 분리된 중앙정부와 지방행정기구를 연결하는 기능도 함께 갖도록 했다. 이 외에도 임시교통국은 독립자금 모집에도 관여했다.[88]

안동현 교통지부는 국내 거점으로 의주군의 舊 의주 성내에 北區 교통국을, 古館面에 남구 교통국을 확보하고 그 밑에 11개의 교통소를 두어 국내뿐만 아니라 만주 일부까지도 관할했다.[89] 그러나 임시정부는 1919년 10월 17일 안동 교통지부의 명칭을 임시안동교통사무국으로 바꾸고 관할구역도 평안남북도와 황해도 일원으로 국한시켰다.

임시정부는 1920년 1월 13일 〈임시지방 교통사무국 장정〉을 개정했다. 달라진 점은 "교통총장이 임명하던 국장·지국장·참사를 교통총장의 保薦으로 대통령이 임명"하도록 한 것인데,[90] 이는 통합 임시정부의 출범으로 국무총리제가 대통령제로 바뀌는 상황을 반영한 것이다. 조직도 사무국에 국장 1인, 참사·서기·통신원 약간 명을 두고, 지국에는 지국장 1인 및 참사·서기·통신원을 두도록 함으로써 체계를 한층 정비했다.

이를 바탕으로 임시정부는 사무국과 지국의 확대에 노력한 결과 1922년 4월까지 임시안동교통사무국을 비롯하여 강변8군 임시교통사무국, 임시함남교통사무국, 평양·황해도·경성교통사무국 등을 설치했다. 그러나 국내는 서울을 제외한 한강 이남지역에는 교통국이 설치되지 못했다.

각지에 설치된 교통국은 교통원을 통해 임시정부에서 발행한 선언문이나 지령, 《독립》 등을 국내에 배포하는 한편, 국내의 사정을 임시정부에 보고하고 각지에서 모은 독립자금을 임시정부에 송금했다. '江南公司'로 위장한 임정이 중국 우편을 이용하여 선전물을 이륭양행으로 보내면 안동교통사무국에서 이것을 마대에 넣어 중국인을 이용하여 압록강 상류를 통해 은밀하게

---

87) 《독립》, 1919년 8월 21일, 〈國務院布告令〉.
88) 윤대원, 앞의 책, 76쪽.
89) 《朝鮮民族運動年鑑》, 1919년 7월 30일.
90) 《독립》, 1920년 2월 3일.

의주지국으로 보내 국내에 배포하는 방식이었다. 그러나 임시안동교통사무국은 1920년 1월 23일과 1922년 8월 8일 등 두 차례에 걸친 일제의 침탈로 와해되고 말았다.91)

국내지역은 평양지국의 활동이 활발했다. 1919년 7월 목사 鄭晉鉉에 의해 설치된 임시교통국 평양지국은 대한국민회 및 대한독립청년단 등과 결합하여 "假政府(임시정부)의 명령 및 제 정보를 鮮內地에서 독립운동을 목적으로 하는 각종의 비밀결사 및 기타 동지들에게 전달하고 상해에 통신하는" 등의 활동을 전개했다. 같은 해 10월 30일에는 임시교통국 평양지국과 평양의 청년단이 연합하여 만세시위를 주도했다.92)

한강 남쪽을 관할하는 경성교통국은 1919년 11월 이래 황해도 사리원지국과 연락하며 상해에서 오는 문서 및 《독립신문》 등을 각지에 배포하고 독립공채를 발매하다가 1920년 8월에 10여 명이 체포되었다. 임시함남교통사무국도 1921년에 들어서면서 일제의 경계가 심하여 지국의 사무소가 빈번하게 이동하고 북청·단천의 지국장들이 사살, 체포되면서 침체되었다.93)

안동과 국내에 설치된 임시교통국은 상해의 중앙정부와 국내외 각지와의 통신연락 및 문서·지령의 전달, 군자금 모금 등의 중요한 역할을 했으나 일제에 침탈되면서 1921년 이후에는 각지에 겨우 통신원 수명을 배치할 정도로 활동이 위축되었다. 이는 임시정부와 국내와의 관계가 단절됨을 의미하는 것으로 1922년 말 이후 임시정부가 침체되는 한 계기가 되었다.

(3) 군사외교와 독립전쟁 준비

가. 군사외교의 강화

1919년 6월 파리강화회의가 종결되면서 세계사의 주요 무대는 유럽과 대서양에서 아시아 태평양지역으로 이동하였다. 이 조약으로 영국과 프랑스가 가장 많은 이익을 획득했지만 일본도 독일이 원래 중국의 산동에서 가졌던

---

91) 李延馥, 《大韓民國臨時政府 30年史》(국학자료원, 1999), 123~126쪽.
92) 《朝鮮民族運動年鑑》, 1919년 11월 4일.
93) 蔡永國, 〈대한민국임시정부 교통국의 설치와 활동〉(《대한민국임시정부 수립80주년기념논문집》 상, 1999), 373쪽.

권리와 태평양의 적도 이북의 섬들을 차지함으로써 극동과 태평양에서의 우세를 굳혔다.94)

반면에 전후 합법적인 세계규모의 자본팽창을 위해 국제연맹의 구조 속에 영·불의 대륙세력을 끌어들이려던 미국의 기도는 저지되었다. 이에 따라 미국은 방향을 바꾸어 극동과 태평양 지역에서 새로운 세력균형을 이루고자 했다. 때문에 미국은 전쟁승리의 전리품으로 이 지역에 대한 독점정책을 강화하려던 일본과 대립할 조짐을 보였다. 이러한 상황은 파리강화회의에 실망하고 있던 임시정부를 고무시켰다.

연해주와 시베리아 지역에서 전개되고 있던 소련과 일본군 사이에 조성되고 있던 적대관계도 임시정부에게 희망을 갖게 했다. 1917년 11월혁명으로 모스크바에 새로운 권력을 수립한 소비에트정부가 모든 자본주의국가의 노동계급에 대해 반전·반정부투쟁을 벌일 것을 선동하며 각국에 혁명을 조장하자 연합국은 대응책으로 무력간섭을 결정했다. 이에 따라 일본은 연합국 가운데 무력 간섭군을 가장 먼저 파견했다.

1920년대 초 미국과 일본, 소련과 일본 사이에 전개된 극동지역의 정세변화에 따라 임시정부는 이들 사이의 대립관계 형성이 독립을 이룰 수 있는 호기로 판단했다. "俄日戰·美日戰은 기정의 사실이며 다만 시간의 문제"라는 것이었다.95) 이에 따라 임시정부는 1920년을 '독립전쟁의 원년'으로 선포하고 열강에 대한 군사외교를 강화했다.

먼저 임시정부는 중국과의 군사협력을 적극 모색했다. 임시정부는 1920년 시정방침에서 "중국외교단을 편성하고 중국 남북정부, 각 성 省長 및 督軍과 교섭하여 중국으로부터 我民國의 정치행동과 군사준비에 편의를 얻도록 꾀하며 중국사관학교에 我國青年을 입학케 하여 我民國과 중국이 연합행동할 것을 요구"하기로 확정했다.96) 임시정부는 黃永熙 등을 외무부 임시선전원으로 임명하여 사천·운남 등에 파견하고 중국의 주요 반일인사 및 단체와 교섭하여 한중공동전선을 형성하려고 노력했다. 임시정부의 민간외교를 통한

94) 양소전, 《중국에 있어서의 한국독립운동사》(한국정신문화연구원, 1996), 276쪽.
95) 《독립신문》, 1920년 3월 16일.
96) 《韓國民族運動史料(중국편)》(국회도서관, 1976), 111쪽.

한중제휴 노력은 중국 각지에 中韓互助社를 결성하는 성과를 거두었고, 1921년 9월 국무총리 대리 겸 외무총장 신규식이 광동의 護法政府로부터 사실상의 정부 승인을 얻을 수 있었다.

미일전쟁설에 고무된 임시정부는 대미외교도 한층 강화했다. 대미외교는 1919년 8월 워싱턴에 설립한 대통령 이승만의 구미위원부에 의해 주도되었고, 1920년 대미외교는 파리강화회의가 끝난 뒤 워싱턴에서 개최될 예정이던 국제연맹회의에 대비한 선전사업에 집중되었다.[97] 1920년 7월 미국의원 동양시찰단이 중국·조선·일본을 차례로 방문할 것이라는 소식이 전해지자 임시정부는 안창호를 중심으로 이들을 대상으로 한 선전활동을 실행에 옮겼다.[98]

임시정부는 이어 미국의원단이 한국을 방문하는 때에 맞추어 국내에서도 이들에 대해 환영의 태도를 표하며 시위운동을 하게 하고 관공리 퇴직과 납세의 거절, 소송의 거절 등을 실행하도록 지시했다. 그 결과 이들 의원단이 방문했을 때 국내에서는 비밀결사를 중심으로 지역에 따라 만세시위운동, 관공서 폭파 등이 계획되거나 실행에 옮겨지기도 했다.[99]

초기 임시정부 외교정책의 특징은 대소외교를 적극적으로 모색한 데 있었다. 대소외교는 1919년 11월 한인사회당의 당수인 이동휘가 국무총리에 취임하고, 특히 1920년 초 연합국의 대소 간섭군의 일원으로 시베리아 및 연해주에 파견된 일본군과 적위군과의 사이에 전쟁의 분위기가 고조되면서 본격화되었다.[100]

이에 따라 임시정부는 1920년 3월 "露國외교에 적당한 인원을 선발하여 노국 내정을 주찰하고 유력한 기관에 교섭하여 군기와 군수품의 공급과 我민족이 일본과 개전할 때에 후원할 것을 요구"하기로 결정했다.[101] 대소외교

---

97) 高珽烋, 〈歐美駐箚韓國委員會의 초기조직과 활동〉(《歷史學報》 134·135, 1992) 참조.

98) 《도산일기》, 1920년 8월 16일.

99) 朴永錫, 〈1920年代의 美議員團 來韓과 民族運動의 動態〉(《日帝下 獨立運動史 研究》, 일조각, 1984) 참조.

100) 尹大遠, 앞의 책, 145쪽.

101) 《韓國民族運動史料(중국편)》(국회도서관), 111쪽.

의 핵심은 소련으로부터 독립전쟁에 필요한 무기 및 자금을 확보하는 데 있었다.

그러나 소련과의 교섭문제는 모스크바 파견원 선정에서부터 마찰을 빚었다. 그것은 국무총리 이동휘가 1920년 1월 22일 국무회의의 결정을 무시하고 한인사회당 당원인 한형권을 비밀리에 모스크바로 파견했기 때문이다. 국무회의에서 파견원으로 결정된 여운형은 여러 차례 안창호를 만나 자신을 모스크바로 보내줄 것을 요청했으나 이동휘의 반대로 무산되었다.[102]

이동휘와 구상은 달랐지만 대소외교를 중시한 것은 안창호도 마찬가지였다. 그는 1920년 1월부터 흥사단과 《독립신문》 등 자신의 영향력하에 있던 단체와 매체를 통해 사회주의를 수용하고 선전하기 시작했다. 물론 이것은 장차의 독립전쟁에서 소련의 군사적 지원을 염두에 둔 전술적인 행동이었다. 1921년 초에 이르러 그는 한·중·러 3국의 반일연맹론, 3국의 연합 최고기관론을 제기했다.[103] 그의 이른바 독립전쟁 준비론이 한·중·러 연맹론으로 구체화된 것이었다.

그러나 1921년 이래 임시정부의 대소외교 정책은 이동휘가 임시정부를 탈퇴하고 내부의 친미외교론과 반사회주의적 성향에 부딪혀 별다른 진척을 보지 못했다.

나. 독립전쟁 방침과 군사제도의 정비

임시정부는 1920년을 '독립전쟁의 원년'으로 선포했다. 통합정부는 승인·개조문제로 대한국민의회의 반발에 부딪쳤지만 이동휘가 국무총리로 취임하면서 그의 오랜 세력기반이며 1910년 이래 독립군의 근거지중 하나인 북간도와 길림지역 독립운동 단체의 지지를 얻게 되었다.

북간도 대한국민회는 1919년 11월 통합정부가 성립되자 "정부의 승인을 得"한 북간도의 통일기관임을 자처하며 북간도 선출 의정원 의원으로 계봉우와 유례균 2명을 상해에 파견했다.[104] 북간도의 군정부도 1919년 12월 임

---

102) 《도산일기》, 1920년 1월 26일.
103) 이애숙, 〈상해 임시정부 참여세력의 대소(對蘇)교섭〉(《역사와 현실》 32, 한국역사연구회, 1999), 26쪽.

시정부의 방침에 따라 군정서(북로군정서)로 명칭을 바꾸고 임시정부를 봉대한다는 뜻을 전했다. 노령에 주둔해 있던 대한독립군도 임시정부 지지를 선언했다. 서간도의 독립운동 단체들도 차례로 임시정부 지지의사를 표명했다. 3·1운동 직후 군정부로 통합된 서간도의 무장세력들은 군정서(서로군정서)로 개칭하고 임시정부 산하로 편입되었다.

1920년 1월 교민단에서 열린 신년회 축하자리에서 안창호는 '우리 민족이 斷定코 실행할 6대사'라는 연설을 통해 공식적으로 독립전쟁 방침을 선포했다. 그는 '6대사'로 군사·외교·교육·사법·재정·통일을 들고 이 가운데 가장 중요한 것은 군사로서 우리의 당면 대문제는 전쟁밖에 없다고 강조했다. 이를 위해 임시정부의 기치하에 국민개병주의에 입각한 훈련을 실시하며 외교도 독립전쟁 준비에 최우선의 가치를 두어야 한다고 역설했다.[105] 핵심은 당장의 독립전쟁보다는 이에 필요한 군사·무기·자금 등의 준비를 강조하는 '독립전쟁준비론'이었다.

임시정부의 독립전쟁 방침은 1920년 3월 2일 국무총리 이동휘가 임시의정원에서 밝힌 시정방침에서 구체화되었다. 그는 "독립운동의 최후 수단인 전쟁을 대대적으로 개시하여 규율적으로 진행하고 최후의 승리를 얻기까지 持久하기" 위해 정부가 실행할 14개항의 준비를 제시했다. 군사 경험이 풍부한 인재를 조사·소집하고, 노령과 중령 각지에 10만 명 이상의 의용병 편성을 위해 병사를 모집 훈련하며, 이미 성립한 군사기관을 조사하여 군무부에 예속케 할 軍士私團을 조사하고, 중·노령과 정부 소재지에 사관학교를 설립하며, 미국과 러시아 등 외국과 군수물자 수입을 교섭한다는 것이었다.[106]

임시정부는 1919년 11월 5일 〈대한민국임시관제〉를 공포하여 임시대통령 직할기관으로 대본영·참모부·군사참의회의 설치를 규정하고 비서·육군·해군·군사·군수·군법의 6국을 가진 군무부의 조직과 직무를 8조 29항으로 명문화하여 군사활동에 필요한 조직과 기능에 대한 성문화를 완료했다. 12월 18일에는 군무부령 제1호로 〈대한민국육군임시관제〉를 발표하여 독립

---

104) 《朝鮮民族運動年鑑》, 1919년 11월 26일.
105) 《독립신문》, 1920년 1월 8·10일.
106) 《韓國民族運動史料(중국편)》(국회도서관), 107~111쪽.

전쟁시 기본병력이 될 육군의 편성 및 관제에 대한 규정도 마련했다.[107]

1920년 2월에는 노령과 중령지역 관할을 위해 〈대한민국육군임시군구제〉가 마련되었다. 독립군 모집에 적용될 군구제는 서간도군구·북간도군구·강동군구(노령지역)로 나누고, 이곳의 사무는 임시지방사령관이 겸임하도록 하며, 독립군에 응할 중령과 노령거주 한인의 병역의무를 만 20세 이상 50세 이하의 남자로 규정했다.[108]

이와 함께 임시정부는 1919년 12월 상해에서 초급장교 양성을 목적으로 무관학교를 설립하여 운영했다. 〈임시육군무관학교조례〉에 따르면 입학자격은 중등 이상의 학력이 있는 만 19세 이상 30세 이하의 남자로 제한했으며, 교장·부관·교관과 함께 교관이 겸직한 학도대장·학도대부관·학도대 중대장·학도대 구대장이 학생을 통솔하고 12개월의 교육기간을 거친 뒤 졸업생은 參尉에 임명하도록 했다.[109] 이 무관학교는 1920년 5월과 12월 2회에 걸쳐 43명의 사관을 배출했다.

군사제도의 정비와 더불어 〈대한민국육군임시관제〉에 따른 국민군 편성방침에 따라 각지에서 18세 이상의 남자를 대상으로 군적 등록사업이 진행되었다. 상해에서는 2월 중순 군적등록 사업을 專任받은 애국부인회가 사람들을 심방하여 군적등록을 권고했고, 군적은 갑과 을의 두 종류로 나누어 갑종은 매일 1시간 이상, 을종은 매주 2시간 이상 군사교련을 받도록 했다.[110] 군적등록을 일차 완료한 상해에서는 1920년 3월 20일 국무총리 이동휘를 비롯한 각원들도 포함된 갑종 40명, 을종 백여 명을 대상으로 국민군 편성식을 거행했다.

다. 재만독립군과의 관계

1920년을 '독립전쟁의 원년'으로 선포함에 따라 임시정부와 서간도 독립군 단체의 통일 및 연대노력이 구체화되었다. 윤기섭 등 95명은 1920년 2월 9일

---

107) 《韓國民族運動史料(중국편)》(국회도서관), 132~139쪽.
108) 《韓國民族運動史料(중국편)》(국회도서관), 139~141쪽.
109) 《韓國民族運動史料(중국편)》(국회도서관), 140~143쪽.
110) 《독립신문》, 1920년 2월 14일.

부터 4일간 '재만국민대회'를 열고 "세계가 우리에게 동정하고 우리 행동만 주목한다. 그런데 우리가 잠잠하고 있으면 외국이 독립을 승인려고 해도 할 수 없다. 하루라도 속히 開戰하기를 주장한다"고 하여 혈전개시를 광복사업의 대방침으로 채택했다.[111] 이어 "적당한 기한 안에 혈전을 단행하되 血戰辦備의 책임은 본회와 당국(임시정부)이 공동 부담하며 임시정부를 옹호 지지한다"는 결의안을 채택했다.

임시정부도 서간도와의 협의를 위해 1920년 5월말 경 조상섭을 파견했다. 그러나 서간도 쪽의 혈전방침과 안창호의 '준비론'이 접점을 찾지 못함으로써 양자의 공고한 연대는 실현되지 못했다. 서간도 쪽은 준비론을 비판하며 군사활동의 중요성과 이에 소요될 재정의 확보를 강조했으나 서로의 입장차이만 드러낼 뿐이었다.[112] 뒤에 서로군정서는 1921년 4월 북경에서 개최된 군사통일회의에 참여함으로써 임시정부를 반대하는 입장으로 돌아섰다.

한족회와 서로군정서를 산하에 편입시키는 데 실패한 임시정부는 安東의 대한청년단연합회('연합회'로 줄임)와의 연대를 적극 모색했다. 연합회는 전부터 임시정부를 지지했고 안동 임시교통사무국과도 밀접한 관계를 가지고 있었다. 연합회는 임시정부의 지원하에 결사대적 군사기관으로 '의용단'을 조직할 계획이었다.[113]

그런데 이 계획은 임시정부 군무차장 김희선과 안창호가 연합회 간부들과 논의하여 서간도의 독립단과 청년단이 연합하여 광복군을 조직하는 것으로 변경되었다.[114] 이에 따라 1920년 7월 초 이탁을 사령관으로 하고 임시정부 군무부의 지휘 감독을 받는 군사기관으로 광복군총영이 안동에 설치되었다. 아울러 임시정부는 평안도와 황해도를 중심으로 비밀결사 의용단을 조직하고, 상해로 온 金錫璜을 설득하여 국내의 의용단도 광복군총영에 귀속하도록 했다. 결국 임시정부와 서간도 독립군단체와의 연대는 이 지역의 대표격인

---

111) 《독립신문》, 1920년 3월 25일.
112) 韓相禱, 〈大韓民國臨時政府의 초기 軍事活動과 在滿獨立軍〉(《西巖趙恒來敎授華甲紀念韓國史學論叢》, 아세아문화사, 1992), 749쪽.
113) 윤대원, 앞의 책, 181~182쪽.
114) 《도산일기》, 1920년 6월 16일.

한족회와 서로군정서를 끌어들이는 데 실패함으로써 부분적 성과를 얻는 데 그쳤다.

한편 임시정부와 북간도 독립군단체와의 연대는 극심하게 대립된 북간도 독립군 단체 사이의 통일문제와 맞물려 추진되었다. 북간도 독립군단체의 분열이 표면화한 것은 1919년 11월에 대한국민회가 임시정부가 승인한 북간도의 유일단체임을 내세워 북간도 최고기관임을 자처하면서부터였다. 이들은 회장 구춘선 명의로 〈告諭文〉을 발표, 경쟁관계에 있던 군정부(북로군정서)를 배격할 것을 선언하고 자신들이 북간도의 최대 조직이자 최고기관임을 명시함으로써 이후 전개될 북간도 각 단체의 통일을 주도하고 정부를 대신하여 북간도 지역에 대한 군사 및 재정 등 제반 독립사업을 주도하고자 했다.[115]

대한국민회의 이러한 행동은 특히 경쟁단체인 군정부의 강력한 반발을 불러 일으켰다. 1920년 2월 북로군정서 총재 서일은 국무총리 이동휘 앞으로 申請書를 보내 '無垢捏造'한 대한국민회의 〈고유문〉을 《독립신문》에 게재한 것을 비난하고 정부위원의 파견을 요청, 임시정부의 중재를 요청했다.[116] 5월말 경 내분의 수습을 위해 임시정부는 안정근과 왕삼덕을 북간도에 파견했다.

임시정부 파견원의 중재와 협의 끝에 양대 조직은 1920년 7월 20일 통일안을 마련했다. 이에 따르면 "행정·군사 양 기관을 특설하고 행정기관은 대한민단, 군무기관은 東道軍政署 및 東道獨立軍署로 칭하기"로 했다. 즉 민단은 북간도 한인의 생명·재산의 보호와 민심의 지도, 대외교섭 사무 등 일체의 행정사무룰 통할하고, 조직으로 중앙과 동서남북부의 5부를 설치하며, 단장에 대한국민회 회장 구춘선, 부단장에 서상룡을 선출하고, 임시정부의 간도파견원 이용을 민단고문으로 하여 임시정부의 감독을 받도록 했다. 군무기관으로 북로군정서를 동도군정서로 개칭하여 署長에 서일, 사령관에 김좌진을 임명하여 4개 대대를 편성하며, 홍범도의 督軍部를 동도독립군서로 개칭

115) 《독립신문》, 1920년 1월 8일.
116) 《독립신문》, 1920년 4월 22일.

하여 홍범도가 서장과 사령관을 겸임하고 안정근이 군무기관의 고문이 되어 임시정부의 명령을 받도록 했다.117)

북간도는 서간도와 달리 몇 차례의 회의와 정부 파견원의 중재로 임시정부 산하의 민사·군사 두 기관으로 통일하는 성과를 거두었다. 그러나 실제는 민사기관의 성격이 강한 대한국민회가 사실상 민단을 장악하고 군사기관도 단일기관이 아닌 홍범도 부대와 북로군정서의 존재를 사실상 인정함으로써 각 단체의 현실을 그대로 인정한 위에서 갈등을 임시로 봉합한 것에 지나지 않았다.

게다가 이러한 성과마저 1920년 10월의 간도사변에서 임시정부가 무기력한 대응으로 일관함으로써 사실상 물거품이 되고 말았다. 이에 따라 북간도의 주요 독립군 단체들도 견고한 통일을 이루지 못한 채 막대한 타격을 입고 노령으로 이동했다. 이로써 임시정부는 국무총리 이동휘와 노동국총판 안창호의 사퇴와 각처에서 대대적 개편을 위한 국민대표회의 소집 요구에 직면했다.

〈李賢周〉

2. 임시정부와 국민대표회의

1) 국민대표회의 소집론과 '정부옹호파'의 반대운동

(1) 국민대표회의 소집배경과 참가세력

1923년 1월에서 6월 초까지 5개월 넘게 상해에서 열린 국민대표회의는 국내외 각지의 거의 모든 독립운동세력이 참가한 최대의 민족대표회의였다. 1919년 4월 수립된 대한민국임시정부(이하 임정)는 그 해 9월 노령의 대한국민의회와 통합, 통합정부로 거듭나면서 독립운동의 최고 구심점으로서 기대

117) 姜德相 編,《現代史資料》27, 394~395쪽.

를 받았다. 그러나 임정은 독립운동 노선을 둘러싼 내부 분열과 임시대통령 李承晩의 독선, 기호파와 서북파의 지방열 등이 겹쳐 그 역할에 한계를 드러내었다. 한때 국무총리 李東輝와 노동국총판 安昌浩, 젊은 차장들을 중심으로 제도 개혁을 통해 임정을 강화하려던 노력마저 실패하고 그 동안 임정을 실질적으로 이끌어온 이동휘·안창호 등이 1921년 초 임정을 떠나면서 임정은 심각한 존폐 위기에 처했다. 국민대표회의는 이러한 임정의 위기와 독립운동 진영의 분열을 극복, 새롭게 통일해야 할 필요성에서 제기되었고, 그것은 1921년 2월 상해에서 朴殷植·元世勳·왕삼덕 등 14명이 발포한 〈우리 동포에게 고함〉을 계기로 구체화되었다.

박은식 등은 애초 임정을 조직할 당시 각 방면의 여러 의견을 구하지 않고 몇 사람의 擅行으로 신시대에 적합하지 않는 복잡한 계급과 방만한 제도를 설정하여 현재의 위기에 이르게 되었다고 하면서, 전국민의 의사에 의한 통일적인 강고한 정부조직과 독립운동의 최량의 방침을 수립하기 위해 국민대표회 소집을 요구했다.[1] 이 선언에 참여한 14명은 대체로 임정 수립 초기 임시의정원 의원으로 참여한 경험이 있거나 임정의 독립운동 노선과 내분에 반대하여 임정 외곽에서 활동했던 인물이었다.

국민대표회 소집 요구는 북경, 만주에서도 이어졌다. 반임정 세력의 근거지였던 북경에서는 朴容萬·申采浩 등이 1921년 4월 군사통일회의를 열어 임시의정원과 임시정부에 대한 불신임안을 가결하고 4월 27일 이것을 임시의정원에 직접 전달했다. 5월 6일에는 만주의 독립운동 단체들도 액목현에서 회의를 열고 위임통치를 청원한 李承晩의 퇴거와 임정개조를 요구하는 5개항의 결의서를 채택하고 이것을 서간도 출신 의원이자 의정원 의장이던 尹琦燮에게 전달했다.[2] 이 회의를 주도했던 呂準·李沰·金東三·李震山 등은

1) 국회도서관, 《韓國民族運動史料(中國篇)》(1976), 276~277쪽.
2) 독립운동사편찬위원회, 《독립운동사》 4(1973), 516~517쪽. 1921년 5월 6일 만주의 액목현회의에서 결의된 5개항은 다음과 같다. ① 현재 間西代議士를 소개하여 임시의정원에 향하여 정부 개조의 필요를 제의케 할 일, ② 위임통치를 청원한 사실이 확실한 이상 그 행위의 주창자에게 퇴거를 명할 일, ③ 의정원에 제출한 개조의안이 체결되지 않을 때는 현재 間西의원을 소환할 것, ④ 위의안의 결정 전에 본 기관 대표 명의로 정부를 파괴하려는 제3 단체의 참가를

그 동안 임정을 지지했던 인사들이란 점에서 이 결의서는 임정에 큰 타격이 되었다.

임정 외곽에서 국민대표회 소집론이 강력히 대두되는 가운데 1921년 5월 12일 상해에서도 국민대표회 소집을 요구하는 연설회가 열렸다. 연설회에서 呂運亨은 임정 자체 내에서의 임정 개조는 공상에 불과하기 때문에 분규가 극에 달한 시국문제를 해결하려면 국민대표회 소집이 필요하다고 주장했다. 안창호도 정부를 세울 때 각 방면의 의견을 충분히 구하지 못한 한계를 인정하고 임정을 더욱 견고한 민족적 통일기관으로 만들려면 국민대표회 소집이 필요하다고 주장했다.

이와 같이 상해·북경·만주 등지에서 제기된 국민대표회 소집론의 밑바닥에는 공통적으로 현재의 임정은 더 이상 독립운동의 최고기관으로서 자기 역할을 할 수 없다는 비판 의식이 깔려 있었다. 그 이유는 대체로 세 가지였다. 첫째는 애초 임정을 조직할 당시 각 방면의 여러 의견을 구하지 못하고 소수인의 擅行으로 성립되어 임정 성립 그 자체에 한계가 있고, 둘째는 임정의 직위와 제도가 실제 독립운동에 적합하게 조직되지 못하여 스스로 불필요한 내부 분열만 낳았고, 셋째는 국제연맹에 위임통치를 주장한 이승만이 임시대통령으로서 부적합하다는 것이었다.

상해에서 국민대표회 소집을 요구하는 제1차 연설회가 있은 지 1주일 뒤인 1921년 5월 19일에 열린 제2차 연설회에서는 20명의 상해 국민대표회기성회 조직위원을 선거하고, 그 자리에서 상해 국민대표회기성회(이하 상해기성회)가 조직되었다. 이어 7월 16일부터 상해와 북경 양측 대표가 국민대표회의를 9월 15일 개최할 예정으로 협의한 뒤 8월에는 상해기성회 위원 30명, 북경교민회 선출위원 15명, 북경군사통일회 선출위원 5명, 천진교민회 선출위원 5명으로 국민대표회 주비위원회(이하 주비회)를 조직했다.[3)]

그러나 국민대표회의의 개최는 1921년 11월 미국 워싱턴에서 극동아시아의 문제를 다룰 태평양회의가 열린다는 국제 정세의 변화와 경비 조달의 어

불허할 일, ⑤ 양 방면에 대한 제의 또는 권고가 무효로 될 시는 間西는 간서 자체를 보장 자퇴할 일.

3) 《독립신문》, 1921년 10월 5일.

려움 때문에 계속 연기되었다. 특히 태평양회의에 대한 기대는 국민대표회의 문제를 잠깐 휴식의 상태에 빠지게 했다.

1922년 2월 기대를 걸었던 태평양회의가 아무런 성과없이 끝나고 태평양회의에 대응하여 모스크바에서 열렸던 극동인민대표회의에 참석했던 대표들이 상해로 돌아오면서 1922년 4월 이후 국민대표회의 소집 추진은 다시 활기를 띠었다. 1922년 5월 중순 북경군사통일회·천진기성회·동녕현기성회·상해기성회에서 선출된 대표들로 주비회를 보완하고 9월 1일 국민대표회의를 개최할 예정이었지만 자금문제와 대표들의 도착이 늦어져 연기를 거듭해야 했다. 이런 가운데 12월 27일 62명의 주비회원이 국민대표회의 예비회의를 열고 1923년 1월 3일부터 정식회의를 열기로 결정함으로써 역사적인 국민대표회의가 개최되기에 이르렀다.

국내외 각지에서 상해의 국민대표회의에 참여한 주요 대표들은 이념적으로 민족주의와 사회주의 진영으로 구별되었고, 각 진영 모두 자신들의 이념과 독립운동 노선에 따라 국민대표회의에 임하는 입장이 달랐다.

민족주의 진영은 대체로 임정에 대한 입장과 독립운동 노선에 따라 임정의 개조를 주장하는 개조파와 임정을 부인하고 새로운 기관의 건설을 주장하는 창조 양파로 분화되었다. 개조파에는 상해를 중심으로 임정 안팎에서 활동했던 안창호를 중심한 서북파와 기호파 일부, 서로군정서·한족회가 중심인 서간도의 독립군단체가 대표적인 세력을 형성했다. 그러나 이들 사이에도 운동노선에서는 안창호 등의 준비론과 서간도의 독립전쟁론의 입장 차이가 있었다. 그리고 임정의 외교독립론·준비론에 반발하여 독립전쟁론을 주장하며 북경을 중심으로 반임정 활동을 해 온 박용만·신숙 등 북경군사통일회는 민족주의 진영의 창조파를 대표했다.

국민대표회의에 참가한 사회주의진영에는 초기 한국 사회주의운동의 특징을 반영하듯 주로 해외 사회주의자들이 주축을 이루었다. 이들은 1918년 노령에서 이동휘가 한인사회당을 조직한 이후 이동휘의 상해파 고려공산당과 김만겸의 이르쿠츠크파 고려공산당으로 분열되어 그 주도권을 둘러싸고 대립해 왔다. 이 가운데 이동휘의 상해파 고려공산당은 노령의 대한국민의회와 상해 임정의 통합에 적극적이었듯이 일찍부터 민족주의 진영과 연합을 꾀해 온 반면에, 김만겸 등의 이르쿠츠크파 고려공산당은 반임정의 입장을 취했다.[4] 1922년 코민테른의 노력에도 불구하고 상해파와 이르쿠츠크파의 통합이 실패한 뒤 상해파는 민족혁명에 우선 목표를 두고 개조파의 입장을 견지한 반면에, 이르쿠츠크파는 반임정의 입장에서 창조파에 참여했다. 국민대표회의에 참가한 개조·창조 양파의 참가세력과 입장을 정리하면 아래 〈표〉와 같다.

〈표〉 개조·창조파의 참가세력과 운동노선

<table>
<tr><th rowspan="2"></th><th rowspan="2" colspan="2">주요 참가 세력</th><th rowspan="2">주요 인물</th><th rowspan="2">主 義</th><th colspan="3">주 요 입 장</th></tr>
<tr><th>임정에 대한 태도</th><th>지 향</th><th>운동 노선</th></tr>
<tr><td rowspan="3">개
조
파</td><td rowspan="2">상해의 개조파</td><td>임정내의 개조파</td><td>안창호 등 서북파</td><td>민족주의</td><td>임정 인정</td><td>정부개조 및 대독립당건설</td><td>실력양성론</td></tr>
<tr><td>상해파고려공산당</td><td>윤자영·김철수 등</td><td>공산주의</td><td>임정 인정</td><td>정부개조 및 민족혁명당건설</td><td>무장독립론</td></tr>
<tr><td colspan="2">서간도의 개조파
(서로군정서·한족회)</td><td>김동삼·이진산 등</td><td>민족주의</td><td>임정 인정</td><td>정부개조</td><td>무장독립론</td></tr>
<tr><td rowspan="3">창
조
파</td><td colspan="2">북경의 창조파
(북경군사통일회)</td><td>박용만·신숙·신채호</td><td>진보적 민족주의</td><td>임정불신임</td><td>신조직 건설
(위원제정부)</td><td>무장투쟁론</td></tr>
<tr><td rowspan="2">상해·노령의 창조파</td><td>이르쿠츠크파 고려공산당</td><td>김만겸 등</td><td>공산주의</td><td>임정불신임</td><td>민족혁명당 건설</td><td>무장투쟁론</td></tr>
<tr><td>대한국민의회파</td><td>문창범 등</td><td>공산주의</td><td>임정불신임</td><td>신조직 건설
(위원제정부)</td><td>무장투쟁론</td></tr>
</table>

* 趙澈行, 〈국민대표회(1921~1923)연구〉(《史叢》 44, 고려대, 1995), 163~167쪽.

〈표〉에서 보듯이 국민대표회의에 참가한 독립운동 세력들이 각기 이념이나 독립운동 노선을 달리함에도 불구하고 크게 개조·창조 양파로 양립하게 된 가장 중요한 요인은 임정에 대한 입장 차이 때문이었다.

4) 상해파와 이르쿠츠크파의 분열, 대립에는 비귀화선인·귀화선인이라는 조직기반의 차이뿐만 아니라 그 배후에는 조선혁명의 성격과 운동론에 대한 뿌리깊은 이견이 있었다. 즉 상해파는 민족해방을 민족혁명으로부터 사회주의혁명으로 성장·전환한다는 연속혁명론을, 이르쿠츠크파는 사회주의혁명론을 주장했다. 때문에 상해 임정에 대한 입장도 크게 달랐던 것이다. 이에 대한 보다 상세한 내용은 林京錫, 《高麗共産黨研究》(성균관대 박사학위논문, 1992) 참조.

(2) 정부옹호파의 국민대표회 반대운동

1921년 2월 초 국민대표회 소집론이 제기된 이후 정식 회의가 열리기까지 상해에서는 이 문제를 둘러싸고 국민대표회 소집을 지지하는 상해의 개조파 및 북경의 창조파와, 이를 반대·저지시키려는 정부옹호파가 크게 대립했다. 일반적으로 국민대표회를 반대하고 임정 고수를 주장한 이들을 임정유지파로 일컬어 왔고 이들은 주로 이승만을 중심한 기호파 인사들이었다. 그런데 개조파 역시 기본적으로 임정 유지를 주장한 점에서 이들과 구별할 필요가 있어 여기서는 임정유지파를 당시의 용어인 '정부옹호파'로 대신하였다. 예컨대 국민대표회에 대한 찬반논란이 한참 일던 무렵《독립신문》에 투고된 한 글에서는 "今日에 至하야 므슨 理由로 所謂 政府擁護論이란 別問題갓치 니러나 누구누구난 政府擁護派라는 名詞가 隱然" 중 생겼다고 하면서, 이들은 "政府 아래 俯首服從하는 者"라고 했다.[5] 국민대표회 소집론이 처음 제기되었을 때, 정부옹호파는 이를 '政府敗潰運動'으로 파악하고 크게 반발했다.

1921년 2월 초 이후 국민대표회 소집론이 점차 확산되어가자 趙琬九·윤기섭 등 45명의 정부옹호파는 3월 5일 임시정부를 절대로 지지할 것, 현대통령 이하 각 국무원을 신임할 것, 언론·행동 등 일체의 현시국을 파괴하는 행위를 방지하도록 노력할 것이라는 선언서를 반포하고, 3월 12일 상해 거류민단 사무소에서 현 정부를 후원할 단체를 조직할 목적으로 윤기섭·조완구·김구 등 20명을 조직위원으로 선정했다. 이들은 국민대표회 소집세력에 대응하는 정부옹호파의 외곽 단체로서 협성회를 조직하고, "임시정부를 절대로 옹호할 것", "광복의 정신과 協進主義를 鼓勵할 것", "국세의 납입을 勵行할 것", "군사의 복습을 督進할 것" 등 4개항의 강령을 채택했다.[6]

이 무렵 상해에 머물고 있던 임시대통령 이승만은 1921년 5월 17·18일 임시의정원과 국무원에 외교상 긴급한 일과 재정의 절박함을 이유로 미국에 건너간다는 사실을 통고하고 법무총장 申圭植을 국무총리 대리로 임명한 뒤 상해를 떠났다. 이때 그는 임시대통령 명의의 〈諭告〉를 발포하여 국민대표회

5) 《독립신문》, 1921년 12월 6일.
6) 金正明 編, 《朝鮮獨立運動》 II(東京 : 原書房, 1967), 142~143쪽.

소집론에 대한 자신의 입장과 신규식 내각이 할 일을 밝혔다.

〈유고〉에서 이승만은 국민대표회 소집 명분 가운데 하나로 제기되어 상해 정국의 최대 현안이 된 자신의 거취 문제, 즉 대통령직 퇴진 문제에 대해 이것은 완전한 민의기관에서 공식으로 결정된 것이 아니고 大局을 흔들려는 도의에 어긋난 소수인의 행위라고 일축했다. 그리고 신규식 내각에 대해서는 비상한 결속과 결심으로 임정의 기초를 더욱 굳건히 하고 정무의 중대 안건과 국무원 진퇴에 관한 문제는 자신의 동의를 받아 결정할 것을 강조하는 한편, 다소의 불평자나 음모자들의 선동을 잘못 듣고 대국을 顚覆하는 일이 없도록 당부했다.[7] 이처럼 이승만은 〈유고〉를 통해 국민대표회를 반대하는 자신의 입장을 명백히 밝혔다. 그러나 임정이 존폐 위기에 처한 상태에서 임정 유지를 내각에 당부하고 미국으로 건너간 이승만의 행위는 임정의 최고 책임자로서 정국을 수습하기보다는 당시 위임통치 청원문제로 자신에게 쏟아지는 비난과 그로 인한 임정 분열의 수습을 방기하고 도피한 성격이 짙었다.

미국에 도착한 이승만은 국민대표회 소집을 저지시키기 위해 상해의 정부 옹호파와 연락을 유지하면서 더욱 적극적으로 대응했다. 그는 국민대표회 소집론자들이 자신의 거취 문제와 관련하여 다시 제기한 위임통치 청원문제를 해명하는 데 노력했다. 자신의 상해 비선조직의 일원인 장붕은 1921년 6월 18일 이승만에게 편지를 보내, 상해나 북경 등지의 청년은 물론 중국인이나 서양인 사이에 "1910년에 한국 주권자가 통치를 일본에 넘겨준 것과 이승만이 한국통치권을 미국에 요구하기를 청원한 것은 다 같은 의미요, 같은 해석에 속한다"거나 이승만은 "이완용과 같다"는 등 위임통치 청원문제와 관련된 좋지 않은 소문이 있음을 전했다. 그리고 鄭漢景으로 하여금 위임통치의 定意와 청원한 이유, 청원한 이후의 결과 및 영향, 사건에 관계된 인물 등을 세상에 공포하게 하여 오해가 없도록 하라고 대응 방안을 제시했다.[8]

장붕의 편지를 받은 이승만은 1921년 7월 16일 국무총리 대리 신규식과 장붕에게 위임통치 청원문제에 대한 경위를 설명한 정한경의 편지를 보내어

7) 中央日報社・延世大學校韓國學硏究所, 《梨花莊所藏雩南李承晩文書》 東文編 六(國學資料院, 1998), 46~63쪽(이하 《李承晩文書》).

8) 《李承晩文書》 18, 118~120쪽.

공포할 것을 당부했다. 이때 이승만은 이와 관련한 소문이 국내에 퍼질 것을 더욱 우려하고 이에 대한 대책을 특별히 당부하기도 했다.9)

위임통치 청원문제의 한 주역인 정한경은 1921년 3월 26일과 6월 12일 두 차례 안창호와 이광수에게 편지를 보냈는데, 이 편지에서 그는 위임통치를 청원한 것은 3·1운동 이전의 일이고 당시 안창호가 회장으로 있던 대한인국민회 중앙총회의 승인을 받아 제출한 것이며, 이것을 가지고 때도 없이 시비거리로 삼는 것은 지나치다고 지적하며 은근히 안창호의 책임론을 제기했다.

이승만은 이와 함께 미주·간도 및 국내의 지지 세력을 총동원하여 국민대표회를 고립·무산시키려는 계획도 진행했다. 이것은 그가 신규식 및 국내의 李商在에게 보낸 편지에서 잘 드러난다. 그는 1921년 7월 16일 신규식에게 편지를 보내어 미주에서는 정부옹호책으로 동지회를 조직하여 정부를 파괴하려는 자와 아주 분립하여 奮勵制禦하기를 결심하였으니, 원동에서도 이러한 단체들과 연락하고 특히 북로군정서의 隱溪(白純) 선생과 상의하여 군정서의 이름으로 정부를 옹호한다는 주지를 성명케 하도록 지시했다.10)

그는 1921년 7월 29일 이상재에게도 편지를 보내어 신규식·손정도·김인전·윤기섭·이희경·조완구·신익희·이동녕·이시영 등은 정부에 충성을 다하는 자인 반면에 박용만·이동휘·남형우·신숙·김규식·안창호·여운형 등 국민대표회 소집론자는 정부파괴를 선전하는 자이며 재정만 있으면 이런 소수인들의 파괴운동이 무효로 돌아갈 뿐이라고 하면서, 지금 국무원은 결속이 잘되어 전과 같이 분열하던 폐가 없으니 정부의 현상유지 경비로 1년에 3만원을 담당해 줄 것을 부탁했다.11)

---

9) 《李承晩文書》 16, 59~60·229~236쪽.

10) 《李承晩文書》 16, 56~57쪽. 1922년 4월 22일 同志會에서 하와이 各島各地方 代表에게 보낸 통지서에서 "우리가 우리 임시대통령의 권고ᄒᆞ심을 듯고 동지회를 조직ᄒᆞᆷ이 무삼 연고인뇨. 우리가 하나님 랍헤셔 맹셔ᄒᆞ고 이 회를 조직ᄒᆞᆷ은 우리의 거ᄃᆡᄒᆞᆫ 독립ᄉᆞ럽을 위ᄒᆞ야 우리 동지가 림시정부를 밧들식 우리 二千萬의 두령되시는 대통령을 압헤셔우고 ᄉᆞ싱을 갓치 ᄒᆞ면셔 조국을 긔어히 광복코져 ᄒᆞᆷ이라"(《李承晩文書》 12, 231~232쪽) 한 데서 동지회의 성격을 짐작할 수 있다.

11) 《李承晩文書》 16, 180~185쪽.

이승만은 1921년 11월 워싱턴에서 열릴 예정인 태평양회의에서 한국문제가 잘 결정되면 모든 문제가 쉽게 풀릴 것이라고 하며 이상재에게 경비 20만원을 보내 줄 것을 부탁하고 임정에게도 모든 역량을 태평양회의에 집중할 것을 지시했다. 즉 그는 태평양회의에 대비하여 정부에서 속히 할 일로써 국내와 원동 각지에서 재정을 확보하여 구미위원부로 보내고, 국내와 원동 각지에 시위운동을 신속히 착수하여 민심을 정부로 통합할 것 등을 지시했다.

이와 같이 이승만은 국민대표회 소집론을 정부를 파괴하려는 소수 불평분자들의 소행으로 왜곡하고 자신이 그 동안 비선조직을 통해 상해와 국내외 각지에 구축해 놓은 지지세력을 동원하여 국민대표회를 무산시키려고 했다. 나아가 그는 태평양회의를 구실로 정치적 위기를 일시적으로 회피하는 한편 태평양회의에서 기대되는 성과를 바탕으로 임시대통령으로서의 자신의 위상을 공고히 하고자 했던 것이다.

이승만이 미국에 건너간 뒤 임정의 절대옹호의 책임을 맡게 된 신규식 내각은, 1921년 11월 11일 워싱턴에서 개최될 태평양회의는 우리 국가의 근본문제를 해결할 장이 될 것이라고 선전하며 태평양회의 준비에 진력했다. 이때부터 다시 한번 국내외가 미국에 기대를 걸고 온 역량을 태평양회의에 집중함으로써 국민대표회의 개최문제는 일시 잠복되었다. 그러나 1922년 2월 태평양회의는 이승만이나 정부옹호파의 기대와는 달리 아무런 성과없이 끝나고 말았다.

태평양회의는 결국 그 동안 국민대표회 소집을 반대하며 온 역량을 외교활동에 집중했던 신규식 내각에게 외교 실패의 책임을 묻는 결과를 가져왔다. 이에 따라 신규식 국무총리 대리가 사직한 데 이어 군무총장 노백린 한 사람을 제외한 이동녕·이시영·손정도 등 모든 각원이 사직함으로써 1922년 3월 이후 임정은 사실상 무정부 상태에 빠지고 말았다.

(3) 제10회 임시의정원

임정이 기대했던 태평양회의가 아무런 성과도 얻지 못한 뒤 상해정국의 관심은 다시 국민대표회 소집으로 이어졌다. 이후 국민대표회 소집을 둘러싼 정부옹호파와 국민대표회 지지파 사이의 대립은 1922년 2월 8일 개최된 제

10회 임시의정원으로 옮겨 갔다.[12] 임시의정원에서는 개회 이래 의정원의 결의를 통해 국민대표회 소집을 공식화하려는 지지파 의원과 이를 반대하는 정부옹호파 의원 사이의 치열한 정쟁이 6월 말까지 계속되었다.

먼저 회의 제11일째인 1922년 3월 11일 신익희·윤기섭·양기하·손정도·연병호 등 5명은 우리의 조국을 광복하려는 독립운동에 관한 일체의 강령·방략·정책을 원만히 협의하여 직법 또는 합리직으로 신속히 실행키 위하여, 국내외 각지의 단체 대표(독립운동에 종사하는 자)와 각지의 신망과 지식이 특정한 인사를 망라한 대회의를 가급적 속히 소집할 것을 임시정부에 건의하자는 안을 제출했다.[13] 국내외 각지 단체의 대표 및 신망있는 인사를 망라한 대회의의 소집을 정부에 촉구한 이 건의안은 이미 소집된 국민대표회를 정부가 승인하라는 것이었다. 이 안은 아직 시기가 아니라는 조완구 등 정부옹호파의 반대에 부딪혀 찬성 6, 반대 9표로 부결되었다.

이어 회의 25일째인 1922년 4월 3일 도인권 등 의원 5명은 千世憲 등 상해 교민 100여 명이 연서한 〈인민청원서〉를 제출했다. 이것은 정부가 국민대표회에 찬의를 표하여 이 회가 소집되도록 해달라는 것이었다.[14] 이 청원안이 제출되었을 때 임시의정원에서는 국민대표회 지지파 의원과 정부옹호파 의원 사이에 격론이 벌어졌고, 그 쟁점은 "국민대표회의 소집이 합리적인가 아닌가", "본안을 임시의정원에서 수리함이 위헌인가 아닌가" 하는 문제였다.

먼저 반대 토론에 나선 장붕·조완구 등은 이 청원안이 인민의 자발적 의사인지 의심하면서 법리상으로 민법기관인 임시의정원이 있는데도 국민대표회가 있음은 불가하고, 청원자가 국민대표회 소집 당사자인 주비회가 아니라는 등의 이유로 청원안의 승인을 반대했다. 이에 대해 도인권·이유필·신익희 등은 법리론으로 따져도 국민대표회가 헌법상 기관이 아닌 점에서 위헌

12) 1922년 3월 10일 내무차장 조완구가 보고한 제10회 임시의정원의 의원 선거 상황을 보면, 총의원 57명 가운데 지금 補選이 안된 의원은 俄領 6명, 함경도 6명, 경상도 6명, 전라도 5명, 서북간도 5명(이상 4개 지방은 의원이 自退하고 補選치 않음), 강원도 2명, 美洲 2명(선출했으나 未到)으로서 合 32명이라고 하여 현재 선출 의원은 25명이라 하였다(《독립신문》, 1922년 4월 15일).

13) 《독립신문》, 1922년 4월 15일.

14) 《독립신문》, 1922년 5월 6일.

도 아니고 임시의정원의 존엄을 손상하지 않으며, 사실론으로도 인민이 의회에 청원함은 민주국에서 가장 적법한 행위이고 청원인과 주비회측은 다른 사람이 아니니 관계 유무를 따질 필요가 없다는 점에서 승인을 주장했다.15)

국민대표회 지지파 의원과 정부옹호파 의원 사이에 치열한 찬반 토의를 거친 뒤 1922년 4월 13일 토론의 막바지 단계에서 정부옹호파 의원인 조완구·윤기섭·閔忠植·李駜珪 등이 퇴장함으로써 찬반의 표결을 하지 못한 채 회의는 정회되었다. 이튿날 출석 의원 15명이 표결하여 찬성 10, 반대 3 표로 인민청원안이 통과되었다.

정부옹호파인 장붕 등 6명은 이에 대한 대안으로서 "임시정부와 임시의정원을 영구적 제도로 개정하기로 준비하기 위하여 4개월 이내에 임시의정원을 소집하고 아울러 광복운동자 회의를 소집할 것을 대통령에게 요구하자"는 안을 제출했다.16) 이 안은 정부가 주최가 되어 광복운동자 회의를 소집하고 정부와 의정원의 제도 개혁을 통해 임정 중심의 통일을 하자는 것으로 내용상으로는 국민대표회 소집 이유와 크게 다를 바 없었지만 여기에는 국민대표회를 임시의정원의 결의로 무력화시키겠다는 의도가 담겨 있었다. 그러나 이 제안은 1922년 5월 8일 국민대표회 지지파 의원들의 반대로 임시정부와 임시의정원의 법규와 제도를 개선하기 위한 법정연구회를 설치하고 각 방면의 의견을 구하여 연구·주비키 위해 금후 5개월 이내에 임시의정원 회의를 소집할 것을 대통령에게 요구하기로 결의한다는 수정안으로 변질되어 통과되었다.

이런 가운데 국민대표회 지지파 의원들은 국민대표회 소집 명분 가운데 하나였던 '이승만의 퇴진문제'를 들고 나왔다. 지지파 의원인 조상섭·오영선 등은 지난 태평양회의에 대한 외교 실패에 책임지고 군무총장 노백린을 제외한 전 각원이 사직하여 무정부 상태인 정부의 복원을 이승만에게 촉구했다. 임시의정원에서는 여러 차례 이승만에게 각원 조각을 촉구했으나 그의 대답은 "지금 의론 중이니 기다리라"거나 "돈 거두는 일에 방해되니 속히 정

---

15) 《독립신문》, 1920년 5월 27일, 6월 3·14·24일.
16) 《독립신문》, 1922년 7월 1일.

돈하라"는 무책임한 반응뿐이었다.

국민대표회 지지파 의원들이 이렇게 여러 차례 각원 조각을 이승만에게 촉구한 것은, 무정부 상태에 있는 정부를 하루빨리 회복하려는 의도도 있었겠지만 그 이면에는 이승만의 퇴진문제를 제기하기 위한 명분을 쌓으려는 의도도 있었다. 이것은 이승만이 대통령으로서 각원 조각의 책임을 이행하지 않는다는 이유로 오영선 등 5명이 〈대통령 및 현임각원 불신임안〉을 제출히고 1922년 6월 5일 이승만에게 불신임안에 대한 의향을 묻는 전보를 보낸 데서 분명해진다.

자신에 대한 불신임안의 의향을 묻는 전보를 받은 이승만은, 1922년 6월 10일 정식 후임자가 나오기 전에는 모든 것을 專任할 곳이 없어 辭免을 못하겠다고 임시의정원에 답해 왔다. 이에 임시의정원은 비공식 회의를 열고 후임자 선거의 책임은 임시의정원에 있으니 염려하지 말고 사직하라는 답전을 보내기로 결정하고, 6월 12일 〈대통령 및 현임 각원 불신임안〉을 본회의에 상정했다. 대통령불신임안의 제출 이유는 '내정 불통일', '외교의 실패', '조각 불능' 등 세 가지였고, 국무원불신임 이유는 대통령 불신임 이유에 대한 책임 외에 무정부 상태에 빠진 시국을 회복하려는 성의가 없다는 것이었다.[17)]

국민대표회 소집론의 명분 가운데 하나가 이승만의 퇴진문제였듯이, 이승만은 1919년 4월 임정 수립 이래 외형적으로는 독립운동계의 통일을 가로막는 최대 장애요소였다. 때문에 임시대통령 불신임안은 당시 정국에 있어 매우 중요한 의미를 지니고 있었다. 그럼에도 정부옹호파는 이 안을 받아들일 수 없었다. 이들이 불신임안에 찬성한다는 것은 국민대표회 지지파의 입장을 인정, 결국 국민대표회를 승인하게 되는 결과를 초래하는 것이었고 현실적으로는 기호파의 중심축을 잃게 되는 것이었기 때문이었다. 이런 이유로 1922년 6월 17일 표결할 때 이필규·李秉周·민충식 등이 퇴장한 가운데 이 안은 찬성 12표, 반대 0표로 통과되었다. 수세에 몰린 정부옹호파는 6월 26일 최종적인 수단으로서 金甫淵 등 상해 교민 113명의 연서로 임시의정원에서 이미 통과된 국민대표회의 제안에 대하여 이를 취소한다는 〈인민청원안〉을

17) 《독립신문》, 1922년 7월 22일.

제출, 국민대표회를 저지시키려 하였으나 부결되었다.

제10회 임시의정원에서는 〈국민대표회의 찬성안〉과 〈대통령 및 각원 불신임안〉이 통과되었지만 이승만은 대통령직을 사직하지 않았고 또한 그를 옹대하는 일부 인사 가운데서는 의정원의 처사를 불법이라 하여 승복하지 않았다. 이에 신익희·오영선·이유필·손정도·안정근·양기하·조상섭 등 국민대표회 지지파 의원들은 임시의정원의 결의대로 실행하는 날에는 두 개의 정부가 출현할 우려가 있다고 판단하고 자신들의 의견을 포기하고 정부옹호파들이 원하는대로 해 보라고 하는 자포자기적 심정에서 1922년 7월 4일 의원직을 사직했다.[18] 이로써 임시의정원에서마저 국민대표회 지지파 의원들이 나옴으로써 임시정부와 임시의정원은 완전히 무정부 상태에 빠지고 말았다.

임시의정원에서 국민대표회 지지파와 정부옹호파의 대립으로 국민대표회의 소집이 거의 불가능해지자 이번에는 정부 외곽에서 국민대표회 개최를 위한 모임이 활발히 이루어졌다. 1922년 6월 8일 慕爾堂에서는 임시의정원·국민대표회주비회·정부 등 세 방면의 대표들이 나서 시국에 관한 각자의 정견 발표를 하고, 이어 12일 '留滬青年大會', 24일 '비판연설회' 등을 잇달아 열었으나 서로의 입장 차이만 확인했을 뿐이었다. 또한 孫斗煥 등도 7월 13일 임시정부·임시의정원의 신구 각원 및 의원, 국민대표회주비원 등 40여 명을 불러 시사책진회를 조직하고 여러 차례 토론회를 가졌으나 조소앙·이필규·김용철 등 정부옹호파들이 시사책진회가 자신들의 의사에 적합치 않다는 이유로 탈퇴함으로써 이것마저 무위로 끝나고 말았다.

이상과 같이 국민대표회의가 정식 개최되기 전 국민대표회 지지파들은 임시대통령 불신임안으로 독립운동계 통일의 최대 장애 요인을 제거하고 임시의정원으로 하여금 국민대표회를 승인케 함으로써 원만한 국민대표회의를 개최하려고 했다. 그러나 국민대표회가 불법이라는 법리상 명분을 내세워 국민대표회의 개최를 저지하려는 정부옹호파의 반대에 부딪혀 국민대표회 지지파는 뜻을 이루지 못했고, 이후 국민대표회의는 두 파 사이의 불신과 대립 속에서 열리게 되었다.

---

18) 《독립신문》, 1922년 7월 8일.

2) 국민대표회의의 전개 과정

(1) '비공식회의'와 제11회 임시의정원

정부옹호파의 반대에도 불구하고 국민대표회의 정식회의는 국내외의 비상한 관심 속에서 1923년 1월 3일부터 시작되었다. 이 기간 동안에 참가한 지역 및 단체는 135개이며, 대표는 158명이었다. 그러나 회기 동안 자격심사를 받아 대표로 확정된 인원은 125명이었다.19)

1923년 1월 3일부터 시작된 국민대표회의는 그해 6월 7일 폐회되었는데 회의 형식으로 보면 전체적으로 세 시기로 분류할 수 있다. 제1시기는 정식회의에 앞서 필요한 절차를 협의하기 위한 임시회의기(1. 3~1. 30), 제2시기는 시국문제와 군사·재정·노동 등 독립운동의 주요 방침이 논의된 정식회의기(1. 31~5. 15), 제3시기는 시국문제로 개조파가 탈퇴한 뒤 개조파·창조파·정부측의 대표들이 최종적으로 가졌던 三方會議가 열렸던 비밀회의기(5. 16~6. 7)이다.

임시회의는 1923년 1월 3일 62명의 대표가 출석한 가운데 열렸다. 1월 29일까지 계속된 회의에서는 대표자격 심사가 진행되고 회의규정이 통과되었으며 국민대표회의 정식간부로 의장 김동삼, 부의장 윤해·안창호, 비서장 배천택, 비서 金錣洙·吳昌煥·朴完三 등이 선출되었다.

1월 31일부터 시작된 정식회의에서는 주비회와 각 지방·단체의 경과 보고가 있은 후 1923년 3월 5일부터 시국문제가 토론되었다. 3월 9일 윤자영 등 개조파는 다음과 같은 3개항의 개조안을 제출했다.

> ① 본 국민대표회의는 우리들의 운동으로써 세계의 피압박민족의 해방운동과 동일전선이 되도록 결정한다.
> ② 본 국민대표회의는 우리들의 운동으로써 血戰에 중점을 두고 조직적으로 추진해 가기로 결정한다.
> ③ 본 국민대표회의는 대한민국 임시정부의 조직·방법·헌법·제도·정책 및 기타 일체를 실제 운동에 적합하도록 개선할 것을 결의한다.
> (국회도서관, 《島山安昌浩資料集》 1, 1997, 65~66쪽).

---

19) 金喜坤, 《中國關內 韓國獨立運動團體硏究》(지식산업사, 1995), 170쪽.

이어진 회의에서 1항은 '본 국민대표회의는 우리의 독립 운동으로 세계 피압박민족의 해방운동과 통일전선을 구축할 것을 결의한다'로, 2항은 '본 국민대표회의는 우리의 독립운동으로써 혈전에 주력하고 조직적 계획하에 급진적 보조로서 추진할 것을 결의한다'로 큰 반대없이 수정, 가결되었으나 문제는 3항이었다.

1923년 3월 15일 회의에서 창조파인 원세훈이 3항은 시국문제가 아니고 조직문제이므로 차후 일정 중 조직문제가 상정되면 그때 토의하는 것이 타당하다고 하며 반대토론을 벌이면서 창조론과 개조론이 본회의에서 대립하게 되었다. 반대토론이 계속되던 3월 21일 의장 김동삼은 창조파가 구체적으로 반대안을 제출하지 않았다는 이유로 개조안을 본회의에 상정하면서 국민대표회의는 시국문제로 결렬의 첫 위기를 맞게 되었다.

이에 개조파는 결렬의 국면을 타개하려고 창조파와 3월 28일부터 4월 10일까지 비공식회의를 열었다. 이 회의에서 양측은 시국문제의 쟁점이 된 3항은 의정순서 가운데 노동문제가 종료될 때까지 유보하기로 했고, 대신 그 사이에 개조파는 정부와 임시의정원을 설득하여 국민대표회의에 참가시키기로 합의했다.[20] 만약 이 합의대로 정부와 임시의정원이 국민대표회의를 인정, 참여하여 국민대표회의에서 제정한 헌법에 따라 최고기관이 새롭게 조직된다면 그것은 개조파나 창조파 모두 명분과 실리를 얻을 수 있었기 때문에 합의가 가능했다. 이에 따라 국민대표회의는 1923년 4월 11일부터 다시 개회되어 이후 재정·교육·생계문제 등을 비롯한 노동문제가 통과되는 5월 10일까지 큰 마찰없이 순조롭게 진행되었다.

안창호 등 개조파는 국민대표회의의 결렬을 막으려고 우선 정치적으로 큰 마찰이 없는 각 분과의 의안을 다루면서 다른 한편으로는 자파 소속의 의정원 의원으로 임시의정원을 통해서 비공식회의에서 창조파와 한 약속을 이행한다는 계획이었다. 이것은 국민대표회의가 개최되기 직전 국민대표회 지지파들이 제10회 임시의정원에서 벌인 노력의 연장이기도 했다. 때문에 이후 상해정국은 한편으로는 국민대표회의가 각 분과를 중심으로 의안을 다루는

20) 박윤재, 〈1920年代初 民族統一戰線運動과 國民代表會議〉(《學林》 17, 1997), 171쪽.

동시에, 다른 한편으로는 다시 한번 임시의정원에서 개조파와 정부옹호파가 격돌하는 상황을 맞이하게 되었다.

개조파들이 정부옹호파를 국민대표회에 참여시키려는 시도는 국민대표회의가 시작되면서부터 있었다. 일제측의 정보에 따르면, "김동삼 · 왕삼덕 · 이진산 · 김갑 · 김철 등은 吳永善을 중개자로 삼아 정부측의 장붕 · 조소앙 · 이시영 · 노백린 등과 접촉하고 종전의 정부를 계승할테니 임시정부 · 의정원을 자발적으로 해산하고 모든 것을 국민대표회의에 일임하라고 요구했다"고 한다.[21] 그러나 개조파의 이러한 노력은 국민대표회를 거절하라는 이승만의 강력한 지시로 별다른 성과를 거두지 못했다.

국민대표회의가 열린 뒤 이승만은 상해와 국내를 대상으로 〈警告同胞文〉을 발표했다. 그는 국민대표회의를 소수 불평분자의 정부파괴운동이며 자신의 거취문제를 국민대회로 결정하자는 것이라고 비판하고 자신은 한성에서 13도 대표가 공식으로 선거하여 세계에 공포한 대통령이기 때문에 국민대표회의가 어떤 결정을 하더라도 내외 인민이 그 결정을 따르지 않을 것이라고 했다. 그리고 정부는 합의될만한 이들끼리 협동하여 인원을 축소, 비용을 절약하고 선동자의 선전에 가벼이 흔들리지 말고 냉정한 상태를 견지하여 임정을 절대 옹호할 것을 지시했다.[22] 때문에 개조파와 정부옹호파의 협상이 원만히 진행될 수 없었던 것이다.

따라서 개조파의 정부옹호파 설득 작업은 1923년 2월 15일 개원된 제11회 임시의정원에서 본격화되었다. 임시의정원은 열렸지만 결원된 의원이 많아 사실상 개원 휴점 상태였다. 이후 보선을 통해 의원 30여 명을 확보하면서 임시의정원은 활기를 띠기 시작했다.

개조파는 먼저 조덕진 등 9명의 의원이 연서하여 제출한 〈대국쇄신안〉을 제출, 1923년 4월 2일 회의에서 통과시켰다. 이 안은 과거의 모든 사업이 진전되지 못한 원인을 철저히 조사하고 일반 독립운동자의 정당한 여론을 채택하여 필요 또는 적당한 방략을 연구, 우리 독립운동에 관한 국면을 日新케

---

21) 국회도서관, 《島山安昌浩資料集》 1, 58쪽.
22) 《李承晩文書》 8, 507~531쪽.

한다는 것이었다. 이 결의에 따라 의정원에서는 조덕진 외 7명의 의원으로 대국쇄신에 대한 실행방법을 연구하여 구체적 안을 작성, 보고하기 위한 특별위원회를 구성했다.[23] 여기서 중요한 것은 대국쇄신을 위해 일반 독립운동자의 정당한 여론을 채택한다는 것인데 이것은 곧 국민대표회의에서 모아진 여론을 뜻하는 것임을 쉽게 알 수 있다.

7인의 특별위원은 〈대국쇄신실행안〉 3개 항을 마련하여 제출했는데, 그 내용을 보면 첫째 헌법 제57조[24]를 개정하여 임시헌법의 개정 또는 조직제도의 변경 및 중대사업의 처리는 국민대표회의에서 행하되, 단 국민대표회의는 각지방 독립운동단체에서 직접 선출한 대표의 회의이며 임시의정원의 결의로써 이를 인정한 자로 개정하는 일이며, 둘째 임시의정원에서 대통령 이승만을 탄핵하는 일이며, 셋째 현재 개최되고 있는 국민대표회의를 헌법 제57조에 적합한 국민대표회의로 인정하여 헌법개정·정부조직·제도 기타 일체 변경할 권리를 전임한다는 것이었다.[25]

결국 특별위원회가 제출한 〈대국쇄신실행안〉은 현재 개최중인 국민대표회의를 개정될 헌법 제57조에 적시한 국민대표회의로 인정하여 임시의정원의 결의를 통해 국민대표회의에 임정의 운명을 맡기자는 것이었다. 안창호 등 개조파가 비공식회의에서 창조파와 약속한 정부 설득방안이란 곧 임시의정원의 결의로 이승만 임시대통령을 탄핵하고 나아가 임시헌법의 개정을 통해 정부개조를 국민대표회의에 전임시킨다는 것이었다.

개조파의 이러한 계획은 당연히 정부옹호파의 격렬한 반대에 부딪혀 창조파와 약속한 기일을 넘기게 되었다. 개조파는 다시 창조파를 설득하여 국민대표회의를 5월 4일부터 9일까지 휴회하기로 합의를 보았지만, 개조파로서는 어떤 형식으로든지 결정을 보아야 했다. 이에 개조파는 자파 의원 文時煥 등을 통해, 임시의정원의 권한으로 현재 개회중인 국민대표회의로 하여금 〈대

---

23) 《독립신문》, 1923년 5월 2일.

24) 임시헌법 제57조의 내용은 "임시헌법은 임시의정원의 의원 2/3 이상이나 혹 임시대통령의 제의로 총원 4/5 이상의 출석, 출석의원 3/4 이상의 가결로 개정을 得함" 등이다(《독립신문》, 1919년 9월 16일).

25) 국회도서관, 《韓國民族運動史料(中國篇)》, 312쪽.

한민국 임시헌법〉을 개정케 하고 기타 중대사건을 처리케 하자는 긴급 제의를 했고, 이 제의는 1923년 5월 4일 통과되었다.

헌법개정의 권한을 법개정도 없이 임시의정원의 의결만으로 다른 기관에 위임하려 한 개조파의 긴급 전술은 법리상 분명 위헌이었고, 이것은 결과적으로 그 동안 수세에 몰려있던 정부옹호파에게 반격할 명분을 제공한 셈이 되었다. 정부옹호파의 강경한 일원인 조완구는 국민대표회와 임시의정원이 병립하는 것은 의회사상 치욕이라고 하며 개조파를 의회의 신성을 모독한 협잡배라고 비난했다.[26] 또한 김용철 이하 7명의 의원도 5월 4일 긴급제의를 통과시킨 것은 임시의정원의 직권을 상실케 하고 의정원의 체면을 욕되게 하여 헌장을 문란케 한 불법행위라고 극렬히 비판하고 그 책임을 물어 의장 윤기섭과 부의장 도인권의 징계안을 제출했다.[27]

이와 같이 긴급제안의 통과에 대한 정부옹호파의 비난과 반대가 격렬해지면서 의장 윤기섭은 통과된 긴급제의의 무효를 선포했다. 정부옹호파의 반대로 긴급제의가 사실상 무효로 돌아가자 이에 찬성했던 경상·전라·황해·평안·서간도 등지의 의원들이 정국 수습과 각 방면을 통일할 희망이 전혀 없다고 하면서 〈사면청원서〉를 제출하거나 의정원 출석을 거부함으로써 11회 임시의정원은 국민대표회에 임하는 개조파의 의도를 좌절시킨 채 1923년 5월 19일 폐원되고 말았다.

임시의정원의 이 같은 결과는 곧 비공식회의에서 창조파에게 약속했던 개조파의 의도가 무산되는 것을 의미했고, 그 결과 일시 유보되었던 시국문제를 둘러싸고 개조파와 창조파가 첨예하게 대립하게 되었다.

(2) '삼방회의'와 국민대표회의의 결렬

1923년 5월 10일 국민대표회의에서 군사·재정·외교·생계·노동문제 등 6분과안이 차례로 상정, 통과됨으로써 각 분과의 의안이 종결되었다. 그러나 그 동안 개조파와 창조파가 비공식회의에서 합의했던 임정의 국민대표회 참

---

26) 위와 같음.
27) 《朝鮮民族運動年鑑》, 1923년 5월 1일.

여계획이 제11회 임시의정원에서 좌절되면서 시국문제가 다시 쟁점으로 떠올랐다. 지금까지 시국문제와 관련되어 제출되었던 의안은 申二鎭 등의 임시정부개조안, 金宇希 등의 신기관건설안, 朴健秉 등의 국시확립안, 여운형 등의 신독립당 조직안 등 네 가지였다.

1923년 5월 12일 열린 회의에서 시국문제는 이미 결정된 두 안으로 종결하고 기타 제안은 일체 기각하자는 鄭寅敎의 긴급 제안이 있은 후 김우희·여운형 등의 제안은 취소되었고, 정인교의 긴급 제안에 대한 의결은 다음 회에서 결정하기로 하여 시국문제에 대한 토의는 일단 연기되었다.

시국문제를 두고 창조파와 개조파의 대립이 계속되는 가운데 1923년 5월 15일 의장 김동삼, 서기 배천택, 헌법기초의원 이진산 그리고 김형식 등은 자신들이 속해있던 서로군정서 및 한족회로부터 국민대표회의가 더 이상 목적을 이룰 수 없다며 대표 소환의 통지서를 받고 사임했다. 국민대표회는 4명의 대표자격 상실을 인정하고 부의장 윤해가 의장에, 부의장 후보자 신숙이 부의장에, 비서 오창환이 비서장에 각각 보궐됨으로써 본회의를 진행하는 주요 직책을 창조파가 차지하게 되었다.

그러나 이튿날 개조파도 통일의 유일 방침인 개조안이 기각되고 국호·연호를 새로 정하면 이는 일민족에 두 개 국가를 형성하여 可恐의 화근을 낳는다는 이유로 개조파 대표 57명이 국민대표회의를 집단적으로 탈퇴함으로써 국민대표회의는 최대의 결렬 위기를 맞게 되었다. 다만 개조파를 이끌던 안창호가 창조파에게 비공식회의를 통한 원만한 타협을 제안함으로써 국민대표회의의 파국을 막을 수 있는 마지막 희망을 갖게 했다. 이때부터 창조·개조 및 정부 사이에 비공식회의가 활발히 진행되었다.

먼저 윤해 등 창조파 대표들은 개조파가 탈퇴한 근본 문제인 정부문제를 해결하려고 1923년 5월 19일 정부측과의 협상을 모색했다. 창조파의 입장에서도 결렬의 책임을 면하고 나아가서는 개조파를 설득하려면 어떤 형식으로든 정부 문제에 대한 분명한 태도 표명이 필요했던 것이다. 그리하여 창조파는 정부측과의 협상을 통해 개조파의 탈퇴 명분을 없애고 동시에 개조파의 회의 참가를 설득하는 데 노력했다.

창조파는 1923년 5월 20·21·22일 3일간 회의를 휴회시키고 5월 22일 이후 윤해와 국무총리 노백린이 여러 차례 만나 임정과 국민대표회의 통일 문제를 논의했다. 그 결과 24일 협상에서 양측은 노백린이 제출한 임정과 국민대표회의 통합 5개안을 합의하고, 이것을 각각 국무회의와 간부회의에서 결정을 보고 이튿날 다시 만나기로 했다. 합의된 〈통합원칙 5개안〉이란 임정과 국민대표회의는 서로 서한을 주고받는 형식으로 상호 권위를 인정하며, 임정에서 국민대표회의에 3인의 위원을 파견함과 동시에 임정은 국민대표회의에서 정한 헌법을 임시의정원의 승인을 거쳐 선포한다는 것 등이었다. 이때 개조파는 정부측과 건설파(창조파)의 타협이 성립하면 회의 참석을 거부하지 않겠다는 입장이었다.[28]

그런데 노백린이 제안한 이 안은 형식적으로는 국민대표회와 임정이 상호 승인을 통해서 양쪽의 명분을 살렸지만 여전히 임정의 현상유지를 고집하는 정부옹호파의 입장과는 크게 달랐다. 노백린이 정부안으로 제안했던 통합원칙은 5월 25일 열린 국무회의에서 미결되어, 창조파와 임정측의 비공식회의에서 논의되던 국민대표회와 임정의 통합 노력도 일단 실패로 돌아가고 말았다.

창조파와 정부측의 비공식회의가 아무런 성과를 거두지 못하자 이번에는 朴春根 등 상해파 고려공산당측 대표 7명이 창조파·개조파 및 정부측 등 '삼방'의 비공식회의를 주선했다. 그 결과 1923년 5월 31일과 6월 1일 두 차례에 걸쳐 임정·개조파·창조파에서 각 3인씩의 대표가 참여한 '비공식간담회'가 열렸다. 이 간담회는 정부의 현상유지를 고집하는 정부옹호파의 반대로 무산되고 말았다. 비공식간담회도 아무런 성과없이 끝나자 창조파는 6월 3일 자신들만의 국민대표회의를 열고 국호를 '韓', 연호를 '건국기원'으로 정했다.

창조파에 의한 신기관 건설이 확실해지는 가운데 국무총리 노백린은 1923년 6월 4일 오전과 오후 두 차례에 걸쳐 창조파와 개조파의 주요 간부를 정부사무실로 초청하여 다시 한번 비공식회의인 '사후삼방회의'를 열어 마지막

28) 국회도서관, 《韓國民族運動史料(中國篇)》, 318쪽.

타협을 시도했다. 이날 회의에는 창조파의 윤해·신숙, 정부측의 노백린·조소앙·홍진, 개조파의 안창호·손정도·정신·왕삼덕 등이 대표로 참석했다.

6월 4일 정부사무실에서 다시 열린 사후삼방회의에서 노백린은 〈국민대표회의의 선언서〉 및 국호·연호 등 임정에 저촉되는 사항은 일체 취소하고, 정부 및 의정원에서는 국민대표회의에 헌법개정의 권한을 부여하되 국민대표회의에서 이를 개정하면 다시 의정원에 회부하여 통과시킨 후 이를 공포하자는 2개항의 타협안을 제출했다.[29]

노백린의 안은 개조·창조 양파가 모두 반대하여 기각되었다. 이어 창조파의 윤해가 마지막 타협안으로, 임시의정원과 국민대표회의가 비공식 연합회를 열어 헌법회의를 조직하여 헌법 및 일체의 결의권을 위임하고 임시정부 및 임시의정원을 자진 해산하고 국민대표회의는 폐회하자는 〈헌법회의안〉을 제출했다.[30] 그러나 이 안마저 6월 5일 열린 국무원 긴급회의에서 거부됨으로써 사후삼방회의마저 아무런 성과 없이 끝나고 말았다. 정부옹호파가 임정에 대한 어떠한 변동도 용납하지 않고 현상유지를 고집하는 상황에서 임정개조나 신기관의 건설을 목적으로 하는 개조파나 창조파의 타협안은 애초부터 성사될 수 없었다.

세 차례의 삼방회의마저 아무런 성과 없이 끝나자 이청천 등을 비롯한 9명의 대표들도 통일이 불가능해진 상태에서 국민대표회의 참여를 반대하여 탈퇴했다. 이로써 국민대표회에 남은 창조파 대표 39명은 1923년 6월 7일 마지막 회의를 열어 새로 제정한 헌법을 통과시키고 국민위원 33명, 국무위원 4명, 고문 31명으로 구성된 위원제정부를 조직하고 국민대표회의를 폐막했다.

신정부를 구성한 창조파 일행 30여 명은 1923년 8월 상해를 떠나 블라디보스톡으로 향했다. 이들은 이곳에서 소련의 지원을 받아 활동을 강화하려 했지만 곧바로 소련의 반대에 부딪혀 와해되고 말았다. 소련이 신정부 설치

---

29) 국회도서관, 《島山安昌浩資料集》 1, 97쪽.
30) 吳昌煥, 〈회의록〉(《宣布文, 憲法, 機關組織》, 러시아 : 러시아현대사문서보관 및 연구센터 소장, 1923), 19쪽.
국회도서관, 《島山安昌浩資料集》 1, 97쪽.

를 반대한 주요한 이유는 첫째 창조파만의 국민위원회는 국민대표회의를 통해 민족통일전선으로서 민족단일당 형태를 취하기를 원했던 코민테른의 요구와 달랐기 때문이었다. 둘째 소련과 일본의 협상 전개라는 정세 변화의 영향이었다. 1922년 말 일본군의 시베리아 철병과 소일협상의 새 국면 전개로 소련이 한인의 새 정부를 소련령에 허용할 경우 일본의 재도발에 부딪힐 지 모른다는 우려에서 한인의 독립운동을 적극 지원할 형편이 아니었던 것이다. 결국 국민위원회는 소련에서 추방되어 북경으로 다시 돌아오면서 사실상 와해되고 말았다.

한편 삼방회의가 아무런 성과없이 끝나고 사실상 국민대표회의가 결렬되자 창조파에 대한 정부옹호파의 공세가 적극 진행되었다. 1923년 6월 6일 내무총장 김구는 창조파의 행위에 대해 민국에 대한 반역행위라고 규정하고 6월 이후 일체 행위의 취소를 명하는 〈내무령〉을 발포했고, 같은 날 같은 내용의 〈국무령포고〉 3호를 발포하여 창조파의 행위를 격렬히 성토했다.

《독립신문》에서 국민대표회의가 실패할 경우 우리 민족 장래에 가공의 대화근을 낳게 될 것이라고 우려했듯이[31] 국민대표회의의 결렬은 그 동안 국내외 독립운동계 사이에 뿌리 깊은 불신과 분열만을 다시 확인했을 뿐이었다. 민족주의 진영 내부의 서북파·기호파의 대립과 북경파의 반임정 입장, 또한 사회주의 진영 내부에서의 상해파 고려공산당과 이르쿠츠크 고려공산당의 분열은 민족적 대단결의 필요성에도 불구하고 국민대표회의를 결렬시키는 주요한 요인으로 작용했다.

3) 국민대표회의에서의 쟁점

(1) 국민대표회의의 적법·부적법 문제

1923년 3월 국민대표회의에서 시국문제가 쟁점이 되었을 때 《독립신문》에서는 국민대표회의의 소집동기와 회의요건의 대부분이 먼저 시국문제를 잘 해결함에 있다고 하고 만일 그 源頭를 명백히 아니하면 기타의 모든 良

31) 《독립신문》, 1923년 6월 13일.

計妙策을 아무리 정하여 놓는다 하더라도 다시 空算에 돌아갈 것이라며 시국문제의 중요성을 지적했다.[32] 국민대표회의의 성공 여부를 결정할 정도로 중요한 시국문제란, 임정의 잘못된 점이 있으면 개조하자는 개조론과 과거의 내외 각지의 대소 단체기관은 다 없애고 신기관을 조직하자는 창조론의 입장차이에서 비롯된 문제였다. 이에 따라 시국문제의 핵심은 그 동안 독립운동의 최고기관 역할을 해 온 임정의 존폐문제와 관련되지 않을 수 없었고, 정부옹호파가 국민대표회를 극구 반대한 이유도 여기에 있었던 것이다.

국민대표회의 소집 당시부터 개최여부를 두고 쟁점이 되었던 시국문제는 국민대표회의의 적법·부적법 문제였다. 1921년 2월 초 박은식 등이 국민대표회 소집을 주장했을 때 이를 반대한 정부옹호파의 입장은 13도를 대표하는 의정원이 있는데 또 국민대표회를 소집하는 것은 불법이며 임시의정원이 곧 국민대표회이기 때문에 다른 대표회가 있을 수 없다는 것이었다.[33] 즉 정부옹호파는 헌법상 최고 입법기관인 임시의정원이 있는데도 같은 성격의 국민대표회를 소집한다는 것은 법리상 불법이라는 주장이었다.

이같은 정부옹호파의 입장에 대해 국민대표회 지지파인 개조·창조 양파는 다음 두 가지 점에서 논리적으로 반박했다. 먼저 국민대표회가 불법이라는 법리적 주장에 대해, 의원을 선출하는 각 구역의 선거회는 그 의원에 대해 간섭할 권리가 있고 의정원 전체에 대하여는 선거회가 연합하여 합치한 행동을 취할 수 있기 때문에 연합체의 선거회가 의정원과 대등되는 중첩 기관이라 할 수 없듯이 국민대표회를 일종의 연합선거회로 가상해도 이치에 부당함이 없고 법리상으로도 국민대표회와 의정원이 중복되지 않는다고 반박했다.[34]

국민대표회가 위헌이라는 정부옹호파의 주장에 대해서도 "대한의 독립운동도 대한이란 것을 위함이고 결코 임시헌법이나 제정코져 함이" 아니며 "일보를 更進하여 적극적으로 말하면 대한의 임시헌법은 대한의 독립을 위

32) 《독립신문》, 1923년 3월 7일.
33) 《독립신문》, 1922년 7월 8일.
34) 《독립신문》, 1921년 5월 25일.

하여 대한의 인민이 제정한 것이오 결코 대한의 임시헌법이나 제정키 위한 독립운동은 아니"라고 하면서 정부옹호파에 대해 "독립의 진의를 몰각한" "헌법에 중독된 자"라고 비판했다.[35] 한 마디로 독립이 우리의 지상 목표이지 임시헌법 그 자체가 신성불가침의 대상이 아니라는 것이었다.

또한 국민대표회의가 성질상 임시의정원과 같은 기관이라는 정부옹호파의 주장에 대해서도 "국민대표회의의 성질은 국민 전체에 관한 제문제를 토의하기 위하여 모이는 일시적 회합이고", "어느 일정한 목적하에 계속적으로 존립한 단체가 아니라", "자유의사로 집합한 회의"이기 때문에 "대표회의를 단순한 국가입법권행사의 기관으로 인정하는 것은" 오해라고 주장했다.[36] 즉 기관이란 성질에서 볼 때도 임시의정원은 헌법기관인데 반해 국민대표회는 일시적 회합이기 때문에 양자는 성질상 근본적으로 다르다는 것이었다.

국민대표회의 적법·부적법 문제에 관한 논쟁은 형식논리에 가까운 것이었고, 그 이면에는 임시의정원의 대표성에 대한 부정적 인식이 깔려 있었다. 사실 임시의정원의 의원 선출 방식 및 의원들의 자질에 대해서는 일찍부터 임정 안팎에서 문제 제기가 있었다. 예컨대 100여 명의 인민이 모여야만 할 道會에서 십수 명의 偏黨으로 모여 그 중에서도 5, 6표로 의원이 선출되고 혹 이도 못하여 해당 道의 인사가 상해에 자기 1명뿐이면 적재여부는 물론하고 무조건으로 의원이라 擅稱한다며 임시의정원 의원의 대표성에 대한 문제 제기가 있었다. 그리하여 의정원 의원과 국민대표회 대표를 비교하여 10명이 모여 5, 6표로 피선된 것이 원만한 대표인지 아니면 적어도 한 단체에서 100명 이상 또는 한 지방 인민의 公選이나 혹은 국내의 몇몇 인물이 모여 지정한 대표 중 어느 것이 원만한 대표인가라고 하며 반문했던 것이다.[37]

국민대표회 지지파들은 임시의정원은 법리를 떠나 사실과 실제에 있어서 임시의정원 및 의원의 대표성을 비판·부정했던 것이다. 그러나 임시의정원

35) 《독립신문》, 1922년 7월 1일.
36) 《독립신문》, 1921년 8월 1일.
37) 《독립신문》, 1922년 10월 21일.

에 대한 이 같은 인식에도 불구하고 정작 임시의정원의 존립 그 자체에 대해서는 개조파와 창조파의 입장이 크게 달랐다. 임시의정원에 대한 개조파의 비판은 국민대표회와 임시의정원이 모순되지 않고 양립할 수 있다는 것이어서 애초부터 임시의정원을 불신임한 창조파의 입장과는 크게 달랐다.

(2) '임정존폐' 문제와 '임정법통론'

국민대표회의 적법·부적법 문제가 회의 개최 이전의 문제였다면 회의 기간 내 최대의 쟁점은 임정존폐 문제였다. 여기에는 기본적으로 임정에 대한 개조·창조 양파의 좁혀질 수 없는 인식 차이가 있었다.

먼저 임정을 부인하고 신기관의 건설을 주장한 창조파의 인식 근저에는 임정은 3·1운동 이후 국내외 각지에 세워졌던 여러 임시정부 가운데 하나일 뿐이라는 의식이 깔려 있었다. 즉 창조파는 지금의 임정은 3·1 독립선언 이후 갑자기 남에서, 북에서, 안에서, 바깥에서 여러 최고기관이 성립되어 세상에 발표된 것만 하여도 그 수가 4, 5개나 되는데 그런 가운데 일시의 사세로 대표적 행위를 취한 것에 지나지 않는다는 입장이었다.[38]

창조파가 임정을 일개 독립운동 단체로 사실상 격하시킨 이유는 임정의 지역적 제한성 때문이었다. 즉 이들은 임정이 여러 독립운동 지역 가운데 한 곳인 상해 한 켠에 있으면서 상해가 천하의 중심이오 상해에 모인 인물이 천하사를 左하면 좌하고 右하면 우할 터이니 상해안만 타협되면 서북간도도 노령도 이를 따라야 한다는 잘못된 상해만능주의에 빠져있거나,[39] 또는 다른 지역의 단체는 말하지 않고 오직 상해정부만 거론하는 상해관을 집중 비판했던 것이다.[40] 이를 근거로 창조파는 정부옹호파의 국민대표회 반대 주장에 대해 "一粒만도 못한 상해 한 구석에서 전인구 4만분의 1에도 미치지 못하는 수효 중에서도 전부도 못되는 그들의 무리한 이론과 무가치한 위협"이라고 비판했던 것이다.[41]

---

38) 《독립신문》, 1922년 12월 23일.
39) 《독립신문》, 1922년 8월 12일.
40) 《독립신문》, 1923년 3월 14일.
41) 《독립신문》, 1922년 8월 12일.

결국 창조파의 주장에 따르면 임정은 처음부터 인적·지리적으로 제한된 상해의 일개 독립운동 단체에 지나지 않기 때문에 현존하는 임정으로는 분열된 독립운동계를 통일할 수 없다는 것이었다. 그러므로 그 대표성을 완전히 부정하고 국내외 독립운동 단체와 지역 대표들이 모인 국민대표회의를 통해서 향후 독립운동을 이끌 최고기관을 새롭게 조직해야 한다는 것이었다.

한편 개조파 역시 임정이 성립할 당시 인적·지리적 제한성이 있었고 현존하는 임정의 대표성에도 한계가 있음을 인정한 점에서는 창조파와 문제인식을 같이했다. 예컨대 안창호는 국민대표회 소집을 주장하면서 지금 단계에서 노령이나 중국의 어떤 단체가 각 방면을 소집하면 모두 이에 응하지 않듯이 임정도 마찬가지라고 하며 임정의 한계를 지적했다.[42] 그러나 개조파는 그 한계를 "혁명시의 불가피한 일"이라거나 아니면 "그때에는 시기의 절박 때문에 그렇게 된 것"이라고 하여 문제인식의 근거가 달랐다. 때문에 이들의 임정에 대한 대응방식은 지금은 시기적 절박성으로 인해 생겨난 임정의 불충분한 점을 국민대표회의를 통해 보완하자는 것이었다.

개조파가 임정의 한계를 인정하면서도 대응방식에서 임정을 인정하는 입장을 취하게 된 근저에는 임정의 성립과 그 역사에 대한 평가가 창조파와는 달랐기 때문이었다. 개조파는 임정이 지난 5년간 내외가 공인하고 다수 국민이 추대했던 기성정부이고 수만 명의 유혈로 성립되어 다수 인민이 복종한 5년의 역사를 가진 정부라는 임정의 역사성을 중시했던 것이다.[43] 또한 미국 등 열강들이 임정을 정식으로 인정하지 않았지만 지금의 임정을 현실적으로 인정하고 있다는 것도 그 이유 중 하나였다.

개조파가 이러한 임정의 역사성을 중시한 데는 중요한 이유가 있었다. 그것은 임정의 법통문제 즉 임정법통론이었다. 1919년 9월 상해 임정이 노령의 대한국민의회와 통합하면서 한성정부를 봉대하기로 하여 임정의 역사적 성립 근거를 한성정부에 두었던 것이다. 여기에는 사실 여부와 관계없이 한성정부가 국내에서 성립되었고, 나아가 13도 대표가 모여 성립되었다는 점이

42) 도산기념사업회, 《安島山全書》 中 (汎洋社出版部, 1990), 190쪽.
43) 《독립신문》, 1923년 3월 14일·4월 4일.

중요하게 작용했다. 개조파는 임정의 이러한 역사적 명분을 중시했던 것이다. 뿐만 아니라 개조파는 국민대표회를 탈퇴하면서 '두 개의 정부가 존재'할 것을 우려했듯이 창조파의 뜻대로 신기관을 건설했을 때 이 법통론을 근거로 국민대표회를 반대하고 임정유지를 고집한 이승만과 정부옹호파를 무시할 수 없는 현실적 이유도 작용했던 것이다.

그러나 다른 한편에서는 이러한 법통론에 대해 의연히 迷夢에서 깨어나지 못한 이른바 법통문제에 매몰된 주장이라는 비판이 제기되기도 했다. 즉 당시 《독립신문》에서는 "법통을 정하여야 할 절대 필요가 무엇인가. 지금 법통을 정하지 않으면 독립선언 후 4년간의 법통이 왜정부로 돌아갈까 염려함인가. 또 독립의 성공여부가 법통의 定石에 관계있는가. 만일 그러하다면 10년, 100년의 세월을 소비하여서라도 법통문제에 전심력을 다하여야 할 것이나 사실은 그렇지 않다. 만일 우리가 復國의 一日을 做來한다면 독립선언 후뿐만 아니라 망국 후 10년간의 법통도 왜정부에 돌아갈 이유가 없다. 만일 복국의 하루도 없다면 망국 후 10년은 고사하고 건국 후 반만년의 역사가 영원히 사라질 것이라"고 하며 법통론을 비판했다.[44] 즉 한 뼘의 땅도 회복하지 못한 상태에서 법통문제로 허송세월을 하지 말고 하루라도 속히 독립운동의 방침을 수립하자는 것이었다.

임정존폐 문제가 쟁점이 된 이면에는 개조파·창조파·정부옹호파 사이에 현존하는 임정을 바라보는 문제의식에 커다란 차이가 내재되어 있었다. 즉 개조파는 현실론을 바탕으로 임정을 인정하고 부분적 개조를 주장한 반면에, 창조파는 임정의 지역적·인적 제한성과 법통론의 무용성을 바탕으로 임정을 부인하고 신기관의 건설을 주장했던 것이다. 결국 국민대표회의는 양파의 이같은 인식 차이를 극복하지 못함으로써 결렬되었던 것이다.

이상과 같이 국민대표회의는 시국문제에 대한 창조·개조 양파의 입장차이와 정부옹호파의 반대로 좌절되었다. 분열된 독립운동계의 통일을 목적으로 했던 국민대표회의의 좌절은 오히려 이 회의에 참여한 세력간에 그리고 임정의 현상유지를 고집한 정부옹호파 사이에 불신과 분열의 골만 깊게 했

44) 《독립신문》, 1922년 12월 23일.

다. 그럼에도 국민대표회의는 이후 독립운동의 발전에 여러 가지 의미있는 영향을 미쳤다.

먼저 비록 좌절은 했지만 국민대표회의가 남긴 의의는 첫째 독립운동계에 국민대표회의를 통해서 법리론이나 임정법통론과 같은 '명분'보다는 운동의 '실제'를 보다 중시하는 경향을 낳은 점이다. 즉 국민대표회가 소집된 주요한 이유 가운데 하나가 독립운동의 실제에 맞지 않는 임정의 한계를 극복하려는 데 있었듯이 독립운동의 진정한 발전을 위해서는 임정법통론이나 법리론과 같은 명분에 얽매이기보다는 독립운동의 실제적 근거와 경험을 기초로 삼을 것이 강조되었던 것이다.

둘째 국민대표회의를 통해 명분과 실제에 부합하지 않는 '현존하는' 임정의 한계가 분명해지면서 이후 독립운동의 조직론에 대한 새로운 인식과 논의를 가능하게 했다. 즉 독립운동의 최고기관의 조직형태로서 인식되어 왔던 '정부형태'에 대한 비판과 새로운 대안 모색을 본격적으로 하게 되었던 것이다. 정부형태에 대한 비판과 그 대안 모색은 국민대표회의 소집운동이 일던 무렵 그 대안으로 아일랜드의 심편당과 터어키의 청년당, 이탈리아의 소년단 모양으로 우리도 대한의 혁명당을 만들자는 제안이 있었고, 여운형도 국민대표회 본회의에서 독립당 건설을 주장했다. 비록 이러한 주장들은 당시 임정 존폐문제를 둘러싼 시국문제로 주요하게 다루어지지는 못했지만, 이후 독립운동의 최고기관의 조직 형태로서 당적 형태를 본격적으로 모색하는 중요한 계기가 되었다.

셋째 이 회의는 이후 해외 독립운동계 내에 이념적 분화를 촉진한 점이다. 즉 창조·개조 양파는 이념이나 운동노선 등에서 차별성을 가지고 있기는 했지만 오히려 임정에 대한 입장이 분열과 결합의 원리로 더 중요하게 작용했었다. 이것은 당시 독립운동계가 1920년을 앞뒤로 사회주의·무정부주의 등을 수용한 이래 아직 내부적으로 이념적 분화를 모색하던 시대적 한계의 반영이기도 했다. 또한 이것은 회의기간 동안 독립운동노선, 최고기관 건설과 같은 조직노선 등의 더욱 중요한 문제를 논의하지 못하고 국민대표회의를 실패하게 한 내적 원인이기도 했다. 따라서 이 회의는 이후 독립운동계를 이념과 독립운동노선 등에 따라 재편시키고 반일 민족통일전선의 결성 노력을 더욱 진전시키는 중요한 계기가 되었다.

〈尹大遠〉

3. 임시정부와 유일당운동

'唯一黨運動'이란 1920년대 중반에 중국본토와 만주지역에서 펼쳐진 민족운동세력의 통일운동을 말한다. 경우에 따라 그 용어가 달리 쓰였는데, 유일당운동·민족유일당운동·좌우합작운동·민족협동전선운동·민족통일전선운동 등이 그것이었다. 이 운동은 국내에서 펼쳐진 新幹會와 더불어 민족운동세력을 하나로 묶어 항일전선에서 그 역량을 효율적으로 운영하려는 움직임이었다.

유일당운동이 지향하던 내용은 몇 가지 의미를 가졌다. 우선 정당조직체를 만든다는 점이 부각된다. 이것은 임시정부와의 관계에서 매우 중요한 관련성을 가졌다. 임시정부 수립 초기에 이미 항일투쟁의 구심체로 정부조직체와 정당조직체 가운데 하나를 선택하는 문제를 둘러싸고 격론이 벌어지기도 했고, 정부 수립 직후부터 반대세력이 형성되면서 정부 해산을 요구하는 목소리가 불거져 나왔기 때문에, 정당조직체를 들고 나온다는 사실 자체가 임시정부에게 부담을 주는 일이었다. 둘째, 유일당운동은 "정당으로써 국가를 통치한다"는 以黨治國을 지향했다. 셋째, 국가와 정부를 운영해 나갈 구심체로서 정당을 결성하되 오직 하나, 단일정당을 만든다는 점이다. 소련이나 중국처럼 하나의 정당으로 정부를 운영하는 즉, 唯一黨을 추진한 것이다. 그럴 경우 임시정부와 이 정당을 어떻게 위치지울 것인가라는 문제는 중요한 논의사항이 된다. 넷째, 민족운동세력을 하나로 묶는다는 의미를 가졌으니, 반일-반제세력의 대통합을 의미한다.

유일당운동에 대한 연구는 1970년대에 한 차례 시도되었고, 1980년대에 들어 중국본토지역과 만주지역 및 국내에 대한 개별적 연구가 몇 편 나왔다.

1990년대에 들어서는 독립운동사 전체에 대한 민족운동세력의 통합운동 혹은 통일운동 차원에서 이를 이해하려는 경향이 나타나면서 이와 관련한 연구가 증가하였으니, 이것은 한국사 전체를 동일한 관점에서 조망하려는 시도에서 비롯되었다. 여기에는 '좌'와 '우'라는 기준축만이 아니라 민족주의와 국제주의라는 축이 새롭게 설정되면서 연구가 진일보하였다. 더구나 남북분단을 극복하는 역사적 교훈을 찾아야 한다는 필요성의 대두는 이에 대한 연구를 촉진시키는 계기를 마련해 주었다.

1) 유일당운동의 배경과 계기

유일당운동이 일어나게 된 배경 가운데 임시정부 자체의 배경을 들자면, 무엇보다 먼저 임시정부의 '역할가치'가 미흡했다는 점을 거론해야 한다. 임시정부가 '존립가치'만큼 역할을 소화해 냈더라면, 굳이 정부조직을 두고서 '오직 하나의 당'이라는 존재가 논의되지 않았을 것이다. 그렇지 못하니까, 민족독립·민족해방이라는 절대명제를 내걸고 정부조직 자체에 대한 부정적인 세력이 형성되었고, 또 그러한 주장이 터져 나온 것이다. 어느 정부조직이든 문제가 없을 수는 없다. 더욱이 국토와 주권을 갖고 있는 정부조차도 수립과정이 험난한데, 하물며 이런 경우야 더 말할 나위도 없다. 그렇다고 하더라도 역할가치에 따른 성과가 나타났다면 숱한 암초야 헤쳐 나갈 수도 있는 것이었다. 그러나 그렇지 못했으므로 대내외의 부정적인 요인들이 모두 임시정부의 '존립' 자체를 어렵게 만들었던 것이다.

임시정부는 수립 단계에서부터 숱한 암초를 품은 채 출발하였다. 수립을 주도했던 인물들은 그 시작점에서부터 반대세력을 배태시켰고, 두고두고 그들의 공격에 시달려야 했다. 노선의 적합성, 대통령 李承晩 선출에 대한 일부의 격렬한 저항, 이승만의 위임청원문제, 연고주의적인 분파성 등은 모두 임시정부의 발목을 잡을만한 주제들이었다. 특히 수립기 임시정부의 외교적 노력이 별 다른 성과를 거두지 못하자, 날아오는 화살을 견뎌낼 수 없었다. 이를 극복하기 위해 독립운동계 전체가 참여한 국민대표회의(1923. 1~5)가 상해에서 열렸다. 전 세계에 분포한 독립운동조직의 대다수 대표들이 참여한

이 회의는 코민테른의 자금지원 아래 성대하게 열렸지만, 이마저도 임시정부에 대한 처리문제를 두고 창조파와 개조파로 양분되고 말았다. 민족운동의 대통합이 일단 좌절된 것이다. 그렇다고 해서 이 좌절이 완전한 종결을 의미하는 것은 아니었다. 민족운동의 대통합이라는 노력은 반일－반제투쟁이 필요한 이상 다시 추진되어야 하는 명제였고, 더구나 독립과 해방이라는 목적지로 가는 길목에 가로놓인 장애물이 있을 때면 더욱 긴요한 부분이었다.

다음으로 유일당운동이 일어나게 된 배경 가운데, 국내의 투쟁상황 판도 변화도 중요하다. 국내 활동가들 가운데 타협주의자들이 등장한 것이다. 국내 일부 자산계급과 지식층을 중심으로 자치론·참정권·실력양성론·민족개조론 등의 이름을 내건 대일 타협주의 노선과 민족개량주의 풍조가 대두하여 그 세를 불려가고 있었다.[1] 특히 토지조사사업 이후 일제의 정책이 자작농의 몰락으로 가닥을 잡아가자, 소수의 한인 대지주들은 조선총독부와 일본지주들과 동일한 이해관계를 가지면서 정책 지원자로 자리잡아 갔다. 일제의 통치를 받아들이고 타협하는 목소리가 이광수를 비롯한 개량주의자들의 주장으로 내뱉어지자, 일제의 통치에 타협하지 않는 강경세력, '민족좌파'들은 이를 공격하고 나섰다. 그 논리가 바로 비타협주의, 즉 반자치론이었다. 이것은 국내외에 걸쳐 대단한 반향을 불러 일으켰는데, 특히 해외 망명세력들은 더욱 강렬했다. 그 가운데서도 1923년에 의열단선언으로 발표된 申采浩의 〈朝鮮革命宣言〉이 대표적인 논조였다. 일진회와 같은 조직이 1910년 병합을 가져온 敵이었다면, 1920년대에 들어 민족을 배신하는 새로운 적이 장애물로 나타났고, 그것이 민족운동조직들을 통합운동 대열에 다시 서게 만드는 요인으로 작용하였다. 유일당운동이 다시 전개되는 배경에 바로 이러한 장애물에 대한 공동투쟁의 인식이 깔려 있었던 것이다.

유일당운동의 대외적인 배경으로 민족협동전선론의 등장을 꼽을 수 있다. 이 논리·전략은 1920년대 초에 사회주의 사상의 유입으로 나타난 사상적인 분화와 갈등을 극복하려는 데서 비롯하였다. 코민테른의 지도와 요구,

---

1) 김영범, 〈대한민국임시정부와 민족유일당운동〉(《대한민국임시정부수립80주년기념논문집》 하, 국가보훈처, 1999), 488쪽.

중국의 제1차 국공합작 등이 결정적으로 작용하였다. 전자의 경우는 1922년 모스크바에서 개최된 극동인민대표회의를 통해 요구된 것이고, 후자의 경우는 임시정부가 존립해 있던 중국본토에서 벌어진 일이어서 그만큼 영향도 컸다. 그 결과 우리 독립운동계에도 협동전선을 촉구하는 요구가 빗발치게 나타났다.

우선 임시정부 내부에서 이를 지지하는 목소리가 터져 나온 사실을 짚어야겠다. 국민대표회의에 대해 해산명령을 내린 뒤, 〈이승만의 유고안〉을 통과시킨 임시정부는 앞길을 헤아리고 있었다. 1920년대 초반을 넘어서면서 정부로서의 역할가치를 크게 상실하고 있던 임시정부는 새로운 돌파구를 찾고 있었던 것이다. 마침 대두된 타협주의에 강력히 반발하면서 임시정부도 좌파세력을 항일투쟁의 연대세력으로 떠올리고 있었다. 임시정부가 수립된 그 해 9월에 李東輝가 이끄는 연해주의 대한국민의회와 통합했다가 분리되고, 다시 국민대표회의를 통해 통합을 시도하다가 다시 나뉘었지만, 또 다시 합작을 도모해야 한다는 필요성이 절박하게 제시되고 있었다. 그 증거가 朴殷植의 유언에서 드러난다. 이승만 면직 직후인 1925년 3월부터 7월까지 대통령직을 역임하다가 병사한 박은식은 유언에서 민족협동전선의 필요성을 강조했는데, 그 내용은 이 운동에 대한 임시정부의 자세를 잘 나타내 주고 있다.

> ① 독립운동을 하려면 全族的으로 통일되어야 한다.
> ② 독립운동을 최고운동으로 하며 독립운동을 위하여는 어떠한 수단방략이라도 쓸 수 있는 것이다.
> ③ 독립운동은 吾族 전체에 관한 공공사업이니 운동 동지간에는 愛憎親疎의 別이 없어야 한다.
> 우리가 이 귀중한 독립을 期成시키려면 무엇보다도 전민족이 통일을 요구하여야 되겠오. … 어떤 나라에나 각 당파의 분열이 없을 수는 없으나 적어도 일을 보는 민족들은 士黨 혹은 朋黨을 짓지 않음이 사실이니, 우리도 이 점에 크게 주의하여 장차 국가대업에 악영향을 끼치지 말아야 되겠오(《獨立新聞》, 1925년 11월 11일).

즉 박은식은 이 유언에서 독립운동계가 나아갈 방향과 방법의 선택도 각 분파의 통일없이는 불가능하다고 주장했다. 특히 둘째 항에서 "어떠한 수단 방략이라도 쓸 수 있다"고 하여 임시정부 세력이 좌파의 움직임을 신축성 있게 받아들여야 함을 시사했다.

한편 사회주의 세력은 극동인민대표회의의 결의 내용과 같이 계급해방을 최종의 목표로 삼고, 그 앞 단계로 민족해방을 성취해야 한다고 했다. 결국 민족해방을 달성할 때까지의 한시적인 전략이기는 하지만, 일단 우파의 대동통일론과 합치될 수 있는 공간이 마련된 것이다. 그래서 1926년 1월에 상해에서 여운형·金燦·趙東祜·曺奉岩 등에 의해 조직된 조선공산당 해외부(임시상해부)는 그 첫 사업으로 국민당 건립 계획을 세우고 그 복안을 국내당(2차 조선공산당)에도 전달하였다.[2] 그리고 이들은 바로 그 직후 상해에도 동일한 방향으로 일을 추진해 나갔다. 여운형이 중심이 되어 1926년 2월 상해에서 조직한 '主義者同盟'이 바로 그것인데, 그들은 2월 13일에 주의자간담회를 개최하고 다음과 같은 사항을 결의하였다.

1. 우리 無産同盟과 독립운동과의 연합을 촉성하기에 노력할 일.
1. 내외지를 통하여 진실한 '맑스'주의자를(의) 통일적 조직을 완성하기에 적극 노력할 것.
1. 종래의 불순분자를 규합하여 파생적 惡癖을 조장하던 일파가 名實不合○○○○○ 僞名으로써 全朝鮮의 무산계급을 농단하여 운동선의 분열혼돈의 禍端을 作함으로써, 우리는 如斯한 투기와 발호를 철저히 제지 匡正할 것(國史編纂委員會,《日帝侵略下 韓國三十六年史》8, 探求堂, 1973, 49쪽).

이 결의내용은 사회주의 세력도 민족협동전선을 추구하고 있었음을 보여준다. 결국 민족협동전선은 독립운동계의 대동통일을 이루어 임시정부의 강력한 옹호세력과의 연합을 통해 1단계 목표인 민족해방을 달성하고, 궁극적으로 계급해방을 이루고자 한 좌파의 목적이 합치점에 이른 데서 성립될 수 있었다. 즉 민족주의에서 탈락해 나간 개량주의자들을 일제와 동일한 적으로 파악할 때, 나머지 세력들은 하나의 광장으로 집결할 수 있었던 것이다. 이

2) 장석흥, 〈조선공산당 임시상해부의 통일전선과 6·10만세운동〉(《우송조동걸선생정년기념논총 한국민족운동사연구》, 나남출판, 1997), 756~758쪽.

것과 다른 성격이긴 하지만, 1925년 5월의 기록을 보면, 북경의 학생조직들도 각 출판물을 통해 동일한 주장을 펼치고 있던 사실이 확인된다. 즉 "兩主義는 그 목적을 달리하면서도 道程을 하나로 함으로써 알력투쟁을 그치고 마땅히 共力一致 혁명의 완성에 절규하지 않으면 안된다"[3]라고 주장하고 나섰으니, 민족협동전선의 결성이 곧 민족운동세력의 통일운동임을 확인할 수 있는 것이다.

이처럼 좌우세력은 합치점을 찾았다. 임시정부쪽은 계급해방에 앞서 민족해방에 목표를 둔 좌파와 결합을 시도하고, 좌파는 개량주의를 배제한 '혁명적 우파세력' 또는 '민족좌파세력'이라 불릴 수 있는 세력과의 전략적 합류를 도모하고 나선 것이다. 결국 식민지에서는 먼저 민족혁명이 성취되어야 하고, 레닌주의 반제운동론은 식민지의 사회주의자가 민족주의자와 동맹을 맺어야 함을 강조했으며, 코민테른도 부르주아민주주의혁명단계에 걸맞은 광범위한 민족통일전선의 결성이 현 단계의 유일한 정당 노선임을 천명한 것이다.[4]

국내 독립운동계의 변화, 임시정부의 역할 가치하락과 주도세력의 인식변화, 좌파세력의 협동전선론 수용 등은 중국본토지역에서만 펼쳐지던 일이 아니었다. 국민대표회의 진행과정에서 이미 이르쿠츠크파가 임시정부를 부인하고 통일적인 민족혁명당으로서 '고려국민혁명당' 결성을 제의한 바 있고,[5] 개조파이던 여운형도 단체를 통합한 '一大 독립당' 건설을 제안한 바 있었다.[6] 이후 연해주로 옮겨간 창조파들이 〈한국독립당 조직안〉을 내놓기도 하였고,[7] 이들이 북경으로 돌아온 1924년 7월에는 한국독립당조직촉성회를 설립하려고도 했다.[8] 그러므로 국내외 전반에 걸쳐 국민대표회의가 열리던 1923년

---

3) 金正柱, 《朝鮮統治史料》 8(東京 : 韓國史料硏究所, 1971), 115쪽.
4) 金俊燁 · 金昌順, 《한국공산주의운동사》 1(청계연구소, 1986), 373쪽.
5) 보이틴스키 · 이동휘 · 한명세, 〈상해 민족대회에 참가한 조선 공산주의자들에게 보내는 메시지〉 (조철행, 〈국민대표회(1921-1923) 연구〉, 《사총》 44, 1995), 167쪽 재인용.
6) 노경채, 《한국독립당 연구》(신서원, 1996), 28쪽.
7) 申肅, 《나의 一生》(일신사, 1963), 81쪽.
國會圖書館, 《韓國民族運動史料(中國篇)》(1976), 512~513쪽.
8) 金正柱, 《朝鮮統治史料》 8(1971), 116쪽.

이후 전체를 하나로 아우르는 '대독립당' 혹은 '민족혁명당'을 추구하는 노력이 큰 조류를 형성하고 있었다고 정리된다.

2) 유일당운동의 추진과 임시정부의 개헌

(1) 임시정부 중심의 대당결성 주장

임시정부측의 유일당운동에 대한 본격적인 추진은 1926년 5월 안창호 계열에 의해 펼쳐지기 시작했다. 5월에 상해에서 趙尙燮·吳永善 등이 조직한 獨立運動促成會(촉진회)에 의해 펼쳐지기 시작했다.9) 이 같은 움직임은 안창호와 관련된 것인데, 하나는 1년 10개월의 미국체류를 마치고 다시 상해로 돌아오는데 때맞춘 것으로 판단된다. 또 하나는 임시정부가 5월 8일에 안창호를 국무령으로 추대하기로 결정한 데 따른 것이기도 한 것 같다. 1년 10개월만에 돌아오는 그를 기다리며 그 터를 다지는 작업을 벌인 것이며, 또한 안창호가 미국으로 가기 전부터 남북만주를 오르내리며 벌이던 민족운동세력의 통합이라는 활동 성향과 안창호의 정서를 대변하는 것이기도 하였다.

조상섭·오영선·崔昌植·李裕弼 등의 발기 아래 조직된 이 단체의 회장에 安恭根이 선출되었다. 이 회는 "과거에 있어서의 운동의 실태를 시정하고 장래의 완벽을 기해야 한다"고 주장하고, 또 "한국 민족해방을 촉성하기 위해 철저한 독립운동자의 조직적 대단결의 실현을 기성하려고 노력한다"는 강령하에 선언서를 발표했다.10) 이러한 노력이 안창호가 상해에 도착한 직후부터 펼치는 민족운동세력에 대한 통일운동의 바탕을 형성했다는 사실은 쉽게 헤아릴 수 있겠다. 그러나 5월 26일에 상해에 도착한 안창호는 국무령직을 단호하게 거부하고, 오직 재야에서 자유롭게 통일운동에 나서기를 원했다.

임시정부측의 대당결성 움직임은 7월에 들어 다시 거론되면서 이전과 달리 공식화되었다. 1926년 7월 8일이 임시정부로서는 중요한 날이었다. 상해

---

9) 朝鮮總督府 警務局, 《高等警察關係年表》(朝鮮總督府, 1930), 201쪽.
10) 國會圖書館, 《韓國民族運動史料(中國篇)》, 598쪽.

와 남경 사이의 조그만 도시 鎭江에 머물던 洪震이 상해로 와서 국무령으로 취임한 날이며, 안창호가 대동단결과 '대혁명당'조직을 천명하고 나선 날이다. 이승만 면직 이후, 박은식이 대통령직을 이었다가 순국하였고, 남만주의 대표자 이상룡이 국무령이 되었다가 반년만에 물러난 뒤를 다시 홍진이 이었다. 임시의정원에서 열린 취임식에서 신임 국무령 홍진은 정부차원의 시정방침으로 〈3대 강령〉을 제시하면서 대동 단결된 정당체 조직을 천명하고 나섰다.

① 비타협적 자주독립의 신운동을 촉진할 것.
② 전민족을 망라하여 공고한 黨體를 조직할 것.
③ 전세계피압박민족과 연맹하여 협동전선을 조직하는 동시에 또 연락이 가능한 우방과 제휴할 것(國會圖書館, 《韓國民族運動史料(中國篇)》, 615쪽).

홍진은 이상과 같은 강령을 통해 뚜렷한 두 가지 명제인 '비타협적 운동'의 전개와 '대당결성'에 대한 능동적이고 적극적인 자세를 보였다. 이러한 임시정부의 움직임은 독립운동계에 영향을 미쳐, 비타협적 운동과 대당결성의 추진을 가져오게 하였다.

같은 날, 7월 8일 저녁 宋秉祚·金鍾商·徐大宇·韓鎭敎·金甫淵·許雲·黃勳 등의 발기로 연설회가 상해 三一堂에서 열렸다. 그 연설문이 10월에 샌프란시스코에서 주간으로 발행되던 《新韓民報》 995호부터 998호까지 4회로 나누어 게재되었는데, 〈대혁명당을 조직하자 림시정부를 유지〉라는 것이었다. 이 제목만으로도 알 수 있는 것처럼, 안창호는 대혁명당을 조직·완성할 때까지 임시정부를 유지해 나가야한다고 주장하였다. 안창호는 자기가 말하는 민족혁명에 대해 "이민족의 압박적 현상을 파괴하고 본 민족의 자유적 현상을 건설하자는 철저한 각오하에서 일어난 것이므로 정치적 혁명이나 경제혁명이나 종교혁명과 같은 부분적 성질에 있지 않고 우리 민족으로는 누구나 다 같이 어떤 혁명분자나 다 같이 힘쓸 결심을 하여야 할 것이외다"라고 밝혔다.[11] 그러면서 그는 혁명사업에 대해 다음과 같이 정리하였다.

11) 《新韓民報》, 1926년 10월 4~28일, 〈대혁명당을 조직하자 림시정부를 유지〉

> 우리의 혁명사업이 성공되도록 하는 데는 제1은 대혁명당을 조직하여야 하겠고, 제2로는 대혁명당이 조직되기까지 임시정부를 어떻게든지 붙들어 가야 할 것이외다. 대혁명당이 조직되는 동시에 임시정부보다 더 큰 어떤 조직체가 생기면 그 때에는 그만 둔다할지라도 그것이 실현되기 전에는 자체의 내부로서 드러내놓고 임시정부를 집어치운다하면 우리의 운동은 부흥시켜 질 여지가 없이 되겠습니다. 그런즉, 임시정부를 붙들어 가는 것은 오늘날 우리들의 마땅히 할 책임으로 알고 일치 협력하여 대조직체가 실현되기까지 유지하여 가도록 하기를 바랍니다(《新韓民報》, 1926년 10월 4~28일, 〈대혁명당을 조직하자 림시정부를 유지〉; 《한국근현대사연구》 8, 1998, 231~232쪽).

이처럼 안창호는 혁명 즉, 독립운동을 전개함에 있어서 一大革命黨을 결성해야 하며 민족협동전선의 결성방법으로 중국국민당과 같이 대당을 조직하여 '以黨治國'의 형태를 취하도록 촉구했다. 그는 이어서 임시정부의 생명을 영구히 유지해야 하며 정부를 충실하게 하기 위해 진력해야 한다고 했다. 이 주장은 민족협동전선의 결성으로 결집된 힘을 임시정부의 옹호에 쏟아 부으려는 유지파들의 자세를 대변해 주었다. 그렇다면 일대혁명당이란 무엇인가. 이것은 앞에서도 본 것처럼 유일당·민족유일당·유일독립당 등으로 일컬어졌는데, "以黨工作으로써 독립혁명운동을 완수하고자 하는 것"이었다.[12] 이것은 "동일한 목적을 위하여 투쟁하는 혁명자들이 하나의 기치 아래 모이고 하나의 호령 아래 모여야만 비로소 상당한 효과를 거둘 수 있다는 판단에 그 기초를 두고 있었던 것"이었다.[13] 유일당을 결성코자 했던 독립운동자들은 이당치국의 우수성이 이미 소련의 공산당·중국국민당·아일랜드의 신펜당 등에서 입증되고 있다고 생각했다.

이와 같은 안창호와 홍진의 활동은 임시정부를 비롯한 민족주의 세력이 촉성회 결성을 위해 활동을 본격적으로 선도했음을 나타낸다. 이것은 비록 쇠약해지기는 했으나 임시정부 중심의 민족주의 세력이 당시의 독립운동을 주도하고 있었다는 사실을 보여 준다. 그리고 전선통일을 위한 이들의 노력

(《한국근현대사연구》 8, 1998), 226쪽(현재의 맞춤법에 맞게 고침).

12) 蔡根植, 《武裝獨立運動秘史》(大韓民國公報處, 1956), 146쪽.

13) 朝鮮總督府 慶北警察部, 《高等警察要史》(1934), 110~111쪽.

은 국내 신간회운동보다 시기적으로 앞섰으며, 국내외의 민족협동전선 결성에 있어서 선구적인 역할을 담당했던 것이다.[14]

(2) 대독립당조직북경촉성회 결성

안창호는 대당결성을 위해 먼저 북경을 공략하였다. 사실 북경은 임시정부의 반대세력이 집결해 있던 곳으로, 유일대당을 결성하는 데 있어 가장 큰 걸림돌이었다. 임시정부 존립 자체를 부정하거나 계속해서 임시정부 해체를 요구하는 인물들이 집단을 이루고 있었다. 그러므로 이곳을 극복하지 못하면 사실상 이 시도는 시작 자체가 불가능한 것이었다. 그는 첫 대상지로 북경을 잡았고, 1926년 8월과 9월에 북경의 유력자이며 좌파세력의 대표인 元世勳을 만나 대동단결을 거듭 촉구했다. 이 만남이 곧 촉성회 결성을 위한 최초의 본격적인 접촉이었다. 兩人은 유일당의 결성에 대하여 각지에 먼저 세포조직을 설치한 후, 그를 통일하여 대독립당을 결성하는 방법에 일치를 보았다. 그리고 10월 10일부터 3차에 걸친 회합을 갖고, 같은 달 16일에 선언서를 발표하여 大獨立黨組織北京促成會(이하 '북경촉성회'라 함)의 창립을 보았다.[15]

북경에서 발표된 선언서에는 러시아의 무산혁명자가 공산당의 기치하에 모인 것과 중국의 혁명자가 국민당에 그리고 아일랜드의 혁명자가 신펜당으로 집결한 사실을 예로 들면서 다음과 같이 당적 결합의 당위성을 강조했다.

> 이것은 일계급·일국민·일민족의 행복과 자유를 생각하는 동서의 혁명자 등이 각각 일정한 주의·강령과 훈련·규율하에서 일당에 결합하는 것을 明證하는 것이다. 전세계 인류의 행복을 위해 혁명을 완성시키는 것과 역시 같은

---

14) 임시정부는 상해에서 유일당운동이 무르익던 무렵인 1927년에 초에 만주로 대표를 파견하여 협동전선운동의 확산을 도모하였다. 그러한 점은 2월 25일에 滿洲 撫松縣 板項子에서 임시정부 대표 9명이 고려공산당 대표 3명, 北滿學生團 대표 6명 및 기타 단체 대표 4명 등과 함께 회합을 갖고, "공산주의자와 민족주의자가 당분간 일치행동을 취하여 ○○의 ○○을 촉진할 것" 등 4개 조항을 결의했던 사실에서 확인된다(國史編纂委員會, 《日帝侵略下韓國三十六年史》 8, 탐구당, 1973, 407쪽. 빈칸의 내용은 '戰線統一'이거나 '大黨結成'일 듯하다).

15) 朝鮮總督府 慶北警察部, 앞의 책, 109~110쪽.

> 것으로 세계일당의 원칙하에 그 총참모부이고 대본영인 第三國際黨의 붉은 기치하에 모이는 것은 무엇보다 잘 알고 있는 바 아닐까(朝鮮總督府 慶北警察部, 《高等警察要史》, 110~111쪽).

이 글은 북경촉성회의 구성원들이 소련·중국과 같이 '以黨治國'의 형태로 민족협동전선을 결성코자 한 사실을 나타내 주었다. 아울러 이 글은 북경촉성회의 구성원들이 좌파적 성격을 강하게 띠고 있음을 보여 주기도 했다.

북경촉성회의 선언은 또 "혁명이 혁명사상의 필연적인 途程과 원칙에 의하여야 한다"[16]고 했다. 선언은 이어서 "단결이 약자의 무기라는 말은 자명의 진리이지만, 그 단결의 길은 일시적 권모술수에 있지 않고 다만 정대한 주의와 光明磊洛한 정신을 근거로 한 당적 결합에 있는 것을 믿는다"[17]라 하여, 독립운동의 앞길이 일당의 결집으로 해결되어야 함을 명백히 하고, 따라서 이들은 대당결성을 위해 북경촉성회를 조직한 것이라 했다.

끝으로 북경촉성회는 "한국혁명동지는 당적으로 결합하라", "민족혁명의 유일전선을 作하라"고 하여 대당의 결성을 전선통일의 방법으로 내세웠다.[18] 이러한 구호는 좌파세력이 민족협동전선 결성의 구체적 방법으로 일대당 즉 유일당의 결성을 주장했던 사실을 나타낸다.

선언에서는 드러나지 않지만, 안창호와 원세훈은 분명히 큰 골격에서 합의를 보았을 것이다. 안창호가 7월 8일 삼일당 연설에서 제기했던 '대혁명당 조직과 그때까지 임시정부 유지'라는 원칙에 원세훈이 합의했을 것이라는 점이다. 북경에 포진하고 있던 "창조파로서는 임시정부의 존치를 용인하는 대신에 상해의 유지파까지도 참여시켜 유일독립당을 신속히 '창조'해 내는 것이 그들이 본래 지향했던 '전투적 독립운동'이념을 구현시킬 첩경이 될 것이기에, 원세훈은 그 요청을 선선히 받아들였을 것이다."[19]

그리고 회원의 조직은 집행위원과 일반회원으로 구성되어 있었으며, 당시의 구성원은 다음과 같다.

---

16) 朝鮮總督府 慶北警察部, 위의 책, 111쪽.
17) 위와 같음.
18) 위와 같음.
19) 김영범, 앞의 글, 496쪽.

① 집행위원

元世勳·曺成煥·朴健秉·裵天澤

② 일반회원

姜扶弱(姜九禹)·金廣善·金雲坡·金有成·金人濟·金一成·金贊·金海山·權敬止·李光·李贊·朴海觀·宋虎·裵雲英·申翼熙·尹憘椎·元興·黃郁(黃一山)(朝鮮總督府 慶北警察部,《高等警察要史》, 111쪽).

북경에서 대당결성을 위한 움직임이 일어나자 상해에서는 이러한 분위기가 더욱 고조되었다. 1926년 11월 《獨立新聞》에 金生이란 필명으로 〈자치를 몽상하는 자에〉라는 글이 게재되었다. 이 글은 倭政府의 자발에 의해 독립이 달성될 수 있다는 주장은 망발의 최상이라고 하면서, 우리의 독립운동은 오직 우리 민족의 熱血로서만 승리를 거둘 수 있음을 확신한다고 했다.[20] 또 같은 일자의 《독립신문》에 게재된 〈청년과 혁명〉이란 글은 "혁명에 성공할 청년들이여, 오직 우리의 민족혁명이라고 말하는 사업을 목적으로 대동결당하여 행동하지 않으면 안된다"[21]라고 하여 청년들에게 혁명의 방법으로 대당결성을 촉구했다.

(3) 임시정부 개헌과 한국유일독립당상해촉성회 결성

북경촉성회의 결성 영향은 상해에 그대로 파급되었다. 북경촉성회 성립 직후 11월에 국내에서 〈正友會宣言〉이 나왔고, 그 골자인 방향전환론이 전해지면서 유일당 결성을 위한 움직임은 더욱 촉진되었다.[22] 임시정부는 여기에 대처할 방안을 마련하기 위해 체제 개편이 필요했다. 국무령 취임식에서 '전 민족을 망라하여 공고한 당체 조직'을 내걸었던 홍진은 그 자리를 사직하고 재야에서 유일당 발기를 위해 움직였다. 이를 이어 1926년 12월 13일에 국무령에 취임한 金九는 대혁명당 조직을 내다보면서 政體變更을 위한 개헌에

---

20) 《獨立新聞》, 1926년 11월 3일.

21) 위와 같음.

22) 1926년 11월 15일에 국내의 正友會가 발표한 선언에 대하여 상해의 '社會主義者同盟'(주의자동맹인 듯－필자)은 이에 찬성키로 했다(國史編纂委員會, 앞의 책, 323쪽).

착수했다. 이미 안창호의 연설이 대혁명당 결성까지 임시정부를 유지하자고 했으니, 이를 뒤집어 보면 대혁명당이 결성되면 임시정부를 해체할 수 있다는 말이 된다. 그러한 상황을 가늠하면서 이에 대응할 헌법을 마련하자는 것이 김구의 의도요, 임시정부 유지자들의 생각이었다.

김구는 "현재의 제도로는 내각을 조직하기가 곤란하다"는 이유를 들어 〈臨時約憲〉의 개정을 추진했다. 그리하여 金甲·李圭洪 등이 기초한 개헌안이 1927년 2월 15일 임시의정원을 통과함으로써 3차 개헌이 달성되었던 것이다.

임시정부는 1927년 4월 11일자로 발표된 3차 개헌을 통해 '以黨治國'의 노선을 명확하게 제시하였다. 그 내용은 헌법 제2조의 단서에 "단, 광복운동자가 대단결한 黨이 완성될 때는 최고 권력은 그 당에 있는 것으로 한다"[23] 라고 명시하고, 또한 제5장 보칙 제49조에서는 그 당이 완성될 때 헌법 개정도 거기에서 하도록 규정했다.[24] 즉 '이당치국'의 원리를 도입한 것이 그 핵심인데, 이것은 대혁명당, 유일당이 건설되면 최고 권력기관의 지위를 부여한다는 것이다. 그렇다고 해서 정부조직 자체를 없앤다는 의미는 아니었다. 결국 임시정부 유지파들은 유일당으로 정부를 유지하자는 것에 합의하면서도 정부조직 자체는 유지해 나가자는 의지를 갖고 있었던 것이다. 임시정부로서는 혁명적인 자세 전환을 하고 나선 셈이다. 그러자 임시정부를 중심으로 활동하던 청년들이 1927년 3월 26일 상해 三一堂에서 상해한인청년회 창립총회를 개최하고, 여기에서 "청년의 鞏固한 단결과 분열된 전선의 통일을 기할 것과 독립운동의 유일당이 속히 완성되기를 노력한다"는 등의 강령을 채택했다.[25]

한편, 상해지역의 좌파 세력도 이에 동조하고 나섰다. 1927년 3월에 화요회계의 洪南杓와 ML계의 鄭栢이 대당결성의 준비를 위한 움직임을 보였다. 좌파의 양대 세력이 결속한 가운데 상해촉성회 결성을 위한 모임이 있게 되고, 그 결과 좌우세력을 대표하여 홍진·홍남표 두 사람의 이름으로 된 〈전민족적독립당결성의 선언문〉이 발표되었다. 이어서 3월 21일에 삼일당에서

23) 韓詩俊 編, 《大韓民國臨時政府 法令集》(국가보훈처, 1999), 56쪽.
24) 韓詩俊 編, 위의 책, 61쪽.
25) 國史編纂委員會, 앞의 책, 422쪽.

창립총회가 거행되었다.[26] 이 창립총회에 약 40명이 참석했으며, 이 자리에서 참석자들은 유일당의 조직을 촉성할 것과 민족의 독립적 역량을 집중함에 노력할 것 등의 강령을 결의하고 조직을 마쳤다. 총회에서 선출된 집행위원은 다음과 같다.[27]

ⓐ 洪震・李東寧・李圭洪・趙尙燮・趙琬九・羅昌憲・崔錫淳・崔昌植・金澈・金甲・吳永善・安泰(恭-필자)根・金九・尹琦燮・宋秉祚・金奎植
ⓑ 洪南杓・曺奉岩・黃勳・姜景善・金科奉・鄭栢・玄鼎健・李敏達(朝鮮總督府慶北警察部, 《高等警察要史》, 105쪽)

집행위원 24명 가운데 임시정부를 중심으로 한 민족주의자가 ⓐ의 16명이며, ⓑ의 8명이 사회주의 계열이다. 특히 임시정부의 국무령과 국무위원 전원(김구・윤기섭・이규홍・김철・오영선・김갑)이 그 일원으로 포함된 사실은 매우 파격적인 일이었고, 임시정부가 유일당을 결성하여 이를 통해 정부를 운영해 나가려는 방침을 확고하게 가졌다는 사실을 의미한다. 그리고 비록 좌우합작을 이루었지만, 상해에서 임시정부를 둘러싼 유지파 세력이 사회주의 계열에 비해 상대적으로 다수를 이루고 있었음을 보여주고 있다. 사회주의자 8명 가운데, 洪南杓・曺奉岩・黃勳・姜景善・金科奉 등 5명은 고려공산당 이르쿠츠크파이거나 화요회 계열이고, 정백과 玄鼎健은 상해파이면서 ML 계열이었다. 여기에서 좌파 가운데에는 화요회가 주도하고 있음을 알 수 있다.

(4) 의열단의 선언과 광동・무한・남경촉성회 결성

북경에 이어 상해에서 1927년 3월에 상해촉성회가 성립되자, 5월에는 의열단이 〈독립당촉성운동선언〉을 발표했다. 이것은 상해촉성회가 성립된 직후에 발표된 것으로 結黨의 원칙을 확인하면서 방법 문제까지 제기했고, 광동촉성

26) 창립일에 대해 3월 21일 설, 3월 31일 설, 4월 11일 설 등 세 가지가 있다. 모두 10일 정도씩 차이가 나는데, 확실하지 않아 일단 3월 21일로 파악하고자 한다.
27) 아래의 A, B 분류는 金喜坤・韓相禱・韓詩俊・兪炳勇, 《대한민국임시정부의 좌우합작운동》, 한울, 1995), 25쪽 참조.

회 결성에 결정적인 영향을 끼친 것으로 판단된다. 이 선언은 먼저 "全運動線의 시대적 상황이 과거의 착오를 깨닫고 새롭고 완전한 진로를 도모하는 시기에 이르렀다"고 하고서, 그것이 곧 "독립운동의 통일 및 통일적 당조직 운동, 대독립당촉성운동"이라고 했다.[28]

〈의열단선언〉은 이어서 종래의 착오와 오류를 벗어나기 위해서는 통일된 당조직의 방법문제가 해결되어야 한다고 다음과 같이 평가했다.[29]

> 통일을 하느냐 마느냐가 문제되지 않고 여하한 방법으로가 문제이다. 從하여 통일적 당을 조직할 것인가, 하지 말 것인가가 문제가 아니고 조직 방법이 문제이다. 과연 여하한 방법으로 독립운동을 통일하고 독립당을 조직할 것인가는 一般戰員의 고심하는 문제였다(李鉉淙, 《近代民族意識의 脈絡》, 아세아문화사, 1979, 245쪽).

또 이 선언은 독립당촉성운동에 대하여 세 가지의 상황를 지적했다. 그 내용은 "첫째, 일본의 학살과 세계피압박민족해방전쟁 등의 객관적 조건이 독립당촉성운동을 강하게 촉진하고 있다. 둘째, 과거 수차의 통일적인 모임이 분열된 것에서 오는 주관적 경험이 자신을 강하게 하였다. 셋째, 현대 과학적 이론과 혁명의 방략에 대한 많은 연구가 있고, 이 신청년이 출마하여 全運動을 지배하게 되었다"[30]라고 하는 등이었다. 이러한 상황 판단은 주변 정세와 독립운동자의 경험이 독립당촉성운동을 가능케 하리라고 했다. 특히 세번째 항의 주장은 좌파의 청년운동을 고무시키는 내용이었다.

이와 같이 의열단은 촉성회의 형식으로 통일적 중추기관, 즉 대당을 결성

---

28) 李鉉淙, 《近代民族意識의 脈絡》(아세아문화사, 1979), 245쪽.
29) 의열단이 이 선언에서 제기했던 조직 방법 문제는 결국 1929년 말에 가서 좌파세력에 의해 해체의 명분으로 사용되었다(촉성회의 해체 부분에서 후술함). 특히 만주에서는 조직 방법의 차이로 결렬되었는데, 하나의 주장은 기존단체를 부정하고 唯一黨을 수립하고자 했고, 또 하나는 기존단체를 인정하고 그 단체를 중심으로 협동전선을 건설하자는 내용이었다. 전자는 개인본위조직론으로 全民族唯一黨組織促成會를 만들었고, 후자는 단체중심조직론으로 全民族唯一黨協議會를 결성함으로써 만주의 독립운동계는 양분되었다(丁原鈺, 〈在滿抗日獨立運動 團體의 全民族唯一黨運動〉, 《白山學報》 19, 1975, 197~198쪽).
30) 李鉉淙, 앞의 책, 247쪽.

해야 한다고 했다. 또 전체 단원이 개인자격으로 가입하여 대당결성 즉시 단을 해체한다고 하여 개인본위의 방법을 지지했다. 이로서 의열단은 대당결성의 방법문제를 제기했다. 그러나 만주와는 달리 상해 독립운동계에서는 이 문제가 크게 거론되지 못한 듯하다.[31] 특히 이 현상은 국내의 신간회에 대하여 ML계열이 시기에 따라 '민족단일당론', '대중적 협동전선론', '반제협동전선론' 등으로 전술을 전환시켜 나간 것에 비교해 보면,[32] 중국관내에서의 그것은 각지 촉성회의 결성 이후에 민족주의와 사회주의 모두 국내의 '민족단일당론'에 해당하는 '유일독립당론'을 줄곧 고수했던 것으로 생각된다.[33]

〈의열단선언〉이 발표되던 5월 8일, 광동촉성회가 조직되었다. 의열단의 주

---

31) 이러한 사실은 1929년 10월에 발표된 〈상해촉성회 해체선언〉에서 찾아 볼 수 있다. "지난 3년간을 통하여 밟아 온 독립조직운동을 회고하면 그 어느 방법론계를 불문하고 속히 여하한 강령으로 독립당을 조직하여 보자고 하는 표시가 없었던 일, 일각도 휴식할 수 없는 혁명선에서 오로지 독립당을 조직한다는 것뿐이며 독립당을 조직하기까지 어떠한 투쟁을 하자는 것을 설명한 일도 없었던 것이다. 이것은 空漠한 생각이며 전혀 대중과 격리된 운동에 불과하다"(國會圖書館, 《韓國民族運動史料(中國篇)》, 635쪽).

32) 李賢周, 〈新幹會에 참여한 社會主義者들의 運動論 - ML黨系를 중심으로 -〉(《한국민족운동사연구》 4, 1989), 75~116쪽.
국내의 사회주의 세력이 추구하던 조직형태는 신간회 출범 무렵의 '민족단일당의 매개형태'에서 1927년 11월 이전에 '민족협동전선당의 매개형태'로 바뀌었고, 또 제6회 코민테른대회(1928. 7~9)가 〈식민지·반식민지 제국에 있어서의 혁명운동에 대한 테제〉를 통해 신간회의 당적 조직형태를 부정하고 '협의체적 공동전선'을 요구하게 되자, '민족협동전선의 매개형태'로 바뀌었다(李均永, 《신간회 연구》, 역사비평사, 1993, 266~267·284~285쪽).
상해에서 국내의 통일전선전술에 상당한 영향을 주고 있던 인물에 韓偉健이 있었다. 4차 조선공산당에 대한 일제의 탄압을 피해 1928년 중반에 상해로 망명한 그가 1930년에 중국공산당에 가입하기 직전까지 李鐵岳이란 필명으로 《계급투쟁》을 발간하여 국외에서 국내 ML계열을 지도하고 있었다(水野直樹, 〈韓偉健〉, 《朝鮮民族運動史硏究》 1, 1984, 204~206쪽 ; 〈韓偉健〉(追補), 《朝鮮民族運動史硏究》 3, 1986, 242~244쪽). 이론적 지도자였던 그가 망명 이후에 중국관내의 민족협동전선운동에 직접적인 영향을 끼쳤을 것임은 분명하다.

33) 그러나 1929년 5월에 한위건은 ML당 계열의 운동론으로 '대중적 협동전선론'을 제시했다(李鐵岳, 〈朝鮮革命의 特質과 勞動階級 전위의 當面任務〉, 《계급투쟁》 창간호, 1929, 14쪽). 이 논리는 곧 ML파가 유일당운동을 중단시키는 것인데, 이 운동론은 1929년 11월에 발표된 〈상해촉성회 해체선언〉에서 다시 재론되었다.

도로 열린 대독립당조직광동촉성회는 金星淑이 상해에서 북경촉성회의 집행위원인 張建相과 면회하면서 본격화되었다. 그 결과 5월 8일에 김성숙은 鄭學彬과 함께 170여 명의 회원을 규합하고서 대독립당조직광동촉성회를 결성하였다. 당시 광동에 집결해 있던 의열단의 중심인물들은 이미 앞에서 본 것처럼, 5월에 〈독립당촉성운동선언〉을 발표했다. 그 선언은 "광동촉성회 결성 추진 및 마지막 단계에서 촉성회 및 촉성운동에 대한 광범위한 지지와 참여를 끌어내기 위해 작성, 발표된 것"으로 보인다.[34]

한국유일독립당무한촉성회도 같은 해에 의열단원인 朴建雄을 중심으로 성립되었다.[35] 늦어도 7월 10일 이전, 아마도 7월 초 무렵에 조직된 것으로 추정되며, 회원이 150명에 달하였다.[36] 그리고 남경촉성회는 가장 늦은 1927년 9월 27일에 金一柱를 중심으로 창립회원 30명이 모인 가운데 조직되었다.[37] 앞의 해 10월에 북경촉성회가 결성된 지 1년이 채 못되어 중국관내지역 5개 중심도시에서 지역별 결성을 마친 것이다.

3) 유일당운동의 발전과 임시정부 참여

(1) 한국독립당관내촉성회연합회의 결성

1927년 가을에 들면서 5개 도시에 유일당촉성회가 결성되자, 다음 수순을 가늠하게 되었다. 다음 단계의 일은 그들을 하나로 묶는 것이었다. 결합을 위한 움직임은 북경촉성회가 1927년 9월에 중국관내에서 성립된 각지 촉성회의 연합회 결성을 상해로 교섭해 옴으로써 비롯되었다. 이 교섭에 따라 상해촉성회는 연합회 출석대표로 이동녕·홍진·김두봉·홍남표·조소앙을 선출했다. 그리고 각지에 교섭하여 1927년 11월 9일 상해에서 '한국독립당관내

---

34) 김영범, 〈1920년대 후반기의 민족유일당운동에 대한 재검토〉(《한국근현대사연구》 1, 1994), 113쪽.
35) 朝鮮總督府 慶北警察部, 앞의 책, 108쪽.
36) 김영범, 앞의 글(1994), 113쪽.
37) 金正明, 《朝鮮獨立運動》 2, 329쪽.
朝鮮總督府 慶北警察部, 앞의 책, 106쪽.

촉성회연합회'(이하 연합회라 함)를 개최하였다. 이에 참석한 각지촉성회와 대표자 및 회원의 상황은 다음의 〈표〉와 같다.

〈표〉 한국독립당관내촉성회연합회 개황

단 체 명	대 표	창립 시기	회원	비 고
대독립당조직 북경촉성회	曺成煥	1926. 10. 16	40	기관지 促成報
한국유일독립당 상해촉성회	陳德三(洪南杓)	1927. 4. 11	160	임시정부가 있음에도 대표는 좌파인물
대한독립당 광동촉성회	鄭學彬(有燐)	1927. 5. 8	170	의열단 영향 큼
한국유일독립당 무한촉성회	朴建雄 白德林	1927. 7월초	150	의열단원 다수
한국유일독립당 남경촉성회	金一柱 金秀青	1927. 9. 27	30	의열단원 다수

* 金正明, 위의 책, 329쪽.
朝鮮總督府 慶北警察部, 앞의 책, 106·109~111쪽.
金承學, 《韓國獨立史》(獨立文化社, 1966), 410쪽.
國會圖書館, 《韓國獨立運動史料(中國篇)》, 621쪽.

이 연합회는 1927년 11월 22일의 본회의에서 채택한 선언서를 통해, 지금까지 광복운동단체의 숫자가 적지 않았으나, 그 성격이 좋지 못했던 이유는 운동방법이 적합하지 못했기 때문이라고 했다. 그리고 이러한 현상은 전민족의 운동역량을 총집중시킨 유기적 통일기관이 없었다는 사실에 기인한다고 했다. 그래서 '대독립당'·'민족단일당' 등이라고 하는 대동조직이 필요했고 또 긴급했기 때문에 각지에서 촉성회를 성립시켰다고 하고, 아울러 이 연합회는 다음 순서가 黨組織籌備會를 조직하는 것이라고 밝혔다. 즉 연합회는 각지촉성회를 연결하여 유일당의 조직을 주비할 모임을 결성하는 데 그 목적을 두었다.[38]

38) 朝鮮總督府 慶北警察部, 앞의 책, 106쪽.

이 선언은 이어서 독립운동의 興廢가 당조직 여부에 있음을 깊이 인식하지 않으면 안 된다고 하여 '以黨治國'의 개념을 도입한 유일독립당 결성의 의지를 밝혔다.[39] 그리고 〈규약〉 16조에서 독립당주비회가 성립될 때에 연합회를 해산한다고 했으니, 이 과정이 곧 촉성회 주도자들이 생각한 독립당 조직의 과정이었음을 알 수 있다.[40]

또 연합회는 만주·노령·미주 등지에도 촉성회 설립을 촉구하기로 하고, 먼저 만주지역에 대표 2명(상해 1명, 북경 1명)을 파견하기로 결의했다.[41] 그리하여 홍진과 鄭遠(鄭世鎬)이 1928년 1월 초에 吉林省 盤石縣에 파견되어 분열되어 있던 在滿 각 단체의 통일을 종용하였다. 한편 홍진은 만주로 가서 그곳에서 조직된 한국독립당의 주역이 되었다. 그의 활동은 유일당운동의 일환으로, 상해에서 파견된 목적을 달성코자 했던 것으로 보인다.

연합회의 조직에는 전체회원이 모이는 대회, 15인으로 구성되는 집행위원회 및 5인으로 구성되는 상무위원회가 있었다. 집행위원은 박건병·裵天澤·장건상(이상 북경)·崔秋海·咸聲(이상 광주)·張聖山·김일주(이상 남경)·許悅秋·崔圓(이상 무창)·진덕삼(홍남표)·홍진·현정건·조소앙·김두봉(이상 상해) 등 15인이었다. 그리고 상무위원은 진덕삼·홍진·김두봉·배천택·장건상 등 5인이었다.[42]

연합회의 성립에 중국본토지역의 독립운동계가 총망라하여 참가했다. 거기에는 상해·북경·남경·광동·무한 등 각 지역의 대표만이 아니라 홍진을 비롯한 임시정부계열과 박건병·배천택 등의 북경 중심의 세력, 그리고 사회주의 세력 가운데 이르쿠츠크파·화요회파 계열과 상해파·서울청년회파 등 각 계열의 독립운동자들이 통합하기에 이르렀다.

이렇게 연합회가 개최되던 시기에 상해에서 발행된 《新道》라는 잡지에

---

39) 國會圖書館, 《韓國民族運動史料(中國篇)》, 621쪽.

40) 國會圖書館, 《韓國民族運動史料(中國篇)》, 619쪽.

41) 규약 3항(2) ; 만주·노령·미주 기타 각지에 인원을 파견 또는 公函을 발송하여 촉성회 설립을 실현하는데 노력한다(國會圖書館, 《韓國民族運動史料(中國篇)》, 618쪽).

42) 國會圖書館, 《韓國民族運動史料(中國篇)》, 619쪽.

는 〈한국유일독립당의 촉성에 대하여〉라는 선언이 게재되었다. 이 글은 당시의 전선통일에 대한 이론을 집약한 것이었다.

> 산만 무통일한 각 소단체의 분립으로부터 조직적·통일적·전민족적 결합을 촉성하고, 국부적 경제투쟁—자연발생적 운동—으로부터 전민족적 정치투쟁—目的意的 運動—을 절규하기에 至하다. 그리하여 전자는 此 민족운동의 전선통일에 관한 노력으로서, 후자는 正히 공산주의의 전선확충에 대한 叫呼이다(國史編纂委員會, 《韓國獨立運動史》 4, 1968, 874쪽).

이 글에서 민족주의자들은 민족운동계를 통일하여 결집된 힘으로 민족운동에 나서자는 목적을 가졌으나, 좌파세력은 전민족적 정치투쟁으로의 전환이라는 〈正友會선언〉과 그 軌를 같이하는 데 목적이 있음을 알 수 있다. 이 두 가지의 상황이 서로 일치하는 데서 민족협동전선 조직의 원칙이 성립되고 이에 의해 '勞農群衆'을 기반으로 혁명역량을 총집중하여 계급과 연합전선을 형성할 수 있다고 했다.

(2) 전위조직 중국본부한인청년동맹의 성립

1927년 11월에 연합회의 성립이 추진되는 가운데 同會의 전위가 될 목적으로 '中國本部韓人青年同盟'(이하 '중본한청'이라 함)이 조직되었다. 기존 단체인 '上海青年會'(상해한인청년회인 듯)가 1927년 12월 4일 제4회 임시총회에서 "청년회의 진보 발전을 기하는 데 있어서 청년회의 연맹을 필요로"하여 상해·남경·북경·광주·무한의 다섯 지역 청년회 대표와 협의한 결과 중본한청을 창립했다고 밝혔다.[43] 이어 5일에 집행위원회를 열고 내부 조직 및 위원을 선출하였는데, 중앙집행위원장 邊長城(邊東華)을 비롯한 23명의 대표로 이루어진 집행위원회를 구성하였고, 그 가운데서도 중심인물은 鄭泰熙·李寬洙·金基鎭 등이었다.[44] 구성 인물을 보면 좌파인물이 상당히

---

43) 國會圖書館, 《韓國民族運動史料(中國篇)》, 628쪽.

44) 23명의 대표는 상해지부 대표 邊長城(邊東華 ; 위원장)·鄭泰熙·李寬洙(崔煥)·金基鎭·嚴恒燮·鄭遠(鄭世鎬) 등 11명, 북경지부 대표 金英植 등 5명, 광동지부 대표 鄭學彬(鄭有燐)·咸聲(吳成崙)·崔秋海·張志樂 등 5명, 무창지부 대표 陳甲秀 1명, 남경지부 대표 金秀靑 1명 등으로 구성되었다(國會圖書館, 《韓國民

진출해 있고, 특히 화요파가 장악하고 있음을 알 수 있다. 동맹의 조직은 상해에 본부를 두고, 각 지역의 지회로 구성되었는데, 각 지역의 청년회를 지회로 개조토록 했다.

이 동맹은 "한국독립 및 세계혁명의 이론과 실제적 진술을 討究樹立하여 그 실현을 도모한다"는 강령에 이어 〈선언서〉를 발표했다.

> 현실에 직면한 한국민족은 종래의 지식계급, 중산계급을 주력으로 한 반항운동으로 노농대중을 주력으로 하는 각 계급층의 반항요소를 결합하여 全線的으로 진출하게 되었다. 이리하여 재래의 봉건적 투쟁과 부분적 組合主義的 경제투쟁에서 전면적 정치투쟁으로 진출하게 되었다. … 혁명을 광대히 하기 위해서는 민족적 유일당을 노동자와 농민대중의 위에 세우는 데 노력하지 않으면 안 된다. 現下 생산과정에서 잔존한 봉건층으로부터 발생하는 온갖 餘弊와 불순한 투쟁을 버려야 할 것이다. … 종래로부터 민족주의 진영에서, 사회주의 진영에서 혁명역량을 살해하는 파벌주의와 地方割據爭權에 대한 배격과 온갖 기회주의자의 정체를 폭로하여 민중의 진정한 진로를 열어야 할 것이다. … (國會圖書館, 《韓國民族運動史料(中國篇)》, 621~622쪽).

이 동맹은 선언을 통해 정치적 투쟁으로 방향을 전환할 것과 노동자와 농민대중의 기반 위에 투쟁하기를 주장했다. 이들의 구성과 이념을 살펴보면, 중본한청의 주도권이 좌파 세력에게로 기울었음을 쉽게 알 수 있다. 또한 좌파 세력이 화요회계열과 ML계열이 모두 참가하고 있음도 알 수 있다.

이 동맹은 이어서 다음과 같은 〈결의안〉을 발표하였다.

> ① 만주청년단체와 연락하여 재중국한인청년총기관을 조직할 것.
> ② 內地·日本·美洲 기타 각지 청년단체와 유기적 활동을 취할 것.
> ③ 한국청년회 총본영인 한국청년총동맹의 一支隊的 임무를 행할 것.
> (金俊燁·金昌順, 《韓國共産主義運動史》 4, 청계연구소, 1986, 269쪽).

이 〈결의안〉은 중본한청이 만주의 청년단체와 유기적인 관계를 갖고 한국청년총동맹의 支隊的 역할을 하고자 했던 사실을 나타낸다. 이 결의에 근거

立運動史料(中國篇)》, 623쪽).

하여 중앙집행위원인 鄭遠을 1928년 1월 상순에 만주로 파견하여 각지 청년단체들과 접촉하게 하였는데, 만주에서도 이미 1927년 8월에 海林에서 개최한 남북청년단체대표협의회 이래 통합운동을 벌이고 있었으므로, 전중국의 항일청년운동기관을 결성한다는 점에 대해서는 상해의 중본한청과 만주의 각 청년단체들 사이에 이의가 있을 수 없었다. 그리하여 정원과 韓哲(남만청년총동맹 집행위원장)이 그에 대한 창립준비를 진행하고, 마침내 1928년 4월 20일에 발기대회를 개최하기에 이르렀는데, 참가단체는 북만청년총동맹·남만청년총동맹·중국본부한인총동맹(재상해)·淞江청년총동맹·哈長청년동맹·麗(勵)新청년동맹 외 1개 청년동맹이었다.[45)]

이들은 1928년 5월 27일에 滿洲 吉林省 盤石縣에서 在中國韓人靑年同盟을 성립시켰다. 그리고 이들은 노동문제에 대하여 "일반노동자와 농민으로 하여금 좀조직을 촉진하여 계급적 의식을 각성케 하고 정치적 의식을 보급시켜 전민족적 정치운동의 주력부대가 되게 할 것"이라고 결의했다.[46)] 또한 동맹은 창립대회에서 채택한 당면 투쟁슬로건을 통하여 정치·경제·교육·사회 등 4개 부문에 대해 주장을 펼쳤는데, 특히 정치 부문에서 자치권과 공민권의 획득을 주장했다. 이것은 당시 만주에서 전개된 민족주의 계열의 주된 운동이 무장독립운동과 반일자치운동이었기 때문에, 사회주의 세력은 민족주의 진영과 제휴하기 위해 그러한 주장을 슬로건으로 채택했다.[47)] 자치권 획득이란 당시 東三省 정권 및 남경정부와 교섭하여 만주에서의 한인추방정책을 철회시키고 자치권을 확보하며 또 국민당 세력과 제휴하여 반일독립운동을 진행하려던 운동으로, 주로 민족주의 세력의 운동이었다.

이러한 강령에도 불구하고 좌파세력이 주도하고 있음을 알 수 있다. 뿐만 아니라 좌파세력 가운데서도 조선공산당만주총국을 장악하고 있던 ML계열이 화요회계열을 압박하는 현상이 나타나게 되었고, 다음 장에서 언급하겠지만 이것이 유일당운동을 주춤거리게 만드는 결정적인 요인으로 작용하게 되었다.

45) 金俊燁·金昌順, 앞의 책, 269~270쪽.
46) 國會圖書館, 《韓國民族運動史料(中國篇)》, 625쪽.
47) 金俊燁·金昌順, 앞의 책, 275~276쪽.

4) 유일당운동의 중단과 임시정부의 여당 결성

1928년에 들면서 유일당운동이 답보상태에 빠지기 시작했다. 이후의 과정은 크게 두 단계로 나누어 살펴야 한다. 그 첫 단계는 1928년 중반부터 1929년 10월의 유호한국독립운동자동맹(이하 유호동맹)의 결성까지, 다음 둘째 단계는 유호동맹과 한국독립당이 분립했으면서도 협동전선운동의 여진이 남아 있던 1931년 말까지이며, 마지막으로는 1931년 말에 유호동맹이 해체되어 협동전선운동의 한쪽 편 상대가 없어진 시기이다.[48]

첫 단계는 다시 작은 두 단계로 나뉜다. 1928년 중반 이후 1929년 후반기 초입까지인 첫 시기에는 두 가지 구도로 나타났다. 하나는 좌우의 분립구도이며, 또 하나는 좌파 내부의 화요파와 ML파의 분립구도였다. 그리고 두 번째 시기는 1929년 후반기에 나타난 것으로 화요파에 비해 상대적으로 ML파가 승세를 타면서 국제주의로 몰입하던 시기였다.[49]

먼저 유일당운동이 좌초에 부딪치는 첫 단계는 1928년에 나타났다. 그 하나의 요인은 좌우익 진영의 갈등이었다. 1927년 12월 광주에서의 공산주의 폭동사건[50] 이래 한국인 공산당원이 상해로 도피해 오게 됨에 따라, 이들의 세력은 크게 확대되었다. 중국공산당의 지도하에 결집된 공산주의 청년들이 여기에 대거 가세하여 민족주의세력에 압박을 가하면서, "다수 공산계 청년 회원을 가진 촉성회를 유인하여 임시정부 및 기타 제 단체를 통일하여 공산

---

48) 金喜坤, 〈1930년대 초 상해지역 한인공산주의자의 동향－留滬韓國獨立運動者同盟을 중심으로－〉(《國史館論叢》 47, 1993), 169~194쪽.

49) 김영범은 유일당운동이 좌초에 부딪치는 원인을 좌우분립구도로만 보아 왔던 김희곤의 견해를 진일보시켜 좌익진영 가운데서 화요파와 ML파의 갈등 구조를 세심하게 분석하여 추가시켰다. 따라서 본고는 1929년의 유일당운동에 대해 김영범의 연구성과를 참고한다(김영범, 앞의 글(1994), 127~133쪽).

50) 이것은 1927년 12월 11일에 中國共産黨 廣東省委員會 지도하에 무장봉기하여 廣東市에 인민정권을 수립한 사건이다. 廣州公社라고도 하며 파리코뮌을 모방하여 광동코뮌이라 하였다. 중국공산당 중앙정치국원인 張太雷와 사관교육연대를 지휘하는 葉劍英 및 코민테른 대표인 26세의 하인츠 노이만 등이 지휘한 이 봉기는 13일 오후에 붕괴되고, 3일간의 혼란 끝에 무너졌다(佐伯有一·野村浩一 外 著, 吳相勳 譯, 《中國現代史》, 한길사, 1980, 358쪽).

제하의 대단체를 건설하려고" 하였다.[51] 여기에 국내에서 상해로 망명한 安光泉과 韓偉健의 경우나 광동에서 진출해 온 의열단의 세력도 덧붙여졌다. 이에 따라 1928년 중반에는 촉성회와 이의 전위적 청년단체인 중본한청은 좌우익세력의 결합이란 외적상태에도 불구하고 내적으로는 양분되는 형태를 띠게 되었다.

민족주의세력과 사회주의세력은 동상이몽적인 자세를 갖고 있었다. 전자는 대당결성을 통한 민족운동계의 통일과 임시정부의 강화를 도모하고 나아가 새로운 돌파구를 찾고자 했다. 이에 반해 후자는 일시적 전술로 전선통일을 상정하고 자파 세력의 확산을 위해 노력했다. 그런데 후자는 전자에 비해 전략적인 면에서 비교적 주도면밀한 모습을 보였다. 이렇게 사회주의 세력이 강화되는 가운데, 촉성회는 민족운동을 위해서 결집된 조직이라는 당초의 목표와 강령과는 달리 서로의 세력을 확충 또는 방어하는 자세로 바뀌어 혼란을 거듭하게 되었다. 즉 1928년부터 나타난 좌우 분립구도는 "우익진영이 '전민일치'의 중앙집권적 대독립당 결성을, 좌익진영은 노농대중의 이해와 입장에 기초한 '전투적 협동전선' 내지 '혁명적 통일전선'의 결성을 주창하면서 나뉘었다."[52]

또 하나의 요인은 화요파와 ML파의 갈등이었다. 그것은 좌파 헤게모니 전략의 즉각 적용 여부를 둘러싼 분립 구도로 나타났는데, "화요파(중본한청)가 우파와의 '결합'을 우선시하여 그 적용을 유보했다면, ML파(재중한청)는 우파와의 '분리'와 헤게모니 전략의 상시적 및 즉각적인 적용을 강조하여 날카로운 대립을 보인 것이다."[53]

좌파의 양대 세력이 분열 구도로 나서기 시작한 모습은 재중국한인청년동맹(이하 재중한청)의 성립에서부터 드러났다. 재중한청을 장악한 ML파가 이 동맹을 성립시킨 날(1928년 5월 27일) 보다 하루 앞선 26일에, 그것도 같은 지역인 길림성 반석현에서 조직방법론의 차이를 이유로 전민족유일당조직촉성회의를 결렬시킴으로써 일단 유일당운동에 찬물을 끼얹고, 이어서 상해를 중

51) 國會圖書館, 《韓國民族運動史料(中國篇)》, 633쪽.
52) 김영범, 앞의 글(1994), 128쪽.
53) 위와 같음.

심한 중본한청의 장악으로 행로를 바꾸었다.

재중한청의 주도권을 장악한 ML파는 상해의 중본한청을 장악한 화요파에 대해 공세를 취했다. 우선 중국 전역에 걸쳐 11개구로 된 지역단위를 설정하고, 상해를 중심한 관내지역을 제1구로 정했다. 그러면서 중본한청의 대표로 파견되었던 이관수를 상해로 귀환시키면서,[54] 상해에 ML파 중심의 재중한청 제1구 조직책임자로 지명했다. 이에 따라 중본한청의 공산계 중앙집행위원인 이관수는 재중한청의 일지대적인 활동을 하고자 이에 가입하고, 1928년 8월에 일방적으로 중본한청상해지부의 해체를 선언한 뒤,[55] 이어서 상해에서 재중한청 제1지구의 창립을 선언했다.[56] 이에 鄭泰熙・韓鎔 등은 그 선언을 반박하고 중본한청에서 이관수를 제명시켰다.[57] 이에 따라 촉성회의 전위조직인 중본한청에서 ML파가 이탈하고 우익진영과 화요파만 잔존하였다.

1929년 후반기로 들면서 둘째 시기에 접어들었다. 그것은 앞의 구도에 또 다른 하나의 축이 중첩・부가되는 양상으로 나타났다. 그 새로운 축은 국제주의 대 민족주의의 대립 구도였다. 즉 코민테른이 〈12월테제〉로 지령한 민족부르조아 세력과의 결별 요구를 좌익진영이 받아들여 유일당운동을 좌절시킨 것이었다.[58] 국제주의 노선을 강하게 띠고 있던 ML파의 논리와 태도

---

54) 원래 정원이 대표였으나 일제에 투항했고, 그 후임으로 파견된 인물이 이관수였다(金正明 編, 《朝鮮獨立運動》 Ⅱ, 338쪽).

55) 선언은 "… 정당의 조직 원칙 및 과거에 있어서의 쓰라린 경험과 조선의 현실에 따라 단체 본위의 봉건적・할거적 이론을 단연 배제함과 동시에 금후는 재중국한인청년동맹의 1지대로서 우리들이 다하지 못한 임무를 계속 수행하려고 함"이라고 주장했다(獨立運動史編纂委員會, 《獨立運動史資料集》 7, 1405쪽).

56) 秋憲樹 編, 《資料韓國獨立運動》 2, (延世大出版部, 1972), 94쪽.

57) 獨立運動史編纂委員會, 앞의 책, 1410쪽.

58) 〈12월테제〉는 1928년 7월 17일부터 9월 1일까지 모스크바에서 열린 코민테른 제6회 대회에서 채택된 방침에 기초하여 그 해 12월에 작성되었다. 〈12월테제〉가 발표될 당시 코민테른은 신간회를 결코 포기하지 않았지만, 실제로 국외에서 전개된 민족유일당운동에서는 그 자체에 대한 부정적인 움직임이 일어나고 있었다. ML계 조선공산당재건운동의 이론적 지도자인 한위건이 1929년 12월 1일, 天津에서 발간된 《階級鬪爭》에 기고한 논문에서 "현재 조선○○주의 운동 진영에는 신간회의 즉시 해체론이 일부에서 일어나고 있다"라고 한 것은 국외에서의 움직임을 지적한 것이었다(李鐵岳, 〈大衆的戰鬪的協同戰線の結成と新幹會及獨立促成會の任務〉; 李均永, 《新幹會硏究》, 漢陽大 博士學位論文, 1990, 198쪽에서 재인용).

가 종래 우파와의 결합을 우선시하던 화요파의 그것을 누르고 승세를 얻게 되었다. 특히 의열단도 ML파에 지지를 보냄으로써 우열은 확연히 드러났다.

이러한 충돌은 특히 1929년 7월에 재중한청제1구상해지부가 발표한 격문에 의해 결정적으로 대두하였다. 그 격문 가운데는 “제군의 조국 소비에트 러시아는 제국주의 강도군의 무력적 포위에 직면하였다”는 귀절이 있었다. 이에 대해 우익진영은 그 내용을 “모국을 팔아먹고 조상을 바꾸는 행위”라고 강렬하게 비판을 제기하였다.[59] 그때 우익세력과의 연합을 ML파보다 강하게 유지하고 있던 화요파는 그 동안의 대립적 관계를 넘어서서 결속을 도모하였다. 결국 좌파의 두 세력 모두가 좌익 국제주의 노선을 걷게 되었다. 즉 좌익의 두 세력은 민족주의에 대한 “국제주의의 논리를 내세워 코민테른-소련의 지도적 지위를 절대시하고, 그 권위를 맹목적으로 추종하는 풍조를 갖게 되었고, 이에 따라 결국은 좌우익의 전선분리”[60]를 초래하였다.

그 결과 유일당상해촉성회가 1929년 10월 26일에 해체되었다.[61] 상해에서도 만주의 전민족유일당촉성회의와 마찬가지로 조직방법론상의 문제를 제기한 것이 〈해체선언서〉에서 내세운 표면적인 이유였다.[62] 이 선언문은 관내 촉성회가 성립된 후 만주에서는 독립당의 조직 방법문제를 둘러싸고 분열되어 유일독립당의 산출이 불가능하게 되었다고 했다. 또 이 선언은 一國의 혁명을 지도할 대당의 결성은 구체적인 조건 아래에서 대중적 공동투쟁을 통하여야만 결합할 수 있다고 하고, 시대의 추이로 볼 때 유일당이냐 아니면 협동전선이 필요한가라는 문제가 논의되어야 한다고 하면서 ‘민족유일당론’의 단계가 아닌 ‘대중적 협동전선론’을 주장했다.[63]

1929년 10월 26일에 상해촉성회 해체를 결의하기 위한 모임이 프랑스 조계의 斜橋에 있던 惠中學校의 대강당에서 열렸다.[64] 이 회의에 참석한 대표

---

59) 獨立運動史編纂委員會, 앞의 책, 1425~1429쪽.
60) 김영범, 앞의 글(1994), 128쪽.
61) 〈해체선언〉은 1929년 11월에 발표되었지만 실제로 해체가 결의된 시일은 그보다 조금 앞선 10월 26일이었다.
62) 國會圖書館, 《韓國民族運動史料(中國篇)》, 635쪽.
63) 이 문제는 앞에서도 본 것처럼 신간회에 대한 안광천·한위건의 이론과 그 궤를 같이하는 것이었다.

적인 인물은 사회를 맡은 崔昌植을 비롯하여 洪南杓·黃勳·具然欽·郭憲·鄭泰熙·李敏達·崔鳳官·曺奉岩·金元植(金炯善)·李東寧·金枓奉·趙琬九 등 좌우파를 대표한 인물이었다.[65] 그렇지만 대다수의 인물이 좌파세력의 대표들이었고,[66] 그것도 화요파와 ML파의 양 세력이 동참한 가운데 이루어졌다.[67] 참석자 가운데 이동녕과 조완구만이 우파인사인 셈이었다. 이 모임에 우파세력 가운데 오직 이동녕과 조완구의 2명만이 참가한 이유는 분명하지 않다. 물론 당시에 임시정부의 주석 겸 법무장을 맡고 있던 이동녕이 참석함으로써 그 비중은 컸다고 하겠지만, 사실상 유일당운동에 있어 가장 중심인물이었던 안창호나 임시정부의 내무장이면서 실세로 부각된 김구 등이 참석하지 않았던 점으로 미루어 볼 때, 이미 우파세력은 좌파세력의 동향을 파악하고서 의례적인 대표만 참석하도록 했던 것으로 여겨진다. 이들은 그 자리에서 사회자인 최창식의 주도로 상해촉성회의 해체를 결의하였으니,[68] 이로

---

64) 이 학교의 이름을 '斜橋中學校'라고 기록한 경우도 있으나, 현지에서 확인한 바로는 프랑스 조계의 斜橋에 있던 惠中學校가 옳다. 이 학교는 현재 李惠利中學校가 되어 있다(金喜坤, 《중국관내 한국독립운동단체연구》, 지식산업사, 1995, 274쪽).

65) 國會圖書館, 《韓國民族運動史料(中國篇)》, 638쪽.
〈外務省警察史 支那之部〉(《朝鮮民族運動史》(未定稿)6, 고려서림, 1989), 618쪽.

66) 이들 가운데 홍남표·황훈·구연흠·곽헌·정태희·이민달·최봉관·조봉암·김원식(김형선)·김두봉 등이 좌파세력이었다. 이들의 대다수가 이르쿠츠크·화요회계 열인데, 뒤에 언급하겠지만, 동일한 자리에서 열린 유호동맹 창립과정에는 ML계열인 黃俊(韓偉健)의 참석과 鄭栢이 위원으로 선임된 사실이 확인된다(〈外務省警察史 支那之部〉(《朝鮮民族運動史》(未定稿)6, 고려서림, 1989), 619쪽). 당시의 성향으로 김두봉과 정태희는 중도좌파적인 성향을 보이고 있었다. 김두봉은 1920년대에 임시정부 중심의 우파세력과 밀접한 관계를 유지하였고, 유호동맹의 결성 직후인 1930년 1월에 우파세력의 결집체로 조직되는 한국독립당에 가담하였다. 그리고 정태희는 1920년대에 줄곧 민족주의계열에서 활동했으나, 유호동맹에 가담하는 무렵에는 공산주의자로 나타난다. 그가 언제부터 공산주의자로 전향하였는지에 대해 확실하지는 않지만, 대체로 중국본부한인청년동맹을 거치는 과정에서 이루어진 것이 아닌가 하는 추정을 해본다.

67) 이러한 사실은 유호동맹의 기관지인 《앞으로》의 창간호 가운데 〈독립당촉성회의 해체와 독립운동자연맹의 창립경과〉라는 기사에 해체안이 만장일치로 통과되었고, 잔무처리위원으로 洪南杓·朴仁煥·鄭臺寅 등이 선출되었으며, 그 자리에서 좌파 단체인 유호동맹이 조직된 내용으로 알 수 있다(國會圖書館, 《韓國民族運動史料(中國篇)》, 638쪽).

68) 최창식에 대한 일본 관헌의 기록에는 그가 해체과정을 주도했던 것으로 정리하

써 상해지역의 좌우합작운동은 일단락을 짓게 되었다.

상해촉성회가 해체되면서 유일당운동은 일단 멈추었다. 그 자리에서 좌파는 留滬韓國獨立運動者同盟(滬 : 상해의 별칭)을 조직하였다. 그러자 3개월 뒤인 1930년 1월 25일에 임시정부 중심의 우파세력은 한국독립당을 결성하였다. 결국 좌우합작을 통한 유일당 결성이라는 꿈은 깨어지고 각각의 조직으로 분립되었는데, 우파는 전체를 통합한 대혁명당은 아니지만 일단 정당체를 결성하는 데 이르렀다. 이것은 조직 성격상으로 발전한 것이라 규정할만하다. 1920년대 전반을 거쳐오면서 독립운동의 조직이 의열투쟁 단체라거나 임시정부 지원을 도모하는 단체 등이 있었지만, 임시정부 자체를 경영해 나갈 정당조직이 없었고, 때문에 정당 결성을 위한 노력이 되풀이 되었는데, 그 결실이 이때 와서 비로소 맺어진 것이다. 다만 아쉽게도 단일당·민족대당·대혁명당은 아니었다는 데 한계가 있다.

그렇지만 합작을 위한 노력이 완전히 종결된 것은 아니었다. 한국독립당이 채택한 이념에 경제·사회 분야에서 사회주의 요소를 표방함으로써 장차 좌파세력과 만날 수 있는 공간을 마련해 두기도 했다. 그래서 유일당운동은 1933년 한국대일전선통일동맹이 추진되면서 다시 부활의 길을 걷게 되고, 그 중심에 임시정부가 존재했다. 더러는 '정부'라는 이름에 걸맞기도 하고, 또 더러는 이름 값에 미치지 못하는 경우도 있었지만, 임시정부는 광복을 맞을 때까지 항상 민족운동세력의 통일운동에서 핵심에 놓여 있게 된다.

〈金喜坤〉

였다(〈外務省警察史　支那之部〉,《朝鮮民族運動史》(未定稿)6, 고려서림, 1989, 618쪽).

Ⅲ. 독립군의 편성과 독립전쟁

1. 독립군의 편성과 국내진입작전
2. 봉오동승첩과 청산리대첩
3. 경신참변과 자유시사변

Ⅲ. 독립군의 편성과 독립전쟁

1. 독립군의 편성과 국내진입작전

1) 시대적 배경

한국독립운동의 일대 분수령이 된 1919년의 3·1운동은 독립군 편성과 독립전쟁의 계기가 되었다. 한민족의 저력은 3·1운동에서 엄청난 규모로 분출되었지만, 전 민족이 갈망하던 독립은 이룩되지 않고 일제의 탄압과 감시만 더욱 강화될 뿐이었다. 이와 같은 상황에서 3·1운동에 참여하였던 인사들은 일제의 감시를 피해 새로운 독립운동의 방향을 모색코자 서북간도와 연해주, 상해와 북경, 그리고 미주 등 해외 각지로 탈출하였다.

3·1운동 직후 국내외의 민족지사들은 강력한 무장투쟁만이 일제로부터 민족이 해방될 수 있는 유일한 방편임을 절감하고 있었다. 이와 같은 인식은 민족해방운동의 방편으로서의 평화적인 만세시위운동이 갖는 한계를 절감한 결과이기도 하다. 그리하여 1910년 국치 전후부터 민족운동자들은 그동안 국외 독립운동의 주된 사조였던 '독립전쟁론'의 구현을 위해 총력을 기울였던 것이다.

한편 1894년 청일전쟁 이후 개시된 의병항전은 전국적 규모로 확대 고조되는 1907년 이후가 되면 북한지역을 비롯해 압록·두만강 대안의 간도와 연해주지역에까지 확대되어 활발하게 전개되었다. 의병은 국망에 직면한 절박한 시대상황에서 일제 침략세력을 축출하고 국권을 회복하기 위한 집요하고도 처절한 항일전을 수행하였다. 그러나 1908년 하반기 이후 수년 동안 일제의 탄압이 가중되는 상황에서 전력이 고갈된 이들 의병은 새로운 항전 방향을 모색하고 근거지를 구축, 지속적인 항일투쟁을 위해 간도와 연해주 등지로 넘어간 것이 일반적 경향었이다. 제천의병장 柳麟錫을 비롯해 李鎭龍·趙孟善·朴長浩·白三圭·趙秉準·全德元 등의 양서지역 의병장, 洪範圖·車道善 등의 함경도 의병장 등이 그러한 경향을 보여주는 두드러진 인물들이다. 그 가운데 망명 직후 홍범도 의병의 경우, 일제측의 한 기록에서는 "500명이 전원 무장을 하고 매월 15~17일간씩 훈련하는 한편, 항전준비를 서두르고 있었으며 … 국내 일반 군경의 배치현황을 조사하기 위하여 39명의 密査班을 파견하고 있다"고 지적함으로써 재기항전에 대한 노력과 열망을 잘 보여주고 있다.[1] 결국 이러한 의병의 북상 세력은 국망 이후 1919년 3·1운동을 계기로 항일무장투쟁사의 새로운 장을 열게 되는 독립군의 모태가 되면서 민족운동의 새로운 방향을 제시하게 되었던 것이다.[2]

또 3·1운동 이후 독립운동의 여건변화에 능동적으로 대처하기 위해 서북간도의 한인단체들도 새로운 변신을 시도하였다. 국치 이후 북간도의 대표적인 한인자치 단체였던 墾民會가 大韓國民會로, 서간도의 扶民團이 韓族會로 각기 확대 개편되어 그 산하에 독립군단을 편성하고 군비확충과 군사훈련에 진력한 것이 그것이다.

2) 독립군의 편성

서북간도와 연해주의 한인사회에서는 3·1운동 발발 직후부터 거의 동시다발적으로 항일전을 표방한 수많은 독립군 부대가 편성되고 있었다. 1919~1920년 사이에 북간도에서 조직된 독립군단만 보더라도 大韓軍政署·大韓國民軍·大韓獨立軍·軍務都督府·大韓義軍府 등 대규모 군단에서부터 大韓光復團·義民團·大韓新民團·大韓正義軍政司 등등 중소규모의 여러 독립군단이 있었다. 또한 서간도에서도 西路軍政署와 大韓獨立團 등을 비롯해 光復軍總營·光復團·義成團·天摩隊 등 수십 개의 대소 군단이 독립전쟁을 표방하고 나섰다. 이러한 현상은 한민족의 독립을 향한 고조된 열기가 일시에 분

1) 윤병석, 《한국독립운동의 해외사적탐방기》(지식산업사, 1994), 32~33쪽.
2) 朴敏泳, 《大韓帝國期 義兵硏究》(한울, 1998), 360쪽.

출된 결과였다.

수많은 항일단체와 독립군단이 정비·편성된 것은 항일독립운동의 새로운 지평을 개척했다는 점에서는 그 의의가 크다고 할 수 있다. 그러나 여러 갈래의 군단이 도처에서 편성된 결과, 활동면에서 볼 때 각기 고립 분산적으로 항일전을 수행하게 됨으로써 결국 전력의 분산이라는 한계를 노출할 수밖에 없었다. 그러므로 여러 독립군단의 전력 통합은 항일전 수행을 위해 우선적으로 해결해야 할 과제였다. 이에 따라 여러 항일단체와 독립군단은 각기 조직을 정비하면서 항일전을 수행하는 한편, 내부적으로 상호 통합운동을 활발하게 전개하였다.

일제와의 독립전쟁을 표방하고 서북간도 각지에서 편성된 독립군단 가운데 중요한 사례를 들면 다음과 같다.3)

(1) 북간도지역

가. 대한군정서

북간도지역에서 편성된 여러 독립군단 가운데 가장 먼저 들 수 있는 것은 大韓軍政署(일명 북로군정서)이다. 대한군정서는 국치 직후에 조직된 대종교의 重光團이 발전한 것이다. 북간도 일대에서 활동하던 徐一 등의 대종교 인사들은 국망 전후 북상도강을 단행하였던 항일의병을 규합하여 1911년 3월에 汪淸縣에서 독립운동 단체인 중광단을 조직하였다.

중광단은 1919년 3·1운동을 계기로 독립전쟁을 표방하고 만주 일대의 대종교 신도와 북상한 의병 및 공교회원 등을 규합하여 正義團으로 확대 발전되었다. 독립군단으로 편성된 정의단은 1919년 8월 軍政會로 다시 명칭을 변경하고 왕청현 春明鄕 西大坡에 본영을 두었다. 이어 군정회는 같은 해 10월 軍政府로, 그리고 12월에는 상해 임시정부의 명령에 복종키로 하고 임시정부 〈국무원령〉 205호에 의하여 大韓軍政署로 다시 명칭을 바꾸어 임시정부 산하의 중요 군단이 되었다. 대한군정서는 서간도에서 李相龍·池靑天 등의 주

3) 독립군단의 편성내용에 대한 서술은 尹炳奭 외, 《中國東北지역 韓國獨立運動史》(集文堂, 1997), 〈북간도 독립군단의 편성〉(93~107쪽)의 주지를 따랐음을 밝혀둔다.

도로 편성된 서로군정서와 구분하기 위하여 북로군정서로 불렀다.

대한군정서에서는 金佐鎭과 같은 유능한 지휘관을 군사령관으로 맞이하고 士官練成所까지 설치해 무관 양성에 전력하였다. 일제측에서는 대한군정서가 청산리대첩 직전인 1920년 8월 중순 현재 독립군 약 1,200명에 소총 1,200정, 탄약 24만 발, 권총 150정, 수류탄 780발, 기관총 7정 등 막강한 전력를 보유한 것으로 파악하였다.[4)]

대한군정서는 중광단 시절부터 근거지로 삼아온 왕청현 춘명향 楡樹川(德源里)에다 총본부격인 총재부를 두었으며, 춘명향 서대파(十里坪)에는 군사령부를 두었다. 청산리대첩 직전의 핵심 간부진으로는 서일이 총재, 玄天默이 부총재를 맡았으며, 그 휘하에 서무부장 任度準, 재무부장 桂和, 참모부장 李章寧 등이 있었다.

대한군정서의 사관연성소는 1920년 3월 왕청현 십리평에서 정식으로 개교하였다. 개교 당시 생도수는 60여 명에 불과하였으나 그 뒤 입교생이 계속 늘어나 같은 해 9월 289명의 제1회 졸업생을 배출할 수 있었다. 대한군정서의 사령관인 김좌진이 연성소장을 겸직하였고, 그 아래에 사령부 부관 朴寧熙가 학도단장을 맡았으며 교관 李章寧·李範奭·金奎植·金弘國·崔尙云 등이 생도훈련을 담당해 정예군을 양성하고 있었다.

나. 대한국민군

大韓國民軍은 대한국민회 산하에 편성된 독립군단이다. 3·1운동 직후 결성된 대한국민회는 북간도 거의 전역에 걸쳐 지방조직이 정비되어 있던 대표적인 한인 민정기관이었다. 이와 같은 탄탄한 조직을 기반으로 대한국민회에서는 강력한 전력을 갖춘 대한국민군을 편성하고 항일전을 수행할 수 있었던 것이다.

국치 이후 북간도의 대표적인 한인단체였던 墾民會의 전통을 계승 발전시킨 대한국민회는 본부를 연길현 春陽鄕 蛤蟆塘(하마탕)에 두고 그 밑에 동·서·남·북·중의 5개 지방회와 70여 개의 지회를 두었다. 회원의 대부분은

---

4) 《獨立軍團名簿》(국가보훈처, 1997), 20쪽.

기독교 신자였으나 후에는 불교·천도교·孔敎會 계통의 인물도 가담하였다. 회장은 한때 馬晉이 선임되기도 하였으나 간민회 이래로 북간도 항일운동의 중심인물이었던 具春先이 맡았다.

安武가 인솔한 대한국민군은 일제 기록에 의하면 1920년 8월 현재 병력 약 450명에 소총 600정, 탄약 7천발, 권총 160정, 수류탄 120개 등의 무력을 보유했던 것으로 조사되어 있다.5)

대한국민군은 주로 홍범도가 거느리는 大韓獨立軍이나 崔振東(崔明錄)이 인솔하는 軍務都督府軍과의 공동작전을 통해 전과를 올렸으며, 청산리대첩이 임박한 1920년 가을에는 이들 두 군단과 차례로 통합을 이룩함으로써 전력의 극대화를 기할 수 있었다.6)

다. 대한군무도독부

다음으로 大韓軍務都督府(통칭 군무도독부)는 최진동이 통솔한 독립군단으로 왕청현 春華鄕 鳳梧洞에 본부를 두고 있었다. 1920년 3~6월 무렵 두만강 대안에서 전개된 국내진입작전은 대개 이 군단을 주축으로 하였으며, 대한독립군 및 대한국민군과 연합해 작전을 수행하는 경우도 많았다.

1920년 8월 현재 일제 군경이 조사한 내용에 따르면 군무도독부 병력은 약 600명으로, 소총 400정, 권총 50정, 수류탄 20개와 기관총 2문을 보유하고 있었다.7) 최진동 외에 중요 간부진에는 고문 金星極, 참모 朴英과 崔精化, 총무 朴施源, 募捐隊長 崔太汝 등이 포진해 있었다.8)

라. 대한북로독군부

大韓北路督軍部는 1920년 5월 홍범도의 대한독립군과 안무의 대한국민군, 그리고 최진동의 군무도독부가 단일 연합부대를 결성한 군단으로, 1920년 6월의 봉오동승첩을 거둔 주역이었다.

이 군단을 이끈 홍범도는 1907~8년 경 북청·삼수·갑산·장진 일대에서

5) 《獨立軍團名簿》, 68쪽.
6) 愛國同志援護會 編, 《韓國獨立運動史》(1956), 305쪽.
7) 國史編纂委員會 編, 《韓國獨立運動史》 3(1967), 631쪽.
8) 《獨立軍團名簿》, 238쪽.

명성을 날리던 의병장으로, 국치 직전 러시아 연해주로 건너가 국외 의병에 합류하였으며, 1910년대 중반에는 한때 북만 密山府로 들어가 재기 항일전을 구상하기도 하였다. 홍범도는 3·1운동을 겪은 후 독립군 편성에 착수하였다. 즉 러시아에서 볼셰비키혁명이 발발한 뒤 연해주에서는 직접적인 항일전을 수행하기 어렵게 되자 휘하 150여 명의 군인을 거느리고 북간도에 들어가 정예의 대한독립군을 편성하고 항일전을 개시하였던 것이다.

홍범도는 1919년 여름부터 국내진입작전을 벌이는 한편 독립군단간의 통합운동과 연합작전에 심혈을 기울였다. 그는 우선 왕청현의 羅子溝와 蛤蟆塘 등지에서 대한국민회 인물들과 상의한 끝에 연합전선을 구축하기로 합의하였다. 행정과 재정은 대한국민회가 담당하고 군무의 경우는 대한독립군을 홍범도가, 대한국민군을 안무가 각각 분담해 통솔하기로 약정하였다. 그러나 실전에 임할 경우에는 홍범도가 '北路征日第一軍司令部長'의 직함을 가지고 전군을 지휘토록 되어 있었다.

이와 같이 성립된 북로정일제일군은 곧이어 최진동의 군무도독부와도 군사통일을 추진하였으며 그 결과 '大韓北路督軍部'[9]가 탄생하게 되었다. 통합 군단은 군무도독부의 본영이 있던 봉오동에 전력을 집결시키면서 부단한 국내진입작전을 수행하였다. 일제 정보기록에서는 대한북로독군부의 전력에 대해 비교적 소상하게 파악해 놓고 있다. 이에 따르면 대한독립군 계통으로는 병력 460명에 소총 200정, 탄약 4만 발, 권총 50정의 전력을 구비하고 있고, 군무도독부와 대한국민군 계통으로는 280여 명의 병력에 소총 200정, 탄약 1만 2천 발, 수류탄 120개, 기관총 2문을 보유하고 있었다. 한편 대한북로독군부의 편제와

9) 大韓北路督軍部와 大韓北路督軍府는 그 내용을 달리하는 명칭으로 보인다. 일제가 탐지한 독립군의 한 문서인 〈國民 第73號 軍務機關組織ノ件〉(金正明 編, 《朝鮮獨立運動》 3, 原書房), 323쪽에는 '大韓北路督軍府'라 하였고, 다른 문서인 '大正十年四月 ; 〈間島方面에서의 不逞鮮人團의 組織 및 役員 調査書〉에서는 '大韓北路督軍部'의 조직계통 속에서 '大韓北路督軍府'를 기록해 놓았다. 한편 일제측의 봉오동전투 보고서인 〈安川追擊隊ノ鳳梧洞附近戰鬪詳報〉(독립기념관 소장문서)에는 '大韓軍務都督府'가 '大韓北路督軍府'로 개편하였다고 기술하고 있다. 대한독립군과 군무도독부, 그리고 대한국민군 등 3개 군단 통합체의 명칭은 大韓北路督軍部이며, 그 조직계통 속에서 대한국민군과 군무도독부군의 합체를 大韓北路督軍府로, 대한독립군을 北路征日第一軍司令部로 불렀던 것 같다.

임원을 보면 부장 최진동, 부관 안무를 필두로 북로정일제일군사령부 사령부장에 홍범도, 부관에 朱建, 참모에 李秉埰·吳周爀 등이 선임되어 있었다.10)

마. 대한의군부

大韓義軍府(통칭 의군부)는 국치 이후 북간도와 연해주에서 활동하던 의병을 중심으로 3·1운동 후 결성된 대규모의 독립군단이었다. 간도관리사 이래 북간도와 연해주 일대에서 의병활동을 주도하던 李範允을 비롯해 허근·趙尙甲·崔于翼 등의 명장들이 이 군단을 주도하고 있었다. 이범윤이 연해주를 떠나 북간도로 건너온 1920년 전후에 편성된 것으로 추측되며, 연길현 明月溝에 근거지를 두었던 것으로 보인다.

본부의 조직은 이범윤 총재 휘하에 사령관에 金營善, 검사부장에 崔于翼, 재무부장에 姜鳳擧 등으로 구성되어 비교적 단순한 체제로 이루어져 있었다. 독립전쟁이 고조되던 1920년 7월 이후에는 檢査部와 參謀官會議, 군사령부를 통솔하는 參謀部, 경리와 警衛를 맡은 參理部, 그리고 지방조직을 통솔하는 地方部 등으로 정비되었다. 한편 전투부대는 허근을 대장으로 하는 약 100명의 '大韓義軍前衛隊'와 최우익을 총무로 하는 '大韓義軍山砲隊'로 구성되었다. 특히 160여 명으로 구성된 산포대는 일반 독립군 편성과는 다른 정예 특공부대였다. 그러나 얼마 뒤 전위대와 산포대는 하나의 '大韓義軍'으로 통합된 듯하다. 대한의군은 이범윤 휘하에서 최우익이 대한의군부 總辦이란 직함을 가지고 실질적으로 통솔하였으며, 다시 그 아래에 大韓義軍司令官 申日憲이 전면에서 작전을 수행하였던 것으로 보인다.11) 1920년 8월 하순경에는 의군부의 최고 전략가이며 핵심인물인 총무부장 최우익을 비롯하여 李乙·姜道天 등 13명의 의군부원이 依蘭溝 北洞에서 일본군의 포위공격을 받고 순국하는 참변을 당하기도 하였다.12)

---

10) 《獨立軍團名簿》, 258~262쪽.
11) 《獨立軍團名簿》, 194~232쪽.
12) 蔡根植, 《武裝獨立運動秘史》(공보처, 1947), 77쪽.
《獨立新聞》, 1923년 1월 10일, 〈殉國諸氏의 略歷〉.

바. 훈춘한민회

琿春韓民會(훈춘대한국민회, 훈춘대한국민의회, 대한국민의회훈춘지회)는 이동휘 계열의 기독교인들이 중심이 되어 결성된 독립운동단체로 훈춘현 四道溝 小黃溝에 본부를 두고 있었다. 총 회원수가 2만 1천 명에 달하였을 정도로 세력이 컸으며, 大韓新民團과 더불어 훈춘지방에서 가장 유력한 독립운동 중심체가 되었다. 이 단체는 1920년 8월 현재 250여 명의 병력에 소총 300정, 기관총 3정 등의 전력을 보유하고 있었다.[13)]

사. 대한광복단

大韓光復團은 왕청현 大坎子와 依蘭溝 등지에서 이범윤이 단장이며 金星極과 金聖倫이 孔教會 인물들을 중심으로 조직한 독립군단이다. 이 군단은 대한국민회나 대한군정서와 달리 공화제를 반대하고 대한제국의 復辟을 주장하였다. 대한광복단은 세력범위가 왕청현의 서부와 연길현 중부에 지나지 않을 정도여서 다른 독립군단에 비해 그 세력이 크지 않았다. 일제측의 기록에 따르면, 1920년 8월 현재 병력 200여 명에 소총 400정, 탄약 1만1천 발, 권총 30정의 전력을 구비한 것으로 확인되고 있다.[14)]

아. 대한신민단

大韓新民團(통칭 신민단)은 3·1운동 후 러시아 블라디보스톡 부근에서 金奎冕이 조직한 독립군단으로, 왕청현 春華鄕 石峴에 지단 본부를 두고 있었다. 뒤에는 연길현 崇禮鄕 廟溝 방면으로 근거지를 이동한 것으로 파악된다. 1920년 8월 현재 병력 200명, 소총 160정, 탄환 9,600발, 권총 30정, 수류탄 48개 등의 무력을 보유하였다.[15)]

자. 대한의민단

大韓義民團(일명 대한민국의민단, 통칭 의민단)은 1920년 4~5월 경 연길현 崇禮鄕 廟溝(明月溝)에서 천주교 신도와 항일의병을 중심으로 조직된 독립

13) 《獨立軍團名簿》, 311쪽.
14) 《獨立軍團名簿》, 270쪽.
15) 《獨立軍團名簿》, 280쪽.

군단이다. 方雨龍을 단장으로 한 의민단은 1920년 8월 현재 병력 300명에 소총 400정, 탄약 4만 발, 권총 50정, 수류탄 480개를 보유한 것으로 조사되었다.16)

(2) 서간도지역

가. 서로군정서

서간도지역에서도 북간도와 마찬가지로 3·1운동 직후부터 여러 독립군단이 편성되어 독립전쟁을 표방하고 활동하였다. 그 가운데 가장 먼저 들 수 있는 독립군단으로는 西路軍政署가 있다.

서로군정서는 국치 이후 서간도지역의 대표적인 한인결사였던 扶民團이 3·1운동 직후 확대 개편된 韓族會를 모체로 한 것이다. 국치 이후 柳河縣과 通化縣을 중심으로 한인들의 자치를 신장하는 한편 新興學校를 설립하는 등 무장항일전을 준비해온 부민단은 제1차 세계대전 종결과 3·1운동을 계기로 변화된 시대상황에 순응키 위해 조직을 대대적으로 확대 개편한 결과 1919년 3월 13일 한족회를 결성하기에 이르렀다. 한족회의 중앙총장은 李沰이 맡았으며, 기관지로 《韓族新報》를 발간하였다. 국내외에서 전개되는 모든 독립운동을 지도 통제할 중앙정부의 건립에 최고목표를 두었던 한족회는 우선 일제와의 독립전쟁을 수행할 주체로서의 군정부 건립에 착수하였다. 그러나 1919년 4월 독립운동의 최고기관으로 상해 임시정부가 수립되었으므로, 한족회는 그 산하에서 군정부의 역할을 담당하기로 하고 서로군정서로 명칭을 변경하였던 것이다.17) 서로군정서의 최고 책임자인 독판에는 李相龍이 선임되었으며, 그 아래에 부독판 呂準, 정무청장 李沰, 참모부장 金東三, 사령관 池青天 등이 간부진을 구성하고 있었다.

서로군정서는 1919년 5월 신흥학교를 신흥무관학교로 바꾸고 독립군 간부 양성에 주력하였다. 신흥무관학교는 통화현 哈泥河에 본교를, 그리고 통화현

16) 《獨立運動名簿》, 275쪽.
17) 《獨立新聞》, 1920년 4월 22일, 〈大韓軍政署略史〉.

快大帽子와 유하현 孤山子 등지에 분교를 두었다. 초대 교장은 李世榮이었으며 연성대장은 지청천이 맡았고, 교관으로는 吳光鮮·申八均·李範奭·尹擎天 등이 있었다. 교반 편성은 하사반과 장교 및 특별훈련반으로 나누어 하사관 3개월, 장교 6개월, 일반 사병 1개월 과정으로 이루어져 있었으며, 1919년 11월까지 3천 5백여 명의 독립군을 양성하였다. 이를 기반으로 정예부대를 편성한 서로군정서는 압록강 대안의 강계·삭주 등지로 국내진입작전을 벌이는 등 본격적인 대일전을 전개할 수 있었다.[18]

나. 대한독립단

大韓獨立團은 양서지방에서 활동하다 북상한 의병 계열인 朴長浩·趙孟善·白三奎·全德元 등이 1919년 4월 조직한 독립군단이다. 본부는 유하현 삼원포 西溝 大花斜에 두었으며, 국치 직후 의병 계열의 망명지사들이 조직하였던 保約社·鄕約契·農務契 등을 통합 확대한 것이다. 대한독립단의 대표인 도총재에는 박장호, 부총재에는 백삼규가 선임되었으며, 그 아래에 咨議部長 朴治翼, 총참모 趙秉準, 총단장 조맹선 등이 핵심간부로 활동하였다. 이와 같은 중앙본부 산하에 대한독립단은 서간도와 국내 각지에도 수많은 지단과 지부를 두고 군인징모와 군자금 모집활동을 벌여 전력을 강화하는 한편 수시로 압록강 대안의 국내로 잠입, 일제 군경과 교전을 벌여 나갔다.[19]

대한독립단은 1919년 5월까지 세력 확장을 위해 군자금 모집과 군인징모 활동에 전력을 기울였다. 그 결과 이 시기 동안 6~7백명의 장정과 3만원의 군자금을 모집할 수 있었다. 수집된 군자금은 무기 구입에 사용되었으며, 모여든 장정들은 북만주로 보내 군사훈련을 받게 하였다. 그 뒤에도 장정들이 계속 모여들어 1919년 8월까지 그 수가 1,500명에 달하였다고 한다.[20]

그러나 대한독립단은 1919년 말 연호 사용문제를 계기로 이념과 노선에 따라 조직이 양분되기에 이르렀다. '檀紀' 또는 '隆熙' 사용을 주장하는, 곧

18) 尹炳奭 외, 앞의 책, 242·276쪽.
19) 愛國同志援護會 編, 앞의 책, 251~254쪽.
20) 國史編纂委員會 編, 앞의 책, 653~662쪽.

조선왕조의 회복을 기대하는 복벽주의 세력과 임시정부 연호인 '民國' 사용을 주장하는 공화주의 세력간의 대립이 그것이다. 그 결과 복벽주의 계열은 기원독립단을, 공화주의 계열은 민국독립단을 각각 조직함으로써 단은 양분되었다. 복벽주의 계열은 도총재 박장호를 비롯해 백삼규·전덕원 등 유인석 계열의 노년층 인맥이 주류를 이루었으며, 공화주의 계열은 趙秉準·金承學 등 비교적 소장파 인사들이 중심이 되었다. 그 가운데 민국독립단 계열의 인사들이 대한청년단연합회·평북독판부 등의 독립군단들과 함께 광복군총영을 결성하였고, 복벽주의 계열의 인사들은 계속 대한독립단을 유지하며 항일무장투쟁을 전개하였다.[21]

다. 대한독립군비단

大韓獨立軍備團은 함경도 출신의 항일지사들을 주축으로 1919년 5월 경 백두산 서남방의 長白縣에서 결성되었다. 그해 10월 경 상해 임시정부에서 파견된 李泰杰·梁玄卿·金鼎益 등이 단의 約章과 支團규칙을 제정하고 조직을 체계적으로 재정비함으로써 독립군단의 면목을 더욱 일신할 수 있었다. 중앙부서의 간부진으로는 이태걸이 단장을 맡았으며, 그 아래에 부단장 金東俊, 총무장 金燦, 재무장 李東白 등이 있었다. 뿐만 아니라 군비단은 장백현의 본단 외에도 남북만주 여러 지역과 국내에도 지단을 설치하고, 임시정부의 지도하에 한때는 만주와 노령 지역의 무장투쟁세력을 총동원하려는 계획까지 수립하기도 하였다.[22]

이같이 본부 및 지단의 체계를 갖춘 대한독립군비단은 수시로 압록강을 넘어 국내로 진입, 유격전을 전개하였다. 군비단은 소속 독립군 대부분이 함경도 출신이어서 국경지방의 지리에 밝았던 관계로 함경남도 및 평안북도를 대상으로 하여 국내진입작전을 활발히 전개할 수 있었다. 특히 1921년간에 그 활동이 두드러졌다.[23]

21) 金承學, 《韓國獨立史》(1965), 370~371쪽.
22) 독립운동사편찬위원회 편, 《독립운동사자료집》 10(1976), 282~283쪽.
23) 尹炳奭 외, 앞의 책, 284~285쪽.

라. 광복군총영

3·1운동 직후 조직된 서간도지역의 여러 독립군단은 보다 효과적인 독립전쟁을 전개하기 위해 하나로 통합하려는 움직임을 보였다. 평북독판부 대표인 조병준·金承萬과 대한청년단연합회 대표인 安秉瓚·金贊聖, 그리고 대한독립단의 대표 김승학 등이 1919년 12월 경 寬甸縣 香爐溝에서 회의를 개최한 것은 이러한 목적에서였다. 회의 결과 이들 대표들은 현재의 각 독립군단을 해체하고 통일기구를 조직할 것을 결의하였다. 1920년 2월에 김승학·안병찬·이탁 등이 상해로 파견되어 이 사실을 보고하였다. 이에 따라 임시정부에서는 남북만주에 임시정부 직속기관인 광복군을 설치할 것을 결정하고 그 부속기구로 민정을 관장할 參理部와 군사활동을 관장할 司令部, 그리고 독립군영인 수개의 軍營을 설치토록 하였다.

임시정부의 이와 같은 결정에 따라 관전현에는 1920년 초에 광복군이 조직되었다. 광복군은 성립과 동시에 각 부서를 영도할 지휘관을 임명하였는데 참리부장에는 조병준, 사령부 사령장에는 조맹선이 임명되었고, 邊昌根·吳東振·洪植·崔時興·崔燦·金昌坤 등이 각 군영의 營長을 맡았다.

한편 光復軍總營은 광복군 본부가 조직되고 난 후 얼마 되지 않아 오직 군사적 목적만을 수행할 특수부대로서 조직되었다. 즉 각지에 분산되어 있던 광복군의 각 군영은 일제의 감시와 탄압으로 인해 활동이 위축되고 부대 상호간의 연락이 어려워졌다. 이와 같은 상황에서 광복군의 제2영장인 오동진이 휘하 부대를 인솔하고 관전현에 주둔하면서 자신의 부대를 광복군총영으로 개칭하게 되었던 것이다. 광복군총영장에는 오동진이, 그리고 경리부장에는 참리부장인 조병준이 선임되어 이들을 주축으로 활동에 들어갔다. 한편 국내의 천마산대를 광복군 天摩別營, 碧潼과 波豬江(渾江) 연안에서 활동하던 무장단체를 碧波別營이라 각각 부르고 일제 군경을 상대로 활발한 항전을 벌였다.[24)]

임시정부 산하의 군사기관으로서 항일전을 전개한 광복군총영은 1920년 한 해 동안에도 일본군경과의 교전이 78회, 일제 주재소 습격이 56개소, 면사무소

24) 愛國同志援護會 編, 앞의 책, 258~259쪽.

및 영림창 소각이 20개소, 일제 경찰 95명을 사살하는 전과를 올렸다.[25)]

이상에 언급한 독립군 부대 외에도 안도현 奶頭山(內島山)에 근거지를 두고 있던 大韓正義軍政司, 북만주 中東線 일대의 野團과 血誠團, 훈춘 일대의 復皇團, 서간도의 光復團·太極團·白山武士團 등 수많은 독립군단이 1919~1920년간에 만주·연해주 일대에서 편성되어 일제와의 독립전쟁을 표방하고 활동하였다.

3) 국내진입작전의 전개

(1) 독립군의 전력강화

3·1운동을 계기로 만주와 연해주 각지에서 독립군이 본격적인 항일전에 돌입하게 되자 상해 임시정부는 1919년 말 "독립전쟁의 최후수단인 전쟁을 대대적으로 개시하여 규율적으로 진행하고 최후 승리를 지시하기 위하여" 독립전쟁의 '준비'를 선언하기에 이르렀다. 이에 임시정부는 독립군단의 편성과 정비, 군인모집과 군사훈련, 군비획충 등을 가장 중요한 시정목표로 설정하고 이를 실행하기 위해 다각적인 노력을 기울이게 된다.[26)]

수립 초기 임시정부의 독립전쟁에 대한 경도와 시정노선의 방향설정 경향성은 이 무렵 임정의 실질적 지도자였던 안창호가 1920년 정초에 행한 다음과 같은 연설을 통해서도 그 일단을 충분히 감지할 수 있다.

> 우리 당면의 대문제는 우리 독립운동을 평화적으로 계속하려는 方計를 고쳐 전쟁하려 함이요 … 진실로 우리는 시기로 보든지 의리로 보든지 아니 싸우지 못할 때라고 단정하시오. … 군사적 훈련을 아니 받는 자는 국민개병주의에 반대하는 자요 국민개병주의에 반대하는 자는 독립전쟁에 반대하는 자요 독립전쟁에 반대하는 자는 독립에 반대하는 자요(《獨立新聞》 제35호, 1920년 1월 8일, 〈우리 국민이 斷定코 실행할 六大事〉).

---

25) 尹炳奭 외, 앞의 책, 287~290쪽.
26) 國史編纂委員會 編, 앞의 책, 282쪽.

독립군은 일제와의 독립전쟁 결행에 즈음해 3·1운동으로 고양된 독립의지에 충만해 있었다. 홍범도 등의 명의로 발표된 〈喩告文〉 중에서 "당당한 독립군으로 몸을 砲煙彈雨 중에 던져 반만년 역사를 광영되게 하며 국토를 회복하여 자손만대에 행복을 줌이 우리 독립군의 목적이요 또한 민족을 위하는 본의다"라고 밝힌 대목은 당시 독립군의 이와 같은 기상과 포부를 잘 드러낸 것이다.[27] 임시정부 군무부에서도 1920년 1월 "충용한 대한의 남녀여, 혈전의 時, 광복의 秋가 來하였도다. 너도 나아가고 나도 나아갈지라. 정의를 위하여 자유를 위하여 민족을 위하여 銃과 血로써 조국을 살릴 때가 이 때가 아닌가"라고 하는 〈포고〉 제1호를 발하여 독립전쟁의 개시를 선언하며 독립군의 사기를 독려하였다.[28] 또 아래에 소개하는 〈독립군가〉는 이처럼 늠름한 독립군의 기상과 충만한 사기를 응축한 결정체였다.

나아가세 독립군아 어서 나가세 기다리던 독립전쟁 돌아왔다네
이때를 기다리고 10년 동안에 갈았던 날랜 칼을 시험할 날이
나아가세 대한민국 독립군사야 자유 독립 광복할 날 오늘이로다
정의의 태극깃발 날리는 곳에 적의 軍勢 낙엽같이 쓰러지리라

보느냐 반만년 피로 지킨 땅 오랑캐 말발굽에 밟히는 모양
듣느냐 이천만 檀祖의 血孫 원수의 칼 아래서 우짖는 소리
양만춘 을지문덕 피를 받았고 이순신 임경업의 후손 아니냐
나라 위해 목숨을 터럭과 같이 싸우던 네 조상의 후손 아니냐

탄환이 빗발같이 퍼붓더라도 창과 칼이 네 앞을 가로막아도
대한의 용장한 독립군사야 나아가고 나아가고 다시 나가라
최후의 네 핏방울 떨어지는 날 최후의 네 살점이 떨어지는 날
네 그리던 조상나라 다시 살리라 네 그리던 자유꽃이 다시 피리라

(《獨立新聞》 제47호, 1920년 2월 17일).

독립군이 전쟁에서 승리하기 위해서는 충만한 투지 외에 현실적 조건으로

27) 《獨立新聞》, 1920년 1월 13일, 〈喩告文〉.
28) 《獨立新聞》, 1920년 2월 10일, 〈軍務部布告〉.

군비조달과 무기구입 및 군사훈련 등과 같은 전력증강이 절급한 과제였다. 그 가운데서도 총기와 탄약 등의 화력증강이 무엇보다 우선되었다. 만주 독립군이 사용하던 무기는 대부분 제1차 세계대전중 시베리아에 출병한 체코 군대로부터 구입해 온 것이었으며, 여기에 소요된 자금은 만주와 연해주, 그리고 국내 동포가 헌납한 군자금이었다.

독립군의 무기는 실로 다양하였다. 일반 군총으로는 러시아제 5연발총과 단발총이 주종을 이루었고, 그밖에도 미국제나 독일제, 심지어는 일제 총까지 섞여 있었다. 권총류로는 루가식을 비롯해 7연발식·남부식 등이 사용되었다. 그리고 중무기로는 기관총과 속사포를 보유하고 있었다. 뿐만 아니라 폭탄이라 부르던 수류탄을 구입하는 경우도 많았다. 서로군정서의 경우, 청산리대첩 직전에 약 400명의 무기 유반대원을 중·러 국경의 三岔口 방면으로 파견해 1인당 각각 총기 4정씩을 휴대하여 모두 1,600정의 총기를 반입함으로써 화력증강을 꾀하였다.[29] 전체적으로 독립군이 확보한 무기의 종류와 양이 구체적으로 얼마나 되었는지는 명확하지 않지만, 1920년 8월 경 작성한 일제의 한 정보기록에서는 군총 3,300정, 탄약 19만 5,300발, 권총 730정, 수류탄 1,550개, 기관총 9정 등의 화력을 독립군이 확보한 것으로 파악하였다.[30]

독립군은 화력증강과 함께 군사훈련에도 주력하였다. 독립군 훈련을 실시하던 대표적인 기관이 북간도의 사관연성소와 서간도의 신흥무관학교였다. 사관연성소 생도의 경우, 매일 5시간 이상 집중적인 집총훈련을 받았으며, 22.5 Kg(6관)의 모래가 든 무거운 배낭을 메고 완전무장한 채 산야를 구보 혹은 행군하며 전술을 익히는 고된 군사교련을 받았다. 아울러 매일 2회 독립사상 함양과 민족의식 고취를 위한 정신교육도 병행하였다. 서간도의 신흥무관학교에서도 보병·기병·포병·공병 등의 기본과목과 총검술·격검·전술·편제학 등의 교과목을 가르쳤으며, 넓은 연병장에서 각개 교련과 기초훈련을 실시하는 등 강인한 군사훈련을 실시하고 있었다.[31]

---

29) 독립운동사편찬위원회 편, 《독립운동사자료집》 10, 193~194쪽.
30) 尹炳奭, 《獨立軍史》(지식산업사, 1990), 136쪽.
31) 독립운동사편찬위원회 편, 《독립운동사자료집》 10, 23쪽.

(2) 국내진입작전

1919년 3·1운동 발발 이후부터 서북간도의 독립군은 압록강·두만강 국경 부근으로 접근하여 국치 이래 10년간의 염원이던 국내진입작전에 돌입하였다. 이렇게 시작된 국내진입작전은 1919년 8월 무렵부터 본격화되기에 이르렀다.

독립군의 공격이 임박해지자 일제는 이를 차단하기 위해 국경지대에 군대와 경찰을 증파 배치시켜 철저한 경계태세에 들어갔다. 일제는 부·군 단위로 1개 경찰서를 두는 것이 상례였는데, 함북·함남·평북의 국경 3도의 경우에는 예외였다. 즉 함북에는 11개 군에 경찰서 19개, 파출소 6개, 주재소 130개, 출장소 42개를, 함남에는 16개 군에 경찰서 20개, 파출소 6개, 주재소 180개, 출장소 12개를, 평북에는 19개 군에 경찰서 24개, 파출소 5개, 주재소 195개, 출장소 84개를 설치해 놓고 이른바 국경수비에 만전을 기하고 있었던 것이다.[32]

독립군의 국내진입작전을 선도한 인물은 명장 홍범도였다. 그가 인솔하던 대한독립군은 일제의 삼엄한 '국경수비망'을 뚫고 1919년 8월 국내로 진입, 압록강변의 혜산을 점령하고 갑산 공략을 계획하기도 하였다. 이어 1919년 9월에도 독립군 한 부대가 갑산군 同仁面의 舍井 주재소 등 일제 식민지기관을 공격하였다.

홍범도는 1919년 9월에 李範允·黃炳吉 등의 독립군 지도자들과 연락을 취하며 백두산 부근에 근거지를 두고 다방면에서 대규모 국내진입작전을 전개할 계획을 세워 놓고, 이를 상해 임시정부에 보고하였다. 당시 임시정부를 주도하던 안창호는 이에 대해 시기상조를 이유로 1919년 11월까지 계획을 연기하라는 회신을 보냈다.[33] 그러나 홍범도는 임정의 이러한 권고를 따르지 않고 다음달인 10월에는 압록강을 건너가 강계와 만포진을 점령하였으며 자

---

32) 김의환, 〈독립군의 편성과 국내작전〉(국사편찬위원회 편, 《한민족독립운동사》 4, 1988), 60쪽.

33) 姜德相 編, 《現代史資料》 26, 275쪽.
독립운동사편찬위원회 편, 《독립운동사자료집》 10, 252쪽.

성에서는 일본군과 격전 끝에 '70여 명을 살상하는' 큰 전과를 올렸다.[34] 이는 곧 3·1운동 이후 독립군이 수행한 국내진입작전에서 거둔 최초의 큰 승첩이었다.[35]

독립군의 국내진입작전은 1920년에 들어와 더욱 활발해졌다. 홍범도를 비롯해 최진동·안무·김좌진 등이 지휘하는 독립군은 수시로 국내진입작전을 펼쳤다. 그 가운데서도 1920년 2월초 상해 임시정부에 들어온 미국 워싱턴발 로이터통신에 의하면 볼셰비키로부터 무기를 공급받은 2,000명의 독립군은 吉林으로 내려와 국내진입작전을 펼쳐 일본군 '某軍營'을 야습한 것으로 보도했다. 이 보도에 따르면 이때 독립군은 일본군을 무려 300명이나 사살하고 400명을 괴주시켰으며 會寧을 점령한 듯하다고 기록하였다.[36] 이 부대의 실체나 전투 사실은 확인되지 않지만, 이 무렵 독립군이 활발히 활동하고 있던 정황을 짐작케 한다. 독립군의 국내진입작전이 활발해진 뒤인 1920년 3월에 작성된 일제측의 정보자료에 의하면, 그해 1월부터 3월까지 3개월간 독립군이 수행한 국내진입작전은 총 24회에 달하고 있다.[37] 또 임시정부 군무부는 3월부터 6월초까지 독립군이 전후 32차례의 유격전을 전개했고, 일제 관공서를 파괴한 것이 34개소에 달했다고 발표하였다.[38]

독립군이 결행한 수많은 작전 가운데서도 특히 1920년 3월에 벌어진 온성전투는 특기할 만하다. 3월 15일 독립군 200여 명이 두만강을 건너 온성군 柔浦面 豊利洞 주재소를 공격하면서부터 시작된 온성전투는 거의 3월 말까지 지속적으로 반복 수행되었다. 특히 18일에 벌어진 온성군의 美山 헌병감시소 기습전은 독립군의 조직적 작전능력을 과시한 전투였다. 이날 새벽 두만강을 건너 온성군 美浦面의 長德洞과 月坡洞·豊橋洞 등지를 분산 공격한 독립군 소부대들은 50명씩 합세하여 미산 헌병감시소 전방 고지 성벽을 점거한 뒤 일제 헌병 및 경찰과 50분 동안 치열한 교전을 벌인 끝에 이들을 섬멸

34) 《朝鮮民族運動年鑑》(在上海日本總領事館警察部第二課, 1932), 1919년 10월 24일, 〈江邊八郡臨時交通局報告〉.
35) 尹炳奭 외, 앞의 책, 110~111쪽.
36) 《獨立新聞》, 1920년 2월 17일, 〈二千의 獨立軍이〉.
37) 姜德相 編, 《現代史資料》 27, 647~648쪽.
38) 《獨立新聞》, 1920년 12월 25일, 〈北墾島에 在한 我獨立軍의 戰鬪情報〉.

시켰다. 이들 독립군은 부근에 주둔하고 있던 일본군 본대와 온성경찰서 경찰대가 도착하기 전에 무사히 강을 건너 돌아왔다.[39] 미산 헌병감시소를 공격하던 18일에 또 다른 독립군 200명은 온성읍을 공략하기 위해 새벽 5시 경 온성 대안의 凉水泉子에서 두만강을 건너려 하였으나 일제 군경에게 탐지되어 작전을 중단하였다. 또 같은 날 오전에는 독립군 30명이 일제 경찰대와 교전을 벌이기도 하는 등 온성 일대에서 독립군의 활약이 크게 두드러졌다.

일제는 온성전투에서 보여준 독립군의 탁월한 전력에 큰 충격을 받았던 것으로 보인다. 일제 군경의 상부 보고서에서 "일시 경찰 헌병의 전멸을 의심케 하였다"라든가, "(독립전쟁의) 위험성의 일단을 폭로한 것" 등으로 기술한 대목은 그와 같은 정황을 짐작케 한다.[40]

〈朴敏泳〉

2. 봉오동승첩과 청산리대첩

1) 봉오동승첩

(1) 삼둔자전투

북간도의 三屯子는 도문시 남쪽 10여 리 지점에 위치한 두만강변의 작은 국경마을로, 그 대안에는 동북방으로 종성군의 江陽洞이 자리잡고 있다. 1920년 6월 7일의 봉오동전투는 그 전단이 和龍縣 月新江 삼둔자에서 전날 벌어진 전투에서 비롯되었다. 또한 삼둔자전투는 독립군이 그 동안 통상적으로 수행하던 한 소규모의 국내진입작전이 단초가 되어 벌어졌다. 즉 6월 4일 새벽 30명 가량의 한 독립군 소부대는 통상적인 국내진입작전의 일환으로 삼둔자

---

39) 姜德相 編, 《現代史資料》 27, 619~624쪽.
독립운동사편찬위원회 편, 《독립운동사자료집》 10, 270~271쪽.

40) 尹炳奭, 《獨立軍史》(지식산업사, 1990), 131~132쪽.
독립운동사편찬위원회 편, 《독립운동자료집》 10, 270쪽.

에서 두만강을 건너 동북방의 강양동으로 진격, 일제 헌병순찰소대를 격파한 후 날이 저물자 두만강을 다시 건너 귀환함으로써 작전을 종료하였던 것이다.

그러자 일제 군경은 강양동 패전을 보복하기 위해 독립군 추격에 나섰다. 新美 중위가 인솔하는 남양수비대 1개 중대와 헌병순사 10여 명은 두만강을 건너 삼둔자에 이르러 분풀이로 무고한 한인 양민만 살륙하는 만행을 저질렀다. 이에 독립군은 삼둔자 서남방 요지에서 이들을 공격, 섬멸시켜 버렸다. 이것이 삼둔자전투로, 처음으로 두만강을 건너 중국 영토로 불법 침입한 일본군을 격퇴한 것이다.[1)]

(2) 봉오동승첩

두만강 변경지대에서 전개한 독립군의 연이은 국내진입작전에 충격을 받은 일제는 북간도의 독립군 근거지를 수색, 탄압하기 위해 대병력을 동원하기에 이르렀다. 이른바 越江追擊大隊의 편성이 그것이다. 즉 함북 경성군 羅南에 사령부를 두고 두만강을 '수비'하던 일본군 제19사단은 三屯子에서의 참패를 설욕하고 독립군을 '토벌'하기 위해 '월강추격대대'를 편성, 불법으로 중국령 북간도를 침범하고자 하였다. 安川 소좌가 인솔하던 월강추격대대의 편성 내역은 다음과 같다.[2)]

보병 제73연대 제10중대(神谷 대위 휘하 70명의 혼성중대)
　　　　기관총 1소대(紫山 준위 이하 27명)
보병 제75연대 제2중대(森 대위 이하 123명)
헌병대(小原 대위 이하 11명)
경찰대(葛城 경시 이하 11명)

여기에는 또한 삼둔자전투에서 참패를 당한 新美 중대도 합류함으로써 대부대로 편성되어 있었다. 6월 7일 새벽 온성군 下灘洞에서 도강을 완료한 일본군은 독립군의 주요 근거지인 鳳梧洞을 향하면서 작전을 개시하였다.

---

1) 《獨立新聞》, 1920년 12월 25일, 〈北墾島에 在한 我獨立軍의 戰鬪情報〉.
2) 〈安川追擊隊ノ鳳梧洞附近戰鬪詳報〉(독립기념관 소장), 三. 彼我兵力.

봉오동은 지금의 도문시에서 서북쪽으로 15리 떨어져 있으며 동북방으로 뻗은 25리에 달하는 긴 골짜기이다. 봉오동 계곡으로는 실개천이 흐르고 있으며, 골짜기 어구로부터 8리 떨어진 곳에 초모자 형의 높은 산이 있어 중국인은 이곳을 草帽頂子라 불렀다. 1920년 당시 봉오동에는 하촌·중촌·상촌 등 3개 한인마을이 자리잡고 있었다. 하촌에는 최진동 일가를 중심으로 15호, 중촌은 80여 호, 북골과 남골로 된 상촌은 60여 호의 인가로 이루어져 있었다. 이러한 봉오동은 지리적으로나 경제적으로 모두 독립군의 근거지로서 적합한 곳이었다. 봉오동의 남쪽으로는 고려촌·安山村·恢幕洞(도문)·삼둔자 등의 마을들과 연계되어 있었으며, 서북쪽으로 40여 리 북상하면 대한군정서 소재지인 西大坡가 나오고, 서남쪽으로 16리 지점에 대한신민단의 근거지인 石峴이 있고, 북쪽으로 40여리 지점에 대한광복단의 근거지인 大坎子가 있었다. 봉오동은 동·서·북 삼면이 모두 산으로 둘러싸여 난공불락의 천연요새와도 같았다.3)

홍범도를 총지휘관으로 하는 대한독립군과 신민단, 그리고 군무도독부 연합부대는 일본군의 침공에 대비해 주민들을 미리 산중으로 대피시켜 놓고 만반의 임전태세를 갖추고 있었다. 곧 홍범도는 험준한 사방 고지에 독립군 각 중대를 매복시켜 놓은 다음 일본군을 포위망 속으로 유인해 섬멸시킨다는 작전을 세웠던 것이다.

미리 세워놓은 작전계획에 따라 李化日이 인솔하는 독립군 소부대는 이날 새벽 미리 봉오동 밖의 고려령 북편 고지로 출동하여 유인작전을 수행하고 있었다. 심야에 이화일 부대의 기습을 받은 일본군은 전열이 흐트러지는 등 제대로 응전치 못하고 고전하였다. 날이 밝아서야 전열을 재정비한 일본군은 부상병을 柔遠鎭으로 후송시키는 한편 부근 촌락을 수색하면서 오전에 봉오동 입구로 들어왔다.

봉오동 하촌으로 들어온 일본군은 최진동의 집을 비롯한 마을 전체를 유린하여 미처 피난하지 못한 노약자를 살륙하는 만행을 저질렀다. 이들은 다

3) 金春善, 〈1920年代 韓民族反日武裝鬪爭硏究에 관한 再照明〉(《韓民族獨立運動史論叢》, 朴永錫敎授華甲紀念論叢刊行委員會, 1992), 566~567쪽.

시 중촌을 지나 오후 1시 경 상촌을 향해 진입하기 시작하였다. 일본군 전위 부대가 사방 고지로 둘러싸여 있는 상촌 남쪽 300m 지점의 琵琶洞 방면으로 가는 갈림길까지 진입함으로써 독립군의 포위망 속으로 들어왔으나 매복 사실을 눈치채지 못하고 있었다. 곧이어 주력부대도 기관총대를 앞세우고 역시 독립군의 포위망 속으로 깊숙히 들어오게 되었다.

일본군 본대가 포위망 속으로 완전히 들어왔을 때 사령관 홍범도는 총 공격을 알리는 신호탄을 발사하였다. 삼면 고지에 매복하고 있던 독립군은 동시에 집중사격을 개시하였다. 불의의 기습공격을 받은 일본군은 필사적으로 포위망 탈출을 시도하는 한편 응전을 시도하였다. 그러나 유리한 지형을 차지한 독립군의 맹렬한 공격에 예봉이 꺾인 일본군은 시간이 흐를수록 사상자만 속출할 뿐이었다. 독립군의 완전한 포위망 속에서 3시간을 버틴 일본군은 드디어 퇴각하기 시작하였다. 이때 독립군의 제2중대장 姜尙模는 부하들을 이끌고 패퇴하는 일본군을 추격해 다시 큰 타격을 가하였다.[4] 이것이 유명한 봉오동승첩의 전말이다.

봉오동에서 독립군이 일방적 압승을 거둔 사실은 한·중·일의 여러 관련 자료나 정황으로 보아 의심의 여지가 없다. 그러나 전과에 대해서는 자료마다 큰 차이를 보여 그 실상을 명확히 확인하기는 쉽지 않다. 상해 임시정부의 군무부는 독립군측의 전과를 일본군 사살 157명, 중상 200여 명, 경상 100여 명에 달하는 것으로, 그리고 독립군측의 피해는 전사 4명, 중상 2명으로 확인하고 있다. 이 전과는 압승 사실을 내외에 과시하는 과정에서 다소 과장된 것으로 보인다.[5] 그렇지만 승첩 직후에 보도된 《독립신문》이나 중국 《上海時報》의 기사를 통해서 볼 때 일본군 150여 명을 사살한 공전의 대승을 거둔 것은 사실로 확인된다.[6] 이에 반해 일제의 전투보고서에서는 참패 사실을 철저하게 은폐하였을 뿐만 아니라, 독립군 30여 명을 '사살'하고 일본군측의 전사자와 부상자가 각각 1명에 불과한 것으로 실상을 철저히 왜

4) 《獨立新聞》, 1920년 12월 25일, 〈北墾島에 在한 我獨立軍의 戰鬪情報〉.
5) 위와 같음.
6) 《獨立新聞》, 1920년 6월 22일, 〈獨立軍勝捷〉.
趙中孚 외 2인 編, 《近代中韓關係史資料彙編 5》(國史館, 1967), 433~434쪽.

곡시켜 기술하고 있다.[7]

봉오동승첩은 독립군과 일제 양측 모두에게 큰 충격과 영향을 주었다. 독립군측은 임시정부 군무부가 이 승첩을 '독립전쟁의 제1회전'이라 선언하였을 만큼 이를 계기로 사기가 크게 진작될 수 있었다. 이로써 독립전쟁에서의 승리 가능성을 확신한 독립군은 지속적인 독립전쟁을 수행하기 위해 여러 독립군단간의 군사통일 노력을 더욱 경주하는 한편, 병력보충과 군비확충에 더욱 박차를 가하였다. 이와 같은 사기앙양과 전력증강은 장차 벌어질 일제 침략군과의 대규모 접전에서 승리를 담보하는 것이었다.

한편 일제는 봉오동참패에 커다란 충격을 받았다. 일제는 그동안 독립군의 국내진입작전에 시달리면서도 정규군대를 투입하면 독립군을 쉽게 '진압'할 수 있는 민병 정도로 판단하고 있었다. 하지만 봉오동참패를 계기로 일제는 정예화된 독립군의 강력한 전력을 실감하고, 장차 독립군이 국내진입작전을 대규모로 결행하게 되면 식민지 통치에 심각한 위협 요인이 될 것으로 판단하기에 이르렀다.[8] 결국 막강한 화력를 보유한 정규군대를 투입하고도 '예상 밖으로' 당한 봉오동의 충격적 참패는 독립군의 전력을 재평가하고 독립군 '초토화'를 위한 근본적 대책을 강구케 한 계기로 작용하였다. 봉오동승첩에 이어 벌어진 청산리대첩은 봉오동전투를 계기로 독립군과 일제 양측이 받은 영향과 충격의 소산이기도 하다.

2) 청산리대첩

(1) 일본군의 간도 침공

3·1운동 이후 두만강과 압록강 접경지대에서 독립군의 활동이 활발해지자, 일제는 대책 마련에 혈안이 되었다. 1920년 5월부터 조선총독부 경무국장이 수차 심양을 왕래하며 만주 실력자인 巡閱使 張作霖을 만나 '중일합동

---

7) 〈安川追擊隊ノ鳳梧洞附近戰鬪詳報〉, 八. 彼我의 損害.

8) 신용하, 〈봉오동전투와 청산리독립전쟁〉(국사편찬위원회 편, 《한민족독립운동사》 4, 1988), 101쪽.

수색'이란 명목하에 일제 군경을 동원해 독립군 탄압을 시도한 것이 그 대표적 사례이다.[9] 이에 따라 서간도를 중심으로 하는 봉천성 내에서 일제의 奉天督軍 고문 우에다(上田)와 사카모토(坂本)의 두 경찰고문을 隊長으로 하는 上田隊와 坂本隊로 불린 '중일합동수색대'가 편성되어 전후 4개월에 걸쳐 독립군 및 항일단체에 대한 대탄압을 가하였다. 이는 결국 각지의 친일단체인 保民會를 앞세운 일제 군경의 항일민족주의자 학살삭선이 되고 말았다.[10]

그러나 중국 관리 가운데는 한국의 독립운동을 동정 내지 지지하는 인물도 상당수 있었다. 특히 북간도의 경우가 그러하였다. 길림성장 徐鼎霖을 비롯해 연길도윤 張世銓, 보병 제1단장 孟富德 등은 중일합동수색을 반대하고 일제측의 동정을 사전에 독립군측에 통지해 주었다. 그러므로 북간도에서는 중일합동수색이 실효를 거둘 수 없었던 것이다.

한중간의 우호관계 속에서 중일합동수색에 의한 독립군 탄압작전이 실패로 귀착되자, 일제는 직접 일본군을 간도로 침공시켜 독립군과 항일단체를 근원적으로 '초멸'하려는 대규모의 계획을 수립하기에 이르렀다. 봉오동참패를 계기로 이러한 계획은 더욱 구체화되었다. 1920년 8월까지 완료한 '間島地方不逞鮮人剿討計劃'이 그것이다. 침공 계획과 준비를 완료해 놓은 뒤 일제는 간도침략에 따른 국제적 비난과 불법성을 은폐할 적당한 구실을 마련하게 되었다. 1920년 10월의 琿春事件은 이와 같은 배경과 목적하에서 일제가 의도적으로 조작한 사건이었다.

일본군은 중국의 마적 長江好를 금전으로 매수하고 그들에게 무기를 제공한 뒤, 이들로 하여금 일제의 영사관 분관이 있던 훈춘을 습격케 하였다.[11] 이에 따라 400여 명의 마적단은 1920년 10월 2일 새벽에 야포 3문을 성 밖에다 걸어놓고 훈춘성을 공격하였다. 이때 훈춘의 일본 영사관 분관에는 영사관 경찰과 총독부 파견 경찰대 및 총독부 함북경찰대 등에 소속된 50여 명의 병력이 주둔해 있었다. 중국측의 요청에 의해 이들 병력이 한쪽 성문을 수비하였으나 마적들은 일제측과의 사전 약속대로 무난히 성문을 통과해 약

9) 姜德相 編, 《現代史資料》 28, 67~68쪽.
10) 國史編纂委員會 編, 《韓國獨立運動史》 3, 663~666쪽.
11) 姜德相 編, 《現代史資料》 28, 141~142쪽.

탈과 살륙을 자행하였다. 결국 마적단의 난동으로 중국군 70여 명과 한인 7명이 살해당하는 참화를 입었고, 영사관원들이 탈출한 상태에서 비어 있던 일본 영사관 분관도 분탕되었다. 또한 조선총독부 함북파견 경찰 일가와 일인 부녀자 9명도 아울러 살해되었다고 한다.[12] 이것이 훈춘사건의 전말이다.

훈춘사건을 구실로 일제는 출동 대기상태에 있던 대규모의 병력을 사건 당일부터 즉시 간도에 투입하였다.[13] 중국 당국과의 사전 교섭이나 통보 절차없이 일방적으로 만주를 침범한 것이다. 10월 2일부터 수일간 북간도 일대에 집중적으로 투입된 일본군의 주력은 한국 주둔군인 소위 주차조선군 소속의 일본군 제19사단이었다. 주력부대 외에도 연해주 블라디보스톡 주둔군(浦潮軍)과 요동지역에 배치되었던 關東軍의 일부도 투입되었다. 구체적으로 만주 침공에 동원된 일본군의 부대별 병력 규모를 보면 주력인 '조선군' 제19사단 9천명을 비롯해 20사단 700명, 블라디보스토크 주둔군 제14사단 4천명, 제11·13사단 각각 1천명, 북만주파견대 1천명, 관동군 1,200명 등으로, 총병력 2만명에 달하는 엄청난 규모였다.[14] 이와 같은 대규모 병력이 기관총과 대포 등 중화기와 신형 장비를 갖추고 서북간도를 동서남북 사방에서 포위하는 형세로 한인사회에 대해 대대적인 압박을 가해 온 것이다. 그 가운데서도 특히 독립군의 주요 근거지였던 북간도 일대는 제19사단 주력부대를 비롯한 일본군의 집중적인 탄압을 받게 되었다.

(2) 독립군의 근거지 이동

만주에 불법 투입된 일본군의 '작전' 목적은 독립군의 완전 제거, 곧 "불령선인단에 대해 섬멸적 타격"을 입하는 데 있었다. 앞에서 언급하였듯이 일본군의 간도 침공에 앞서 일제측의 강요로 독립군에 대한 탄압을 외형적으로나마 행동에 옮길 수밖에 없던 처지에 놓인 중국 관헌은 현상 타개를 위해 대한국민회를 비롯한 여러 독립군단에 대해 근거지 이동을 요구하게 되었

12) 姜德相 編,《現代史資料》28, 146~148쪽.
13)《間島出兵史》上(金正柱 編,《朝鮮統治史料》2, 韓國史料硏究所, 1970), 17~20쪽.
14) 金靜美, 〈朝鮮獨立運動史上に於ける1920年10月－青山里戰鬪の歷史的意味を求ねて－〉(《朝鮮民族運動史硏究》3, 青丘文庫, 1986), 136쪽.

다.[15] 연길·왕청·화룡·훈춘 등 북간도의 4개 현에서 활동중이던 여러 독립군단은 이와 같은 상황에서 새로운 근거지를 구축하기 위해 1920년 8월 하순부터 장정길에 올랐다.

북간도 독립군단 가운데 가장 먼저 장정에 오른 부대는 홍범도가 인솔하는 대한독립군이었다. 대한독립군은 봉오동승첩 이후 연길현 明月溝로 근거지를 옮긴 뒤 8월 하순 사관학교까지 건립한 본영을 떠나 백두산 서남방을 향해 장정에 들어갔다. 그리하여 한달만인 9월 20일 경 대한독립군은 안도현과 접경지인 화룡현 二道溝 漁郞村 부근에 도착하였다.

대한독립군에 이어 안무의 대한국민군도 8월 31일 근거지인 왕청현 依蘭溝를 떠나 안도현 방면을 향해 장정에 오른 뒤 9월말 경 역시 화룡현 이도구 지방에 도착하였다.[16]

한편 봉오동에 근거지를 두고 있던 군무도독부를 이끌던 최진동은 군사통일과 새로운 기지설정 등의 문제에서 홍범도·안무 등과 의견이 일치되지 않았다. 결국 군무도독부는 백두산을 향하지 않고 동북방으로 근거지 이동을 단행해 9월말 경 왕청현 羅子溝에 도착하였다. 또한 의군부·신민난·광복단·의민단 등의 여러 독립군단도 9월 경 대한독립군이 향한 안도현 방면의 서남방으로 이동하거나 혹은 동북방의 나자구로 이동하였다.

북간도의 여러 독립군단 가운데 가장 늦게 장정길에 오른 부대는 왕청현 西大坡에 근거지를 두고 있던 대한군정서였다. 대한군정서는 막대한 자금을 투입해 건립한 사관 양성학교인 사관연성소에서 1920년 9월 9일 성대한 졸업식을 거행하였다. 298명의 사관생도들이 6개월간의 훈련과정을 이날 이수하였던 것이다.[17] 또 이에 앞서 전력증강을 위해 1920년 6월 연해주 블라디보스톡으로 파견하였던 200명 가량의 구입무기 운반대가 8월말 경 무기와 탄약을 가지고 무사히 돌아왔다. 이와 같은 사정으로 장정이 늦어진 대한군정서는 사관연성소 졸업생도를 중심으로 하는 旅行隊(敎成隊)와

15) 愼鏞廈, 《韓民族獨立運動史硏究》(乙酉文化社, 1985), 401~405쪽.
16) 姜德相 編, 《現代史資料》 28, 351쪽.
17) 《獨立新聞》, 1921년 2월 25일, 〈大韓軍政署報告〉.

사령부 경비대, 그리고 본대 등으로 부대를 편성하고 9월 17~18일 장정에 올랐다. 총기와 탄약 등의 무기를 우마차에 적재하고 서대파의 본영을 떠나 화룡현 삼도구의 청산리를 향해 450리의 험로를 진군한 끝에 거의 한달 만인 10월 12~13일 경 목적지인 삼도구에 당도할 수 있었다. 서대파에서 청산리까지의 행군로에 대해 대한국민회 간부였던 洪相杓는 다음과 같이 기술하고 있다.

> 서대파에서 야음을 이용하여 대황구를 지나서 왕청현 街北으로 수천리 떨어진 험산준령을 거쳐 연길현 의란구 깊은 산 비적들이 통행하는 산로밖에 없었다. 이 산로는 안도현·연길현·왕청현을 연결하여 나재구(나자구)를 거쳐 노령으로 통행하는 지대였다. 그래서 이 산로는 마적이 이용하였고 만주국 당시 김일성군 약 300명과 최현군 약 150명이 이 길을 이용하였던 것이다. 우리 동포의 거주가 희소하므로 무장독립군의 장거리 행군에 고생이 막심하였던 것이다. 서대파에서 노두구령까지 산로이므로 약 320리 가량 될 것이다. 영에서 10리 되는 서구파 앞으로 내려가서 30리 가면 군정서 구역인 장인강 부락에 도착하여 30리 더 가면 이도구에 도착한다. 이도구에서 어랑촌이 10리요, 백운평까지 75리가 된다. 그러므로 서대파에서 백운평까지는 455리 가량 되는 것이다(洪相杓, 《간도독립운동비화》, 선경도서출판사, 1990, 85~86쪽).

이상에서 보았듯이, 청산리대첩의 주역인 김좌진 사령관이 인솔한 대한군정서와, 홍범도 장군이 인솔한 대한독립군·대한국민군 등의 연합부대는 1920년 9월 하순부터 10월 상순까지 일제의 탄압을 피하고 새로운 항일근거지를 건설하고자 각기 본영을 떠나 4~5백리를 장정한 후 화룡현 이도구와 삼도구 서북방의 밀림지대로 진군하였던 것이다.

북간도 일대에서 활동하던 대부분의 독립군단이 이와 같이 서남방 백두산록의 험준한 밀림지대인 화룡현 이도구·삼도구 방면으로 장정한 것은 일제의 강력한 탄압에 효과적으로 대응하기 위한 전략 때문이었으며, 그 구체적 이유로는 다음과 같은 점을 들 수 있다.

먼저 이도구·삼도구 일대가 국경과 근접해 있었다는 점이다. 일제 침략세력 구축이 궁극적 활동목표였던 독립군으로서는 국내진입작전을 펼 수 있는 지리적 조건을 갖춘 국경 근접지대를 근거지로 삼는 것이 활동상 유리하였기 때문이다. 명장 홍범도가 백두산 방면으로 장정을 시작하면서

> 지금부터 1~2개월 이내에 반드시 일본군대의 출동을 보게 될 것이고 우리들은 일본군대와 교전하는 것을 싫어하지는 않지만 당지방에서 전사한다면 개죽음과 같아서 일시 백두산지방에 回避, 結氷 때를 기다려, 한 발자국이라도 조선땅에 驀進하여 의의있는 희생을 하지 않을 수 없다(姜德相 編, 《現代史資料》 28, 350~351쪽).

라고 근거지 이동의 동기와 이유에 대해 밝힌 대목도 독립군의 그러한 경향성을 생생하게 뒷받침해 주고 있다.

다음으로 백두산록 일대가 일본군과의 대전에 유리한 지형조건을 갖추고 있었다는 점이다. 지세가 험준하고 산림이 울창한 이곳은 일본군의 정면 공격을 피할 수 있을 뿐만 아니라 지형지세를 적절히 활용함으로써 효과적인 대일전을 수행할 수 있는 최적의 조건을 구비한 곳이었다. 독립군이 청산리 일대에서 거두게 되는 대승첩이 바로 이 점을 입증시켜 주는 산 증좌가 된다.

끝으로, 백두산록 일대는 당시 奉天省과 吉林省의 접경지에 해당되는 지역으로, 중국군의 탄압을 피할 수 있는 適地로 판단되기도 했다는 점이다. 독립군이 이곳에다 근거지를 구축하게 되면, 일제측의 강요를 받은 길림성 군대가 공격해 올 경우에 독립군이 봉천성으로 쉽게 이동할 수 있고, 봉천성 군대가 공격해 올 경우에도 길림성으로 쉽게 이동할 수 있었기 때문이었다.[18]

이도구와 삼도구 밀림지대 중에서도 대한군정서 독립군이 첫 회전에서 대승을 거둔 청산리는 함북 무산 북쪽에 자리잡은 忠信場에서 시작되는 장장 60리의 깊은 협곡이다. 그 골짜기 안에는 大進昌·松里坪·平壤村·싸리밭 등의 여러 촌락이 점점이 흩어져 있었다. 또한 청산리 북쪽에 위치한 이도구도 漁郎村을 비롯해 甲山村·泉水坪·蜂蜜溝 등의 여러 촌락이 산재한 심산장곡이다.[19]

---

18) 愼鏞廈, 앞의 책, 410쪽.
尹炳奭, 앞의 책, 170~171쪽.

19) 《獨立新聞》, 1921년 3월 12일, 〈北路我軍實戰記 二〉.

(3) 독립군의 전투준비

청산리대첩 당시 독립군의 전력을 구체적으로 확인하는 작업은 결코 쉬운 일이 아니다. 독립군의 병력 규모·무기보유 상황 등을 명확히 확인하는 데는 자료상 한계가 있기 때문이다. 이러한 사실을 염두에 두고 청산리대첩 당시 전투에 직접 참가한 독립군의 대체적인 전력을 살펴보자.

대한군정서의 경우 약 600명의 정예병력과 100명 가량의 보충대 병력이 교전 개시 직전인 10월 12~13일 청산리 부근에 도착하여 주둔하고 있었다.[20] 다량의 무기를 보유한 대한군정서 병력은 여행대장 羅仲昭와 중대장 李範奭이 인솔한 사관연성소 졸업생 300여 명을 위주로 한 旅行隊, 그리고 김좌진이 직접 인솔하는 본대로 나뉘어져 있었으나, 대회전 직전에 편제를 개편, 전력의 극대화를 꾀하였다. 즉 김좌진을 사령관으로 한 사령부와 그 밑에 참모부 및 연성대를 두고, 사령부 아래에는 다시 洪忠憙를 대대장서리로 하는 1개 대대로 개편하고, 그 대대는 4개 중대와 1개 기관총 소대로 편성하였던 것이다.[21] 보통 1개 소대가 50명이며 1개 중대는 2개 소대로 이루어졌으므로 대대 병력은 400명 가량이었다고 볼 수 있다.

홍범도가 직접 지휘하는 대한독립군은 그 동안에 최진동의 군무도독부 및 안무의 대한국민군과 연합한 결과로 大韓北路督軍部를 편성하여 1920년 6월 봉오동승첩을 거두었다. 이어 같은 해 7월 북간도 여러 독립군단의 군사통일 진전으로 東道軍政署가 성립되자, 대한북로독군부는 그 별동부대인 東道督軍府로 편성되었다. 그리하여 홍범도는 이 동도독군부의 사령관으로서 연길현 依蘭溝 九丹溝 오지에 본영을 두고 4개 대대 1,600명의 큰 군단을 편성하여 요충지에 주둔시키면서 군사훈련을 통해 전력을 강화하였다. 한편 이 무렵에는 대한국민회와 상해 임시정부의 지원을 받아 明月溝에 무관학교까지 설립하여 본격적인 간부훈련도 개시하였다.

홍범도의 대한독립군과 연합한 독립군부대 가운데 안무의 대한국민군은 북간도 한인사회의 자치와 독립군 양성에 가장 큰 기반을 가진 대한국민회

20) 姜德相 編,《現代史資料》28, 361·396쪽.
21)《獨立新聞》, 1921년 2월 25일, 〈大韓軍政署報告〉.

의 직속 군대였다. 이 군단은 그 동안 국내진입작전과 봉오동전투에도 참전하였던 부대로, 군자금이 비교적 풍부하고 정기적으로 훈련도 받아온 정예군이었다. 봉오동승첩 이후 8월 경의 대한국민군 병력은 450명이었다. 대한국민군은 위에서 보았듯이 8월 말 대한국민회의 지시에 따라 대한독립군의 뒤를 이어 의란구의 본영을 떠나 9월 하순 이도구 부근에 도착하였다.

대한의군부는 봉오동전투 이래 許根을 단장, 姜昌大를 부단장으로 하는 부대로 개편, 대한독립군과 연합하여 항일전을 수행해 왔다.[22] 그리하여 이도구 방면으로 진군한 후에는 홍범도 휘하에서 청산리대첩에 참전하였다. 이 무렵의 병력은 150명 정도로 추정된다.

훈춘한민회군은 이도구로 이동한 뒤 홍범도 휘하에서 200여 명 정도가 대첩에 참가하였던 것으로 보인다. 대한광복단은 1920년 8월 현재 단원이 200여 명에 불과하였으나 대첩 직전에는 450명에 이르렀다. 하지만 실제로 대첩에 참전한 병력은 200명 정도로 추정된다. 의병을 중심으로 조직되었던 대한의민단은 200~300명의 총병력 가운데 100여 명 정도가 직접 참전하였다. 이도구 방면에 진군한 대한의민단은 일명 冒險隊로 알려졌고 홍범도 부대와 합류한 뒤 대첩에 참가하였다. 대한신민단은 장정에 오를 때 그 일부가 최진동이 인솔한 군무도독부군을 따라 羅子溝 방면으로 북상하였지만, 나머지 200여 명은 홍범도 부대를 따라 이도구 방면으로 이동한 뒤 연합부대의 일원이 되어 대첩에 직접 참전하였다.

이상과 같은 독립군의 병력을 종합적으로 파악해 보면 청산리대첩 당시 독립군의 병력 규모를 대개 가늠할 수 있을 것이다. 이 내용을 정리하면 대한군정서 600명, 대한독립군 300명, 대한국민군 250명, 대한의군부 150명, 훈춘한민회 200명, 대한광복단 200명, 대한의민단 100명, 신민단 200명 등 모두 2,000명 정도의 독립군이 청산리대첩에 참전한 것으로 파악된다.[23]

한편 김좌진과 홍범도, 안무 등 독립군의 주요 간부들은 청산리일대로 들어온 일본군과의 대규모 회전을 앞두고 효과적인 군사작전을 숙의하기 위해

22) 姜德相 編,《現代史資料》27, 369쪽.
23) 愼鏞廈, 앞의 책, 451쪽.
尹炳奭, 앞의 책, 179쪽.

수차 회합을 가졌다. 이도구 북하마탕에서 대첩을 앞두고 10월 13일 대한독립군과 통합된 대한국민군·신민단·대한의민단·훈춘한민회 등의 대표자가 모여 전략회의를 개최하였다. 이 회의에서 홍범도가 연합부대의 지휘를 담당하기로 결의하고, 군자금 모집도 추진하였다. 이에 따라 대한국민회는 〈광복사업의 성패의 秋〉라는 포고문을 발하고 한인 매호당 10원, 그리고 전 재산의 10분의 1에 해당하는 금전을 군자금으로 모집하기 시작하였다.

이에 앞서 이도구 일대에 주둔해 있던 홍범도 연합부대는 삼도구 청산리 일대에 진주한 김좌진의 대한군정서와도 연합작전을 협의하였다. 일본군이 삼도구 忠信場 上村에 도착하기 전날인 10월 10일 廟嶺에서 개최한 독립군 간부회의가 그것이다. 대한군정서와 연합부대의 지휘관들이 참가한 작전회의에서 한때 군정서 부총재 玄天默 등이 주장한 피전책을 채택해 일본군과의 전면전을 가능한 피한다는 전략을 결의하기도 하였다. 즉 일본군과의 대규모 교전사태는 중국 정부의 반감을 야기하고 나아가 일본군의 병력증파를 초래할 위험성이 크다고 보았던 것이다.[24] 그러나 일본군의 파상적 대공세에 직면하게 된 독립군은 교전 회피가 도리어 불리할 수도 있다고 판단되자 적극적인 응전 방향으로 전략을 변경하였다.

(4) 청산리대첩

가. 백운평전투

청산리대첩은 1920년 10월 21일부터 26일까지 전후 일주일 동안 화룡현 이도구·삼도구 일대에서 아즈마 마사히코(東正彦) 소장이 지휘하던 일본군 주력부대를 맞아 白雲坪戰鬪를 시작으로 완루구·어랑촌·천수평·봉밀구·고동하 등지에서 벌인 대소 10여 회의 회전에서 독립군이 거둔 승첩을 통칭하는 말이다. 그 최초의 전투인 백운평전투 교전지가 삼도구의 청산리에 속해 있었기 때문에 곧이어 벌어진 여러 전투들까지도 '청산리'라는 지명으로 묶어 대첩의 이름으로 따오게 된 것이다.

간도를 침략한 일본군 가운데 청산리 일대로 들어온 東支隊는 용정과 무

---

24) 姜德相 編,《現代史資料》27, 381쪽.

산 방면에 진출하여 安圖 남쪽, 和龍 북방에 위치한 天寶山에 주력을 두고 있었다. 독립군이 백두산록에 자리잡은 안도현이나 그 북쪽의 敦化縣으로 이동하지 못하도록 저지하는 임무를 맡은 이 부대는 10월 20일을 기하여 야마타(山田) 대좌가 지휘하는 이른바 야마타聯隊를 선두로 독립군에 대한 소위 토벌작전에 들어갔다.[25] 이에 따라 야마타연대는 두 부대로 나뉘어 한 부대는 삼도구에서부터, 그리고 다른 한 부대는 이도구 蜂蜜溝에서부터 각각 老嶺 방면으로 진출토록 하였다. 그리고 무산수비대 역시 石人溝를 거쳐 老嶺 방면으로 진출케 함으로써 대한군정서 독립군을 사방에서 포위하려 하였던 것이다.[26]

한편 아즈마 마사히코 소장이 직접 인솔하는 주력부대는 이도구 서북방에 있던 홍범도 지휘하의 독립군 연합부대를 공격하기 위한 '작전'을 개시하였다. 즉 아즈마支隊 주력을 두 부대로 나누어 그 가운데 한 부대를 천보산 방면으로 출동시켜 남하케 하고, 다른 한 부대를 이도구로부터 서진케 함으로써 독립군 연합부대를 앞뒤에서 포위 공격하려 한 것이다.

청산리 일대로 투입된 동지대의 병력 규모는 중화기로 무장한 정예기병과 포병을 포함해 약 5천명으로 추산되었다. 곧 이와 같은 대규모 병력을 동원한 일본군은 10월 20일을 기해 대한군정서 및 독립군 연합부대에 대해 총공격을 가한다는 작전을 수립해 놓았던 것이다.[27]

이상의 작전계획에 따라 야마타연대의 주력은 20일부터 대한군정서 독립군 '토벌'을 위해 삼도구에서 청산리를 향해 진군해 오기 시작하였다. 이에 대한군정서의 김좌진 사령관은 적과 대전하기에 가장 유리한 지형을 갖춘 백운평 고지에다 독립군을 전투편제로 이중 매복시켜 놓은 뒤 적의 접근을 기다렸다.[28]

이 때 대한군정서의 부대 배치는 2개의 '梯隊'로 이루어졌다. 우선 평소에 훈련이 적은 보병의 일부와 비전투원으로 제1제대를 편성한 뒤 총사령관

---

25) 姜德相 編, 《現代史資料》 28, 216~217쪽.
26) 《間島出兵史》 上, 55~60쪽.
27) 金靜美, 앞의 글, 158쪽.
28) 《獨立新聞》, 1921년 3월 1일, 〈北路我軍實戰記〉.

김좌진의 지휘하에 후방에 배치하였다. 그리고 사관연성소 졸업생으로 구성된 연성대를 중심으로 박격포와 기관총으로 무장한 정예부대로 제2제대를 편성한 뒤 연성대장 李範奭의 지휘하에 최전선을 맡게 하였다. 교전지를 기준으로 우측 산허리의 1개 중대는 李敏華, 좌측 산허리의 1개 중대는 韓根源이 각각 지휘를 맡았으며, 정면 우측의 1개 중대는 金勳, 좌측의 1개 중대는 李敎成, 그리고 정면 중앙에는 이범석이 직접 지휘를 맡아 매복 대기하고 있었다.[29)]

독립군이 매복한 지점은 청산리 골짜기 중에서도 폭이 가장 좁고 좌우 양편으로 깎아지른 듯한 절벽이 솟은 곳이었다. 그 사이에 백운평이라 부르는 '공지'가 있어 청산리계곡을 통과하는 단 하나의 오솔길이 나 있었다.[30)] 백운평의 독립군 매복지는 그 공지를 바로 내려다보는 깎아지른 절벽 위였다. 이민화 부대가 매복한 백운평 우측 지대는 경사가 60도나 되는 산허리였고, 김훈 부대가 매복한 정면 우측은 깎아지른 절벽이었다.[31)]

야마타연대의 전위부대인 야스카와(安川) 소좌 인솔하의 1개 중대는 독립군의 매복 사실을 전혀 예상하지 못한 채 21일 아침 백운평으로 들어왔다. 일본군이 독립군 매복지점으로부터 불과 10여 보에 지나지 않을 정도로 근접하자, 김좌진 장군은 공격명령을 내렸다. 600여 명의 독립군은 계곡 중앙의 공지에 다다른 일본군을 향해 일시에 집중사격을 개시하였다. 일순간에 기습을 당한 야스카와 전위부대는 독립군의 매복지점조차 제대로 파악할 수 없는 상황에서 전열이 완전히 무너지고 말았다. 결국 30여분 간의 집중공격 끝에 독립군은 200여 명의 전위부대 전원을 섬멸하는 커다란 전과를 올릴 수 있었다.[32)]

야스카와전위부대의 전멸에 뒤이어 뒤따르던 야마타연대의 주력부대도 기

---

29) 李範奭, 《우둥불》(三育出版社, 1986), 25·30쪽.

30) 李範奭, 위의 책, 25쪽. 이범석은 백운평전투의 교전 현장의 지형과 지세에 대해 다음과 같이 기술하고 있다. "아군 장교의 정찰 보고에 의하면 이 골짜기를 따라 십여 리를 더 들어가면 5, 6리 길이에 2리 넓이의 빈 터가 있는데 그 가운데에는 한 줄기 실개천이 흐르고 그 양 옆은 칼로 깎아세운 듯한 산이 있다 한다. 또 그 주위는 무성한 밀림에 둘러싸여 단 한 사람도 자유롭게 빠져나갈 수 없는 철옹성을 이루고 있다는 것"이다.

31) 愼鏞廈, 앞의 책, 464쪽.

32) 《獨立新聞》, 1920년 12월 25일, 〈北墾島에 在한 我 獨立軍의 戰鬪情報〉.

관총과 山砲 등의 중화기를 앞세우고 백운평 교전지를 향해 돌격해 왔다. 그러나 주력부대 역시 절대적으로 우세한 지형를 확보하고 있던 독립군의 집중공격을 받게 되자 사상자만 속출하였다. 이에 일본군은 독립군을 협공하기 위해 고지를 따라 돌격하면서 우회하였으나 절벽 위를 선점한 독립군의 화력를 당할 수가 없었다. 야마타연대는 최후로 부대를 약간 후퇴시켜 전열을 재정비한 뒤 산포와 기관총의 엄호하에 정면과 측면에서 마지막 돌격을 시도하였다. 독립군은 고지 위의 완전히 은폐된 지점에서 이들을 향해 집중사격을 가하였다. 일본군은 끝내 백운평에다 다수의 시체를 남겨둔 채 퇴각하였다. 결국 대한군정서 독립군은 이 전투에서만 일본군 2~3백명을 사살하는 공전의 대승을 거두었다.

대한군정서 독립군은 퇴각하는 야마타부대를 추격하지 않고 이도구 방면으로 길을 떠나 밤을 새워 甲山村으로 행군하였다. 이도구 북쪽 천보산 방면에서 안도현으로 돌아 청산리로 침입해 오는 야마타연대의 별동 기병대에게 퇴로를 차단당하지 않기 위해서였다.[33]

나. 완루구전투

完樓溝戰鬪는 백운평전투에 이어 10월 22일 홍범도가 지휘하는 독립군 연합부대가 이도구의 완루구에서 아즈마지대 주력을 상대로 대승을 거둔 전투이다. 대한군정서 독립군이 백운평전투 직후 甲山村으로 이동하던 때에 아즈마지대의 주력은 홍범도 휘하의 독립군 연합부대를 '剿滅'하기 위해 두 부대로 나뉘어 이도구에서 남, 북 완루구의 두 길을 따라 포위망을 좁혀왔다. 이에 홍범도는 미리 설정한 저지선에서 그들을 맞아 전투를 개시하는 한편, 예비대로 하여금 우회해 오던 아즈마지대의 일부를 측면 공격케 하였다.[34]

북완루구로 진격하던 아즈마지대의 일부는 홍범도 부대의 이러한 전략을 감지하지 못하고 독립군 예비대가 빠져나간 후 그 중간 사잇길 고지에 들어간 아즈마지대의 다른 일대를 독립군으로 오인해 공격하였다. 그리하여 중앙고지에 들어선 아즈마지대의 일부는 한쪽에서는 독립군으로부터, 다른 한쪽

---

33) 姜德相 編, 《現代史資料》 28, 291쪽.

34) 《獨立新聞》, 1920년 12월 25일, 〈北墾島에 在한 我 獨立軍의 戰鬪情報〉.

에서는 아즈마지대의 다른 부대로부터 집중공격을 받아 거의 전멸되고 말았다. 즉 독립군 연합부대를 포위공격하던 아즈마지대의 남·북 두 부대는 홍범도가 지휘하는 부대에 의해 전면에서 공격을 받는 한편, 독립군 예비대의 뛰어난 유인작전에 말려들어 자살전까지 벌이게 되었던 것이다. 상해 임시정부에서는 홍범도 휘하의 독립군 연합부대가 이 전투에서 일본군 400여 명을 사살하는 커다란 전과를 올린 것으로 확인하였다.[35]

다. 천수평전투

泉水坪戰鬪 직후부터 밤새 행군을 계속한 대한군정서 독립군은 이튿날인 10월 22일 새벽에 이도구 갑산촌에 이르렀다. 이때 독립군은 갑산촌 주민들로부터 인근의 泉水坪에 일본군 기병 1개 중대가 야영중이라는 정보를 입수하게 되었다. 이에 대한군정서군은 다시 강행군을 재촉하여 연성대를 앞세우고 한 시간 가량 더 행군한 끝에 천수평에 당도할 수가 있었다. 천수평에는 120여 명의 기병중대 병력이 깊은 잠에 떨어져 있었다.

독립군은 일본군을 완전히 포위한 채 일제히 공격을 개시하였다. 새벽녘에 불의의 기습을 당한 일본군은 전의를 상실한 채 허둥대기만 할 뿐이었다. 결국 이 전투에서 일본군 기병대는 어랑촌 본대로 탈출한 4명을 제외하고 전원이 사살되었다.[36]

라. 어랑촌전투

청산리대첩 가운데 가장 규모가 큰 전투는 이도구 어랑촌 일대에서 벌어진 격전이었다. 어랑촌은 국치 전후 함북 鏡城郡 漁郞社의 주민 10여 호가 이도구에서 서쪽으로 10리 가량 떨어진 골짜기 안에 이주하여 개척한 한인 마을이다.

전투는 어랑촌 마을 일대에서 10월 22일 하루 종일 벌어졌다. 당일 새벽 천수평에서 살아남은 네 명의 일본군이 어랑촌 앞 二道河 부근에 주둔해 있던 아즈마지대 본대에 참패 사실을 알려왔다. 이에 본대에서는 가노우(加納) 기병연대를 필두로 한 대부대를 천수평으로 급파시켰다. 한편 천수평전투 직

35) 위와 같음.
36) 李範奭, 앞의 책, 40~45쪽.

후 대한군정서군은 어랑촌 방향의 鷄南 부근 '野鷄골'로 내려와 그곳의 유리한 고지를 선점한 뒤 출동한 일본군 대부대와 전면전에 돌입하게 되었다.

어랑촌전투에는 독립군과 일본군 양쪽 모두 全力이 투입되었다. 독립군측에서는 백운평과 천수평에서 연승을 거둔 대한군정서 600명과, 완루구에서 완승한 뒤 이곳으로 이동해 온 홍범도 휘하의 연합부대 1,500명이 총동원되었다. 반면 이 전투에 참여한 일본군 병력규모는 확인하기 어려우나, 어랑촌 부근에 임시 본대를 둔 아즈마지대 소속의 보병·기병·포병 등 주력 5천여명이 이 일대에 주둔하고 있었던 사실은 확인된다. 이렇게 볼 때 일본군은 독립군에 비해 병력과 화력 양면에서 월등히 우세한 입장에 있었다. 그럼에도 불구하고 최후 승리는 독립군측에 귀착되었다. 투철한 항일의지로 무장한 독립군은 유리한 지형을 이용한 뛰어난 전술을 구사해 일본군에게 커다란 타격을 가하며 대규모 전투를 승리로 이끌 수 있었던 것이다.

어랑촌전투에서 독립군측은 먼저 대한군정서군이 어랑촌 후방의 고지를 장악하여 일본군의 진출로를 차단하고, 이어 홍범도 휘하의 독립군 연합부대가 같은 고지 최고봉에 포진하여 대한군정서군을 지원한다는 전략을 세웠다. 일본군은 우세한 전력만을 믿고 희생을 무릅쓴 공격을 감행해 왔다. 독립군은 지형상 유리한 고지를 선점하고 있었기 때문에 다가오는 일본군을 향해 조준사격을 가할 수 있었다. 일본군은 단시간에 많은 사상자가 발생하게 되자 공세를 멈추고 전열을 재정비하였다. 그러나 공격을 단념하지는 않았다. 일본군 기병대는 천수평의 서방 고지를 따라 독립군의 측면공격을 시도하였으며, 포병과 보병은 독립군 진영의 정면에서 격렬한 공격을 재개하였다. 오전 9시부터 재개된 일본군의 공세는 해질 무렵까지 반복되었다. 그러나 지형상 우세를 점한 독립군은 일본군의 파상공세를 적절히 차단하면서 효과적인 반격을 가하며 전세를 유리하게 이끌었다. 시간이 지날수록 일본군의 피해는 늘어만 갈 뿐이었다.

상해 임시정부는 이러한 어랑촌전투에서 독립군이 승리를 거두어 일본군 300명을 사살한 것으로 밝혔다. 그럼에도 불구하고 일본군측은 참패 사실을 숨기고 단지 전사자 3명, 부상자 11명이라는 허위기록을 남겼다.[37] 한편 이

전투에 참전하였던 이범석은 가노우 연대장을 비롯해 일본군 1천여 명을 살상한 것으로 추산하였고, 독립군도 1백여 명이 사상한 것으로 회상하였다.[38)]

어랑촌전투 후 대한군정서 독립군은 안도현의 黃口嶺을 향해 소부대로 나뉘어 행군하였다. 또한 행군과정에서도 일본군과 도처에서 산발적인 혈전을 벌이기도 하였다. 완루구 산림 속에서 하룻밤을 지낸 대한군정서군은 23일 낮 맹개골 삼림 속에서 일본군 30여 명을 발견하고 이들을 기습함으로써 기병 10여 명을 사살하는 전과를 올렸다. 이어 맹개골로부터 20여 리 떨어진 萬麒溝에서도 50여 명의 일본군과 조우전을 벌여 30여 명을 사살하는 대승을 거두었다. 이와 같은 맹개골전투와 만기구전투도 청산리대첩의 여러 전투 가운데 일부를 차지하고 있는 것이다.

마. 천보산전투

김좌진이 거느리는 대한군정서군과 홍범도가 인솔하는 독립군 연합부대는 10월 24~25일간에 천보산 남쪽 부근에서 중대 규모의 일본군을 공격한 끝에 대승을 거두었다. 먼저 대한군정서 소속의 한 부대는 10월 24일 두 차례에 걸쳐 천보산 부근의 은·동광을 수비하고 있던 일본군 1개 중대를 습격, 큰 타격을 입혔다. 이때 일본군은 局子街(연길) 주둔 일본군 중대 병력과 기관총 소대의 증파를 요청하였을 정도로 큰 타격을 입었다. 이어 식량조달을 위해 천보산 부근으로 파견되었던 홍범도 연합부대 소속의 한 부대도 10월 25일 새벽 현지 주둔 일본군을 기습공격한 끝에 대승을 거두었다. 교전 직후 일본군 대대병력이 천보산으로 급히 파견되었던 것도 이러한 독립군의 대승에 기인한 것이었다.[39)]

바. 고동하곡 전투

청산리대첩 가운데 마지막 전투인 古洞河谷전투는 10월 25일 밤부터 26일 새벽 사이에 벌어졌다. 일본군이 고동하곡으로 독립군을 추격해 오던 중 홍

37) 姜德相 編,《現代史資料》28, 223~224쪽.
38) 李範奭, 앞의 책, 52쪽.
39) 愼鏞廈, 앞의 책, 492~494쪽.

범도 휘하 독립군의 매복전에 걸려 참패를 당한 것이다. 고동하는 老嶺 동남쪽에서 발원해 화룡현 관내의 和龍鄕을 거쳐 안도현 경내로 들어가는 하천으로 송화강 수계에 속한다. 교전지점은 현재의 八家子林業局 관할하에 있는 古洞河林場 남쪽으로 10 Km 정도 떨어진 골짜기이다.[40]

홍범도 독립군을 탐색하던 일본군은 25일 밤 고동하 골짜기에서 독립군의 흔적을 발견하고 심야에 이이노(飯野) 소좌가 이끄는 2개 소대를 앞세워 야습을 감행하였다. 그러나 홍범도 독립군은 일본군의 접근과 야습에 대비해 주변 각지에 매복해 있던 중이었다. 이와 같이 만반의 대비를 갖춘 상태였기 때문에 일본군이 돌격해 오자 독립군은 여러 방면에서 즉시 반격을 가해 대승을 거둘 수 있었던 것이다. 45분간 계속된 전투 끝에 독립군은 일본군 2개 소대 가운데 100여 명을 사살하는 큰 전과를 올렸다. 일제의 한 전투보고서에서도 이 전투 당시 “동쪽 하늘이 점차 밝아오자 (살았다는 안도감에서 일본군) 장졸들의 얼굴마다 기쁨이 나타났다”고 술회하였을 정도로 일본군이 참패를 당했던 것이다.[41]

(5) 청산리대첩의 전과와 의의

항일무장독립운동사상 공전의 대승을 기록한 청산리대첩에서 독립군이 거둔 구체적 전과를 파악하기는 결코 쉬운 일이 아니다. 상호 적대관계에 있던 한국과 일본, 그리고 전투 현지였던 중국측의 자료마다 각기 그 내용이 달리 기술되어 있기 때문에 실제 전과를 명확히 파악하기가 그만큼 어려운 것이다. 그럼에도 불구하고 청산리대첩에서 독립군측이 절대적으로 압승한 사실을 기록한 점에서는 대개 일치하고 있다. 이 점을 감안하고 청산리대첩에서 독립군이 올린 전과의 대강을 살펴보면 다음과 같다.

상해 임시정부의 군무부는 김좌진이 인솔한 대한군정서의 전황보고에 근거하여 청산리대첩의 총체적인 전과에 대해 일본군의 전사자가 연대장과 대대장 한명씩을 포함해 1,257명이며, 부상자는 장교 이하 200여 명이라고 밝

40) 허송암, 〈청산리전역에 대하여〉(《룡정3·13반일운동80돐기념문집》, 연변인민출판사, 1999), 311쪽.

41) 愼鏞廈, 앞의 책, 494~497쪽.

혔다.[42] 이보다 앞서 임시정부의 기관지인 《독립신문》도 "김좌진씨 부하 6백 명과 홍범도씨 부하 300여 명은 대소전투 10여 회에 왜병을 격살한 자 1,200여 명"이라 하여 군무부 보고와 비슷한 규모로 기술하였다.[43] 한편 박은식은 일본군 전사자를 2,000여 명으로 기록하고, 청산리대첩에 직접 참전한 이범석은 그의 회고록에서 일본군의 사상자를 3,300명으로 파악함으로써 임시정부에서 발표한 전과를 약간 초과하고 있다.[44] 자료에 따라 약간씩 차이를 보이기는 하지만 이상과 같은 한국측 전과 기록은 대체로 독립군의 압승을 뒷받침하는 면에서는 그 윤곽을 같이 하고 있다.

이에 비해 일본측 기록은 청산리에서의 참패 사실을 은폐할 뿐만 아니라 피해상황을 자의로 축소함으로써 객관적 자료로서의 신빙성을 결여하고 있다. 청산리대첩 직후 일제 신문에서는 현지 영사의 비밀보고에 의거해 "아군(일본군) 전몰장병 가노우 연대장 1명, 대대장 2명, 중대장 5명, 소대장 9명, 하사 이하 병졸 900여 명"이라고 대대적으로 보도했다고 하지만, 이 사실은 현재 확인되지 않고 있다. 일제는 전투 보고서에서 대한군정서 독립군이 청산리 부근의 4일간에 걸친 전투에서 일본군 700명을 사살하고 총기 200정과 포 2문을 노획했다고 선전하고 있는데, 이것은 사실이 아니라고 부정하였다.[45] 그리고 최초의 백운평전투에서는 병졸 3명 전사, 하사 1명과 병졸 2명이 부상하였을 뿐이고, 대규모의 접전인 어랑촌전투에서조차도 步卒 1명과 기병 2명이 전사하고, 보졸 4명과 기병 7명이 부상한 정도로, 그리고 홍범도 부대의 야간 매복전에 걸려 일본군 추격대가 거의 전멸된 고동하곡의 격전에서는 아예 "아(일본군)의 피해 없음. 적(독립군)의 사상자 30명"이라고 하여 전황을 허위로 보고하는 등 사실을 왜곡하였던 것이다.[46]

---

42) 《獨立新聞》, 1921년 2월 25일, 〈大韓軍政署報告〉.
43) 《獨立新聞》, 1921년 1월 21일, 〈我軍隊의 活動〉.
44) 朴殷植, 《韓國獨立運動之血史》(上海 : 維新社, 1920), 185쪽.
李範奭, 앞의 책, 58쪽.
45) 愼鏞廈, 앞의 책, 500쪽.
李範奭, 위의 책, 59쪽.
愛國同志援護會 編, 《韓國獨立運動史》 2, 1956, 314쪽.
46) 尹炳奭, 앞의 책, 198쪽.

그러나 간도주재 일본 총영사는 청산리대첩 직후 본국의 외무대신에게 다음과 같은 비밀 급전을 보내 일본군의 참패를 어느 정도 인정하고 있다.

> 일본군 담당구역내에서의 불령선인 토벌은 이미 각 부대가 모두 일단락을 고하였다. 그 효과는 일찍이 조선군(일본군 제19·20사단)이 2개 연대 병력으로 2개월 동안에 소탕할 수 있다고 믿은 기대에 반해 성적은 案外에 생각과 같지 않아서, 말하자면 다소 실패로 끝났다는 비난을 면키 어렵다(姜德相 編, 《現代史資料》 28, 304쪽 ; 愼鏞廈, 앞의 책, 502쪽 재인용).

한편 독립군측에서도, 일본군의 피해상황에 비해서는 상대적으로 경미하지만, 상당한 인적 손실을 보았던 것으로 추정된다. 일본군의 정보기록에서도 독립군측의 피해에 대해 백운평전투에서 16명, 어랑촌전투에서 60명 정도가 전사하고, 이어 고동하곡전투에서는 30명 가량이 사상한 정도로 기술하였다.[47] 이범석은 대한군정서 독립군의 경우 전사 60여 명, 부상 90여 명, 실종 200여 명으로 파악했지만, 실종자는 그후 대부분 부대로 복귀한 것으로 회고하고 있다.[48]

독립군의 피해상황에 대해 비교적 객관적으로 파악한 자료는 임시정부 파견원 安定根이 상해 임시정부에 제출한 비밀 보고서이다. 여기서 안정근은 10월 22일부터 3일간 여러 전투에서 300여 명에 달하는 독립군 사상자가 발생한 것으로 보고하였다. 결국 독립군의 전체 피해 규모는 여기에다 21일의 백운평전투와 25~26일의 고동하곡전투 등에서 발생한 사상자를 감안해야 할 것이다. 이렇게 볼 때 청산리대첩에서 독립군이 입은 인적 손실의 규모는 350여 명 안팎으로 추산된다.[49]

이상에서 본 것과 같이 청산리대첩에서 독립군은 무기와 병력면에서 절대적 우세를 자랑하던 이른바 무적황군 일본군을 상대로 완승을 거두며 혁혁한 전과를 올렸다. 그렇다면 독립군이 이처럼 압승할 수 있었던 요인은 과연

---

47) 위와 같음.
48) 李範奭, 앞의 책, 58쪽.
49) 愼鏞廈, 앞의 책, 500~501쪽.

무엇이었던가. 이 문제는 독립군과 일본군 양쪽의 상대적 전력 분석작업 외에도 3·1운동 이후 간도 한인사회의 격동하던 독립열기와 독립전쟁간의 유기적 관계의 해명을 통해서 밝혀질 수 있을 것이다.

우선 독립군이 승리할 수 있었던 직접적 요인으로는, 정신적 측면에서 어떤 악조건 속에서도 희생을 각오한 독립군의 결사항전 투지를 무엇보다 먼저 들 수 있다. 대한군정서 총재 徐一이 1921년 1월 청산리대첩의 전말을 상해 임정에 보고한 글 끝에서 다음과 같이 지적한 대목이 독립군의 이러한 결사항전 의지를 웅변해 준다고 할 것이다.

> 오호라, 3일간의 전투에 糧道가 俱絶되어 다만 5~6塊의 감자로써 餓腸을 僅充하고, 一日一夜에 능히 150여 리의 험산밀림을 통행하되 一毫도 奪氣함이 無하며, 전투 후에 또한 수천백리 森林長雪中을 통과하여 凍傷한 자가 不少하되 半點의 怨悔가 無함은 참으로 독립의 장래를 위하여 희망한 바이더라(《독립신문》 제95호, 1921년 2월 25일).

조국광복이라는 확고한 투쟁목표를 향한 독립군의 이러한 능동적 항전의지는 형식적 군제의 틀에서만 움직이던 일본군의 피동적 임전자세를 완전히 압도할 수 있었던 것이다.

다음으로 전술·전략면에서도 독립군은 일본군을 압도하였다. 독립군은 삼림과 계곡 등의 지형과 지세를 적절히 활용하고 유리한 고지를 선점한 뒤 접근해 오는 일본군을 향해 정확한 타격을 가할 수 있었다. 이에 비해 일본군은 화력과 병력의 우세만 믿고 삼림과 계곡에서 벌어질 전투에 대한 대비책도 없이 그대로 진군하는 무모한 작전을 반복적으로 구사함으로써 길목에서 매복한 독립군의 타격목표가 되었다. 백운평전투와 고동하곡전투 등의 예가 독립군이 구사한 전형적인 유격전술에 해당된다. 이와 같이 독립군이 일본군에 비해 전술·전략면에서 우세할 수 있었던 것은 결국 독립군 지휘부의 작전수립·군사운용 능력이 일본군 지휘관을 월등히 압도한 결과라고 볼 수 있을 것이다.

이와 같은 직접적 요인 외에 거시적으로 볼 때 간도 한인사회의 한층 고

조된 민족역량이 대첩을 올리게 한 근원적인 요인이었음을 지적할 수 있을 것이다. 독립군의 모체였던 현지 한인사회에서는 독립전쟁에 즈음해 군수지원과 정보제공 등 물심양면으로 헌신적 지원을 아끼지 않았다. 그 동안 독립군을 양성해 온 간도와 연해주의 한인사회는 국내진입작전이 개시된 1919년 여름부터 독립군의 항전에 모든 뒷바라지를 다해 왔었다. 가난한 농민이 주축이 된 한인사회는 경제적으로 생활기반조차 확고하지 못한 형편에서도 군자금을 내어 무기를 마련케 하였고, 군량·피복 등의 군수물자를 전담하였다. 뿐만 아니라 한인 이주민들은 일본군의 동태를 정확하게 탐지하는 정보활동을 자원하였고 독립군의 각종 통신연락을 담당하였다. 때로는 지형·지세를 적절히 이용해야 하는 독립군이 부대를 이동하거나 배치할 경우, 현지 안내를 자원하기도 하였다. 천수평전투는 현지 주민의 정보로 일제 기병대를 기습공격하여 승리한 경우이고, 완루구전투 역시 현지 한인이 제공한 일본군 동향 정보가 승전의 밑바탕이 되었던 것이다.

요컨대 1920년 10월의 청산리대첩은 1910년 국치 이후 간도를 중심으로 한 남북만주와 노령 연해주 등지의 국외 한인사회에서 경주한 '독립전쟁론'의 결실이었다. 국치 후 국내외 민족운동자들은 일제로부터 민족의 해방을 쟁취하기 위해서는 일제의 통치력이 미치지 않는 국외 각지에 독립운동기지를 건설하고 민족의 군대인 독립군을 양성함으로써 언젠가 적절한 시기가 왔을 때 일제와 전면전을 벌이겠다는 독립전쟁론을 견지하고 있었다. 이와 같은 독립을 향한 굳은 신념과 처절한 노력이 3·1운동을 계기로 봉오동승첩과 청산리대첩 등 독립전쟁으로 일시에 표출된 것이다. 동시에 이와 같은 독립군의 독립전쟁은 3·1운동에서 보여준 한민족의 자주독립 의지를 계승해 일제 침략세력으로부터 한민족이 독립할 수 있다는 민족의 자주독립 역량을 유감없이 발휘한 쾌거이기도 하다.

〈朴敏泳〉

3. 경신참변과 자유시사변

1) 독립군의 북정

청산리대첩에 참여한 대한군정서 등 여러 독립군 부대는 대첩이 끝난 직후 지체없이 북쪽 중·소 국경 부근의 密山을 향해 대장정에 올랐다. 먼저 대한군정서 독립군은 어랑촌전투를 승리로 이끈 뒤 일본군의 추격을 피해가며 북정길에 오르기 위해 즉시 부대를 이동시켰다. 사령관 김좌진의 인솔하에 대한군정서군은 야포와 기관총 등 중화기를 비롯해 총기와 탄약을 2량의 우마차에 만재하고 청산리 일대를 벗어나 10월 26~27일 경에는 화룡현과 안도현의 경계인 黃口嶺村 부근에 도착해 홍범도가 이끄는 독립군 연합부대를 기다렸다. 대한군정서군은 그후 11월 7일 경 황구령을 출발한 뒤 五道楊岔로부터 삼림계곡을 따라 천보산 서쪽 부근을 돌아 15일 경 왕청현 春陽鄉 神仙洞에 도착하였으며, 이어 여러 독립군부대가 집결하던 密山으로 향하였다. 그리고 이를 전후한 시기에 홍범도와 연합하였던 여러 부대 가운데 대한국민군·대한의군부·대한광복단 등의 독립군단도 대한군정서의 행군로와 비슷한 길을 따라 밀산을 향해 북정을 단행하였다.[1]

한편 홍범도가 인솔한 대한독립군과 훈춘한민회 및 대한의민단 등의 독립군 연합부대 600여 명은 고동하곡전투를 승리로 이끌며 청산리대첩을 마무리한 다음 곧바로 안도현 산림지대로 행군하였다. 그리하여 홍범도를 주축으로 한 이들 연합부대는 서간도 유하현 哈泥河의 본영을 떠나 안도현 奶頭山 부근 三人班에서 새로운 병영을 건설하고 있던 池靑天 휘하 400여 명의 서로군정서와 합류함으로써 단일부대를 편성할 수 있었다. 총사령관에 홍범도, 부사령관에 지청천이 각각 취임한 통합군단 역시 곧바로 밀산을 향한 고난의 행군에 들어갔다.

---

1) 姜德相 編,《現代史資料》28, 406~408쪽.
《獨立新聞》, 1921년 1월 21일.

청산리대첩에 참여한 여러 독립군단과는 달리, 중국측과 근거지 이동에 관한 타협이 이루어진 직후의 장정 초기부터 羅子溝와 밀산 방면을 향해 그대로 북상을 단행한 독립군도 있었다. 최진동 휘하의 군무도독부를 비롯해 대한의군부·신민단·훈춘한민회의 일부 독립군이 그러하였다. 왕청현 나자구에 집결한 이들 독립군 1,000여 명은 이범윤을 명의상 총재로 추대하고 최신동을 사령관으로 하는 大韓總軍府를 조직한 뒤 연해주 방면으로부터 기병대의 내원을 받으면서 일본군과 교전할 작전을 세우고 있었다. 그후 대한총군부도 다른 독립군이 밀산 방면으로 북상함에 따라 그곳으로 향하였다.

하지만 모든 간도 독립군이 밀산으로 북상한 것은 아니다. 북정한 독립군 가운데 처음부터 본대에서 이탈해 다른 곳으로 향한 병력도 있었으며, 중도에 낙오자도 많았다. 그러나 대체로 볼 때, 북간도의 여러 독립군 부대는 청산리대첩 후 중·소 국경 부근의 밀산을 향해 북상길에 오르게 되었다.

독립군의 집결지였던 밀산은 1910년 전후부터 민족운동자들이 국외 독립운동기지의 하나로 경영하기 시작한 곳이었다. 청산리대첩의 주역 가운데 한 사람인 홍범도도 1910년대 중반 이곳 蜂密山 일대에 주둔하며 독립군을 양성하고 있었다. 정태가 밀산을 '조선 독립군의 발상지'라고 규정한 것도 이러한 맥락에서이다.2)

그러나 밀산은 많은 독립군을 장기간 수용하기에는 현지 한인사회의 재정적 기반이 취약한 곳이었다. 이에 밀산에 주둔한 독립군 지도자들은 러시아 연해주로 넘어가 소모된 전력을 보충 증강한 뒤 새로운 항일전의 방향을 모색하려 하였다. 연해주는 서북간도와 마찬가지로 1910년 전후부터 국외 항일운동의 중추기지로 터전을 닦아오던 곳이었고, 20만에 이르는 대규모 한인사회가 형성되어 있었기 때문에 독립군의 새로운 활동근거지 개척의 適地로 자연히 부상하게 된 것이다. 더욱이 당시는 볼셰비키혁명이 시작된 직후로, 볼셰비키 혁명정부가 피압박 약소민족의 해방투쟁에 대한 후원을 공약하던 때

2) 朴敏泳, 《大韓帝國期 義兵研究》(한울, 1998), 221~223쪽.

였다. 볼셰비키의 이러한 약소민족 해방투쟁 원조 약속은 만주 독립군에게 새로운 희망을 주고 연해주 이동을 재촉하는 중요한 계기로 작용하였던 것이다. 그리하여 여러 독립군단의 지도자들은 회의를 열어 연해주로 이동할 것을 결정한 뒤, 하나의 통합된 독립군단으로 당당히 진군키 위해 大韓獨立軍團을 편성하였다.

대한독립군단은 한 개 여단 밑에 3개 대대로 구성되었다. 그리고 1개 대대는 3개 중대, 1개 중대는 3개 소대로 각각 구성되었고, 1개 소대의 구성원은 27명으로, 총병력이 3,500여 명에 달하였다. 대한독립군단의 총재는 대한군정서의 지도자였던 徐一이 맡았으며, 부총재에는 청산리대첩의 명장인 홍범도와 김좌진·曺成煥 등이 선임되었다. 그리고 총사령에는 金奎植, 참모총장에는 李章寧, 여단장에는 서로군정서 사령관이던 池青天이 각각 선임되었으며, 金昌煥·趙東植·尹擎天·吳光鮮 등이 중대장을 맡았다.[3)]

대한독립군단 편성에 합류한 중요 부대로는 서일을 총재로 한 대한군정서를 비롯해 홍범도가 지휘하는 대한독립군, 그리고 대한국민군·훈춘한민회·대한신민단·군무도독부·대한의군부·血誠團·野團·大韓正義軍政司 등이었다. 그리하여 단일편제의 독립군 연합체인 대한독립군단은 1921년 1월초 러시아의 연해주 이만으로 넘어가 자유시로 향하는 새로운 장정을 시작하였다.[4)]

만주 독립군이 청산리대첩 직후부터 장정길에 올라 자유시로 이동하기까지의 행군은 실로 고난에 찬 여정이었다. 굶주림과 혹독한 추위 등 이들 독립군이 겪은 고통과 고단한 형세는 1921년 9월 대한독립군 북만주 통신부 '리중실'이 임시정부 대통령 이승만에게 보낸 보고서인 〈알려드리는 글〉에 다음과 같이 생생히 나타나 있다.

> 삼가 따로 쓴 두장과 함께 사뢰나이다. 남북만주 여러 군단이 성립됨이 이미 삼년이라 요량함이 없음은 아니오나 자랑할 만한 열매를 얻지 못함은 깊이

3) 蔡根植, 《武裝獨立運動秘史》(공보처, 1947), 99쪽.

4) 尹炳奭, 《獨立軍史》(지식산업사, 1990), 208~211쪽.

유감되는 바인가 하나이다. 지남으론 선령의 뜻을 잇고자, 지금으론 이십조의 동포를 건지고자, 다음으론 억만대 자손에게 복록을 주고자 하는 우리 독립군의 두 어께가 이미 무거웠으며 따라 한 두 해에 이룰 바가 아닌가 하나이다. 조선에게는 열어주신 낙원을 잃은 죄, 제 몸에게는 배달겨레의 본뜻과 본승을 나타내지 못한 죄, 자손에게는 씻지 못할 부끄럼을 끼친 죄, 슬프다. 이것이 어께총 받들어총 하는 독립군의 죄 뿐이냐. 묻노니, 형제여, 형제의 죄도 있거든 함께 받고자 하나이다. 밤과 낮을 이어 전전궁궁하는 바는 동포의 도와주시는 뜻, 깊이 바라시는 뜻을 저버릴까, 최후의 일인까지 견디지 못할까 함이오니 … 저희는 이뿐으로 최후의 마음을 결정하였나이다. 때는 일기가 혹독히 추운 겨울이라 몸에는 솜을 붙이지 못하고 발에는 홋감발에 미투리뿐인 그 모양이 어떠하오리까. 할 일 없어 중동선 북으로 향하여 첫째는 군인의 얼고 줄임을 면코자 하며, 둘째는 여러 군대를 모으고자 하니 먼 데는 수천리요, 가까운 데는 칠팔백리 되는 험한 산골 빽빽한 산림을 지나는지라, 이 일이 어찌 쉽소오리까. 더구나 중동선 북에는 우리 동포의 집이 드물어서 몇백명 군인의 의복과 양식도 공급할 수 없으므로 이 또한 사세에 의지하며 다시 아령 이만으로 가게 되었나이다. 아령 이만으로 간 뒤에 여러 군단이 합하여 전날 명의를 모두 작소하고 대한독립군이라 이름하여 한 기관 아래에 지휘를 받게 되었더라. 이만은 일·아 사이에 이른바 완충의 땅이므로 적의 교섭이 심하여 다시 아령 흑하편으로 가게 됨에 전부가 다 그곳으로 가면 첫째 내, 외지에 교통이 편치 못하고 또는 모두 볼셰비키됨이 우리 독립운동에 편치 못한 일이 많으며, 겸하여 후방의 수습으로 말미암아 중요 임원 모모는 중령에 있게 되었나이다. 후방의 수습이라는 것은 여러가지 곤란함이 많아 열에 아홉이 뜻과 같지 못한지라, 간도에 있어서는 작으나 크나 무기를 사며 사관을 가르치는 경비는 모두 간도 사시는 동포의 의연으로 썼거니와 한번 간도를 떠난 뒤에는 한푼의 경비가 극히 어렵고 어디어디서 약간의 구제비를 보내주셔서 가이없이 감격하나, 이것이 불피어나는 화로에 눈송이 집어넣기라. … 슬프다, 물없는 웅덩이의 고기요, 불붙는 기둥위의 제비라. 이를 뉘 능히 구하며, 뉘 능히 살게 하리요. 많으나 적으나 우리 동포가 아니면 그 뉘라서 돌아보오리까. 감히 비옵나니 밑없는 구덩이에 빠지 무리를 건져주시옵소서. 아령 자유시에 있는 이천의 군대는 입고 먹는 것을 모두 아인이 공급하오니 비록 나라가 다르면 인종이 각빛이나 이와 같이 보호하여줌이 또한 감사한 일이오며 아직까지는 별일없이 지내나이다 (《雩南李承晩文書》 7, 561~568쪽).

2) 경신참변

무장독립군을 비롯한 간도일대의 항일독립운동세력을 '초토화'할 목적으로 투입된 일본군은 상술하였듯이 독립군의 강력한 저항에 부딪쳐 소기의 '성과'를 거두는 데 실패하였다. 일본군 북만주 파견대 역시 나자구 老母楮河를 비롯해 몇 군데서 장정중인 독립군과 교전을 벌였지만 역시 뚜렷한 전과를 올리지 못하였다. 일본군 보고서에서 "(일본군은 독립군측에) 섬멸적 타격을 주지 못하였다. (또한 독립군의) 중심인물로 지목된 자의 대부분을 놓쳐 버렸다"라고 한 대목은 완전히 실패로 귀착된 일본군의 '초토화작전' 결과를 생생히 입증해 주고 있는 것이다.[5)]

독립군에 대한 탄압이 이처럼 실패로 귀착된 것은 앞에서 언급하였듯이 결국 한인사회가 독립전쟁에 대해 물심 양면에서 전폭적으로 지원하고 성원한 결과이기도 하다. 곧 현지 한인사회가 무장독립군의 초석으로 그 기능을 충실하게 수행한 셈이었다. 그러므로 간도를 침략한 일본군은 독립군 탄압에 심혈을 기울이는 한편, 현지 한인사회에 대해서는 초토화 전략을 구사하게 된 것이다. 일제의 무장군대가 비무장 민간의 한인사회에 대해 인적·물적 양면에서 무참히 짓밟은 만행, 곧 경신참변은 '인류사의 저주받을 한 페이지'로 기록될 것이다.

간도 한인사회에서 자행된 경신참변은 일제 침략군에 의해 1920년 10월초부터 12월까지 3개월 동안 집중적으로 반복되었다. 일본군은 간도 도처에서 한인 촌락을 습격 방화하였다. 각지 촌락의 무장하지 않은 한인 주민들은 침략군에 의해 임의로 '불령선인'으로 지목되어 참혹하게 살해되었다. 이러한 만행은 일본군대가 간도에서 퇴각하는 1921년 5월까지 도처에서 자행되고 있었다.

일제의 '조선군' 19사단 예하의 주력부대 가운데 하나인 키무라(木村) 支隊는 1920년 10월 20일 온성 부근에서 두만강을 건너 간도 침략을 개시하였다. 이 부대는 북간도 한인사회의 독립운동 근거지와 마을들을 초토화시키는 '임무'를 띠고 있었다. 10월 22일 대한군정서의 근거지인 왕청현 西大坡와 十里坪 일대

5) 《間島出兵史》 上(金正柱 編, 《朝鮮統治史料》 2, 韓國史料硏究所, 1970), 106쪽.

를 휩쓸었던 것도 이 부대였다. 십리평에 있던 대한군정서 병영과 7개 동의 사관연성소 건물이 이때 소각되었다. 이어 이 부대는 百草溝와 依蘭溝, 그리고 八道溝 등지에서 150명의 무고한 한인 양민을 학살하는 만행을 저질렀다.[6)]

10월 30일에는 경신참변을 상징하는 사건인 獐巖洞慘變이 일어났다. 연해주로부터 침입한 일본군 제14사단 제15연대 제3대대장 오오카(大岡隆久)가 인솔한 77명의 병력이 용정촌 동북 25리 지점에 위치한 장암동으로 침입해 주민 33명을 참혹하게 살해하고 가옥·학교·교회 등을 불태워 마을을 초토화하였다.[7)] 40여 호 규모의 장암동은 이주 한인촌락으로 주민의 대부분은 기독교 신자였다. 일본군은 주민 가운데 성인남자 33명을 한 곳에 집결시켜 처참히 살해하고 시신까지 불태우는 야수적 만행을 자행하였다. 만행 다음날 캐나다 북장로회 선교사 푸트(富斗一, Foote. D. D)와 용정에서 제창병원을 경영하던 영국 선교사 마틴(閔山海, Dr. S. Martin)은 함께 장암동을 방문해 참변의 진상을 조사하고 참혹한 광경을 사진에 담아 일제의 만행을 세상에 폭로할 수 있었다. 마틴은 자신이 조사한 참변의 정형을 다음과 같이 생생하게 기술하였다.

> 날이 밝자마자 무장한 일본 보병부대는 耶蘇村을 빈틈없이 포위하고 골 안에 높이 쌓인 낟가리에 불을 질렀다. 그리고는 전체 촌민더러 밖으로 나오라고 호령하였다. 촌민들이 밖으로 나오니 아버지고 아들이고 헤아리지 않고 눈에 띄면 사격하였다. 아직 숨이 채 떨어지지 않은 부상자도 관계치 않고 그저 총에 맞아 쓰러진 사람이면 마른 짚을 덮어놓고 알아보지 못할 정도로 불태웠다(姜德相, 《現代史資料》 28, 朝鮮 4, 676쪽).

장암동참변 외에도 한인학살의 사례는 허다하다. 한인 마을마다 10여 명 전후의 희생자는 예사였을 정도였다. 이씨 집성촌이었던 30여 호 규모의 연길현 의란구 南洞의 경우에도 마을 주민 거의 전부가 몰살당하였다. 마을의

---

6) 리광인, 〈'경신년 대토벌'과 연변 조선족 군중의 반'토벌'투쟁〉(《한국학연구》 4, 인하대 한국학연구소, 1992), 125쪽.
7) 車成瑟, 〈獐岩洞慘案에 關한 研究〉(《獨立運動史의 諸問題》, 범우사, 1992), 202~204쪽.

어느 네 형제는 자기 집과 함께 한꺼번에 焚殺당하고 말았다.[8] 또 연길현 臥龍洞의 교사였던 鄭基善은 일본군에게 연길현 九水河 新興洞으로 끌려가 심문을 당하게 되었다. 그는 일본군의 고문에 의해 안면 피부가 칼로 벗겨지고 안구가 빠져 누군지 도저히 알아볼 수 없는 '고기덩어리'가 되고 말았다.[9] 뿐만 아니라 연길현 팔도구에서는 어린애 네 명이 일본군에게 처참히 刺殺당했고, 연길현 약수동에서도 사람을 죽여 불에다 태운 후 그 시체를 다시 강물에 던졌다. 또 일본군은 부녀자를 강간한 후 살해하였다. 연길현 小營子에서는 25명의 부녀자가, 그리고 이도구(현 화룡현 서성향 소재지)에서도 20여 명의 부녀자가 강간당하였다.[10] 심지어는 2~3세 아이를 창끝에 꿰어든 일본군이 고통으로 울부짖는 비명을 들으며 이를 즐기는 사례조차 있었다. 민족주의 사학자 박은식은 한인이 당한 참변의 구체적 실상과 사례를 아래와 같이 적나라하게 기술함으로써 일제의 야수적 죄악상을 규탄 고발하였다.

> 아아! 세계민족이 나라를 위해 몸을 바친 자 수없이 많지만, 어찌 우리 겨레처럼 남녀노소가 참혹하게 도살을 당한 자 있을 것이리오. 역대 전쟁사상 군사를 놓아 살육 약탈한 자 수없이 많지만, 저 왜적처럼 흉잔 포학한 자는 들은 적이 없다. … 저 왜적이 우리 서북간도의 양민동포를 학살한 일 같은 것이야 어찌 역사상에 있었던 일이겠는가. … 각처 촌락의 민가·교회·학교 및 양곡 수만석을 모두 불태웠다. 남녀노소를 총으로 쏴 죽이고, 칼로 찔러 죽이고, 매질하여 죽이고, 포박하여 죽이고, 주먹으로 때려 죽이고, 발로 차서 죽이고, 찢어 죽이고, 생매장하고, 불에 태우고, 가마에 삶고, 해부하고, 코를 꿰고, 옆구리를 뚫고, 배를 가르고, 머리를 베고, 눈을 파내고, 가죽을 벗기고, 허리를 베고, 사지를 못박고, 손발을 잘라서 인류로서는 차마 볼 수 없는 일을 저들은 오락으로 삼아 하였다. 우리 동포는 혹은 할아버지와 손자가 함께 죽고, 혹은 부자가 함께 참륙당하고, 혹은 남편을 죽여 아내에게 보이며, 혹은 형을 죽여 아우에게 보이며, 혹은 喪制로 魂魄 상자를 품고 난을 피하다가 형제가 함께 죽음을 당하기도 하고, 혹은 산모가 기저귀에 싼 어린애를 품고 화를 피하다가 母子가 같이 명을 끊었다. 그 밖에 허다한 일은 이루 다 적을 수 없다(박은식, 《韓國獨立運動之血史》, 上海 : 維新社, 1920, 165~166쪽).

8) 《獨立新聞》, 1921년 1월 27일, 〈墾北來信〉.
9) 《獨立新聞》, 1921년 2월 5일, 〈間島慘狀別報〉.
10) 리광인, 앞의 글, 127쪽.

이와 같은 한인사회의 끔찍한 참변은 북간도에서만 자행된 것이 아니다. 서간도에서는 이른바 중일합동수색이 실시되던 1920년 5~8월 4개월에 걸쳐 우에다(上田)부대와 사카모토(坂本)부대 등의 일본군에 의한 한인학살이 자행되었다. 그 뒤 서간도를 침범한 관동군 소속의 스기야마(杉山) 보병대와 기병연대에 의해서도 북간도에서와 같은 양상으로 참변이 반복되었다. 서간도 가운데서도 특히 興京縣 旺淸門과 寬甸縣 일대에서 피해 정도가 극심해 왕청문에서만 305명이, 그리고 관전현 일대에서는 총 495명의 한인이 참화를 입었다. 왕청문의 西堡교회당과 江南교회당, 그리고 민족교육기관인 三成學校도 이때 일본군에 의해 파괴되었다. 이어 통화현과 유하현의 여러 한인 마을에서도 일본군의 만행에 의해 '屍山血河'를 이루었다고 한다.[11]

러시아 연해주지방에서도 1920년 4월부터 일제의 블라디보스톡 주둔군(浦潮軍)과 남부우수리 파견대에 의해 한인 참살이 자행되었다. 연해주 각지에 주둔하고 있던 일본군은 4월 초부터 볼셰비키를 탄압하는 한편, 블라디보스톡(海蔘威)·하바로프스크(花發浦)·우수리스크(蘇王嶺)를 비롯한 연해주 도처에서 한인 민족운동 대탄압에 돌입해 마을을 습격 방화하고 한인들을 학살하였다. 4월 5일 일본군의 포위공격을 받은 블라디보스톡 신한촌은 초토화되었다. 신한촌에서만 300명 이상의 한인이 일본군에게 체포당했으며, 가옥은 물론 한민학교와 신문사 건물도 소실되었다. 블라디보스톡뿐만 아니라 우수리스크 거주 한인들 역시 참화를 입었다. 연해주 한인사회의 출중한 지도자이며 임시정부 재무총장에 추대되기도 한 崔在亨이 金利稷·嚴周必·黃景燮 등과 함께 참살된 것도 이때였다. 한편 4월 6일 일본군의 총공격을 받은 하바로프스크에서도 20명 이상의 한인이 희생되었다.[12] 이것이 이른바 연해주 4월참변으로, 연해주 도처에서 한인 70여 명이 희생되었던 것이다.

자료상의 한계로 경신참변 당시 간도 한인사회가 입은 인적·물적 피해의 규모와 실상을 명확히 밝히기는 어려운 실정이다. 이 점을 감안하고 상해 임시정부의 간도 파견원이 보고한 1920년 10~11월 두 달간의 통계만 보더라

---

11) 《獨立新聞》, 1920년 12월 18일, 〈旺淸門附近의 慘狀〉.
12) 김승화 저, 정태수 역, 《소련 韓族史》(대한교과서주식회사, 1989), 113~114쪽.

도, 3,469명이 희생되고 170명이 체포되었으며 민가 3,209개동, 학교 36개교, 교회당 14개소, 곡물 54,045섬이 소실된 것으로 파악된다.[13] 이 통계가 11월 이후 이듬해 5월까지의 피해상황을 집계하지 않은 수치임을 감안할 때, 일본군 침략 기간 동안 입은 참화의 전체 규모는 이 수치를 훨씬 상회할 것이다.[14] 만행 실상을 극도로 축소한 일본군측의 자료에서조차도 한인 494명을 살해하고, 민가 531개동, 학교 25개교를 소각한 것으로 기술하고 있다.[15]

일제의 대륙침략 前端으로 야기된 일본군의 간도침범과 그로 인한 경신참변은 일제에게 철저히 유린된 한민족의 고통을 상징하는 생생한 한 증좌가 된다. 또한 경신참변은 국망 직전 일제가 의병 등 항일세력 초토화전략으로 감행한 소위 남한대토벌작전과 맥락을 같이 하고 있다는 점에 주목해야 한다. 일제가 남한대토벌작전을 완료하고 난 뒤 한국병탄을 실현했듯이, 간도 한인사회의 저항세력에 대한 초토화전략을 감행함으로써 3·1운동으로 격동한 한민족의 독립열망을 철저히 분쇄하려 했던 것이다. 경신참변은 이런 시각에서 역사적으로 조망되어야 할 것이다.

3) 자유시사변

자유시사변은 한국독립운동사상 가장 비극적인 사건으로 기록되어 있다. 1921년 6월 러시아 연해주에서 일어난 이 사변은 여러 가지 복잡한 구조 속에서 파생된 까닭에 사건의 전모와 성격을 일원적으로 규정하기가 결코 쉽지 않다. 곧 자유시사변은 러시아 극동공화국 및 볼셰비키의 한국독립운동세력에 대한 간섭, 이로 인한 상해파와 이르쿠츠크파의 대립·갈등의 심화 등 여러 요인들이 복합적으로 작용하면서 그 모순이 일정한 단계에 이르러 한

13) 《獨立新聞》, 1920년 12월 18일, 〈西北間島同胞의 慘狀血報〉. 이 통계는 1920년 10월 9일부터 11월 30일까지 조사된 내용으로, 10월 5일부터 11월 23일까지 조사 기록을 제시한 박은식의 《韓國獨立運動之血史》 통계치와는 다소간 편차를 보이고 있다. 《韓國獨立運動之血史》에는 희생자 총수가 3,106명으로 집계되어 있다.

14) 이런 맥락에서 경신참변 전기간 동안 한인 1만 명 정도가 희생된 것으로 추정하는 경우도 있다(愼鏞廈, 《韓國民族獨立運動史研究》, 을유문화사, 1985, 510쪽).

15) 《間島出兵史》 上, 108쪽.

꺼번에 분출된 결과로 볼 수 있다.

1917년 볼셰비키혁명 이후 1922년말 공산화작업이 완료될 때까지 시베리아 연해주지방의 정세는 대단히 복잡하고 혼미한 양상을 띠고 있었다. 볼셰비키혁명세력인 적위군과 반동세력인 백위군의 혼전 속에 일본·미국·영국·프랑스 등 연합군의 무력간섭과 시베리아에 수용되어 있던 체코군대의 빈란 등으로 인해 한치 앞을 예상할 수 없을 만큼 극도로 혼미한 정세를 보였던 것이다. 연해주 한인사회도 역시 현지의 복잡한 정세가 그대로 투영됨으로써 분열과 혼돈 속에 휩싸일 수밖에 없었다. 자유시사변의 단초가 되는 한국공산주의운동사상 두 개의 분파, 이른바 상해파와 이르쿠츠크파가 파생하게 된 배경도 이와 같은 연해주의 복잡한 정세에 기인한다.

자유시사변은 외형적으로 볼 때 연해주 내전기간에 파생된 상해파와 이르쿠츠크 두 계파간의 대립과 갈등의 분출 양상으로 나타났다. 볼셰비키혁명이 진행되는 동안에 시베리아 연해주에서는 통상 민족좌익운동으로 불리는 방편적인 공산주의운동의 조직과, 처음부터 볼셰비키와 직결된 한인공산주의 조직이 출현하였다. 전자는 1918년 6월 하바로프스크에서 결성된 李東輝·金立·朴鎭淳 등의 한인사회당을 말하고, 후자는 1919년 1월 이르쿠츠크에서 金哲勳·吳夏默 등에 의해 결성된 이르쿠츠크공산당 한인지부를 말한다. 양파는 뒷날 상해파와 이르쿠츠크파 두 개의 고려공산당으로 대립하여 레닌정권에 경쟁적으로 접근하면서 한인공산주의운동의 주도권 쟁탈전을 벌였다. 자유시사변은 바로 이 과정에서 빚어진 참극인 것이다.16)

한편 1918년 4월 일본군의 블라디보스톡 상륙 직후부터 볼셰비키쪽에 가담하였던 한인들은 일찍부터 빨치산부대를 조직하여 저항에 나섰다. 하바로프스크에서 1918년 6월말 100여 명의 한인부대가 결성된 것을 시발로 秋風(수이푼)·水淸(스찬)·포시에트 등지에서 한인무장부대가 결성되어 활동에 들어갔다. 1920년 초부터 연해주의 볼셰비키세력과 한인세력은 연합전선의 형태를 띠면서 일본군에 대해 공세적 입장을 취하고 있었다. 한러 연합부대

16) 김창순, 〈자유시사변〉(《한민족독립운동사》 4, 국사편찬위원회, 1988), 142쪽. 자유시사변 기술에서는 이 글의 주지를 크게 수용하였다.

가 1920년 3월에 아무르강 하구 태평양 연안의 항구인 니콜라예프스크(泥港) 주둔 일본군을 공격, 전멸시킨 니항사건도 이와 같은 상황에서 일어난 것이다. 여기에 자극을 받은 일본군은 1920년 4월에 들어와 볼셰비키와 한인세력에 대한 대대적 공세에 돌입하였다. 앞 장에서 언급했듯이, 이때 일본군이 연해주 각지의 한인사회를 유린한 것을 4월참변이라 한다.

한인무장부대들은 연해주 일대에서 일본군의 탄압이 이처럼 가중되고 상대적으로 북쪽의 흑룡주 일대에서 극동공화국과 볼셰비키세력이 강화·안정됨에 따라 점차 흑룡주의 자유시(스보보드니, 舊 알렉시에프스크)로 집결하게 되었다. 일본군의 블라디보스톡 공격으로 볼셰비키를 따라 일찍 흑룡주로 올라간 이만군대와 다반군대 등의 한인무장부대도 자유시로 들어갔다. 이들 부대는 대개 200여 명 안팎으로, 이만군의 사령관은 김표토르, 다반군의 사령관은 최니콜라이였다.

한인무장부대들이 이처럼 자유시로 집결하게 된 것은 당시 러시아 한인사회의 임시정부로 등장한 대한국민의회의 노력과 밀접한 연관이 있다. 이 무렵 대한국민의회가 연해주 각지의 한인무장부대로 하여금 흑룡주의 자유시로 집결토록 지도하고 나섰기 때문이다.

흑룡주의 한인사회는 볼셰비키가 이 지역에서 대세를 장악하자 한국독립운동의 안전지대가 흑룡주에 마련될 수 있음을 확신하게 되었다. 1920년 3월 자유시에서 흑룡주한인총회가 발족된 것도 이와 같은 분위기를 반영한 결과이다. 총회는 발족과 동시에 군대모집에 들어가 곧 400명의 1개 대대를 편성할 수 있었다. 이 부대는 러시아 극동공화국의 제2군단과 교섭한 결과 2군단 산하의 특립대대로 배치되어 한인보병자유대대로 불렸다. 총지휘관인 대대장에는 오하묵이, 그리고 정치문화 담당 총책인 군정위원장에는 최고려가 각각 임명되었다. 오하묵은 러시아 적군 제2군단 제6연대장겸 블라고베시첸스크 수비대장으로 있다가 한인보병자유대대장으로 취임한 것이다. 자유시의 한인보병자유대대는 연해주의 다른 한인무장부대나 만주 독립군과는 달리 볼셰비키군대로서의 한인부대라는 특성을 가지고 있었다. 이 점이 자유시에 집결하는 한인무장세력 내에 심상찮은 갈등관계를 가져온 요인이었다.[17]

자유시에 집결한 시베리아 연해주 한인무장세력 가운데 내부사정이 가장 복잡한 부대는 니항군대였다. 이 부대는 자유시 이동 이후 사할린의용대로 개칭되었다. 朴秉吉이 이끌던 380여 명의 니항군대는 1920년 3월 한러 연합군이 니콜라예프스크(니항)를 공격할 때 여기에 참전했던 한인부대였다. 니항사건 발발 후 니콜라예프스크에서 철수하면서 니항군대는 두 갈래로 나뉘어 자유시 일대로 집결하게 되었다. 이 과정에서 니항군대 본대는 극동공화국 제2군단 제19연대 산하의 제3대대로 편입되었다. 2군단의 제19연대는 한인 니항군대와 함께 니콜라예프스크 일본군 공격을 주도했던 빨치산 트라피친 부대가 이동해 온 뒤 편입된 연대였다. 한편 본대에 앞서 자유시를 향해 이동해온 니항군대의 다른 한 부대는 한인자유대대 산하에 들어와 1개 중대로 편입되었다. 니항군대 본대의 최고 지휘자였던 박병길은 제2인자 박일리야와의 알력으로 인해 부대를 이탈하여 자유시를 찾아와 자유대대의 비서장에 취임함으로써 자유시 일대에 집결한 니항군대는 두 파로 나뉘어 상호 심각한 갈등을 노정하고 있었다. 이 점 또한 사변을 야기한 주요한 원인의 하나로 작용하였다.

한편 앞에서 살폈듯이 청산리대첩 직후 북만주 밀산으로 집결했던 간도의 여러 독립군부대들은 통합군단인 대한독립군단을 조직한 뒤 1921년 1월 각 부대별로 러시아 연해주로 넘어가 이만(현 달네레첸스크)에 집결하게 되었다. 이때 대한군정서 사령관 김좌진도 이범석과 함께 이만으로 넘어갔었지만 자유시로 북상하지 않고 만주로 되돌아와 참화를 피할 수 있었다.

극동공화국 적위군의 인도에 의해 만주에서 넘어온 독립군부대는 곧 흑룡주로 이동하였다. 흑룡주에 도착하였을 당시 주요 부대는 대한총군부(최진동, 허재욱)·대한국민군(안무)·대한군정서(서일)·대한독립군(홍범도) 등이었으며, 총병력 1,900명 정도로 줄어 있었다.

자유시에 마지막으로 들어왔던 부대는 이르쿠츠크에 있던 합동민족군대 소속 한인부대였다. 이 부대원 600여 명은 5월 중 세 차례에 걸쳐 자유시로 들어왔다. 그리하여 만주와 러시아 각지로부터 몰려와 자유시와 그 인근에

---

17) 김창순, 위의 글, 148~149쪽.

주둔하게 된 한인 병력은 4천여 명에 달하였다.[18)]

한인 무력의 자유시 집결은 자유대대와 니항군대간에 정면대결을 야기시켰다. 자유대대는 러시아 한인사회의 '정부'로 자처하던 대한국민의회를 봉대했고, 니항군대는 상해 임시정부를 봉대하였다. 대한국민의회는 당시 오하묵·최고려 등의 이르쿠츠크파가 장악하고 있었고, 이에 대하여 시베리아에서 상해 임시정부를 대표하고 있는 세력은 이동휘계의 朴愛·李鏞 등 상해파였다. 이 양자는 자유시에 집결한 한인무력을 자파 세력하에 두려고 자유대대와 니항군대간의 군권투쟁에 개입하게 된다.[19)]

1920년 10월 극동공화국 내의 볼셰비키 최고기관인 원동부에 박애·桂奉瑀·金震·張道政·朴昌殷 등 5인을 간부로 하는 '한인부'가 조직되었다. 12월 21일 열린 한인부 간부회의에서는 치타에서 한인의병대회를 소집해서 전한군사위원회를 결성할 것과 대회 소집에 이르기까지 잠정적으로 임시군사위원회를 설치하여 모든 한인 군대를 통솔케 한다고 결정하였다. 1921년 1월 16일 한인부 회의에서 조직된 임시군사위원회 위원으로는 박창은·이용·한창걸·박일리야 등이 선출되었다. 이 위원회는 이르쿠츠크파의 무력인 자유대대와 대립 불화관계에 놓이게 되었다. 그 원인은 자유시에 집결한 한인 무력을 자유대대가 관할하려는 것을 군사위원회가 자기네에게 관할권이 있다고 주장한 데 있었다.

상해파와 이르쿠츠크파의 군권 다툼은 자유시에 모인 한인 무력의 향배가 관건이었다. 이와 같은 상황에서 니항군대 본대를 이끌고 자유시에 들어온 박일리야는 자유대대측의 만류를 뿌리치고 치타의 극동공화국 한인부를 찾아가게 된다. 박애 등의 한인부는 자유대대측과 아무런 협의 없이 극동공화국 군부와 교섭한 뒤 한인부의 핵심인물 가운데 한 사람인 박창은을 총사령관, 그리고 러시아인 그레고리예프를 참모부장으로 임명하여 자유시로 파견하였다. 동시에 니항군대의 명칭을 사할린의용대로 변경하면서 자유시에 집결한 전 한인 무력을 이 군대가 관할토록 하는 극동공화국 군부의 명령을

---

18) 尹炳奭 外,《러시아지역의 韓人社會와 民族運動史》(敎文社, 1994), 218쪽.
19) 김창순, 앞의 글, 153쪽.

대동케 하였다. 그러나 자유대대측에서는 이 명령에 불복하였으며, 박창은은 총사령관직을 사임하였다. 이에 한인부에서는 다시 극동공화국 군부와 교섭하여 그레고리예프를 연대장, 박일리야를 군정위원장으로 선임하였다. 이들은 즉시 지휘권을 행사하여 자유대대에 편입된 종래의 니항군대와 다반군대를 자유시 북방의 마사노프로 이주시키고, 만주 독립군에 대해서도 압력을 가하고 있었다. 나아가 대대장 오하묵이 치타에 체재중이던 자유대대를 강압적 분위기하에서 자유시 인근의 크라스노야르로 이동케 하였다. 이러한 군대 이동 조치는 자유시에 군대를 그대로 두고서는 지휘권을 행사하기 어렵다는 판단에 따른 것이었다.[20]

한편 1921년 3월 김하석과 최고려 등 이르쿠츠크파는 코민테른 동양비서부에 출두하여 임시고려군정의회를 조직하였다. 고려군정의회의 총사령관에는 러시아인 갈란다시월리, 부사령관에는 오하묵, 그리고 군정위원에는 김하석·채성룡 등이 선임되었다. 한인무장세력에 대한 군사지휘권을 가진 것은 당시 보리스·스미야츠키를 수령으로 하는 이르쿠츠크의 코민테른 동양비서부였던 까닭에, 이때부터 상황이 일변해 고려군정의회가 전권을 장악하게 되었다. 곧 극동공화국 내의 러시아공산당이 맡고 있던 러시아 한인문제를 코민테른 동양비서부가 전담하게 되고, 동양비서부가 이르쿠츠크파를 일방적으로 지지함으로써 극동공화국 한인부의 위상은 결정적 타격을 받게 되었던 것이다. 임시고려군정의회는 고려공산당 창당대회가 종료된 직후인 5월에는 '임시'를 떼고 정식으로 고려군정의회가 되었다. 최고지도부는 총사령관 갈란다시월리, 군정의원 유동열·최고려 3인으로 선정되었다.

이와 때를 같이 해 마사노프에서는 상해파에 의해 한인의병대회가 개최되어 한인군사위원회가 정식으로 발족하였다. 이는 1921년 1월 이용을 위원장으로 조직했던 임시한인군사위원회을 확대·강화시킨 것이었다. 이 대회에는 러시아의 니항군대·이만군대와, 만주의 대한광복군·대한군정서·대한의군부·군무도독부 독립군이 참가하였다. 이때 군사위원으로는 이용·채영·한운용·장기영·박일리야 등이 선출되었다. 그리하여 자유시에는 이르쿠츠크

---

20) 김창순, 위의 글, 156쪽.

파의 고려군정의회가, 그 인근의 마사노프에는 상해파의 한인군사위원회가 동시에 양립된 채 대치하는 양상을 보였다.

이런 대치상황에서 1921년 5월 하순 치타를 떠난 갈란다시월리 일행은 6월 6일 자유시에 도착하였다. 그러나 이때까지도 니항군대와 다반군대, 그리고 이만군대 등의 러시아 한인무장 군대와 대한총군부·대한국민군 등의 만주 독립군은 1개 연대를 편성하고 사할린의용대(대한의용군)란 이름으로 활동하면서 고려군정의회의 통제를 받지 않고 있었다. 이들 부대들이 마사노프 일대에 주둔하고 있었던 데 비해, 자유대대와 홍범도 부대만이 자유시에 돌아와 주둔중이었다.

자유시 도착 직후 갈란다시월리는 자신이 전군의 총사령관임을 선언하고 사할린의용대 지휘자 박일리야에게 군대를 인솔하고 자유시에 출두할 것을 명령하였다. 그러나 박일리야는 이를 거부한 채 오히려 총사령관이 마사노프로 와 주도록 요청하였다. 하지만 양군의 팽팽한 대치상황 속에서 형세는 고려군정의회측에 점점 유리하게 돌아갔다. 홍범도 부대 이탈 이후 안무의 대한국민군이 자유시로 돌아간 것을 비롯하여 이탈자가 속출하였던 것이다. 그럼에도 불구하고 박일리야는 고려군정의회에 대한 반항을 조금도 늦추지 않고 갈란다시월리의 명령에 끝까지 복종하지 않았다.[21]

이와 같은 극도의 긴장상태에서 6월 27일 밤 고려군정의회 지도부는 사할린의용대의 강제 무장해제를 결정하기에 이르렀다. 그리하여 자유시 수비대인 극동적군 제2군단 제12여단 29연대와 교섭한 결과 4개 중대를 차출하고, 여기에 오하묵과 최고려 등의 자유대대 병력이 가담하여 사할린의용대의 주둔지인 수라세프카로 출동시켰다. 이때 장갑차 등의 중화기도 동원되었다고 한다. 수라세프카 일대를 포위한 뒤 28일 오후 공격명령이 하달되자 사할린의용대에 대한 공격이 개시되었다. 러시아군대의 공격 앞에 사할린의용대는 무참히 무너졌다. 한인무장대의 사상자가 속출하고, 만주에서 온 독립군은 동포의 의연금으로 산 총을 버릴 수 없다고 하여 총을 든 채 제야강으로 뛰어들었다. 이것이 세칭 자유시사변이다. 독립운동사상 가장 비극적인 사건으

21) 김창순, 위의 글, 157~159쪽.

로 기록된 이 사변을 현장에서 목격한 김승빈이라는 인물은 그 참상을 다음과 같이 기록하고 있다.

> 나는 자유시사변에 직접 참가자는 아니나 목격자 중의 한 사람입니다. 1921년 6월 21일(28일의 착각)이라고 기억되는데, 그날 아침에 일찍 일어나 '고려혁명군사의회의 군대와 싸특의용군의 군대가 서로 대진하고 있는데 무장 충돌이 일어날 위험이 있다'는 말을 듣고 곧 전선으로 나갔습니다. 가서 보니 혁명군사의회군대는 자유시 동남향 언덕진 비탈을 따라 산개하였는데 좌익에 갈란다시월리 군대가 배치되었고 그에 이어서 조선인 부대들이 배치되어 산병선을 이루었고 싸특의용군 부대들은 수랍쓰까 서남방 동구로부터 혁명군의회 군대들의 산병선을 대치하여 산병선을 이루고 있는 것을 내 눈으로 친히 보았습니다. … 낮 12시가 거의 되어 또다시 전선으로 향하여 가는 길에 시가를 벗어나자마자 한 방의 총소리가 나더니 그에 이어 양측에서 사격이 시작되었습니다. 좀 더 나가니 보초가 통행을 금지하기 때문에 전선에까지 가지 못하고 도로 돌아왔습니다. 총소리는 해질 무렵에 가서야 그쳤습니다. 그러니 전투가 8~9시간 계속된 셈입니다. 그(참변) 이튿날 싸특의용군에서 탈퇴하여 자유시에 와 있던 홍범도 군대와 하사양성소 두 부대에서 군인 80여 명을 동원하여 전장(참변현장) 소제를 하였습니다. 즉 전사자들의 시체를 거두어 매장하였습니다. … 그 후에 관도 갖추지 못하고 장례식도 없이 길게 파놓은 웅덩이에 시체를 차례로 눕히고 그 위에 백목을 덮고 묻었습니다. … 싸특의용군의 군인 수효가 2천여 명에 달했는데 그 중에서 33인이 전사하고 제야강을 건너다가 배가 엎어져서 물에 빠져죽은 사람들이 약간 있었다고 하며 포로로 붙잡힌 사람이 800여 명이 되었고 그 밖에는 사처로 달아났습니다(《韓國獨立運動史資料集-洪範圖篇-》, 韓國精神文化硏究院 編, 1995, 99~100쪽).

자유시사변의 피해상황에 대해서는 다양한 견해들이 있다. 가해자인 고려군정의회측에서는 사망 36명, 행방불명 59명, 포로 864명으로 집계한 반면, 간도 반일단체들이 연명한 참변 성토문에서는 사망 272명, 익사 31명, 행방불명 250여 명 등 대략 550여 명이 희생된 것으로, 그리고 917명이 포로로 잡힌 것으로 집계하고 있다.[22] 무릇 자유시사변의 피해상황은 독립운동사상 미증유의 참극임에 의심의 여지가 없을 만큼 엄청난 규모였다.

---

22) 尹炳奭 外, 《再發掘 韓國獨立運動史》(한국일보사, 1987), 257쪽.

이상의 자유시사변은 상해파와 이르쿠츠크파 사이의 싸움이라는 한인 내분에 일차적 원인이 있다. 그러나 이미 보았듯이 여기에는 볼셰비키의 일관되지 못한 정책에도 큰 책임이 있다. 그들은 상해파와 이르쿠츠파 혹은 자유대대와 니항군대간에 대립이 엄존하고 있음에도 일방적으로 자유대대측을 비호, 고려군정의회라는 최고기구를 구성하여 상해파와 니항군대의 불만을 샀다. 비록 한인부대가 러시아 상급기관의 지시를 받도록 되어 있었으나 한인부대는 어디까지나 자발적으로 결성되어 러시아혁명을 지원하는 외국인 부대라는 점을 감안한다면 이같은 일방적인 조처는 러시아공산당 혹은 코민테른이 말하는 피압박민족해방이라는 슬로건 내부에 짙은 자국 중심주의의 색채를 띠고 진행되었던 것이다.[23]

청산리대첩 이후 일본군의 탄압을 피하고 새로운 항일전의 전기를 마련코자 결행한 만주 독립군의 고난의 장정은 결국 이처럼 쓰라린 수난사로 귀결되고 말았다. 참변 이후 잔여 부대는 북만주로 다시 넘어왔으며, 일부는 현지에 잔류하고 나머지는 사산하게 되었다. 그 뒤 남북만주 각지의 독립운동세력은 다시 전열을 가다듬어 통신과 연락을 재개하면서 군단 정비와 통합작업에 들어가 1920년대 중반 만주독립운동의 새 지평을 열어갔다.

〈朴敏泳〉

23) 尹炳奭 外, 앞의 책, 232~233쪽.

Ⅳ. 독립군의 재편과 통합운동

1. 통의부의 결성과 활동
2. 3부의 성립과 활동
3. 재만 독립운동단체의 민족 유일당운동

Ⅳ. 독립군의 재편과 통합운동

1. 통의부의 결성과 활동

1) 통군부의 성립과 남만한족통일회의

1920년 10월 약 2만 명에 달하는 일본군의 침입으로 인적·물적 피해를 입은 북간도와 압록강 대안의 南滿洲 지역 한인 및 한국 독립군들은 일시 그들의 생활 터전 또는 근거지를 잃고 큰 혼란에 빠졌다. 특히 일찍부터 일제의 탄압이 심했고 청산리대첩에서의 패배를 설욕하기 위한 일본군의 난동이 극심했던 북간도지역은 한인사회가 뿌리 채 흔들릴 정도의 심각한 타격을 받았다.

하지만 타격을 받기는 하였지만 북간도지역보다는 덜했던 남만지역의 독립군들은 일본군의 추격을 피해 본래의 근거지에서 산간 오지로 옮겨 새로운 독립군기지를 구축하였다. 그리고 북간도 및 다른 지역에서 탄압을 피해 이주하거나 이동해 오는 한인 및 독립군들에게 생활 터전을 마련해 주거나 자신들의 진영에 편입시켜 戰列을 넓혀나갔다.

독립군들은 망명 초기의 개척정신을 되살려 버려진 습지와 산간을 개간하여 농지로 일구었다. 그리하여 생활 터전을 마련해 한인사회를 조성하는 한편, 그들의 근본 목표인 항일전을 전개하기 위한 굳건한 항전기지를 구축하기 위해 피땀을 흘리며 노력하였다. 그러나 10여 년간 일구어 논 터전을 버리고 새로운 지역을 개척한다는 것은 쉬운 일이 아니었다. 게다가 독립군들이 새로 이주한 지역은 사람의 발길이 전혀 닿지 않은 오지였다. 이에 독립군들은 보다 효율적인 항전기지를 구축해야 할 필요성을 절감하였다.

남만의 독립군들이 이 같은 상황에 처해 있을 때, 1921년 4월 北京에서는

朴容萬·申肅 등의 주도로 군사통일회의가 개최되었다. 군사통일회의의 개최 목적은 일본 제국주의자들에 대항해 성공적인 무장항쟁을 펼치기 위해서는 모든 한국인들의 무력을 한 곳으로 통일시키자는 것이었다.[1] 〈선언서〉에 나타난 군사통일의 취지는 다음과 같다.

> 我獨立問題는 軍事가 아니면 해결이 불능이요, 군사운동은 통일이 아니면 성공은 난망일세, 於是乎 군사통일의 절대 필요에 감하여 내외지 각 단체의 연합으로 성립된 本會議는 其 목적이 실로 此에 不外하며 其 정신이 또한 此에 在할 뿐이로다('군사통일회의' 명의로 1921년 5월에 공포된 〈宣言書〉: 尹炳奭, 《獨立軍史》, 지식산업사, 1991, 228쪽에서 재인용).

이에 따르면 조국의 독립은 통일된 무력을 통한 항전에 의해서만 성공할 수 있다는 것이다. 이 시기 국내외 민족운동가들은 공통적으로 효과적인 항일전을 전개하기 위해 통일된 군사조직이 구축되어야 한다고 인식하였다. 이 같은 목적을 달성하기 위해 미주·만주·노령 및 국내에서 참가한 10개 단체의 대표 17명은 열띤 토론을 펼쳤다. 그러나 이 회의는 결국 대표들이 바라는 소기의 목적을 달성하지 못하고 유회되었고, 모든 무장세력이 통일되기를 간절히 바랐던 남북만주에서 파견된 독립군 대표들은 큰 실망을 안고 돌아갔다.

군사통일회의를 통해서 만주라는 지역적 한계를 넘어 전 민족적으로 통일된 무장세력을 구축하여 보다 충실한 항전을 펼치려 했던 재만 독립군의 희망은 이같이 무산되었다. 따라서 남만주의 독립군들은 지역적으로 쉽게 연결할 수 있는 그들만의 통일된 항일전선을 구축코자 하였다. 남만의 각 독립군단 대표들은 상호 연락을 통해 통합에 대한 의사를 합일시킨 뒤 1922년 1월 南滿統一會를 결성하였다. 그리고 이를 지원하기 위해 徐範善·金觀聲·李萬馨 등 23인으로 구성된 후원대까지 결성하였다.[2] 西路軍政署를 비롯한 大韓獨立團·光韓團 등의 대표들은 수차례에 걸친 통일회를 가진 후 통합 독립

1) 尹炳奭, 《獨立軍史》(지식산업사, 1991), 228쪽.
2) 〈大正 11年 2月 16日, 不逞鮮人南滿統一後援隊組織ノ件〉.

군단인 大韓統軍府를 결성하기에 이르렀다. 새로 결성된 대한통군부의 부서와 간부 명단은 다음과 같다.

> 총장 : 蔡相悳, 비서장 : 高豁信, 민사부장 : 李雄海, 군사부장 : 李天民,
> 교육부장 : 金東三, 실업부장 : 邊昌根, 사령관 : 金昌煥, 경무감 : 全德元
> (蔡根植, 《武裝獨立運動秘史》, 大韓民國公報處, 1985, 126쪽 ; 崔衡宇, 《海外朝鮮革命運動小史》 제1집, 동방문화사, 1945, 7쪽).

성립과 동시에 간부진을 선임한 통군부는 항일전을 펼치기 위한 기지 구축 작업에 박차를 가하였다. 하지만 아직까지 남만지역에는 통군부에 가입하지 않고 소규모로 존재하고 있는 독립군단이 더 있었다. 그들까지 통합시키지 않고는 비록 남만지역만의 통합이긴 하지만 완전하다고 할 수 없었다. 때문에 통군부의 간부들은 같은 해 6월 3일 중앙위원회를 개최하여 잔류 군단들의 책임자들과 접촉을 가져 더욱 확대된 통합군단을 이룩하자고 결의하였다.

따라서 같은 해 8월 23일 桓仁縣 馬圈子에서는 南滿韓族統一會議가 개최되었다.[3] 이 회의에는 이미 통군부에 가입해 있던 서로군정서와 대한독립단, 그리고 寬甸東路韓僑民團·大韓光復軍營·大韓正義軍營·大韓光復軍總營·平安北道督辦府 등의 대표 71명이 모였다.[4] 이들 대표들은 金承萬을 회장으로 선출하여 약 7일간 회의를 한 결과 참가한 모든 군단이 통합에 합의하였다. 그리고 다음과 같은 6개항의 결의 사항을 결정하여 8월 30일 이를 남만의 한인사회에 발표하였다.

> 첫째, 각 단체 각 기관의 명의를 취소하고 구역 인물 및 제반 처리사항을 무조건으로 공결 복종할 것을 서명 날인하고 서약한다.

---

3) 1910년대 전후부터 1920년대 초까지 한국 독립운동계에서는 백두산 이남부터 안동현까지의 압록강변에 있는 만주의 제지역을 서간도라 불렀으나 1920년대 초반부터는 남만주라 지칭하였다. 하지만 남만주는 서간도 보다는 넓은 범위를 가리켰는데, 북쪽으로의 경계가 하얼빈까지 올라갔다.

4) 〈大正 11年 9月 22日, 南滿韓族統一會決議事項並職員名 布告文 入手에 關한 件〉(《韓國獨立運動史》 4, 국사편찬위원회, 1968), 761~763쪽.

둘째, 남만한족의 통일기관명을 統義府로 결정한다.

셋째, 통의부 군대 명칭은 義勇軍으로 한다.

넷째, 제도는 총장제로 결정한다.

다섯째, 헌장은 9장 63조를 통과한다.

여섯째, 각 부서의 직원을 선거한다.

(〈남만한족통일회 결의사항 및 직원 각 포고문 입수에 대한 건〉, 《독립운동사자료집》 10, 독립운동사편찬위원회, 1973, 493~494쪽).

이 결의문에 따르면, 새로운 통합체의 발족과 함께 이에 참여한 단체는 지금까지 사용한 명칭을 취소하고 모든 사항을 이 단체의 결정에 위임해야 된다는 것이다. 아울러 새로운 기관은 총장제를 실시할 統義府이며, 헌장을 제정해 조직을 운영한다는 것 등이었다.

2) 통의부의 결성과 활동

통의부는 재만 독립운동계의 지도자들이 합의를 본 결과 탄생한 통합 독립운동체였다. 따라서 통의부 성립을 주도한 인물들은 남만한족통일회에서 결의한 사항을 충실히 이행코자 노력하였다. 이들은 우선 넷째와 여섯째의 결의 사항에 따라 다음과 같은 부서와 간부를 선임하였다.

총장 : 金東三, 부총장 : 蔡相悳, 비서과장 : 高豁信, 민사부장 : 李雄海, 검무국장 : 崔明洙, 교섭부장 : 金永萬, 선전국장 : 金昌義, 군사부장 : 梁圭烈, 사령장 : 金昌煥, 법무부장 : 玄正卿, 사판소장 : 李永植, 재무부장 : 李炳其, 학무부장 : 申彦甲, 권업부장 : 崔濟潤, 교통부장 : 吳東振, 참모부장 : 李天民

부서 조직 및 간부의 선임과 함께 통의부는 남만한족통일회에서 결의한 헌장을 제정하였다. 이 최초의 헌장은 아직 그 원자료가 밝혀지지 않아 구체적인 내용은 밝힐 수 없다.[5] 하지만 성립 이후 통의부가 펼친 활동을 고찰

5) 최초로 제정된 9장 63조의 헌장은 1922년 12월 29일부터 다음 해 1월 8일까지 개최된 제 1회 中央議會에서 7장 53조로, 그리고 다시 1924년 1월 8일 개최된 중앙의회에서 5장 38조로 개정되었다.

함으로써 헌장의 내용을 대략 추정할 수 있다.

통의부의 활동을 크게 나누면 이주한인을 대상으로 한 자치활동과 항일 무장활동으로 나눌 수 있다. 먼저 자치와 관련된 활동내용을 살펴보면 다음과 같다. 통의부는 남만 여러 지역에 분산되어 거주하고 있는 이주한인들을 중앙에서 총괄하여 관할할 수 있도록 각 지역에 행정체계를 갖춘 지방조직을 설치하였다. 한인 거주 수에 따라, 1천 호를 기준으로 總管事務所를 설치하고 그 책임자를 總管에 임명하였다. 그리고 총관 밑에는 지방의 실정에 따라 100호 또는 200호로 1區를 조직하고 책임자인 區長을 임명하였다. 이 같은 방식에 의해 1923년 겨울까지 통의부의 총관사무소는 通化縣의 通化·通南, 桓仁縣의 桓西·桓南·桓東, 集安縣의 集安·集西·集南, 寬甸縣의 寬東·寬南·寬北을 비롯하여 興京·柳河·臨江·長白縣 등까지의 지역에 26개소가 설치되었다.[6]

통의부의 자치활동은 바로 이 지방조직들을 이용하여 행해졌다. 총관과 구장은 자신들의 책임 하에 일정한 행정체계를 갖춘 후 관할지역 내 한인을 대상으로 실업 장려·교육사업과 같은 자치업무를 처리하는 한편, 한인들이 안심하고 생업에 종사할 수 있도록 보호해주는 임무까지 수행하였다. 1922년 6월 20일 각 지방의 총관들은 總管會를 개최하여 실업 장려책을 결의하였다.[7] 즉 이 회의는 총관의 주도하에 관할 한인들에게 양잠·직조·목축 등을 장려해 농업 이외의 분야에서 소득을 올릴 수 있는 방법을 강구하였고, 회의 결과는 이후 한인사회에 충분히 반영 실시되었다. 그런가 하면 1924년 초에는 보다 체계적인 경제 향상을 목적으로 각 한인 촌락에 노동강습소가 개설되었다. 이 노동강습소에는 17세 이상 35세 이하의 한인 청장년들을 입소시켜 합리적인 영농 교육을 습득시켰다.

이어 통의부는 한인 청소년들이 민족의 주체성을 이어 가고 구국활동을 펼칠 동량으로 육성하기 위해 교육사업을 펼쳤다. 기록에 나타난 대표적인

---

6) 〈大正 12年 12月 24日附 在通化阿部分館主任發信, 不逞鮮人團大韓統義府에 關한 件〉(《한국독립운동사》 4), 778쪽.

7) 《독립신문》, 1922년 7월 22일.

교육사업을 보면, 1923년 10월 지금까지 서당으로 활용하던 홍경현 旺淸門의 서당을 확장하여 신식교육 기관인 光東학교를 설립하였다. 그리하여 왕청문 내에 거주하고 있는 한인 청소년 70여 명을 모집하여 국어·국사는 물론이고 수학·지리 등 새로운 학문을 교육시켰다.[8)]

한편 이러한 자치활동 외에 통의부는 다음과 같은 의용군을 조직하여 항일활동을 펼쳤다.

〈統義府 義勇軍 간부 명단〉

<table>
<tr><td>사 령 관</td><td colspan="3">金昌煥</td></tr>
<tr><td>부 관</td><td colspan="3">金昌勳</td></tr>
<tr><td>제1대대</td><td colspan="3">대대장 姜南道</td></tr>
<tr><td>제1중대 중대장
白狂雲</td><td>제1소대
제2소대
제3소대</td><td>소대장 金保國
소대장 田奉道
소대장 金基準</td><td>병력 100여 명, 무기 100여 정,
전성기 인원 800~900명</td></tr>
<tr><td>제2중대 중대장
崔碩淳</td><td>제1소대
제2소대
제3소대</td><td>소대장 金田
소대장 李奎成
소대장 申泰鳳</td><td>병력 130여명, 무기 136정,
전성기 인원 600~700명</td></tr>
<tr><td>제3중대 중대장
崔時興</td><td></td><td></td><td>병력·무기 미상, 국내진공전을 주임
무로 하였음.
전성기 인원 500명</td></tr>
<tr><td>제4중대 중대장
洪基柱</td><td>제1소대
제2소대
제3소대</td><td>소대장 張世龍
소대장 金國輔
소대장 申洪永</td><td>병력 50명, 무기 37정,
전성기 인원 500명</td></tr>
<tr><td>제5중대 중대장
金明鳳</td><td>제1소대
제2소대
제3소대</td><td>소대장 金昌天
소대장 金光秋
소대장 金一</td><td>병력 120명, 무기 123정,
전성기 인원 500명</td></tr>
<tr><td colspan="3">유격중대 중대장 金昌龍·金河錫·文學彬</td><td>병력 150명</td></tr>
<tr><td colspan="4">헌병대 헌병분대장 宋憲</td></tr>
</table>

8) 金正明 編, 〈大韓統義府の現況報告の件〉(《朝鮮獨立運動》 Ⅱ, 日本 東京 : 原書房, 1967), 1086쪽.

이 같은 편제의 통의부 의용군은 임무수행을 위하여 중대별로 각각의 관할구역과 특수임무를 담당하고 있었다. 즉 이들 5개 중대와 산하 각 소대 그리고 유격대 및 헌병대는 통의부 중앙본부가 있는 寬甸縣 下漏河를 비롯하여 통화·관전·임강·집안·환인·海龍·홍경현 지역에 배치되었다. 대원의 계급은 將士·正士·副士·參士의 등급이 있었고, 소대장과 중대장은 중국군 소위·중위·대위의 복제와 비슷한 다갈색 군복을 착용하였으며 군모와 휘장은 대한제국의 태극기 모양으로 가운데 부분은 금과 은을 섞어 만든 것이었다. 간부가 아닌 병사의 경우는 정식 복제는 없었으나 한인 부녀자들이 제조한 중국 민병복과 비슷한 누르스름한 복장에 모자를 착용하고 있었다. 또한 국내진입을 대비하여 변장하기 위한 일경의 복장도 다수 준비하였다.[9)]

이러한 체제를 갖춘 통의부 의용군은 국내와 만주를 무대로 일제를 상대로 한 항일전을 펼치는 한편, 일제의 주구인 친일 무리들까지 척결해 나갔다. 즉 1922년 12월, 의용군은 북쪽의 長春에서 남쪽의 大連에 이르기까지 이 지역내의 친일파들을 완전히 소탕하기 위해 3개의 隊를 편성하여 각지에 파견하였다. 임무를 완수치 못할 경우에는 죽음에 임하겠다는 서명까지 하고 출발한 파견대는 활발한 활동을 벌여 수많은 친일파들을 척결하였다. 그리고 1924년 6월에는 친일기구인 奉天 保民會長을 역임하고 일본 외무성 촉탁이었던 만주지역의 대표적인 친일파 崔晶圭를 처단하는 전과까지 올렸다.[10)]

통의부 의용군은 국내진입전을 통해서도 수많은 일제의 기관을 습격하여 큰 전과를 올렸다. 그 대표적인 것을 보면, 1923년 6월 20일 의용군 1대는 신의주 고녕삭면의 영산주재소를 습격하였고, 또 다른 유격대는 동년 8월에 청성진주재소 및 세관출장소·우편국 등을 습격하여 큰 전과를 올렸다.[11)] 이 같은 통의부 의용군의 전투사례는 정확한 통계가 어려운데 한 자료에 의하면, 1924년 4월 24일부터 6월 29일까지 약 2개월간 국내진입전만 29회가 전개되었음을 기록하고 있다.[12)] 또한 일제측의 한 보고자료에 의하면 "현재

9) 朴杰淳, 〈大韓統義府 硏究〉(《한국독립운동사연구》 4, 독립기념관 한국독립운동사연구소, 1990), 243쪽.
10) 朴杰淳, 위의 글, 244쪽.
11) 《동아일보》, 1923년 6월 23일·10월 2일.

(1924년 6월 이전) 평안북도 방면에서 시국에 관한 사고가 빈발하는 것은 본 단체(통의부)와 직접 간접으로 관계있는 불령자의 침입에 의한 것이다"라고 하고 있어, 의용군의 국내진입전이 빈번히 전개되었음을 말해주고 있다.[13]

통의부 의용군이 이같이 활발한 무장투쟁을 전개할 수 있었던 것은 여러 독립군단이 통합됨으로써 대병력을 보유한 까닭도 있었지만, 통합 이전 여러 지역에서 활동하던 독립군단의 병사들이 지리에 밝아 만주는 물론이고 국내진입도 효과적으로 수행할 수 있었기 때문이다. 또한 통의부가 이주한인을 대상으로 자치활동을 펼침으로써 한인들이 통의부를 지원하여 무력투쟁의 기반을 마련할 수 있었기 때문이기도 하다.

그러나 통의부는 성립된지 얼마 되지않아 구성원들간에 갈등이 노출되어 분열 위기에 직면하였다. 통의부 구성원들은 성립 당시 통합만을 적극적으로 주장한 나머지 이념과 노선에는 소홀한 면이 있었다. 그 결과 성립 초기부터 간부들간에 공화주의를 주장하는 측과 복벽주의를 주장하는 측으로 나뉘어 이념적인 갈등과 軍權을 둘러싼 인선 및 조직상의 이견 등이 생겨났다.

이 갈등은 통의부 성립에 큰 역할을 하였던 전덕원과 梁起鐸의 불화로 표면화되기에 이르렀다. 전덕원은 1906년 金斗燮과 평북 용천에서 의병을 일으켰으며,[14] 국권피탈 이후에는 渡滿한 뒤 大韓獨立團의 간부로 활약한 인물이었다. 반면 양기탁은 국권피탈 이전 국내에서 애국계몽운동을 주도하였고, 1920년 말 만주로 망명한 이후에는 통의부 결성을 위해 남만지역 독립군단의 통일운동을 전개하는 한편 精神品行講演團을 조직하여 통의부 관할하의 한인을 대상으로 계몽활동을 전개한 인물이었다.[15] 전덕원은 그의 전력에서도 알 수 있듯이 절대 복벽주의자였으며 양기탁은 공화주의자였다. 이같이 두 사람 사이에는 독립운동의 방략이나 이념상에 분명한 차이가 있었다. 따라서 이들 두 지도자간에는 통의부 성립초부터 반목의 요소가 잠재되어 있

12) 《獨立新聞》, 1924년 7월 26일, 〈我獨立軍의 活動〉.
13) 朝鮮軍司令部編, 〈不逞鮮人ニ關スル基礎的硏究〉(1924), 31쪽.
14) 朴敏泳, 《舊韓末 西北邊境地域의 義兵硏究》(韓國精神文化硏究院 博士學位論文, 1996), 5쪽.
15) 한상도, 〈통의부〉(《한민족독립운동사》 4, 국사편찬위원회, 1988), 175쪽.

었다. 여기에 전덕원이 통의부로의 통합을 후회하며 공화계 지도자 모두를 거부하게 된 불만의 요인이 있었다. 그것은 통의부 성립 초기 전덕원이 맡은 직책이 문제였다. 전덕원은 그 자신이 재만 독립군의 지도급 인사로 자처하고 대한독립단의 많은 병사들이 그를 따라 통합에 가담한 것으로 자부하고 있었다. 그런데 통의부의 여러 요직은 공화계 인사들이 담당하고 그에게는 큰 권한이 없는 檢務局長이라는 직책이 주어졌다.[16]

이러한 갈등과 불만의 요인들은 급기야 무력적 충돌을 불러오게 하였다. 1922년 10월 14일 관전현에 있던 양기탁 일행을 전덕원계의 독립군 병사들이 습격하여 선전국장인 金昌義를 사살하고 양기탁·玄正卿·고활신 등 주요 간부를 포박하고 구타하는 사건이 일어났다.[17] 이 사건 이후 통의부 내 복벽주의계열과 공화주의계열 사이는 완전히 적대관계가 되었다. 그리하여 1923년 1월에는 紅廟子 방면에서 양측간에 대규모 유혈사태가 벌어졌다. 이 일련의 불상사를 겪고 나자 양측은 더 이상 한 조직 내에서 활동하는 것이 불가능하다고 판단하였다. 따라서 전덕원을 비롯한 복벽주의계 인사들은 1923년 2월 통의부에서 분립하여 새로이 大韓義軍府를 설립하였다. 義軍府는 柳麟錫이 주장하는 충의를 계승할 것을 천명하고 '隆熙年號'를 사용하는 등 의병의 복벽적인 의식이 확고하였다.[18] 의군부의 조직은 다음과 같다.

> 총재 : 朴長浩, 부총재 : 蔡相悳, 사한장 : 朴弘濟, 정무부장 : 金有聲, 군무부장 : 全德元, 교통국장 : 韓鼎潤, 재무부장 : 李炳奎, 경무국장 : 桂聘, 종교부장 : 成寶運, 경리부장 : 趙大能, 참모부장 : 朴日楚

의군부는 성립 후 통의부와 잦은 마찰과 대립을 보였다. 이러한 가운데 대립 상황을 타개해 보고자 백방으로 노력하는 통의부측의 인사들도 있었다. 그러나 이미 갈등을 겪고난 뒤 분열된 양 軍團간에는 더욱 심한 대립과 투쟁이 발생하여 양측만의 노력으로 다시 통합한다는 것은 어렵게 되었다.

---

16) 《雙公 鄭伊衡 回顧錄》(國家報勳處, 1996), 70~71쪽.
17) 《獨立新聞》, 1922년 11월 8일, 〈慘憺한 西間島事變〉.
《雙公 鄭伊衡回顧錄》, 70~75쪽.
18) 朴杰淳, 앞의 글, 231쪽.

따라서 통의부 의용군 제1중대장 蔡燦(일명 : 白狂雲)을 비롯한 金元常·朴應伯 등은 양대 세력을 하나로 다시 통합시키기 위해서는 일정한 구심점이 있어야 함을 깨닫고 1923년 말 상해의 大韓民國臨時政府로 찾아갔다. 이들은 임정의 관계자들에게 그간의 전말을 설명하고 임정이 그 구심점이 되어줄 것을 요청하였다.[19] 그리하여 임정의 인사들과 협의한 끝에 1924년 4월 南滿軍人代表 78명이 서명하여 다음과 같은 〈선언서〉를 발표하기에 이르렀다.

> 一. 우리는 대한민국임시정부의 直轄임을 적극적으로 인정한다.
> 一. 우리는 대동통일의 선봉이 된 것을 내외에 알리고 대한민국임시정부의 기치 하에 통일이 되도록 적극적으로 힘쓴다.
> 一. 우리는 대한민국 육군으로 내외 무장 各團의 가입을 권유하여 가입시킨다(〈大正 13年 5月 21日, 通譯官木藤克己 警務局長丸山鶴吉殿, 南滿統義府軍隊ノ上海假政府管下ニ歸スル宣言文及警告文送付ノ件〉).

그러나 이 선언서의 내용은 독립군단들이 통의부로 통일해야 한다는 것이 아니라 임정의 밑으로 통일해야 한다고 주장하고 있다. 이들이 이러한 내용의 선언서를 발표하게 된 경위는 다음과 같이 추정된다. 상해에 간 채찬 일행은 적극적인 무장투쟁을 지지하는 측들이었다. 하지만 남만의 통합군단인 통의부는 이전의 군단들보다 규모는 방대했지만 자치와 무장투쟁이라는 두 가지 사업을 실시하면서 오히려 자치활동에 더 치중하는 면을 보였다. 때문에 이들은 그와 같은 통의부의 노선에 얼마간 불만을 가지고 있었고, 임정과 협의하는 과정에서 이 기회에 무장투쟁을 적극적으로 지지하는 자들을 통의부에서 분리하여 그들만으로 임정직속의 군대를 만들 것을 결정한 것으로 판단된다.

선언서에 서명한 78인은 통의부 의용군 제1·2·3중대와 유격대 및 獨立小隊의 대표들이었다. 이들은 한 달 후인 5월에 또 다시 임정의 기치 하에

---

19) 《獨立新聞》, 1923년 12월 26일, 〈蔡·金 兩氏의 談〉.
金承學, 《韓國獨立史》(獨立同志會, 1956), 398~399쪽.
愛國同志援護會, 《韓國獨立運動史》, 265쪽.

통일되어야 할 당위성을 밝힌 〈선언서〉를 발표하고 통의부에서 분리하여 대한민국림시정부 陸軍駐滿參議部를 조직하였다.[20] 이어 6월에는 金鳴鳳이 이끄는 통의부 의용군 제5중대도 〈선언서〉를 발표하고 통의부를 이탈하여 참의부에 가입하였다.[21]

의군부에 이어 무장투쟁을 지지하는 대부분의 세력이 또 다시 참의부를 조직하여 이탈하자 통의부의 세력은 현격히 약화될 수밖에 없었다. 그러나 통의부는 이들 두 세력의 이탈로 성립 초기보다는 약화되었지만, 여전히 남만지역에서는 가장 큰 세력을 보유한 독립군단이었다. 따라서 이후 통의부의 지도부는 이러한 혼란을 빠른 시일 내에 수습하고, 주변의 다른 민족운동 세력들을 다시 규합하여 통일된 세력을 만들기 위해 노력하였다.

〈蔡永國〉

2. 3부의 성립과 활동

1) 참의부의 성립과 활동

1922년 8월 남만지역의 여러 독립군 세력을 결집하여 조직된 大韓統義府의 성립은 독립군기지 건설 초기부터 망명 민족운동가들의 숙원이 한 단계 이루어진 것이었다. 그러나 통의부는 앞에서 살핀 바대로 조직원 상호간 불화가 일어나 그들 중 일부가 의군부를 조직해 분리되어 나갔고, 또 다른 일부는 참의부를 조직하여 이탈하였다.

그런데 이같이 성립한 參議府의 성립시기는 명확히 밝혀지지 않고 있다. 하지만 여러 자료를 대비해 살펴보면 대략 다음과 같이 추정할 수 있다. 참의부 성립의 주역인 蔡燦 일행이 상해에 도착한 것은 1923년 12월 2일이었

20) 國會圖書館, 《韓國民族運動史料(中國篇)》(1976), 323~324쪽. 기존의 연구에서는 참의부 성립 일을 1923년 8월로 보는 견해도 있다(유준기, 〈참의부〉, 《한민족독립운동사》 4, 국사편찬위원회, 1988, 210~212쪽).
21) 《獨立新聞》, 1924년 7월 26일, 〈南滿洲義勇軍第5中隊에서 '宣言書'를 발포〉.

다. 그리고 채찬이 《독립신문》 기자와의 대담에서 "近間에는 全氏一派도 다시 중앙기관인 통의부에 歸入하였습니다. 이후로는 완전히 합동되야 住民은 安樂의 福을 享하고 통의부의 사업은 蒸蒸然히 進할 것입니다 …"[1]라고 말해 남만주의 유일한 통합 단체를 통의부로 인정하고 있는 점으로 보아 적어도 1923년 말까지 참의부는 성립되지 않은 것으로 생각된다. 그런데 통의부 의용군 제1·2·3 중대 및 유격대, 독립소대 대표들이 임시정부 기치 하에 통합을 이루자는 〈선언서〉는 1924년 5월에 발표되었다. 따라서 이런 점으로 미루어 참의부 조직 시기는 1924년 1월에서 5월 사이로 추정된다.[2]

이와 같이 성립된 참의부의 성립 초기 조직체계는 다음과 같다.

參議長 겸	제1중대장	蔡燦	제2중대장	崔碩淳	제3중대장	崔志豊
	제4중대장	金昌彬	제5중대장	金蒼天		
	독립소대장	許雲起	훈련대장	朴應伯		
	중앙의회 의장	白時觀	민사부장	金篠厦(일명 : 張基礎)		

민사부에서는 集安·通化·桓仁·柳河·撫松·長白·安圖·寬甸縣 및 奉天省을 관할지역으로 하여 이들 지역을 13개 地方行政區로 나누어 행정구 대표를 뽑고 이들을 軍民自治에 종사토록 함(金承學, 《韓國獨立史》, 399쪽).

창립 초기 참의부는 이들 간부진 밑에 약 500명 이상의 병력으로 남만의 압록강변 중국지역을 관할지역으로 해 지역 내 한인들에게 자치행정을 실시하면서 무장투쟁을 전개하였다.[3] 그런데 이같은 간부진의 구성은 창립 이래 수차에 걸쳐 바뀌게 되는데, 통의부 등과 마찰에 의해 간부가 피살된 경우도 있지만, 주된 이유는 참의부가 본부 및 소속 부대의 근거지를 국내진입이 쉬운 압록강변에 위치해 놓고 수시로 일제를 상대로 유격전을 펼쳐 많은 간부들이 전사했기 때문에 생긴 결과였다.

---

1) 《독립신문》, 1923년 12월 26일.
2) 國會圖書館, 《韓國民族運動史料(中國篇)》, 323~324쪽.
3) 尹炳奭, 《獨立軍史》(지식산업사, 1991), 128쪽.

그런가 하면 1925년 4월에는 단체의 명칭을 중앙의회의 의결을 거쳐 督辦府(또는 鎭東都督府)라 고치고 진로를 새롭게 한 바 있다.[4] 그 이유는 1925년 3월 참의부는 초산의 대안인 집안현 古馬嶺에서 일본군의 기습 공격으로 간부들이 대거 전사하게 된 고마령전투가 있었다. 게다가 그로 인해 내부에 내홍이 일어나 제1중대장 洪碩浩가 암살 당하였다. 따라서 참의부는 이 같은 소식 내의 손실을 만회하기 위해 조직의 명칭을 고치고 노선 또한 새롭게 하고자 했던 것이다. 진동도독부는 참의부 시기와는 달리 항일무장 투쟁 위주가 아닌 이주한인을 위한 자치와 군사활동을 똑같이 중시하는 노선을 지향하였다.[5]

하지만 같은 해 5월 임정에서 파견된 특사의 지시에 의해 명칭은 6월 26일자로 다시 참의부로 환원되었다.[6] 참의부의 명칭은 예전으로 돌아왔지만 노선만은 진동도독부 때와 마찬가지로 軍事와 民事를 동등한 비중으로 시행하였다. 무장투쟁 위주의 노선을 가졌던 초창기에는 참의부의 중앙조직 자체가 앞에서 본 바 같이 군사적 조직을 갖춘 군사위주의 것이었다. 그러나 1926년 6월 26일지로 발표된 의회의 결의사항에 의하면 참의장 1인 밑에 군사위원 4인, 민사위원 4인을 두는 조직체를 갖추고, 무장투쟁과 자치활동을 균등하게 행하도록 하였다. 이어 8월 8일에는 공포 제2호로 참의장 및 각 부의 위원과 행정위원회의 시행방침을 발포하여 새로운 노선의 활동방향을 공고히 하였다.[7]

한편 압록강 접안인 집안현 花甸子에 본부를 구축하고 뛰어난 무장투쟁력을 보인 참의부 독립군의 각 중대 근거지는 다음과 같다

---

4) 〈高警第3267號 大正 14年 9月 16日, 鮮匪團督辦府ノ改稱ト決議事項ニ關スル件〉(고려대학교 아세아문제연구소 소장 필름(이후부터 '아연필'로 표기함) 문서번호 100-4-031), 1,108·1,116쪽.

5) 위와 같음.

6) 위와 같음.

7) 〈高警第3267號 大正 14年 9月 16日, 鮮匪團督辦府ノ改稱ト決議事項ニ關スル件〉, 1118~1122쪽.

제1중대 및 소속부대 集安縣 楡樹林子, 台上, 頭道溝, 二道溝, 楊子溝
제2중대 및 소속부대 集安縣 磊子溝, 大鏡溝, 志荒溝, 古馬嶺
제3중대 및 소속부대 桓仁縣 城內, 頭道溝, 二道溝, 上漏河, 下漏河
제4중대 및 소속부대 集安縣 花甸子, 菅台溝
제5중대 및 소속부대 通化縣 通南, 大泉眼
(〈鮮匪參議府之根據地〉, 通化縣 당안관자료).

이들 근거지들 가운데 제 5중대 및 그 소속부대의 근거지인 통화현만이 압록강변에서 약간 떨어진 지역일 뿐 나머지는 모두 압록강 근접지역이다. 이와 같이 일제를 상대로 무장투쟁을 전개하기 위해 최전방에 근거지를 구축한 참의부는 이들 근거지들간에 신속한 연락망을 구축하여 근거지를 보호하고 일제와의 무장투쟁을 전개하였다.

그리고 더욱 내실 있는 군사력 구축을 위해 독립군 중 뛰어난 인재를 선출하여 중국의 군관학교에 보내 무예와 전술을 연마토록 하였다. 예컨대 연도는 정확하지 않으나 1928년 경에 작성되었을 것으로 보이는 중국측의 자료에 참의부 제2중대 正士 張興旺과 副士 咸益淳이 廣東軍官學校에 입학하기 위해 上海로 출발하였다고 기록하고 있다.[8] 시설이 좋은 중국의 군관학교에서 군사교육을 받은 이들 유능한 독립군들은 군관학교를 졸업한 후 참의부 독립군들에게 신식 군사교육을 실시하여 군사력을 한층 높여 갔다.[9] 또 이렇게 진출한 참의부군 중에는 중국의 蔣介石軍에 합류하여 항일투쟁을 벌이기도 하였는데 군사위원장이었던 蔡君仙이 그러한 경우였다.[10]

참의부의 민사조직은 관할 지역 내에 지방행정망을 구축하여 이루어 졌다. 관할지역은 집안현을 비롯 寬甸·桓仁·通化·撫松·長白·安圖·柳河의 각 縣을 포괄하는 압록강변 지역으로 관할지역 내의 한인은 15,000호 이상이었다.[11] 참의부는 이들 관할지역 내의 한인을 매 千戶 단위로 百家長을 두고

---

8) 〈軍官學校入學〉(集安縣 당안관 자료).
9) 〈昭和 3年 7月 調, 在滿鮮人思想團體分布의 槪要 第2〉(《韓國獨立運動史》 4, 국사편찬위원회, 1968), 759쪽.
10) 〈昭和 3年 5月 31日, 不逞鮮人支那南方軍參加에 關한 件〉(《韓國獨立運動史》 5, 국사편찬위원회, 1968), 749쪽.

그 밑에 十家長을 임명하였다. 그리고 한인이 많이 모여 살고 있는 지역에는 行政區를 설정하고 50명 전후의 경호대원을 육성하여 지방 치안을 유지하고 한인의 생명과 재산을 보호토록 하였다.[12]

참의부가 실시한 자치행정은 다음과 같다. 관할지역 한인자제의 교육을 위해 각 지방 행정구역에 3개 이상의 소학교를 설치하고, 중국 당국과 교섭하여 중국 중학교에 韓人科를 두어 중등교육을 받을 수 있도록 하였다.[13] 또 관할지역인 집안현 楡樹林子에는 東興病院을, 본부가 있는 화전자에는 東華病院과 화전자병원을, 통화현 大泉眼에는 通東病院을 설치하고 軍醫를 파견하여 한인의 건강을 보살폈다.[14]

한편 民事組織인 백가장 밑에는 保險隊라는 특수조직이 편성되었다.[15] 보험대의 임무는 각 중대 및 소속부대간의 통신은 물론이고 참의부 독립군들이 유격대를 편성하여 국내에 진입할 경우 안내 역할까지 맡았고, 경우에 따라서는 유격대와 함께 무장활동을 전개하기도 하였다. 아울러 이 하부 조직은 참의부 독립군의 원할한 활동을 위해 관할지역 내 한인들에게 부과되는 의무금을 징수하는 임무도 함께 수행하였다. 즉 보험대는 군사 및 민사의 임무를 함께 수행한 참의부의 최하부 행동대였다.

이어 참의부의 무장활동을 살펴보면 다음과 같다. 참의부는 그들의 무장병력을 한·중 국경인 압록강변의 중국지역에 집중 배치시켰다.[16] 특히 평안북도 초산·위원·만포·자성의 대안인 집안현은 참의부의 주요 군사 근거지이자 활동무대였다. 따라서 참의부의 5개 중대 중 3개 중대(제 1,2,4 중대)가 집안현에 배치되었고, 나머지 2개 중대는 집안현과 접해있는 환인현(제3중대)과 통화현(제5중대)에 배치되었다. 이들 각 중대의 배치병력은 중대 당 150명

---

11) 유준기, 〈참의부〉(《한민족독립운동사》 4, 국사편찬위원회, 1988), 224쪽.

12) 유병호, 〈1920년 중기 남만주에서의 '自治'와 '共和制'—정의부와 참의부의 항일 근거지를 중심으로—〉(《역사비평》 여름호, 역사비평사, 1992), 252~253쪽.

13) 〈昭和 3年 7月, 在滿鮮人思想團體分布의 概要 第2〉(國史編纂委員會, 《韓國獨立運動史》 4), 759쪽.

14) 〈鮮匪病院〉(通化縣 당안관 자료).

15) 〈抄件〉(集安縣 당안관 자료).

16) 〈鮮匪參議府之根據地〉(通化縣 당안관 자료).
慶尙北道警察部, 《高等警察要史》, 122~123쪽.

으로 이들 또한 한 지역에 뭉쳐있는 것이 아니라 각 소대별로 주변의 여러 지역에 나뉘어져 있었다.[17]

분산되어 있는 근거지들 사이에는 중간중간 한인의 집에 통신원을 파견하여, 그 곳을 거점으로 장기간 머무르게 하고 주변의 정세를 파악한 후 신속히 연락토록 하였다.[18] 그리고 이같이 구축된 조직망을 십분 활용하여 무장활동을 수행하였다. 즉 중대 또는 소속부대에서 작전계획을 세워 유격대를 구성하면 작전의 내용 및 목적지가 근거지에서 가장 가까이 있는 통신원에게 하달되었다. 최초의 명령을 받은 통신원은 유격대가 목적지까지 통과할 이동로에 있는 다른 통신원들에게 신속히 연락하여 이동할 지역의 중·일 군사시설 및 동정을 살피도록 하였다. 이같이 하여 안전지대가 설정되면 통신원들은 유격대원들을 안내하였다.[19]

참의부 대원들이 이 같은 활동을 벌이자 일제는 만주에 있는 한국 독립군들을 더욱 적극적으로 탄압하지 않고는 안될 것으로 판단하였다. 그리하여 1925년 6월 11일 〈三矢協定〉을 중국측과 체결하였다. 이 협정은 조선총독부 경무국장 미쓰야 미야마쓰(三矢宮松)와 봉천성 경무국장 于珍 사이에 체결된 것으로 중국의 무력을 이용해 재만 독립군을 탄압케 한다는 것이었다.[20]

참의부 및 정의부 활동지역인 남만의 20현(안동·홍경·통화·봉성·관전·환인·임강·집안·장백·안도·무순·본계·해룡·휘남·무송·유하·금·복·축암·장하)을 시행구역으로 정하여 마치 상급기관이 하급기관에 명령을 하달하듯 중국측이 독립군을 단속하고 탄압하여 일제에게 그 성과를 보고한다는 이 협정의 주요 내용을 보면 다음과 같다.

---

17) 〈鮮匪參議府狀況〉(通化縣 당안관 자료).
18) 〈鮮匪團參議府第二中隊特派通信員動靜〉(集安縣 당안관 자료).
19) 〈抄件〉(集安縣 당안관 자료).
20) 〈不逞鮮人の取締方に關する朝鮮總督府奉天省間の協定〉(《日本外交年表並主要文書》下, 日本 東京 : 原書房, 1965), 75~76쪽.
〈삼시협정의 폐지〉(《독립운동사자료집》 10, 독립운동사편찬위원회, 1973), 460~462쪽.

2조 : 중국관헌은 각 縣에 通令하여 在留鮮人이 무기를 휴대하고 조선에 침입하는 것을 엄금한다. 범한 자는 이를 체포하여 朝鮮官憲(일제의 軍警)에게 인도한다.

3조 : 不逞鮮人 단체를 해산하고 소유한 총기를 수색하여 이를 몰수하고 무장을 해제한다.

4조 : 朝鮮官憲이 지명하는 不逞團 수령을 체포하여 조선관헌에게 인도한다.

〈삼시협정〉의 핵심은 중국군경이 한인 독립운동자들을 체포하여 일제 측에 넘긴다는 것이었다. 이어 같은 해 7월 8일 중국과 일제는 위의 조항을 시행하는 세부지침 12개 조항을 체결하였다.[21] 그 문구로만 판단한다면 재만한인의 생명은 양국의 軍警 및 관리의 손에 달려 있다는 세칙들이었다.

〈삼시협정〉이 발포되고 나자 중국 東三省의 각 지역, 즉 吉林省을 비롯해 遼寧省·안동현·장백현·임강현·하얼빈 등의 중국 군경 수뇌자들은 〈韓人取締規則〉을 제정하여 재만 한인의 독립운동을 본격적으로 탄압하기 시작하였다.[22] 특히 임강현의 경우는 〈삼시협정〉을 충실히 이행한다 하여 관내의 이주한인 320여 호 중 약 150호(450명)에게 퇴거 명령을 내려 한인의 생계를 위협하였다.

일제는 독립군 및 배일한인을 이 같이 중국의 武力으로 탄압하게 한 다음 駐通化日本領事館分館을 在外帝國領事分館主任受持區域으로 정하여 통화현 주변의 각 현에 경찰을 파견하였다.[23] 이들 파견된 일제의 경찰들은 중국 군경대와 합동하여 한국 독립군을 탄압함은 물론 체포된 독립군을 한국 내로 압송하는 임무를 수행하였다.

---

21) 〈불령선인 단속 시행 세칙〉(《독립운동사자료집》 10, 독립운동사편찬위원회), 464~466쪽.

22) 《동아일보》, 1925년 9월 25일·1927년 12월 28일·1928년 3월 31일.
〈大正 15年 11月, 長白縣知事의 移住鮮人取締方針〉(《한국독립운동사》 5, 국사편찬위원회), 664~665쪽.
〈昭和 2年 5月 5日, 日支協定에 基한 鮮人取締를 徹底히 하기 위하여 退去命令을 發한다〉, 같은 책, 665~666쪽.
〈大正 15年 1月, 遼寧省 不逞鮮人取締, 管理韓僑章程總則〉, 같은 책, 671~672쪽.

23) 〈興京派遣所에 當館警察官配置의 件〉(《한국독립운동사》 4, 국사편찬위원회), 815~817쪽.

중국의 군경까지 끌어들여 이러한 탄압을 가했지만 참의부의 독립군들은 신명을 다한 항일활동을 그치지 않았다. 즉 참의부 대원들은 만주 내에서 이 같은 중·일의 삼엄한 탄압을 피해가며 국내로까지 침투해 무장투쟁을 펼쳤던 것이다. 한국과 중국의 국경을 철저히 수비한 일제의 국경 수비대까지 상부의 보고서에 "同團(參議部)은 他의 여하한 部隊보다도 활동목표를 鮮內로 하여 침입하고 있으므로 국경방면에서 발생하는 사건의 3분의 2 이상은 同團의 所爲이다"라고 밝혔다.[24]

국내진입작전을 시행할 경우 통신원의 안내로 압록강변에 도착한 유격대원들은 입고 있던 군복 내지는 중국복장을 벗어버리고 준비해온 한복으로 고쳐 입었다. 그리고 일제의 감시망을 피해 도강하여 국내 통신원의 집에 도착하였고 상황을 판단한 후 작전지역으로 이동해 임무를 수행하였다.[25]

이와 같이 참의부 대원이 전개한 국내진입전 중 기록상에 나타난 몇 건만 살펴보면 다음과 같다.

一. 1924. 5. 19. : 제2중대 1소대 소속의 張昌憲이하 대원 8명은 평북 위원군 馬嘶灘의 압록강변에서 소위 국경을 순시한다고 경비선을 타고 통과하던 조선총독 사이토 마코토(齋藤實) 일행을 공격함.

一. 1924. 5. 29. : 제1소대 2분대장(중대 미상) 金昌化부대 7명은 평북 후창군 牛項嶺에서 일경찰대와 접전 후 1명 사살, 1명 중상을 입힌 후 이동하여 同郡 城千面 內洞의 營林廠을 습격하여 소각함.

一. 1924. 6. 24. : 평북 자성군 임시주둔대 8명은 同郡內 민가에 잠복중인 일경찰대와 교전하여 일경 2명을 사살하였으나 일등병 金連學과 이등병 李吉詳이 전사함.

一. 1924. 7. 24. : 제1중대원 李義俊은 평북 강계군 漁雷面에서 일제의 밀정 張得成을 총살함.

一. 1924. 8. 9. : 참의부 독립군 1대 평북 구성군 造岳洞 금광사무소와 창성군 德洞 금광사무소를 습격함.

---

24) 〈昭和 3年 7月 調, 在滿鮮人思想團體分布의 槪要 第2〉(《한국독립운동사》 4, 국사편찬위원회), 759~760쪽.

25) 集安縣 당안관 자료.
《東亞日報》, 1928년 9월 11일.

一. 1924. 9. 27. : 제1중대 소속의 소대장 李應瑞(일명 : 李白坡) 부대 8명은 평북 강계군 古臺洞에서 밀정 桂永八・桂龍熙・尹禎高 등 3명을 사살하고 이동하여 다음날 公北面 香江洞에서는 밀정 池成龍을 사살함. 또 동년 10월 6일에는 위원군 渭松面 石浦洞에서 밀정 李贊鳳을 사살함.

一. 1925. 3. 29. : 제1중대 독립군 20명이 평북 자성에서 일경과 교전함.

一. 1925. 10. 18. : 參事 孫用俊이 지휘하는 1대 7명이 평북 강계군 外貴面 興判洞에서 일경 6명과 교전 후 퇴진함.

一. 1926. 7. 10. : 제2중대 소속의 李壽興이 단독으로 국내진입작전을 감행하여 동대문의 東小門파출소를 습격하고, 柳澤秀・柳南秀를 동지로 포섭하여 9월 9일 안성군 부호 朴承六의 집과, 10월 20일 경기도 이천군 栢沙面의 玄芳주재소 및 백사면사무소를 습격함.

一. 1926. 11. 12. : 참의부 許雲起 부대 6명이 평북 자성군 長士面 湖下洞에서 同地 주재소의 순사 5명과 교전함.

(《獨立新聞》・《東亞日報》・국사편찬위원회, 《韓國獨立運動史》 4・蔡根植, 《武裝獨立運動秘史》・朝鮮總督府警務局, 《高等警察關係年表》・集安縣 당안관 자료 등).

위의 전투 중 중요한 것을 들자면, 1924년 5월 19일 압록강변에서 사이토 마코토(齋藤實) 조선총독이 승선한 선박을 선제 공격한 전투이다. 사전에 사이토가 압록강변의 일본군 국경수비대를 순시한다는 정보를 입수한 참의장 채찬은 제2중대 1소대 대원들을 특공대로 조직하여 평북 위원군 마시탄에 매복시켰다. 이 특공대는 총지휘관이 장창헌이었고, 제1소대장 참사 韓權雄, 伍長 李春和, 일등병사 金昌均・玄成熙・李明根・金呂河・田昌植외 8명으로 조직되었다. 아침 9시 경 사이토가 탄 경비선이 압록강을 따라 참의부 특공대원들이 매복해있는 지점에 나타났다. 순간 총지휘관 장창헌의 사격 명령이 떨어졌고, 특공대원들은 일제히 총격을 가하였다. 참의부 대원들의 순간적인 공격으로 당황한 일제의 국경순시선은 단 한번의 반격도 해보지 못한 채 전속력으로 도주하고 말았다. 비록 이 기습전에서 특공대원들은 사이토를 총살한다는 원래의 목표는 달성하지 못했지만 이 전투는 한국 독립군의 활동을 내외에 널리 알리는 계기가 되었다. 그리고 이 전투를 계기로 참의부 독립군의 용맹성은 더욱 고조되어 일제의 간담을 서늘하게 하는 전투가 이어졌던 것이다.

한편 위에 기록된 참의부의 전투일지는 전체를 모두 기록한 것은 아니다. 다만 참의부가 주로 활동한 국내의 지역과 그 시기를 알아보기 위해 몇 가지를 선별한 것이다. 따라서 위의 일지를 살펴보면 참의부의 국내활동 지역은 압록강과 접한 평안북도의 위원·자성·구성·강계·창성·후창 등이다. 그리고 활발히 활동을 전개했던 시기는 1924년 중반부터 25년 말까지이다. 1926년 이후 참의부의 국내활동 사항은 점차 감소하다가 27년 이후로는 별로 나타나지 않는다.

이와 같은 현상이 나타나게 된 이유는 1920년대 후반기로 가면서 참의부는 내부적으로는 신민부·정의부 등과 함께 독립군 통합운동을 모색하면서 어수선함을 보였다. 또 1928년 10월에는 재무위원장을 지낸 바 있는 한의제가 고동호·독고욱 등과 함께 鮮民府라는 친일단체를 조직하여 참의부를 배반하고 일제에 협조함으로써 조직내부의 분열이 심각한 지경에 이르렀다.[26] 외부적으로는 1925년 6월 〈삼시협정〉 체결 이후 갈수록 더해 가는 중·일의 탄압에 대항한 만주에서의 투쟁이 큰 몫을 하였기 때문이었다. 이 같은 이유로 참의부는 1920년대 후반에는 조국독립을 위한 주된 방략으로 삼았던 국내진입 유격전 대신 만주 내에서의 대일항쟁 내지 친일단체 척결에 진력하게 되었던 것이다.

그런데 참의부군의 만주에서 투쟁은 중국측 자료에 의거 소소한 것까지 살피자면 존립 전 기간에 걸쳐 변함없이 많다. 예컨대 국내진입전에 주력하던 시기에도 작전을 준비하는 과정에서 수없이 중·일 군경대와 충돌하였다. 관할 부민을 관리하고 보호하기 위한 행정조치를 취하는 과정에서도 충돌이 일어날 지경이었다. 그리고 참의부의 분산되어 있는 근거지들을 일제나 중국의 군경대가 침입함으로써 발생하기도 하였다.

그 같은 경우로 가장 대표적인 것이 1925년 3월 16일 전개된 고마령전투이다. 이 전투는 집안현 산중에서 참의부 간부를 비롯한 대원들이 중대군사회의를 개최하고 있을 때 밀정 李竹坡의 인솔로 일제의 초산 경찰대가 습격하여 일어난 것이었다.[27] 회의 도중 대규모의 일제 경찰대의 습격을 받은 참

---

26) 〈昭和 4年 9月 21日, 한족동향회 내경에 대하여〉(《독립운동사자료집》 10), 414~419쪽.

의부 간부들은 죽음을 무릅쓰고 대항하여 양측은 장시간에 걸친 공방전을 전개하였다. 그러나 전투태세에 임하지 못하고 급습을 받은 참의부측은 육탄전까지 감행하였으나 결국 큰 피해를 입고 패하고 말았다. 참의장 崔碩淳을 비롯 田昌禧·崔恒信·全德明·安貞吉·金用武·金鶴松·潘昌炳·崔吉星·白明浩·張鏡煥 등 29명이 전사하고 제1중대 소대장인 田世用 등 많은 참의부 대원들이 부상당하였다. 이와 같이 1920년대 중반 재만 독립군단 중 가장 활발한 무장투쟁을 전개한 참의부는 그 근거지 자체가 일제의 표적이 되었다.

2) 정의부의 성립과 활동

남만의 통합독립군단인 통의부가 분열하고 있을 때 대한민국임시정부가 있는 상해에서는 1923년 1월부터 전 독립운동세력을 일대 결집시키기 위한 국민대표회의가 개최되었다. 통의부의 총장인 金東三을 의장으로 하고 安昌浩와 尹海를 부의장으로 하여 개최된 국민대표회의는 독립운동사상 가장 큰 규모의 회의였다. 국내를 비롯 미주·상해·만주·노령 등 각 지역에서 120여 명 이상의 대표자가 참석하였고, 그들 대표자들뿐만 아니라 각지에서 활약하고 있는 독립운동자들의 기대는 대단하였다.

그러나 회의 결과는 지금 존재하고 있는 상해의 임시정부를 개조하여 계속 존속시키느냐, 아니면 상해의 정부를 폐하고 새로운 정부를 창조하느냐 하는 문제로 대표자들이 대립하여 결렬되고 말았다. 국민대표회의의 결렬은 상해의 대한민국임시정부를 실질적인 독립운동 중추기관으로 개조한 후 만주의 독립군단들을 통합하여 그 산하에 두어 일관적이고 총체적인 무장투쟁을 전개하려했던 재만 독립군단 지도자들의 이상도 무산된 것을 의미하였다.

하지만 독립운동 세력의 총체적 통합을 위한 국민대표회의가 결렬되었지만 무장세력의 통합만이 효율적인 항일세력을 이룩할 수 있다고 믿은 재만 독립군 지도자들은 이 같은 실패에 좌절하지 않고 독립군 통일문제에 적극적인 열의를 보였다. 즉 남만 각 독립군단들의 지도자들은 1923년 9월부터

---

27) 愛國同志援護會,《韓國獨立運動史》, 267쪽.
金承學,《韓國獨立史》(獨立同志會, 1956), 400~401쪽.

小綏芬軍事聯合會議·樺甸縣會議·額穆縣黑石屯會議 등을 개최하여 통일문제를 논의하였다.[28] 독립군단 통일을 위한 이같은 회의는 남만 무장세력의 실질적인 지도자로 인정받고 있던 대한독립군정부의 李相龍 주도하에 이루어진 것이었다.[29]

그러나 이들의 회의 또한 일정한 성과를 거두지 못한 채 무산되고 말았다. 그런데 이들 회의의 무산으로 통합이 어려워진 것과는 상관없이 의성단의 고문으로 있으면서 재만 독립군단의 통일에 노력하던 梁起鐸이 국민대표회의 당시 創造派에 속했던 申肅·윤해 등과 접촉을 갖고 통합방안을 논의하였다. 이들은 일단 통합의 방향을 전만주의 독립군단들을 통합한 후 대규모의 토지를 매입하여 屯田兵制를 실시, 산업을 일으키면서 군사를 양성하는 실력양성론으로 하였다. 그리고 통합 후 또 다른 분열의 소지를 줄 공산주의자들을 완전히 배격하기로 합의하였다.[30] 이어 남만지역의 독립군 지도자들인 李章寧·池靑天·朴觀海·孫一民 등을 설득하여 1924년 3월 하순에 全滿統一會籌備會를 조직하였다.[31]

전만통일회주비회는 남북만 전체의 한인 무장세력을 총괄하는 통일세력을 만들려는 목적을 가지고 있었다. 이 계획은 원래 국민대표회에 미주지역의 대표로 참가했던 박용만이 구상하였던 것이다. 그는 미주에 있으면서도 네브라스카 한인소년병학교를 설립하여 독립군 요원을 양성하는가 하면, 國民軍團이라는 미주지역의 독립군단을 조직한 무장투쟁론자였다. 그는 조국해방을 위해서는 한민족의 모든 무력을 한 곳으로 집중할 軍事統一會가 조직되어야 한다고 주장하였다.[32] 따라서 독립운동의 중추기관으로서 새로운 임시정부를 설립해야 한다는 창조론의 입장에서 뜻을 같이했던 신숙과 윤해 등이 그 계획을 실천코자 양기탁과 접촉을 벌여 전만통일회주비회를 탄생시켰던 것이다.

---

28) 〈大正 13年 5月, 在外不逞鮮人ノ槪況〉(아연필 200-3-049), 33~35쪽.
29) 〈大正 13年 5月, 在外不逞鮮人ノ槪況〉, 32~33쪽.
30) 〈大正 13年 5月, 在外不逞鮮人ノ槪況〉, 33~35쪽.
31) 위와 같음.
32) 위와 같음.

주비회는 李章寧을 회장으로 선출하고 창립 이후 약 4개월간 각 단의 통합을 위해 노력하였다. 그 결과 1924년 7월 10일 주비회의 의견에 찬동한 각 단의 대표들에 의해 길림에서 주비발기회가 개최되었다. 이 발기회에 참가한 각 단 및 그 대표는 다음과 같다.

軍政署	代表	李震山·李光民	吉林住民會	代表	李 旭
大韓光正團	대표	金 虎·尹德甫(일명 : 尹秉庸)	大韓獨立團	대표	李章寧·尹 覺
大韓統義府	대표	金東三·李鍾乾	勞動親睦會	대표	崔明洙
義成團	대표	承 震			

이들 7개 단체의 대표들은 협의하여 두달 보름 후인 9월 25일 吉林에서 본회의를 개최할 것과 본회의 개최 이전 발기회에 참가한 각 단의 대표자들은 참가하지 않은 남북만 각 단체의 대표자들에게 본회의에 필히 참가하도록 권유할 것 등을 결의하였다.[33]

그러나 9월 25일 개최키로 하였던 본회의는 10월 18일에 가서야 위의 7개 단체 외에 卡倫自治會(대표 尹河振)·固本契(대표 辛亨奎)·學友會(대표 金鐵) 등 3개 단체가 더 참가하여 회의를 개최하게 되었다.[34] 이들 10개 단체 대표들은 회의 의장으로 통의부 대표 김동삼을 선출하고 새로운 독립군단의 명칭과 이후 새 군단의 운영방식 등에 대해 논의하였다. 그리고 다음과 같은 분과위원을 선임하였다.

自治	李震山·孟喆鎬·崔明洙	軍事	李章寧·曺 煜·金 鐵
教育	李昌範·高豁信·金東三	財政	金 虎·尹德甫·承 震
生計	朴正祚·金定濟·白南俊		

중앙행정위원 李 沰·吳東振·玄正卿·金履大·尹德甫·金容大·李震山·金衡植·池青天

(〈在外不逞鮮人의 狀況〉, 《韓國獨立運動史》 4, 국사편찬위원회, 738쪽).

33) 〈在外不逞鮮人의 狀況〉(《韓國獨立運動史》 4, 國史編纂委員會), 737~738쪽.
34) 〈在外不逞鮮人의 狀況〉(《韓國獨立運動史》 4, 國史編纂委員會), 738쪽.

그러나 회의 이후 대한독립단과 학우회는 중도에서 탈퇴하였다. 대한독립단의 경우는 대한민국임시정부 옹호문제에 있어, 다른 단체와는 달리 새로운 통합 군단은 임시정부를 옹호하는 입장을 취했기 때문이며, 학우회는 기존 단체의 명칭을 계속 사용해야 된다는 입장에서 다른 단체와 의견 일치를 보지 못했기 때문이었다.[35] 따라서 이 조직표 이후에 나온 정의부의 초기 중앙조직에는 학우회의 대표였던 金鐵과 대한독립단의 대표였던 이장녕·孟喆鎬 등의 이름이 보이지 않고 있다.

이와 같은 우여곡절 끝에 통합에 동의한 8개 단체는 1924년 11월 24일 다시 화전현에 모여 全滿統一會를 개최하고 새로운 통합 독립군단인 정의부를 발족하기로 합의하였다.[36] 이 회의에서 이들 단체의 대표들은 다음과 같은 사항들을 의결하였다. ① 本府의 명칭은 正義府로 한다. ② 본부의 憲章을 제정하여 공포한다. ③ 본부의 창립기념일은 1924년 11월 24일로 한다. ④ 본부의 연호는 '紀元年號'를 사용한다. ⑤ 본부의 會計用 貨幣는 奉小洋을 표준으로 한다. ⑥ 每年 豫算案을 편성하여 그에 의하여 예산을 집행한다. ⑦ 정의부의 운영을 위한 募捐은 폐지한다. ⑧ 公農制를 실시한다 등이었다.[37] 이와 같은 의결과 함께 대표들은 각 단이 통합을 위한 준비를 할 동안 통합에 대한 전반적인 업무추진기관으로 樺甸縣에 臨時行政執行委員會를 조직하였다.[38]

8개 단체의 통합을 위한 구체적인 작업이 이루어지고 난 후, 1924년 12월 31일 군정서가 제일 먼저 명의를 폐지하고 통합 독립군단인 정의부에 합병한다는 선포문을 발표하였다. 이어서 義成團이 1925년 1월 15일 같은 취지의 선포문을 발표하였다.[39] 이들 단체에 이어 固本契·吉林住民會 등 다른

35) 위와 같음.

36) 〈大正 14年 5月, 在外不逞鮮人ノ概況〉(아연필 200-3-049), 84~86쪽.
〈高警第1404號 大正 14年 4月 27日, 正義府ノ公報發行ニ關スル件〉(아연필 100-001-030), 436쪽.

37) 〈高警第1404號 大正 14年 4月 27日, 正義府ノ公報發行ニ關スル件〉, 435~438쪽.

38) 〈高警第255號 大正 14年 2月 16日, 全滿統一不逞鮮人團體統一會議後ノ狀況ニ關スル件〉(아연필 100-001-030), 83~84쪽.

39) 〈高警第255號 大正 14年 2月 16日, 全滿統一不逞鮮人團體統一會議後ノ狀況ニ關スル件〉(아연필 100-001-030), 87~89쪽.

단체들도 계속하여 통합에 대한 선포문을 발표하고 의결한 사무를 정의부로 인계하며 통합하였다.[40] 단지 가장 큰 세력인 통의부와 그 다음 세력인 광정단만이 이들 단체들보다 명의 취소에 대한 표명과 업무 인수인계가 늦었는데 이는 워낙 기존의 체제가 방대하다 보니 실무적인 작업이 많았기 때문이었던 것으로 생각된다. 통의부는 임시행정집행위원회가 폐지되고 정식으로 정의부 중앙행정위원회를 성립하여 각부의 조직을 완료한 후 〈중앙행정위원회 포고〉 제1호가 공포되는 1925년 3월 7일까지도 명의취소 및 사무인계를 하지 않았다. 이에 정의부 중앙행정위원회는 통의부측에 이를 빨리 시행하도록 독촉하였다.[41] 그러나 통의부나 광정단도 1925년 3월 중순까지는 기존의 업무를 모두 마무리하고 정의부에 가담한 것으로 생각된다.[42] 그리하여 1925년 3월 초 화전현의 임시행정집행위원회를 폐지하고 중앙행정위원회 및 중앙조직의 구성을 완료한 정의부는 그 본부를 柳河縣 三源浦로 정하고 각 단에서 넘어온 인계사항을 받아 새로운 통합 군정부로서의 업무를 시작하였다.[43]

8개 단체의 합병으로 하얼빈 이남 약 40여 개의 현에 이르는 거대한 관할지역과 수많은 한인을 관할민으로 가지며 새로운 통합 독립군단으로 출발한 정의부는 관할민들을 효과적으로 관리하는 한편, 한민족의 근본목적인 독립투쟁을 능률적으로 수행할 수 있는 조직을 구성하기 위하여 많은 노력을 기울였다.

먼저 정의부 중앙조직중 행정부에 해당하는 조직은 1925년 3월 초 각 단의 사무를 인계 받아 정식의 업무를 시작함과 동시에 구성되었다. 이 조직은 1924년 10월 18일 10개 단체의 대표들이 전만통일회주비회 본회의에서 선임

---

40) 〈高警第1404號 大正 14年 4月 27日, 正義府ノ公報發行ニ關スル件〉, 429쪽.

41) 〈高警第255號 大正 14年 2月 16日, 全滿統一不逞鮮人團體統一會議後ノ狀況ニ關スル件〉, 439~442쪽.

42) 〈高警第255號 大正 14年 2月 16日, 全滿統一不逞鮮人團體統一會議後ノ狀況ニ關スル件〉, 429쪽.

43) 〈大正 14年 5月 在外不逞鮮人ノ槪況〉, 85~86쪽.
〈朝保秘第417號 大正 15年 6月 17日, 鮮匪團正義府ノ移轉ト中央通信發行ニ關スル件〉(아연필 100-4-034), 369~370・575~576쪽.

한 분과위원을 확대 발전시킨 조직으로 그 부서 및 간부의 명단은 3월 7일 확정되어 3월 9일자로《正義府公報》제1호에 발표되었다. 조직의 부서와 간부 명단을 보면 다음과 같다.

○ 중앙행정위원장 李 沰
중앙행정위원 玄正卿·池龍起·李震山·金容大·金履大·尹秉庸·吳東振·金東三
○ 幹政院 秘書長 金元植　　간정원 비서 李仁根·姜英伯
○ 중앙심판원장 金應燮　　중앙심판원 姜福元·康濟河
中央審判書記 李正一　　檢理長 崔明洙
○ 민사위원장 玄正卿
민사부庶務課主任委員 李光民　　민사부서무과위원 孫輔赫
민사부警務課主任委員 李泰傑
○ 군사위원장 池龍基(본명 池大亨, 별명 李青天)
군사부軍事課主任委員 金世俊　　군사부군사과위원 金萬東
군사부軍需課主任委員 金慶達　　군사부군수과위원 洪益善
○ 법무위원장 李震山
법무부法務課主任委員 黃學秀　　법무부법무과위원 李碩鎬
○ 학무위원장 金容大
학무부敎育課主任委員 高豁信　　학무부교육과위원 金弘稷
학무부編輯課主任委員 金官雄　　학무부편집과위원 李丙吉
○ 재무위원장 金履大
재무부理財課主任委員 安奎元　　재무부이재과위원 崔秉模
재무부會計課主任委員 宋秉浩　　재무부회계과위원 朴錫九
○ 교통위원장 尹秉庸
교통부交通課主任委員 李官實　　교통부교통과위원 金光國
○ 생계위원장 吳東振
생계부產業課主任委員 承震　　생계부산업과위원 金基全
○ 외무위원장 金東三
외무부交涉課主任委員 張天澤　　外務部宣講課主任委員 玄益喆
외무부宣講課위원 權英夏

○ 의용군 사령장 池龍起 副官 金昌憲・朴泰烈 경리 權德根
(〈高警第1404號 大正 14年 4月 27日, 正義府ノ公報發行ニ關スル件〉, 아연필, 199-001-033, 429~435쪽).

위의 조직표에 의하면 정의부 성립 초기 중앙행정조직의 구성은 ① 중앙행정위원회 ② 간정원 ③ 중앙심판원 ④ 군사령부 ⑤ 민사・군사・법무・학무・재무・교통・생계・외무 등 8개의 행정부서로 조직되었다. 이같은 행정체계의 구조는 이후로도 근간은 그다지 바뀌지 않았다. 이 최초의 중앙행정조직 및 인물구성이 끝나고 한달후인 4월 9일 중앙행정위원회에서는 중앙행정조직에 대한 직제구조와 기능을 협의, 결정한 후 5월 15일 반포하였는데, 8개 행정부서 내의 각과가 약간 변동, 증가되고 중앙행정위원회 내에 인쇄국과 법제위원회를 신설하는 정도였다.[44]

한편 정의부의 무장활동을 실천한 의용군 사령부의 조직체계는 다음과 같았다.

司令長 池龍基(별명 : 池大亨, 京畿출신) 柳河縣 三源浦 소재
司令副官 金昌憲(별명 昌煥)・朴泰烈 경리 權德根
제1중대(무장단원 80명) : 중대장 文學彬, 柳河縣 三源浦 소재
제1소대장 車用睦, 제 2소대장 李奎星, 제 3소대장 金昌欽
제2중대(무장단원 60명) : 중대장 安鴻, 通化縣 興描子 소재
제1소대장 ○ 武雄・제 2소대장 金世俊・제 3소대장 金保國
제3중대(무장단원 80명) : 중대장 金錫夏(별명 : 金孝晟), 寬甸縣 下漏河 소재
제1소대장 朱河範・제 2소대장 鄭伊衡・제 3소대장 崔觀○
제4중대(무장단원 80명) : 중대장 金昌憲, 소재지 미상
제1소대장 金○河・제 2소대장 申浩承・제 3소대장 田龍烈
제5중대(무장단원 80명) : 중대장 金岡雨, 소재지 미상
제1소대장 趙雄水・제 2소대장 ○昌俊・제 3소대장 金德山・제 4소대장 金○植

44) 〈高警第2468號 大正 14年 8月 5日, 正義府ノ職制ニ關スル件〉(아연필 100－4－031), 666~690쪽.

헌병대(무장단원 30명) : 대장 金錫夏, 寬甸縣 下漏河

제1분대장 金信鐸 · 제 2분대장 李觀 · 제 3분대장 張天○

이 사령부의 조직은 1925년 9월의 것이며, 대원의 총계는 410명이었다.[45]

다음 입법기관에 해당하는 중앙의회의 조직을 보면 다음과 같다. 중앙의회는 다음에 살펴볼 정의부 관할지역 내의 지방조직 단위인 '地方' 및 '獨立區'에서 선거하는 의원 및 중앙의회에서 선거하는 의원으로 조직하였다.[46] 중앙의회의 의원 선출 방식은 관할지역 800호에 1명씩을 선출하였으나, 800호가 못되더라도 과반수인 400호가 넘는 지역에서는 1명을 선출하도록 하였다. 또한 독립구에서는 1개 독립구 내에서 1명의 중앙의원을 선출하였다.[47] 이 같은 선출 방식에 의해 1925년 8월 1일 현재 지방 및 독립구에서 선출된 중앙의회의 의원은 23명이었다. 거기에 중앙에서 선거에 의해 선출한 중앙의원의 수는 대개 5명에서 7, 8명 정도였으니 중앙의원의 총수는 한때 약 30명 정도였다.[48]

그러나 이 선출기준은 1926년 11월 20일 개정 공포된 헌장에서는 500호에서 중앙의원 1명을 선거하여 뽑도록 하였으며, 500호가 못되더라도 과반수인 250호 이상의 지역에서 1명의 의원을 선출하도록 하였다.[49] 이같이 선출될 수 있는 중앙의회 의원의 자격은 정의부 관할 지역에서 1년 이상 거주하고 연령은 만 23세 이상인 자만이 가능하였고, 임기는 2년이었다.

사법기관을 보면, 구와 지방에 區査判所 및 地方査判所가 설치되었고 중앙에도 中央審判院이 설치되었다. 그리고 이들 상설 사판소 외에 정의부 존립을 위태롭게 한다거나 조국광복 사업에 큰 지장을 줄 수 있는 특별한 사건이 있을 때는 중앙에 특별 사판소를 설치하여 그를 심판하도록 하였다.[50]

---

45) 〈在滿不逞鮮人團體 一覽表(大正 14年 9月 末 現在)〉(平安北道 警察部, 通化縣 당안관 자료).

46) 〈대정 15년 2월 23일 正義府의 내분에 관한 건〉(《독립운동사자료집》 10, 독립운동사편찬위원회), 382쪽.

47) 〈대정 15년 2월 23일, 정의부의 내분에 관한 건〉, 382~383쪽.

48) 〈高警第3083號 大正 14年 9月 4日, 在滿鮮匪團正義府ノ動靜ニ關スル件〉(아연필 100-4-031), 1004쪽.

49) 〈대정 15년 11월 29일, 정의부 중앙의회 개최의 건〉(《독립운동사자료집》 10, 독립운동사편찬위원회), 394쪽.

이어 정의부 관할지역 내 한인이 거주하는 지역마다 조직된 지방조직 체계에 대해 알아보면 다음과 같다. 정의부는 헌장 제6조에 "區는 백호 이상, 지방은 천호 이상으로 하지만 지리 관계에 의하여 신축할 수 있음." 이라고 하여 지방조직의 체계와 규모를 밝혔다.[51] 이 조항을 보면 구는 지방에 속하는 행정 단위로 10개의 구가 1 지방을 구성하게 되어 있다. 그러나 이 같은 지방조직은 얼마 후 구와 지방이 관할할 수 있는 호가 반으로 줄어 1구는 50호를 1지방은 500호를 담당하도록 하였다.[52] 그리고 천호 이상으로 總管區를 조직하여 총관이 지방과 구를 관할토록 하였다. 또한 구를 총괄하는 사람을 區長, 지방을 총괄하는 사람을 地方長으로 불렀는데 구장 밑에는 十家長이 있었으며, 지방장 밑에는 구장을 포함 百家長이 있어 아주 세밀화된 지방조직망을 갖추도록 하였다.[53]

정의부는 이주한인의 안정된 생활기반 마련을 위한 교육 및 산업부흥주의와 보다 굳건한 독립군기지의 구축을 그 실천 이념으로 하였다. 따라서 이 같은 이념의 실천을 위해 다음과 같은 관할민의 의무 및 권리사항을 정하였다.

〈의무 사항〉

① 혁명운동에 노력하고 징병에 응하는 의무.

② 정의부 헌장 및 본부의 명령에 복종하는 의무.

③ 의무금 및 기타의 부과금을 납부하는 의무.

④ 자녀를 교육하는 의무.

〈권리 사항〉

① 본부의 구·지방·중앙의 대의원 및 기타 직원의 선거·피선거 권리.

② 의회에 건의 청원하고, 또는 사판소에 소송하는 권리.

---

50) 〈대정 15년 2월 23일, 正義府의 내분에 관한 건〉(《독립운동사자료집》 10, 독립운동사편찬위원회), 386쪽.
〈대정 15년 11월 29일, 정의부 중앙의회 개최의 건〉, 같은 책, 398쪽.

51) 〈機密公第369號 大正 13年 12月 9日, 正義府憲章送付ノ件〉.

52) 〈1928年 7月調, 在滿鮮人思想團體의 槪要 第 2〉(《한국독립운동사》 4, 국사편찬위원회), 757쪽.

53) 〈抄件〉(集安縣 당안관 자료).

③ 본부의 명령에 의하지 않고 생명·재산·명예의 침해를 받지 않는 권리.
④ 본부의 법령에 의하지 않고 신체의 구속을 받지 않는 권리.
⑤ 언론·출판·집회·결사 및 信敎 자유의 권리.
(〈大正 15年 11月 29日, 正義府 中央 議會 開催의 件〉, 獨立運動史編纂委員會, 앞의 책 10, 394쪽 ; 〈大正 15年 2月 23日, 鮮匪團 正義府의 內容에 關한 件〉, 《韓國獨立運動史》 4, 국사편찬위원회, 843~844쪽).

이 의무 및 권리 사항은 다음과 같이 시행되었다. 의무금의 경우 관내 부민 1만 5천 3백여 호에서 처음엔 매호 6원을 받다가[54] 1926년 11월 제3회 중앙의회 이후 부터는 9원으로 올려 받았다.[55] 또 개인이나 단체가 경영하는 사업장 중에서 년 5백원 이상의 순이익이 있을 경우에는 소득세를 징수하였는데, 그 규정은 ① 5백원 이상일 경우에는 40분의 1, ② 천원 이상일 경우에는 30분의 1, ③ 5천원 이상일 경우에는 25분의 1, ④ 만원 이상일 경우에는 20분의 1을 받았다.[56] 이 같은 諸稅의 부과와 함께 자녀를 교육하는 의무조항의 실천을 위해서 관할지역 내 각 한인 촌락마다 소학교를 세워 한인 자제에게 의무적으로 초등교육을 시켰으며, 부민이 많이 모여있는 홍경현의 왕청문과 유하현 삼원포에는 化興中學과 東明中學을 설립하여 중고등교육을 강화하였다.[57]

그런데 각 독립군단과 연계된 이주한인의 경우 가진 것 없이 남의 나라 땅에와 자신들의 생계도 유지하기가 곤란한 경우가 많았다. 게다가 이들은 중국측에도 保甲稅·巡警費·호구세·우마세·水利稅·地稅·영업세 등 각종 세금을 납부해야만 했다.[58] 특히 1920년대 초 남만지역에 이주한 한인들은 중국인들에게 땅을 빌려 경작하고 수확의 약 70% 정도를 지주에게 착취

54) 국사편찬위원회, 《한국독립운동사》 4, 130~131쪽.
55) 〈大正 15年 11月 29日, 正義府 中央議會 開催의 件〉(《한국독립운동사》 10, 독립운동사편찬위원회), 393쪽.
56) 〈大正 14年 5月 6日, 獨立不逞鮮人團正義府의 行動에 關한 件〉(《한국독립운동사》 4, 국사편찬위원회), 805쪽.
57) 국사편찬위원회, 《한국독립운동사》 4, 133쪽.
丁原鈺, 〈재만 정의부의 항일독립운동〉(《한국사연구》 34, 1981), 134쪽.
58) 〈大正 13年 8月 4日, 불령선인 단속에 대한 건〉(《독립운동사자료집》 10, 독립운동사편찬위원회), 516~517쪽.

당하는 소작인들이 대부분이었다.[59] 이와 같은 상황에서 이주 한인들은 독립군단에서 요구하는 의무금을 부담없이 납부하기는 어려웠다.

이에 각 독립군단에서는 이주한인들의 경제자립 내지는 부흥을 위하여 여러 가지 방안을 강구하였다. 특히 정의부는 경제적 자립에 더욱 힘써 1926년 11월 보다 적절한 농업과 상업의 경영을 연구하여 관할지역 내 한인에게 도움을 줄 수 있는 기구로 興實業社를 조직하였고, 1927년 4월에는 김이대・김동삼・현정경 등 정의부 간부 30여 명이 발기인이 되어 農民互助社를 결성하였다.[60] 농민호조사는 관할 부민들의 생계・교육・보건 등 생활 전반을 정의부 간부들이 솔선 참여하여 개선・향상시키려는 의도에서 조직한 단체로 취지문을 요약해 보면 다음과 같다.

> 만주지방으로 이주한 조선농민의 생활은 실로 참혹하다. 이를 구조하여 생활을 안정시키기 위해서는 ① 산업상 생산의 증가를 꾀하고, ② 교육의 발전을 도모하고, ③ 위생과 보건을 수호하는 일로서 이것은 단독으로는 실현 불가능하므로 단체적으로 협동해야 한다.

이같은 취지로 농민호조사를 조직한 발기인을 비롯한 정의부 대표자들은 농민호조사 〈約束文〉을 제정하여 부민 상호간의 신용・박애・존중성과 근면성 및 청결성을 강조하였다. 그 바탕 속에서 부민의 산업을 부흥시키고 정의부 조직과 부민간에 믿음을 일구어 의무금을 징수하는 한편 각종 신용제도를 만들어 사업을 전개해 나갔다.

한편 정의부의 항일활동을 살펴보면 다음과 같다. 정의부는 효율적인 무장활동을 위해 독립군 부대를 국내진입이 쉬운 관전・홍경・환인・무송현 등 국경지방과 화전현과 길림 등, 국내를 향해서는 비교적 후방지역인 지점에 나누어 배치하였다.[61] 이들 중 국내진입전을 주로 전개한 부대는 관전・홍경・환

---

59) 黃有福, 〈正義府硏究(上)－社會的 背景을 중심으로－〉(《국사관논총》 15, 국사편찬위원회, 1990), 225~226쪽.

60) 《日帝侵略下 韓國36年史》 7(국사편찬위원회, 1972), 307쪽.
在上海日本總領事館警察部第二課, 《朝鮮民族運動年鑑》(1932), 215쪽.

61) 〈正義府軍隊之偏製狀況及根據地〉・〈韓匪變更通信日期〉(集安縣 당안관 자료).

인·무송현 등에 배치된 병력이었다. 그리고 이들 국경지방에 설치된 정의부 소속부대들은 관할지역 한인의 집을 근거지로 한 통신망을 구축하였다.[62]

통신망을 이용해 국내로 진입한 정의부 유격대원들이 전개한 대표적인 활동을 소개하면, 1925년 3월 평북 초산으로 진입한 제6중대 소속의 金敬甫 부대 5명은 약 2개월 동안 벽동·삭주·창성·구성 등지에서 군자금모집 활동을 전개하였다. 이들 대원 중 金鳳은 5월 중순 경 유격대와 떨어져 단독으로 활동을 하다가 일제의 价川警察署員에게 피체되었으며, 나머지 대원 4명은 博川郡 博川面 松德里에서 일경 15명과 교전하다 전원 전사하였다.[63] 같은 해 9월 25일에는 제5중대 소속 李振武 부대 4명이 평북 龜城郡 新市駐在所 부근에서 일경찰대와 교전하여 일경 1명을 사살하였다.[64]

한편 이들 국내진입을 위한 부대와는 달리 남만의 관할지역 곳곳에 배치되어 독립군 및 배일한인을 탄압하는 중·일군경대와 친일집단을 향해 무장활동을 벌인 정의부의 만주 내 활동은 다음과 같다.

1926년 7월 9일 제4중대 白雲班 부대 8명은 통화현 快當帽子 三合堡에 조직된 친일기관인 相助契를 습격하여 상조계의 해체를 명하고 군자금을 갹출토록 하였다.[65] 같은 해 9월 6일에는 제6중대 소속의 대원 5명이 통화현 쾌당모자의 상조계장인 친일파 申漢哲의 집을 급습하여 일가족을 살해하였다.[66] 1927년 3월 11일에는 제1중대장 鄭伊衡 등 6명의 대원이 하얼빈에서 일경과 전투 중 피체되었다.[67]

이같은 정의부의 자치 및 무장활동은 1928, 9년 참의부·신민부 등과 함께 3부 통합운동 결과 국민부 및 혁신의회의 성립으로 정의부가 해체될 때까지 줄기차게 이어졌다.

---

62) 〈韓匪變更通信日期〉(集安縣 당안관 자료).

63) 《東亞日報》, 1925년 5월 19일·5월 20일·22일 및 6월 2일.

64) 《東亞日報》, 1925년 9월 25일.

65) 〈不逞鮮人相助契脅迫에 關한 件〉(국사편찬위원회, 《한국독립운동사》 4), 821~822쪽.

66) 국사편찬위원회, 《한국독립운동사》 4, 822~823쪽.

67) 《東亞日報》, 1927년 3월 22일.

3) 신민부의 성립과 활동

남만에서 정의부가 성립될 무렵인 1925년 1월 북만의 목릉현에서도 이 지역 독립운동 단체들의 통합을 위한 夫餘族統一會議가 개최되었다.[68] 이 회의에 참석한 독립운동계 대표들은 북만지역 독립운동 단체의 통합에 합의하였다. 그 결과 같은 해 3월 10일, 대한군정서의 金爀·曺成煥·鄭信, 대한독립군단의 金佐鎭·南星極·崔灝·朴斗熙·劉賢 등과 그 밖의 여러 단체 및 민선 대표들인 尹瑀鉉·朴世晃·金奎鉉·崔愚·李周鉉·金泰善·朴正德·金有聲·李根·李東天·于璣衡·黃公三·鄭錫俊 등이 寧安縣 寧安縣城 내에서 새로운 통합 독립운동 단체에 대한 창립대회를 개최하고 新民府를 조직하였다. 창립대회에서는 "我等은 민족의 요구에 응하고 이래 단체의 의사에 기하여 각 단체의 명의를 취소하고 일치된 정신하에 신민부의 조직이 성립된 것을 玆에 선포한다 … "라는 선포문과 다음과 같은 〈결의안〉을 채택하여 발표하였다.

〈결의안〉

① 기관명칭 : 기관의 명칭은 신민부라 한다.

② 제도 : 제도는 위원제로 하고 중앙·지방·구로 정한다.

③ 사업의 방침, 민사 : 필요에 의하여 기성의 자치기관은 서로 협조하여 진행시킬 것, 일체의 弊俗을 교정하고 각 기관에 警查機關을 설치할 것.
외교 : 대외관계는 가능한 한 신중 원만히 해결할 것.

④ 군사 : 의무제를 실시할 것. 둔전제 혹은 기타의 방법에 의하여 군사교육을 실시할 것, 사관학교를 설치하여 간부를 양성할 것, 군사서적을 편찬할 것.

⑤ 재정 : 재정은 의무금 및 募捐金으로서 충용할 것. 의무금은 토지에 대하여 水田은 小垧 2元, 大垧 3元으로 하고, 밭은 小垧 1元, 大垧 2元 5角으로 하며, 상가에 대해서는 소유재산의 1/20을 징수하나 단 大洋으로 함. 기관에 조직된 지방은 일체의 모연금을 폐지할 것.

⑥ 실업 : 토지의 매매와 조세는 기관의 지도하에서 행하기로 할 것, 各人은 勞

---

68) 경상북도경찰부, 《高等警察要史》, 119~120쪽.

動力作을 권할 것, 公農制를 실시하며 공동농지를 경영할 것, 식산조합을 둘 것, 부업을 장려할 것, 필요한 지방에는 소비조합을 설치할 것.

⑦ 교육 : 소학교 졸업연한은 6년, 중학교 졸업연한은 4년으로 할 것. 단 100호 이상의 촌에는 1개의 소학교를 둘 것. 필요에 의하여 기관에서 중학교 또는 사범학교를 설립할 것.

⑧ 헌장 : 헌장은 기초위원회에 위임하여 창립총회로부터 일주일 이내에 완성하고 이를 중앙집행위원회에 제출할 것.

⑨ 경상비 : 금년도의 경상비(음력 3월부터 10일까지)는 現大洋 3천원으로 결정함.

⑩ 연호 : 연호는 民國年號를 사용한다.

⑪ 기타사항 : 본 기관의 총회는 매년 3월 15일 까지로 정한다.

⑫ 人選 : 中央執行委員會・參議院・檢査院

(《독립신문》, 1925년 5월 5일, 〈新民府를 組織〉).

결의안 채택과 함께 각 부서의 조직원은 다음과 같이 임명되었다. 중앙집행위원회에는 위원장 김혁과 위원에 김좌진・조성환・朴性鑴・최호・정신・李英伯・崔正浩・許斌・劉賢 등이 임명되었다. 참의원에는 원장에 李範允, 의원에 洪鍾林・金震淵・金松岩・梁在憲・崔文一・黃公三・尹覺・李章寧・安浩然・安龍洙・許斌・金奎鉉・南極・車東山・李白香・宋象鉉이 선임되었으며, 檢事院에는 원장에 玄天默, 檢査員에 姜奎尙・盧湖山・黃國敏・姜寅秀・孫一民・金基南・羅仲昭・池章會・姜明鉉・楊允三 등이 선임되었다.[69)]

중앙조직에 이어 지방조직 또한 체계적으로 조직되어 갔다. 하지만 지방조직은 신민부가 북만주의 전 지역을 관할지역으로 한 까닭에 그 넓은 지역을 대상으로 일시에 조직망을 구축할 수는 없는 일이었다. 따라서 지방조직은 자연 중앙본부에서 가까운 지역, 그리고 이주한인이 많이 살고 있는 지역부터 구축되기 시작하였다. 1단계로 시작된 곳이 寧安지방을 비롯한 來濱・珠河(현 지명은 尙志)・穆陵・密山・饒河 등 中東線 지역이었다. 이들 지방에는 일찍부터 總辦이 설립되었고, 신민부의 관할 하에 이주한인의 교육 및 산업활동이 행해졌다. 이후 1926년 6월부터는 제2단계 지방조직이 구축되기 시작

69) 경상북도 경찰부, 《高等警察要史》.

하여 액목·敦化·安圖 등의 지방에 15개의 총판이 설립되었다. 따라서 신민부의 관할 구역은 중동선을 중심으로 동서로는 장춘에서 九站까지, 그리고 남북으로는 백두산에서 흑룡강까지 미치는 광대한 지역이었다.[70] 이 지역 안에 살고 있는 수십만의 한인들이 신민부의 영향 하에서 생활하며, 조국의 광복사업에 일조하였던 것이다.

신민부의 무장항일투쟁을 이끌어갈 군사조직은 다음과 같다. 군사부 위원장 겸 총사령 김좌진, 부관 朱赫, 보안대장 朴斗熙, 보안 제1대대장 文宇天, 보안 제2대대장 白鍾烈, 보안 제3대대장 吳詳世, 보안 제4대대장 주혁, 보안 제5대대장 張宗哲, 별동대장은 문우천이 겸임하였다.[71]

이같은 신민부의 무장대는 총계 530명의 인원이었고, 이들은 모젤 및 부로우닝 권총 또는 소총으로 무장하였다. 신민부는 이 무력을 계속 유지하면서 더욱 전력을 증강시키기 위해 穆陵縣 小秋風에 城東士官學校를 설립해 청장년을 대상으로 무관교육을 실시하였다. 이 사관학교는 1년에 2기를 배출하는 속성 과정이었으며, 교장은 김혁, 부교장은 김좌진이었으며, 박두희·백종열·오상세 등이 교관에 취임하여 활동하였다. 성동사관학교의 졸업생은 약 500명이었으며, 이들은 졸업 후 독립군의 간부로 활동하였다.[72]

무관학교 교육에 의한 독립군 양성과 함께 신민부는 관할 지역 내의 18세 이상 40세 이하의 청장년을 대상으로 軍區制와 둔전제를 실시하며 애국 인재를 키워갔다. 즉 군구제는 관할지역 내의 18세 이상 40세 이하 청장년의 軍籍을 작성해 이를 기본으로 한 독립군 대오를 편성한 것이었다. 군적에 오른 청장년들은 평상시에는 생업에 종사하다가 유사시에는 정규군에 편입되어 무장투쟁의 최일선에 나서도록 하였다.[73] 이 같은 군구제 및 둔전제가 처음 실시된 지역은 1910년 전후부터 독립군기지로 개척되었던 밀산이었다. 이어 울창한 삼림지대로 독립군이 활동하기 쉬운 안도현이 두 번째 군구제 실시지역으로 채택되어, 그 곳의 한인 청장년들은 생업에 종사하면서 독립군의

70) 崔衡宇, 《海外朝鮮革命運動小史》 1(동방문화사, 1945), 79~80쪽.
71) 〈新民府의 略史〉(《自由公論》, 1982), 206~207쪽.
72) 尹炳奭, 앞의 책, 271쪽.
73) 蔡根植, 《武裝獨立運動秘史》(大韓民國公報處, 1985), 109쪽.

임무를 수행하였다.[74)]

신민부는 이와 같이 관할 전 지역을 이용하여 자치를 위한 행정 및 군사 조직망을 구축하였다. 그리고 이를 적극 활용하여 이주한인을 위한 자치와 항일활동을 펼쳤다.

먼저 자치활동을 보면, 신민부는 교육활동에 적극적이었다. 조국광복을 갈망하는 민족운동가들로서는 자라나는 후손에게 투자하는 것을 가장 확실한 투자로 생각했던 것이다. 따라서 신민부는 창립대회 때 발표한 그들의 결의안에서도 적극적으로 교육에 힘쓸 것을 밝히고 있다. 즉 100戶 이상의 마을에 소학교를 설치할 것, 교육을 통일시키기 위해 교과서를 편찬할 것, 학교의 관리 방법을 제정하여 교수의 자격을 정하고 노동강습소 및 통속 강습에 진력할 것 등을 창립과 동시에 밝힌 것이다.

그런데 신민부는 같은 해 10월에 열린 총회에서 소학교의 설립 기준을 더욱 치밀하게 하여 100호 이상의 지방뿐 아니라 30호 이상의 지방에도 소학교를 설립한다는 기준을 세웠다. 그리고 1927년 8월에는 海林에서 北滿韓人敎育大會까지 개최하여 교육을 통한 독립사상 고취를 강조하였다.[75)] 이 대회가 끝나고 난 뒤 신민부의 교육 책임자는 관할 지역인 주하·목릉·밀산·요하·돈화 등 15개 지역에 50여 개의 소학교를 설립하였다. 교육기관의 설립과 함께 신민부는 학생들에게 가르칠 교과서 편찬에 심혈을 기울였다. 수신이나 지리·역사 등의 교과서에 조국애가 담긴 내용을 선별하여 넣은 후 한글로 제작하여 교육하였다.[76)]

노동강습소에서는 학교에서 정규 교육을 받을 수 없는 이주한인들을 모아 문맹을 깨우치고 항일의식을 고취시키는 한편, 과학적인 농업 및 노동 방법을 가르쳤다. 하지만 신민부 관할 모든 지역에 노동강습소를 설립할 수는 없었다. 문맹자나 일반인들을 가르칠 수 있는 자격을 갖춘 교사가 절대 부족하였기 때문이었다. 그 같은 상황은 신민부 뿐 아니라 같은 시기 활동한 참의

---

74) 〈新民府의 略史〉, 앞의 책, 208쪽.
75) 朴烜, 《滿洲韓人民族運動史硏究》(일조각, 1991), 190쪽.
76) 玄圭煥, 《韓國流移民史》 上, 語文閣, 1967), 485~487쪽.

부나 정의부도 마찬가지였다.

교육 활동과 더불어 신민부는 홍보활동에도 주력하였다. 즉 기관지인《新民報》를 旬刊으로 발행하였으며, 기관의 활동을 관할 지역 한인들에게 홍보하기 위한 선전문을 필요할 때마다 부정기적으로 발행하여 중동선 일대는 물론이고 북간도까지 배포하였다.《신민보》는 1925년 4월 1일에 창간호가 나왔으며, 같은 해 8월 29일에 제12호가 발행된 것이 확인되고 있다. 따라서《신민보》를 이용한 신민부의 선전활동은 한동안 계속 이어진 것으로 보인다.

교육과 홍보활동 못지 않게 신민부의 자치활동은 이주한인의 산업을 부흥시키는 데도 중점적으로 이루어졌다. 신민부의 산업활동 방향은 1925년 3월 10일 창립대회에서 밝힌〈결의안〉제6조에 잘 나타나 있다. 그에 의하면, "토지의 매매와 조세는 기관의 지도하에서 행하기로 할 것, 各人은 勞動力作을 권할 것, 公農制를 실시하며 공동농지를 경영할 것, 식산조합을 둘 것, 副業을 장려할 것, 필요한 지방에는 소비조합을 설치할 것" 등이었다. 신민부에서는 이같은 산업활동을 추진하기 위해 중앙조직에 실업부(위원장 : 李一世)를 설치하고 효과적인 산업을 개발하여 관할한인들에게 이를 중점적으로 권장하였다. 1926년 11월에 개최된 총회에서는 산업 부흥 활동을 더욱 중히 여겨 이를 보다 확장하고 개선토록 하는 결의대회를 가지기도 하였다.[77]

신민부의 항일 무장투쟁은 주 활동지가 만주의 북부, 즉 북만지역이었던 관계로 남만을 무대로 활동한 참의부나 정의부보다는 뚜렷하게 나타나지는 않는다. 하지만 전과적인 기록이 뚜렷이 나타나지 않았다 하여 신민부가 항일무장 투쟁을 소홀히 한 것은 아니다. 신민부는 그 당대에 뚜렷한 효과를 보이는 항일활동보다는 앞에서도 잠시 언급했듯이 무관학교를 설립해 독립군인재를 양성한다거나, 관할지역 내에 군구제 또는 둔전제를 실시해 유사시 대규모의 독립전쟁을 펼칠 수 있는 체제를 확보하는 등 항구적인 무장투쟁력 확보에 치중하였다. 해마다 2기의 졸업생을 배출한 성동사관학교는 총계 500여 명에 달하는 독립군의 동량을 양성하였고, 군구제와 둔전제에 의해 신

77) 慶尙北道警察部,《高等警察要史》, 120쪽.

민부 본부에 등록된 북만지역 한인 청장년들은 언제든지 조국광복을 위한 항일활동에 투입될 준비가 되어 있었던 것이다.

그러나 신민부가 직접적인 무장활동을 외면한 채, 이 같이 독립군 양성이나, 군구제 및 둔전제 등만 실시하고 있었던 것은 아니다. 무장투쟁을 준비하는 사업을 펼치는 한편, 직접적인 무장투쟁도 함께 펼쳤던 것이다. 기록에 나타난 무장활동 사항을 보면, 1926년 12월 모연대장인 黃一樵는 대원 崔普萬·蔡根宇·李永祚·朴朱瓚 등과 하얼빈에서 군자금 모집 활동을 하였다. 1927년 대원 李丙默·申鉉圭·孫許·孫鳳鉉·尹昌善 등은 국내의 경상도 지역까지 파견되어 군자금 모집활동을 펼쳤다.78)

그런가 하면 신민부는 하얼빈 이남의 남만을 무대로 활동하던 정의부와 접촉을 갖고, 두 단체가 합동으로 항일전선을 구축하는 방안도 모색하였다. 즉 신민부와 정의부 대표들은 1926년 초 만나 두 단체의 무장력을 합쳐 무장항일을 전개할 것을 협의하였다. 그리하여 3월 1일 일시에 국내진입전을 단행해 일시 소강상태를 맞은 민족운동의 활로를 찾고, 재만 독립군의 항전의식을 내외에 알리려는 목표를 세웠다. 그러나 두 단체가 이같이 합치하여 실행하고자 한 계획은 사전에 정보를 입수한 일제가 압록·두만강변 국경수비대의 병력을 한층 보강하여 경계활동을 펼쳤으므로 큰 실효는 거두지 못한 것으로 판단된다.79)

이어 같은 해 3월 중에는 정의부뿐 아니라 참의부까지 참여시켜 세 단체가 합동으로 군사활동을 펼친다는 목적 하에 신민부원 朴觀海가 이들 두 단체를 방문하여 군사적 밀약을 체결하였다.80) 그리고 같은 달에는 정의부와 함께 액목현 산간지역에 공동운영의 무관학교를 설립해 운영하기도 하였다. 두 단체는 이 무관학교에 국내에서 넘어 온 30명의 청장년을 입교시켜 군사교육을 실시하였다.81) 또한 1927년 4월에는 정의부와 연합한 후 러시아와 교

78) 林堈, 《北滿新民府》 필사본(1945), 13~14쪽.
《동아일보》, 1928년 8월 5일(박환, 〈신민부〉, 《한민족독립운동사》 4, 국사편찬위원회, 304쪽에서 재인용).
79) 〈高警第1294號 大正 15年 4月 17日, 印刷送付ノ件〉(아연필100-4-034), 80쪽.
80) 〈高警第1336號 大正 15年 4月 20日, 鮮匪團新民府ト共産黨トノ提携説ニ關スル件〉(아연필100-4-034), 901~903쪽.

섭을 벌여 무기·탄약 및 군 장비를 공급받을 계획을 추진하였다. 이 계획이 성사되면 두 단체가 합동으로 便衣隊를 조직해 무장활동을 펼칠 계획까지 세웠다.[82] 이는 신민부가 북만에 위치했고 국내진입을 위해서는 정의부의 관할지역인 남만을 거쳐야만 했던 관계로 정의부의 통신 및 연락망을 십분 활용하고 추진했던 사업으로 판단된다.

이와 같은 활동을 펼치던 신민부는 1927년 12월 석두하자에서 개최된 총회를 계기로 중앙조직의 주요 인물들이 '軍政派'와 '民政派'로 분열하는 결과를 맞이하였다. 분열의 발단은 같은 해 2월에 중앙집행위원회 위원장인 金爀과 경리부 위원장인 유정근, 본부 사무원인 金允熙·朴敬淳·韓慶春·南重熙·李正和·南極 등이 일제의 경찰과 중국군 1개 중대의 공격을 받고 체포되면서 비롯되었다.[83] 사건의 수습 방안을 놓고 신민부의 간부진 사이에는 서로 다른 두 개의 방안이 제시되었다. 군사부위원장 겸 총사령관인 김좌진과 황학수·정신 등은 이 사건을 계기로 보다 적극적이고 능동적인 무장투쟁을 전개할 것을 주장하였다. 그러나 민사부위원장 최호와 김돈·이일세 등은 교육과 산업을 우선적으로 발전시켜 한인사회를 안정시킨 후 무장활동을 전개하자는 논리를 내놓았다.

이들의 대립된 의견은 합의점을 찾지 못했다. 그리고 결국 양측은 김좌진을 중심으로 적극적 무장투쟁을 주장하던 측은 군정파로, 최호를 중심으로 교육과 산업을 우선적으로 발전시키자고 주장하던 측은 민정파로 불리며 서로 대결 양상을 보이게 되었다. 이들 두 파는 서로 자신들이 신민부를 이끌 조직임을 주장하였다.

군정파는 영안현 密江 新安鎭에 본부를 두고 葦河縣 석두하자와 영안현 海林·寧一·寧二·寧三지방 그리고 半截河·東寧 등을 그 세력범위로 하였으며, 이를 따르는 신민부원은 약 200명 정도였다. 그리고 민정파는 본부를 同賓縣의 小亮子河 農坪에 두었으며, 주하현·동빈현·賓縣 등을 관할지역으

81) 《조선일보》, 1927년 9월 2일.

82) 〈朝保秘第1018號 昭和 2年 5月 12日, 在滿鮮匪團ノ勞農共産黨トノ策應說ニ關スル件〉(아연필100-4-035), 741쪽.

83) 《동아일보》, 1927년 1월 28일·2월 1일.

로 하였고 따르는 신민부원은 약 180명 정도였다.

이들 군정파와 민정파의 인물들을 더 세밀히 분석해 보면, 군정파의 경우는 김좌진을 중심으로 황학수·정신·유현·백종열·오상세·장종철·주혁·金宗鎭·임강·趙覺山·이종주·閔武·권화산·최준·김호섭·박운집·한규범·권중인·박두희 등으로 이들 중 많은 사람은 신민부 창립 당시부터 군사조직의 직책을 맡았던 인물들이었다. 또한 신민부 창립 이전에는, 1922년 북만의 통합군단으로 성립된 대한독립군단 또는 그 이전 북간도에서 성립된 北路軍政署에 소속해 있었던 인물들이었다. 결국 군정파의 인물들 대부분은 신민부 소속이 되기 이전부터 김좌진을 중심으로 뭉쳤던 사람들로 볼 수 있다. 이러한 이유로 군정파는 민정파와 분리되면서부터 더욱 확고한 결속력을 가지게 되었다.

그런가하면 민정파를 구성한 주요 인물은 최호를 비롯 金墩·이일세·문우천·최학문·獨孤岳·송상하·박성태·이교언 등이었다. 이들은 군정파와는 달리 창립시부터 이주 한인의 산업 및 교육 진흥 등 민사관계의 업무에 중점적으로 관심을 가지고 활동한 인물들이었다. 신민부에 소속되기 이전까지 전력 또한 이들은 각자 여러 기관에서 산업이나 교육 등의 분야에서 일한 경험을 가졌다. 이러한 이유 때문에 민정파는 민정파대로 군정파와 분리되면서 확고한 결속력을 가지게 되었다.[84]

이같이 양분된 군정파와 민정파가 결정적으로 적대시하며 등을 돌리게 된 것은 賓州사건이 발생하면서부터였다. 1928년 10월 28일 신민부의 관할지역인 빈주에서는 한인 40~50명이 모여 중·일의 탄압을 막아내고 생업을 영위하기 위한 자위대책을 협의하고 있었다. 그런데 이 시기는 군정파와 민정파간에 극심한 갈등을 보였고, 빈주를 민정파가 관할하던 때였다.

김좌진이 이끄는 군정파에서는 이 회의를 민정파가 그들을 음해하기 위해 주최한 것으로 오해하였다. 따라서 군정파에서는 회의장소에 무장대를 파견해 회의의 책임자인 黃赫 등 여러 명을 사살하고 다수의 한인들에게 중경상을 입혔다.[85]

84) 윤병석 외, 《중국동북지역 한국독립운동사》(한국독립유공자협회 엮음, 1997), 467~470쪽.

이같은 불상사가 있고 난 뒤 그 다음 달인 11월 하순 영안현에서는 민정파를 지지하는 관할의 6개 현 16지역의 한인들이 회합하여 北滿住民大會를 개최하고 빈주사건을 일으킨 군정파를 성토하였다. 그리고 군정파의 지도자인 김좌진에게 모든 책임을 물으며 그를 사형에 처한다는 선고까지 내렸다.[86]

신민부 내부의 갈등은 이같이 악화되어 단체를 분열시키고 해체까지 시킬 수 있는 요인으로 작용하였다. 하지만 이러한 갈등을 안고서도 신민부는 계속 유지되어 후일 민족유일당운동과 3부 통일운동의 한 구심점으로 참여하였다.

〈蔡永國〉

3. 재만 독립운동단체의 민족유일당운동

1) 민족통일전선운동의 대두

1920년대 중반 이후 한국 독립운동계는 또 다시 항일민족전선을 통일해야 한다는 움직임이 일어났다. 민족운동가들은 1921년 4월 북경의 군사통일회의와 1923년 국민대표회의 등의 실패로 민족전선 통일에 부정적인 사고를 가지고 있었다. 그러나 효율적인 항일을 위해 국내외 모든 민족운동세력을 통일하는 것은 민족운동가들의 숙원 사업이었다. 이 일을 주창한 인물은 임시정부 국무령인 洪震으로 그는 민족의 대동단결을 위한 大黨 결성의 필요성을 역설하였다. 홍진은 1926년 7월 8일 임시정부 국무령 취임식에서 다음과 같은 3대 강령을 제시하였다.

---

85) 〈昭和 4年 4月 22日, 在支朝鮮人의 民族運動과 共産運動과의 關係〉(《한국독립운동사》 4, 국사편찬위원회), 877~878쪽.

86) 〈在外不逞鮮人의 狀況〉(《한국독립운동사》 4, 국사편찬위원회), 877쪽.

① 비타협적 自主獨立의 新運動을 추진할 것
② 全民族을 망라하여 공고한 黨體를 조직할 것
③ 全世界 피압박 민족과 연맹하여 協同戰線을 조직하는 동시에 연락이 가능한 友邦과 제휴할 것

이어 일찍부터 민족운동계의 통합을 호소하였던 安昌浩는 1926년 8, 9월 北京에서 사회주의자인 元世勳을 만나 이념과 노선을 초월한 민족의 대동단결을 촉구하였다. 이들은 같은 해 10월 10일부터 3차에 걸친 회합을 갖고 '大獨立黨組織北京促成會'를 조직하였다.[1] 이렇게 시작된 전 민족 단결을 위한 민족유일당 조직운동은 북경에 이어 상해·무한·남경·광동 등으로 퍼져갔고, 통합운동이 가장 절실한 만주로까지 빠른 속도로 이어졌다.

1927년 초 吉林에 도착한 안창호는 그 해 2월 在滿韓人 약 500명이 운집한 吉林城 東大門 밖 大東公司에서 민족의 대동단결을 역설하였다.[2] 이어 안창호는 정의부를 비롯한 만주 각 지의 독립운동 지도자들과 협의한 끝에 이를 본격적으로 실현하기 위한 회의를 개최키로 하였다. 전민족유일당을 구축하려면 먼저 전만주의 유일당을 구축할 필요가 있었던 것이다. 따라서 吉林縣 新安屯의 吉興學校에서 민족유일당 건립을 위한 全滿 독립운동단체 통일회의가 1927년 4월 15일부터 18일까지 4일간 총 52명이 참가한 가운데 개최되었다.[3]

회의에 참가한 단체 및 대표자들은 다음과 같다.

正義府：金東三·吳東振·高豁信·李光民·金元植·玄正卿·玄益喆·金學善·金履大·李 旭·李 俊·崔承一·崔一治 外 4명

正義府 軍隊側：文學彬·梁世鳳·金錫夏·李雄 外 8명

南滿青年總同盟：朴秉熙 外 十數名

---

1) 金喜坤,《中國關內 韓國獨立運動團體硏究》(지식산업사, 1995), 245쪽.
2) 蔡根植,《武裝獨立運動秘史》(大韓國民公報處, 1985), 141～142쪽.
3) 〈朝保秘第919號, 昭和 2年 5月 3日, 在滿鮮人團體統一會議開催ニ關スル件〉(아연필100－4－035), 701쪽.

韓族勞動黨 : 金應燮

中東線 方面(寧古塔) : 馬龍德

기타 안창호·崔東旭·李一世·李尙德·朴治山·尹平·金東勳 外 數名이 참가함(〈朝保秘第919號, 昭和 2年 5月 3日, 在滿鮮人團體統一會議開催ニ關スル件〉, 아연필 100-4-035, 703~704쪽).

전만 독립운동단체의 통일을 목적으로 한 회의였으나 대개가 반석과 길림에 본부를 둔 남만지역을 무대로 활동한 단체들이 참가하였다. 하지만 이들 단체들은 서로가 대립되는 노선을 가졌다. 따라서 회의는 민족주의계의 정의부와 사회주의계통의 남만청총 및 한족노동당이 그들의 이념을 서로 접고 민족통일전선을 이루기 위한 것이 되고 말았다. 이는 안창호가 북경에서 사회주의사인 원세훈과 이념 및 노선의 합일점을 찾아 민족의 대동단결을 구하고자 노력했던 것과 같은 맥락에서 시도되었던 것이다.

대표들은 회의 의장에 이탁, 서기에 고활신과 최동욱을 선임한 후 전만 독립운동계의 통일을 위한 협의를 시작하였다. 이들은 먼저 민족운동 통일기관의 명칭을 朝鮮革命黨으로 하자는 안건을 상정한 후 강령과 서약문 草案을 다음과 같이 제정하였다.

〈강　령〉

一. 제국주의 일본을 파괴할 것.

一. 미래의 운동은 사유재산제를 폐지하고, 토지국유화를 기할 것.

一. 각 약소국 피압박 민족과 악수하여 통일운동 전선에 설 것.

〈서약문〉

조선의 절대 독립을 이루고 민족이 평등을 향유하려면 오직 민족적 대동단결을 이루어야 하므로 우리들은 심혈을 기울여 민족적 혁명당을 조직하기 위해 당 조직의 기본인 다음의 조건을 수립하여 절대적으로 행할 것을 서약한다.

一. 本 同盟會에서 재정한 강령에 절대 복종한다.

一. 본 동맹회에서 의결한 일체의 사항을 적극적으로 행한다.

一. 종래 黨的 관계에 있는 자는 그 당을 해체하거나 變體해서라도 본 동맹에서 조직한 당에 집중시키도록 노력한다.

一. 본 동맹 또는 본 동맹에서 조직한 당으로부터 지정한 기간 내에 기존 당의 해체가 불가능할 때에는 당연히 그 당과 일체의 관계를 단절한다.

(〈朝保秘 第919號, 昭和 2年 5月 3日, 在滿鮮人團體統一會議開催ニ關スル件〉, 아연필 100-4-035, 701~703쪽).

이상과 같은 강령과 서약문의 초안에 대해 각 대표들은 이념을 합일시킨 최종안을 만들기 위해 집중 토의를 벌였다. 그러나 회의가 개최되기 이전까지 민족주의나 사회주의 중 한 가지 이념에 집착해 있던 대표들은 결국 합일점을 도출하지 못하고 회의를 종료하였다. 18일 회의가 끝난 후 대표들은 전만주의 통일전선 구축을 위해서는 서로간의 이념과 노선을 합일시킬 더욱 차분한 준비기간이 필요할 것으로 판단하였다.

그 같은 준비를 하기 위해 時事研究會라는 기관을 조직하고 이탁·최동욱·박병희·이일세·김응섭 등 5인을 대표위원으로 선출하여 이들의 책임하에 방안을 강구토록 하였다. 시사연구회의 활동범위와 운영에 대한 지침은 다음과 같다.

一. 본 회의 목적은 전민족유일당 수립의 방침 및 운동의 발전책을 연구함.

一. 본 회의 조직범위는 만주로 함.

一. 본 회의 회원자격은 본 회의 목적에 찬성하는 각 운동 단체의 대표 또는 개인으로 함.

一. 중앙기관 및 지부를 설치함.

一. 중앙에 중앙위원 5명 이상, 지부에 지부위원 3명 이상을 둠.

一. 본회의 경비는 참가단체에서 부담함

(〈朝保秘 第919號, 昭和 2年 5月3日, 在滿鮮人團體統一會議開催ニ關スル件〉, 아연필 100-4-035).

즉 시사연구회는 만주 내에서 민족유일당 수립에 찬성하는 단체 또는 개인 모두를 수용해 중앙과 지부를 조직하여 그 방침을 연구하는 단체였던 것이다.

한편 시사연구회가 결성되기 전 1926년 5월 북만의 寧古塔에 설치되어 만주 내의 한인 사회주의자들을 총괄하던 조선공산당 만주총국에서도 1927년 1월에 민족유일당 운동과 관련한 활동지침을 다음과 같이 발표하여 참여를 표명하였다.

① 통일적 민족유일당을 전제로 하고, 이에 개인 본위로서 전 만주의 정예분자를 망라하여 전만 단일기관으로 한다. 국내외를 통하여 민족유일당이 성립되는 날에는 무조건 이에 참가할 것. 그 조직 방법은 당조직 방법에 준거하여 비밀 조직으로 할 것.
② 앞 항의 민족유일당을 신중히 조직하기 위하여 민족기관 조직위원회를 총국지도 아래에 설치할 것

(京城地方法院檢事局, 〈崔元澤等第一次間島共產黨事件押收文書譯文綴〉, 81쪽 ; 金昌順 · 金俊燁, 《韓國共產主義運動史》 4, 청계연구소, 1986, 343쪽에서 재인용).

조선공산당 만주총국의 지침에 따라 만주에서의 민족유일당 운동은 사회주의계통도 적극 참여할 수 있는 여건이 마련되었다. 더구나 1927년 6월 29일 조선공산당 중앙에서는 만주총국에 "협동전선적 단일당을 조직하는 출발점은 시사연구회로 하라"는 지령을 내렸다.[4] 따라서 시사연구회는 만주 내의 민족주의자들은 물론이고 사회주의계통에게도 민족유일당 결성을 촉구할 수 있게 되었다.

만주 내의 이러한 분위기 속에서 민족유일당 결성을 연구하고 준비한 시사연구회의 대표위원 5인은 1927년 12월중 盤石縣에서 '南滿革命同志聯席會議'를 개최하기로 결정하고 각지의 항일단체에 이 사실을 통고하였다.[5] 그러나 이 회의는 정의부의 경우 의용군 사령관인 吳東振이 같은 해 12월 일경에 피체되어 혼란스러웠고, 다른 단체들은 준비가 부실하여 개최되지 못한 것으로 판단된다. 하지만 이와 같은 분위기 속에서도 시사연구회는 민족유일당 성립을 위한 준비 작업을 꾸준히 추진하였다.

4) 京城地方法院檢事局, 〈崔元澤等第一次間島共產黨事件押收文書譯文綴〉, 77쪽(金昌順 · 金俊燁, 앞의 책 4, 345~346쪽에서 재인용).
5) 경상북도 경찰부, 《高等警察要史》, 125쪽.

시사연구회의 전 만주 민족유일당 성립을 위한 준비가 한창 이루어지고 있을 무렵인 1928년 1월 홍진과 鄭遠이 상해에서 만주의 통일운동을 촉진시키기 위해 파견되었다. 이들은 남만 각지를 순방하면서 민족유일당 성립의 필요성을 역설하였다.[6] 그런가하면 정의부의 중앙집행위원인 김동삼과 金元植 등 2인도 같은 해 4월 신민부를 방문하여 민족의 대동단결을 역설하였다.[7]

이와 같이 남북 만주에 산재한 한인 민족운동자들간에 민족유일당을 조직하기 위한 분위기가 고조되어 갔다. 따라서 이들은 협의하여 1928년 5월 12일부터 樺甸縣 城興學校에서 회의를 개최하였다.[8] 참가 단체 및 대표자는 민족주의계 및 사회주의계통의 단체를 합하여 18개 단체에 39명이었다. 그러나 이 회의에는 참의부 및 신민부측의 인사는 참여하지 못하였다. 참의부의 경우는 대표자를 선출하여 파견하였으나 중국측의 경비가 삼엄하여 중도에 포기하였고, 신민부는 대표로 선출된 申肅이 회의가 종료된 후에야 도착하여 참석치 못하고 말았다.[9]

5월 12일부터 26일까지 15일간 대표들은 화전현과 반석현 내에서 장소를 세 번 옮겨가며 회의를 진행하였다. 대표들은 우선 李貫一(일명 : 李奎東)·池靑天·李義太·李光民·李道 등 5명을 회의 진행위원으로 선출하였다. 그리고 세계의 정세와 일본제국주의 타도 방안을 위한 연설회를 열고 각지에서 수집된 종합적인 정보를 바탕으로 본격적인 논의를 시작하였다.

회의에서 민족유일당 결성의 필요성을 공감한 대표들은 그를 실천에 옮길 집행위원 21명을 선출하였다.[10] 하지만 이어 토의된 민족유일당 결성 방법론에서 각 대표들간에 이견이 노출되기 시작하였다. 이는 자신들이 이미 속해

---

6) 위와 같음.
7) 蔡根植, 앞의 책, 147쪽.
8) 〈昭和 3年 6月 29日附 朝鮮總督府警務局長發信 外務省亞細亞局長宛, 全民族唯一黨組織會議開催의 件〉(국사편찬위원회, 앞의 책 4), 861쪽.
9) 〈昭和 3年 6月 29日附 朝鮮總督府警務局長發信 外務省亞細亞局長宛, 全民族唯一黨組織會議開催의 件〉, 862쪽.
10) 〈昭和 3年 6月 29日附 朝鮮總督府警務局長發信 外務省亞細亞局長宛, 全民族唯一黨組織會議開催의 件〉, 861쪽.

있는 단체의 형편에 따라 통일의 방법을 달리했기 때문이다. 제기된 통일 방법론은 團體本位組織論·個人本位組織論·團體中心組織論 등 세 가지였다. 단체본위조직론은 장차 성립될 유일당은 기존의 작은 단체를 기초로 하여 그들을 연합하는 방식으로 조직되어야 한다는 논리이다. 개인본위조직론은 기존 군소 단체는 대부분 지방적 또는 파벌적으로 결합된 단체이므로 이 단체들을 완전히 무시하고 철저하게 개인위주로 유일당을 구성해야 한다는 논리이다. 마지막 단체 중심조직론은 기성 단체 중 가장 권위가 있는 유력한 단체를 중심으로 군소 단체가 종속되어 결합한 다음 점차 그 세력을 확충해 나가야 한다는 것이었다.11)

방법론에 대한 이러한 의견 차이는 좁혀지지 않아, 민족유일당 성립을 위한 15일간의 회의는 결국 큰 성과를 거두지 못한 채 끝나고 말았다. 각 대표들간에는 단체본위조직론과 개인본위조직론 등 두 가지 안건 중 한 가지를 지지하며 분열되었다. 따라서 단체본위조직론을 주장한 단체와 대표들은 全民族唯一黨協議會를 결성하게 되었고, 개인본위조직론을 주장한 측은 全民族唯一黨促成會를 결성하였다. 두 계열로 나뉘어진 단체와 대표들을 보면 다음과 같다.

전민족유일당촉성회 가담 단체와 대표자 명단

단 체 명	근거지	대 표 자	단 체 명	근거지	대 표 자
北滿靑年總同盟	中東線	黃基贊·李明道	麗族公議會	黑龍江省	李光民
南滿靑年總同盟	磐石縣	李鐵·金萬全	哈長靑年會	哈長線	尹丁雨·金文
東滿靑年總同盟	間 島	李義太	在滿農民同盟	磐石縣	朴東初·李道日·金應燮
淞江靑年總同盟	黑龍江省	孫景鎬			

11) 〈昭和 4年 4月 22日附 在支朝鮮人의 民族運動과 共産主義 運動과의 關係〉(《한국독립운동사》 4, 국사편찬위원회), 874쪽.
〈昭和 3年 12月 3日, 선인 정의부 상황의 건〉(《독립운동사자료집》 10, 독립운동사편찬위원회), 403~404쪽.

전민족유일당협의회 가담 단체와 대표자 명단

단 체 명	근 거 지	대 표 자	단 체 명	근거지	대표자
樂山일꾼組合	伊通縣孤楡樹	李宗洛・朴光	南滿青年聯盟	興京縣	尹平・崔鳳
拉法青年會	額穆縣	韓相善	農友會	懷德縣	金世光
다물團	興京縣	李青雨・李東林	撫本青年會	撫順縣	金洪海・朴永世
正義府	樺甸縣	李青雨・李貫一・李鍾乾・高豁信・梁世鳳・金文擧・裵洛山・康濟河・全中波・李雄・李世昌・吳世鎭	北滿朝鮮人青總	中東線	金仁
新光青年會	柳河縣	安允植・張成德	東滿朝鮮人青總	間島	金武

(〈昭和 3年 6月 29日附 朝鮮總督府警務局長發信 外務省亞細亞局長宛, 全民族唯一黨組織會議開催의 件〉, 《韓國獨立運動史》 4, 국사편찬위원회, 861~862쪽).

비록 참의부와 신민부는 빠졌지만 間島를 포함한 남북만의 독립운동 단체들이 대거 참여한 회의에서 대표들은 합일을 보지 못하고 결국 이와 같이 두 파로 갈라서게 되었다. 사회주의 진영은 1927년 1월 조선공산당 만주총국이 민족유일당운동에 대한 그들의 입장을 밝힌 〈당만총지령 제4호〉에 의거 개인본위 조직인 촉성회측에 가담한 것으로 보인다.[12]

양파로 나뉘게 된 후 촉성회측 단체들은 협의회측을 거부하는 이유에 대해, 협의회측이 주장하는 단체본위로 유일당을 성립시킬 경우 중앙집권적이지 못하여 성공적인 혁명을 이룰 수 없다고 주장하였다. 촉성회측의 주장은 민족유일당이 조국광복을 위한 힘을 발휘하려면 중앙집권화한 하나의 체제로 구축되어야 하는데 단체가 연합하여 黨을 구성하면 그 같은 체제를 구축할 수 없다는 것이었다.[13] 촉성회측의 논리에 대해서는 협의회측을 지지하는 정의부 간부 중에도 동조자가 있었다. 즉 池青天・裵活山 등 정의부 간부들은 협의회의 논리를 부정하고 촉성회측에 가담하였다.[14]

12) 京城地方法院檢事局, 〈崔元澤等第一次間島共産黨事件押收文書譯文綴〉, 81쪽(金昌順・金俊燁, 《韓國共産主義運動史》 4, 청계연구소, 1986, 343쪽에서 재인용)

13) 〈昭和 3年 9月 18日 朝鮮總督府 警務局長發信 外務省亞細亞局長宛, 全民族唯一黨組織에 關한 件〉(《한국독립운동사》 4, 국사편찬위원회), 865쪽.

이들 두 파는 이후 각기 나름대로 유일당운동을 강구하게 되었다. 촉성회는 먼저 일본 제국주의를 박멸하고 정치적·경제적으로 평등한 생활이 이루어질 수 있는 국가를 건설하기 위한 민족유일당을 설립하자는 취지를 발표하였다.[15] 그리고 1928년 5월 26일 개최된 在中韓人青年同盟 창립대회를 통해 단체본위에 의존하여 협의기관의 명목하에 民族唯一協同戰線黨을 조직하는 것에 반대하며 民族唯一黨在滿促成同盟과 각 지역 촉성회를 지지할 것을 결의하였다.[16]

또 정의부를 중심으로 한 협의회에서는 ① 민족유일당 조직을 준비한다 ② 革命先烈의 유업인 조선혁명 완성을 위하여 적극적으로 분투 노력한다 ③ 全民族 각층에 공통된 정치적 불평을 추출하여 민족유일당으로 총 집중한다 등의 〈실천강령〉을 제정하고 이를 위해 노력하였다.[17] 그리고 민족유일당의 기관지로 월간 《前衛》를 발간하기로 결정하였다. 또한 협의회가 이후 일을 추진하면서 지출해야 할 예산을 편성하고, 1928년 6월에는 18조에 달하는 협의회 규약까지 정하여 발표하였다.[18]

전 만주 지역을 대상으로 민족유일당을 조직하기 위한 운동은 참가단체들의 의견이 합일되지 않아 결국 성공하지 못하였다. 하지만 이 운동의 추진에서 합일점을 찾지 못했다하여 재만 독립운동 단체들이 민족통일전선 구축을 포기한 것은 아니었다. 더욱 꾸준히 그 방안을 모색하였고 이후부터는 1925년부터 이룩하고자 노력하였던 정의·참의·신민부 등 3부를 통합시키려는 운동이 본격적으로 진행되었다.

---

14) 위와 같음.

15) 〈昭和 4年 4月 22日附 在支朝鮮人의 民族運動과 共産運動과의 關係〉(《한국독립운동사》 4, 국사편찬위원회), 876쪽.

16) 黃敏湖, 〈滿洲地域 民族唯一黨運動에 관한 硏究－唯一黨促成會議를 中心으로－〉(《崇實史學》 5, 1988), 181쪽.

17) 〈昭和 3年 12月 3日, 선인 정의부 상황의 건〉(《독립운동사자료집》 10, 독립운동사편찬위원회), 406쪽.

18) 〈昭和 3年 9月 18日 朝鮮總督府 警務局長發信 外務省亞細亞局長宛, 全民族唯一黨組織에 關한 件〉(《한국독립운동사》 4, 국사편찬위원회), 866~870쪽.

2) 3부 통합운동

민족유일당을 성립시키기 위한 운동이 협의회와 촉성회 등 두 파로 나뉘어지자 협의회를 실질적으로 이끌었던 정의부는 통일에 대한 새로운 방향을 모색하였다. 정의부는 유일당운동에 참가하지 못했던 참의부와 신민부를 결속하여 3부 통일을 이루고자 하였다.

1928년 9월 정의부는 참의부와 신민부측에 연락을 취하여 吉林에서 3부 통일회의를 개최하였다.[19] 그러나 이 회의는 처음부터 3부 대표들간에 여러 면에서 의견이 충돌되어 난관에 부딪쳤다. 즉 민족유일당운동 당시부터 단체본위조직론을 주장해 온 정의부 측은 참의·신민 양 단체와 가진 회의에서도 이 논리를 계속 주장했던 것이다. 그러나 참의·신민부 대표들의 의견은 달랐다. 정의부보다 세력이나 규모가 작았던 두 단체는 단체본위조직론으로 3부를 통합한다면 그 주도권은 정의부측으로 넘어갈 것으로 판단하였던 것이다.

이런 이유로 참의부와 신민부측 대표들은 정의부의 논리를 반대하는 입장에서 다음과 같은 의견을 내놓았다.

① 신민부·참의부·정의부를 완전히 해체할 것.
② 過程組織으로서 잠시 그 잔무를 정리 청산할 것.
③ 촉성회 대 협의회의 분규를 타파하고 全滿 일반의 大黨籌備를 실현할 것.
④ 이주민의 귀화를 장려하고 특수한 자치권을 획득할 것.
(〈昭和 4年 4月 22日 在支朝鮮人의 民族運動과 共産運動과의 關係〉,《韓國獨立運動史》 4, 국사편찬위원회, 876쪽).

참의·신민 두 단체의 주장은 결국 촉성회측의 의견대로 기존의 단체를 모두 해체한 채 구성원의 요소를 개인으로 하여 민족의 大黨을 조직하자는 것이다. 결국 두 단체의 주장은 정의부와는 전면 반대되는 것이었다. 3부 통

19) 〈昭和 4年 4月 22日 在支朝鮮人의 民族運動과 共産運動과의 關係〉(《한국독립운동사》 4, 국사편찬위원회), 876~877쪽.

일의 문제는 그를 이루기 위한 첫번째 조건에서 이같은 제동이 걸렸다. 그러나 이 의견이 제기되고 정식으로 대표회의가 개최되기도 전에 회의에 참가한 참의부와 신민부측의 대표들에 대해 각 단체 내부에서 문제가 발생하여 통합운동은 더욱 복잡하게 되었다.

즉 신민부에서는 代表權抗爭問題, 참의부에서는 代表召還問題가 일어나게 된 것이다.[20] 대표권항쟁문제란 신민부 내부에 형성되었던 民政派와 軍政派간의 대립에서 연유된 문제였다. 신민부는 1927년 2월 일경과 중국군 1개 중대의 습격을 받아 중앙집행위원장인 김혁과 경리부위원장인 兪政根 및 본부 직원 수명이 피체되는 곤경을 당한 일이 있었다. 이 사건이 있고 난 후 신민부 내부에서는 이후 노선 갈등이 일어나 앞에서 살폈듯이 군정파와 민정파라는 두 파벌이 심각하게 대립하였다.

이러한 갈등 속에서 3부 통일회의에 참가한 신민부 대표는 민정파에 속한 金墩이었다. 따라서 군정파에서는 김돈의 대표성을 부인하고 통일회의에 이의를 제기하였다.[21] 신민부 군정파의 문제 제기에 따라 총체적으로 대표자격을 인정받지 못한 대표가 참석한 통일회의는 의미가 없었다. 정의부에서는 이 문제에 대해 다음과 같은 타협안을 내어 신민부 내부에서 자체적으로 해결해 줄 것을 요구하였다.

> ① 대표문제를 무조건 타협할 것.
> ② 타협이 불능할 때는 쌍방이 함께 출석할 것.
> ③ 위 두 항을 실행하기 곤란할 때는 심사기관에서 정할 것.
> (〈昭和 4年 4月 22日 在支朝鮮人의 民族運動과 共産運動과의 關係〉, 《韓國獨立運動史》 4, 국사편찬위원회, 877쪽).

정의부의 타협안에 대해 신민부 민정파는 ①, ②항에는 반대하지만 ③항은 찬성한다고 하였다. 그러나 군정파의 경우는 이들 타협안 전부를 반대하여 결국 해결의 단서를 찾지 못하였다.

---

20) 위와 같음.
21) 위와 같음.

한편 참의부의 대표에 대해 제기된 대표소환문제란 다음과 같다. 이는 참의부 본부에서 제기한 것으로 회의에 참석한 참의부 대표 중 한 사람인 金篠厦는 일제의 밀정이니 그에게 사형 판결을 내리고 그 집행권한을 정의부에 위탁한다는 것이었다. 그와 함께 회의에 참가한 다른 대표들에게는 본부로 소환 명령을 내려 대표권을 무시해 버렸다.[22] 따라서 참의부로부터 김소하 처분권에 대한 권한을 위임 받은 정의부측에서는 참의부 내분에 대한 진위를 가리고자 대표 중 한 사람인 金承學(일명 : 金希山)에게 질의하였다. 이에 김승학은 오히려 본부에 있는 자들이 김소하를 모함하는 것이라고 진술하였다. 게다가 이러한 일이 벌어지자 김소하는 자진하여 대표권을 포기해 버렸다. 김소하의 의사표명이 있자 3부의 대표들은 그를 뺀 나머지 참의부 대표들과 회의를 진행하기로 결정하였다.[23]

이로써 참의부측의 대표소환문제는 일단락되었다. 그러나 신민부의 대표권 항쟁문제는 여러 안이 제기 되었지만 결국 해결되지 못하였다. 따라서 정의부측은 협의회를, 참의·신민부측은 촉성회측을 지지하여 서로 대립되는 점이 있었으나 이를 극복하고 개최하려 했던 통합회의는 본회의를 개최하지도 못한 채 결렬되었다. 3부의 대표들은 1928년 11월 초 통합회의가 결렬되었음을 발표한 후 해산하고 말았다.[24]

1927년 초부터 일기 시작했던 재만 한국 민족운동계의 민족유일당운동은 우여 곡절 끝에 3부 통합운동에까지 이르렀지만 만족할 만한 성과를 거두지 못하였다. 단지 1928년 5월 樺甸縣과 磐石縣 등을 오가며 개최된 회의의 결과로 나온 단체본위조직론을 주장하는 전민족유일당협의회와 개인본위조직론을 주장하는 전민족유일당촉성회 등 두 파가 생겨나는 결과만 초래하였다.

따라서 재만 민족운동계는 1928년 11월 3부 통합운동이 결렬되고 나자 이 두 파를 중심으로 헤쳐 모이는 양상을 갖게 되었다. 즉 재만 민족운동계의

22) 위와 같음.
23) 〈昭和 4年 11月 26日 朝鮮總督府警務局長發信 外務省亞細亞局長앞, 國民府第1回 中央議會開會의 件〉(《한국독립운동사》 5, 국사편찬위원회), 727쪽.
24) 〈昭和 4年 11月 26日 朝鮮總督府警務局長發信 外務省亞細亞局長앞, 國民府第1回 中央議會開會의 件〉(《한국독립운동사》 5, 국사편찬위원회), 728쪽.

인사들은 지금까지 자신들이 속해 있던 단체에 미련을 버리고 이 두 계열 중 어느 하나를 택해 소속되기 시작하였던 것이다. 개인이 소속 단체를 부정하고 가담하여 중앙집권적 체제의 유일당을 만들기 원하는 인사들은 촉성회에 가담하였고, 기존의 단체를 유지하며 유일당을 조직하기 원하는 인사들은 협의회에 가담하였다. 하지만 이러한 움직임은 결국 기존의 단체가 완전히 분해 해체되는 결과를 가져와 전 만주의 유일당은 성립시키지 못한 채 촉성회측의 주장대로 개인이 주체가 되어 새로운 세력을 형성하였다.

그리하여 1928년 12월 하순에는 정의부의 인사 중 촉성회를 지지하는 측과 신민부의 군정파 및 참의부의 일부가 연합하여 革新議會를 조직하였다.[25] 이 단체는 새로운 정식의 기관을 조직하기 전까지 약 1년 이내 운영될 과도기적 임시기관이었다. 하지만 체계적인 일을 추진하기 위해 중앙집행기관이 구성되었는데, 중앙집행위원장에는 김원식이 선임되고 동위원에는 김승학·지청천·정신 등이 선출되었다.[26] 임시기관인 혁신의회의 주요업무는 ① 大黨促成의 적극적 幇助, ② 군사후원 및 敵勢侵入 방지, ③ 합법적 中國地方自治機關(同鄕會) 조직, ④ 잔무정리 등 이었다.[27] 그리고 이들 업무를 효율적으로 처리하기 위해 기존 3부의 관할지역을 잠정적인 행정구역으로 개편하였다. 전 참의부의 관할구역은 南區, 지청천·김동삼 등이 3부 통일회의 이후 정의부를 이탈하여 조직한 在野革命黨이 관할했던 지역은 中區, 전 신민부의 관할지역은 北區로 정하여 혁신의회가 통할하기로 하였다.[28]

이어 혁신의회는 1928년 5월 중순에 개최된 전민족유일당조직을 위한 회의 때 협의회 및 촉성회 어느 쪽에도 가담하지 않고 중도적 입장인 者들이 조직한 期成會의 인사들과 통합하여 민족유일독립당재만책진회를 조직하였다. 책진회는 혁신의회의 이면기관 역할을 하면서 유일당을 신속히 결성하기

25) 〈昭和 4年 4月 22日, 在支朝鮮人의 民族運動과 共産運動과의 關係〉(《한국독립운동사》 4, 국사편찬위원회), 878쪽.
26) 위와 같음.
27) 위와 같음.
28) 丁原鈺, 〈在滿 抗日獨立運動團體의 全民族唯一黨運動〉(《白山學報》 19, 1975), 208쪽.

위한 조직체였다. 책진회의 중앙집행위원장에는 김동삼, 委員에는 金佐鎭·全盛鎬 등이었으며 활동 방침은 다음과 같았다.[29)]

① 일반 구성분자를 策勵하여 黨의 集成土臺에 분투시킬 것.
② 조선의 혁명에 대한 이론을 전개하여 만주운동의 내재적 모순을 정리하고 大黨 촉성의 준비에 노력할 것.
③ 대당이 아직 성립하기 전 과도기에 있어서 악독한 魔手의 침입을 방지하는 한편 소위 滿蒙侵掠 적극정책을 배제할 것.

촉성회측의 주도로 임시기관이긴 하지만 혁신의회가 조직됨에 따라 3부가 주도해 온 만주지역 한인 민족운동계의 활동구도는 일단 깨어지기 시작하였다. 따라서 혁신의회에 가담하지 않고 3부에 남은 세력과 그들을 지지하는 세력들도 새로운 통합체를 구성하기 위해 노력을 기울였다. 이 일을 가장 주도적으로 처리한 세력은 정의부 계통의 인사들이었다. 정의부는 민족유일당회의 이후인 1928년 8월 24일부터 개최된 제5회 중앙의회에서 단체의 명의로 협의회를 지지한다는 결정을 내린 바가 있었다. 협의회를 지지한 세력은 정의부의 대부분 세력과 신민부의 민정파계통, 그리고 참의부에서는 沈龍俊·崔在京·李永熙·朴大浩 등이 통솔하는 세력이었다.[30)]

협의회측 인사들은 3부 통일회의가 개최될 무렵인 1928년 9월에 이미 조직했던 '民族唯一黨組織同盟'을 기반으로 통일운동을 펼쳐나갔다. 그리하여 이 동맹의 명의 하에 1929년 1월 26일 길림에서 중앙집행위원회를 개최하였다. 이 회의에서 민족유일당조직동맹은 대표로 현익철과 김이대를 선출하고, 주석단으로는 고활신·김이대·黃起龍(본명 : 金燦)을 선임하였다. 그리고 정치부위원 현정경, 조직부위원 김이대, 선전부위원 辛日鎔, 군사부위원 李基德, 경리부위원 고활신, 노동부위원 崔芝文, 청년부 및 부인부위원 황기룡 등 8개 집행부서와 위원을 임명하였다.[31)]

---

29) 〈昭和 4年 4月 22日, 在支朝鮮人의 民族運動과 共産運動과의 關係〉(《한국독립운동사》 4, 국사편찬위원회), 878쪽.
30) 〈昭和 4年 9月 21日, 한족동향회 내경에 대하여〉(《獨立運動史資料集》 10, 독립운동사편찬위원회), 415쪽.

이어 민족유일당조직동맹은 제1회 집행위원회의에서 작성했던 강령과 규약을 개정하고, 당면 정책을 결정하였다. 그에 의하면 이 동맹은 재만한인의 자치를 발전시키기 위해 중국 당국이 인정하는 합법적 기관을 설치하여 한인의 공민권획득, 한인을 위한 특수교육기관 설치, 자치행정 등을 실천하도록 한다는 것이었다. 조직은 구·현·성·중앙의 4단계로 하고 민주주의적 중앙집권제로 한다는 방침을 정했다.

이와 같이 하여 협의회 최초 조직인 민족유일당조직동맹의 통일전선 구축을 위한 진용은 갖추어졌다. 그런데 이들 간부 중 《조선일보》 기자 출신의 辛日鎔, 조선공산당 만주총국 책임비서를 지낸 황기룡과 같은 사회주의자들이 함께 임명된 것은 주목되는 바이다.[32] 구성 간부의 이러한 성분 때문에 이 동맹은 무산 대중을 결집시키는 방식과 같은 이 시기 공산주의 단체의 방침을 취하기도 했다.

민족유일당조직동맹을 3부 합동에 의해 강화한 후 협의회측은 1929년 3월 하순 길림에서 3부 대표자회의를 개최하였다. 대표자회의에는 정의부의 대표로는 이동림·현익철·고이허·고활신·최동욱·이탁, 참의부 대표로는 심용준·林炳武·劉光屹, 그리고 신민부의 대표로는 李敎元 등이 참여하였다.[33] 이들 대표들은 며칠간에 걸친 회의 결과 통일된 새로운 조직체를 결성하자는데 합의를 이루었다. 그리하여 동년 4월 1일 國民府를 성립시켰다.[34] 그러나 이 새로운 통합체인 국민부는 4월 1일자로 강령과 헌장

31) 〈朝保秘第844號 昭和 4年 4月 26日, 民族唯一黨組織同盟ノ委員會議ニ關スル件〉, 1~3쪽.

32) 〈高警第882號 大正 15年 3月 15日, 上海ニ於ケル辛日鎔ノマルクス講座開始ニ關スル件〉(아연필 100-4-033), 759~774쪽.
張世胤, 〈在滿 朝鮮革命黨의 成立과 주요 구성원의 성격〉(《한국독립운동사연구》 10, 독립기념관 한국독립운동사연구소, 1996), 114~115쪽.

33) 慶尙北道警察部, 《高等警察要史》, 128쪽.
〈昭和 4年 11月 26日附, 國民府 第1回 中央議會開會의 件〉(《한국독립운동사》 5, 국사편찬위원회), 730쪽.
〈在滿抗日運動團體〉, 같은 책, 731쪽.
〈朝保秘第2069號 昭和 4年 11月 26日, 國民府第1回中央議會ノ顚末ニ關スル件〉, 3쪽.

34) 〈昭和 6年 5月末, 國民府ノ狀況〉, 3~7쪽.

을 제정하고 성립을 정식으로 선포하였지만, 참의·정의·신민부 등 3부의 명칭은 계속 유지하다가 국민부 집행위원회의 성립과 함께 취소하기로 하였다.[35]

지금까지 살펴본 바대로 전 만주를 총괄하기 위한 민족유일당운동은 그 근본적인 목적은 이루지 못하였다. 하지만 약 2년간에 걸친 민족통일전선 구축을 위한 운동은 정의·참의·신민부 등 3부의 시대를 끝맺음하고 혁신의회와 국민부라는 두 개의 새로운 통합단체가 조직되었다.

〈蔡永國〉

35) 〈三府統一會 會錄〉, 12쪽.

V. 의열투쟁의 전개.

1. 의열투쟁의 의미맥락
2. 의열투쟁 본격화의 배경과 계기
3. 3·1운동 직후와 1920년대의 의열투쟁
4. 1930년대와 일제말의 의열투쟁
5. 일제 강점기 의열투쟁의 특징과 역사적 의의

V. 의열투쟁의 전개

1. 의열투쟁의 의미맥락

'의열투쟁'은[1] 의사와 열사라는 역사적 인물형과 분리시켜 생각할 수 없는 개념이다. 생명의 위험을 무릅쓰고 지사적 기개로써 의로운 일의 실행에 용맹과감하게 나섰음을 강조하면 의사라는 호칭이 붙고, 대의를 좇아서 죽음의 길로 감연히 뛰어들었음을 강조하면 열사라는 호칭이 붙는다. 전자의 행위가 대체로 무기를 가지고서 대적거사를 벌이는 것으로 구체화된다면, 후자의 행위는 맨손의 항거나 자결로써 충절과 의분을 드러내는 것으로 구체화된다. 그러나 두 경우 모두, 小我를 버리고 義를 취하며 자기희생을 마다않거나 자진해서 택한 것이라는 점에서는 다를 바 없다.[2] 그러므로 '의열'이란 生死不顧의 정신이 낳은 행동의 의로움과 그 행위에 뒤따르는 희생의 장렬함을 함께 기리는 뜻을 담은 용어인 것이다.

역사적으로 볼 때 이런 의미의 의열행위 양식은 일제 강점기 훨씬 이전에 생성되어 있었다. 임진왜란 때의 의병항쟁이나 論介의 행동이 다 그런 속성의 것이었다. 갑오년(1894) 이래의 반일 의병투쟁도 그 계선에 놓이면서 의열의 전통을 잇고 있었다. 그리고 이 전통은 한말에 와서 크게 꽃을 피웠다. 〈을사늑약〉의 체결과 더불어 전국적으로 일어난 후기 의병진들, 국운의 쇠퇴를 통탄하며 일본의 침략 야욕에 자결로써 항의한 전·현직 관료와 유생 및 군인들, 을사5적과 침략 원흉 및 침략행위 부조자를 암살 응징했던 奇山度·羅喆·吳基鎬·張仁煥·田明雲·安重根·李在明 등 여러 의사들의 행동

1) '의열투쟁'이라는 용어가 널리 쓰이게 된 것은 1975년에 독립운동사편찬위원회에서 《독립운동사》 제7권으로 《의열투쟁사》를 펴내면서부터였다.
2) 그래서인지 중국에서는 전자의 경우도 '열사'로 통칭하고 있다.

이 의열의 전통을 되살린 것이다. 대한제국이 1910년에 일본에 강제 합병되자 많은 재야유생들이 잇따라 자결한 것 역시 그와 같은 선상에서 망국의 절통함을 표한 방식이었다.

강점 이래 10년간의 일제 무단통치가 국토를 하나의 거대한 감옥처럼 만들어 짓누르고 있던 속에서도 여러 비밀결사와 그 성원들의 지하활동을 통하여 항일투쟁의 의지와 동력은 계속 재생산되었다. 특히 친일부호 처단 활동을 중심으로 전개된 大韓光復會의 '義俠鬪爭'은 한말 의열투쟁의 정신과 방법을 부분적으로 재생·발전시킨 것임과 동시에, 3·1운동 이후의 의열투쟁의 한 원형이자 수원지가 되기에 충분했다.

그러면서도 3·1운동 이후의 의열투쟁은 한말의 그것과는 초점과 의미구조가 사뭇 달랐다. 자결로써 의분을 표하는 것과 같은 행위양식이 사라지고, 그 대신 상황변개의 의지가 짙게 투영된 공격적 거사로 투쟁의 내용이 거의 채워진다. 다음으로, 단발적·일회적 개인거사의 수준을 넘어선, 집단적 차원의 연속적 거사가 하나의 전형으로 자리잡아 투쟁의 지속성을 담보해 간다. 그래서 의열투쟁은 이제 산발적인 항일행동의 단순집합 개념이 아니라 조직적이고도 계획적인 독립운동의 한 '방략'으로 새롭게 자리매김된다.

이리하여 의열투쟁은 개인 또는 집단의 감투정신과 희생정신으로 뒷받침된 공격적 거사 양식의 독립투쟁이라는 것으로 그 의미가 굳어지게 된다. 의열거사의 규모가 확대되고 수단이 다변화하며 내용이 풍성해지는 추세도 나타나는데, 그것은 의열투쟁의 본격화와 궤를 같이한다. 1920년대 초에 '작탄투쟁'이나 '암살파괴운동'과 같은 용어가 새로 만들어져 널리 쓰이게 된 것도 그런 맥락에 비추어 조망하고 이해할 수 있다. 3·1운동 직후에 암살파괴운동의 선도자를 자임하며 탄생한 한 단체가 "천하의 정의로운 일을 맹렬히 실행"[3]할 것이라 공약하고, 그 '정의'와 '맹렬'에서 한 자씩 따서 자기의 이름으로 삼음을 언명한 것－어쩌면 역설처럼 느껴질 법한 이 논리연관 짓기도 그런 맥락에서 자연스럽게 나온 것이었지, 그저 우연의 소치이거나 혼자만의 억지였던 것은 아니다.

---

3) 朴泰遠, 《若山과 義烈團》(白揚堂, 1947), 27쪽.

이제 폭력과 정의가 한몸이 될 수 있었던 우리 역사의 한 시기와 여러 국면을 찬찬히 살펴볼 차례이다. 하지만 지면상 개별 사례들을 강조하거나 부각시키기보다는 전체의 흐름 속에 그것들을 포함하는 방식으로 서술해 갈 것이다.

〈金榮範〉

2. 의열투쟁 본격화의 배경과 계기

3·1운동은 민족성원 대다수의 식민통치 거부의사를 강력히 표명하고 민족독립에 대한 열망과 의지를 만방에 선양했다는 점에서 분명 그 의의가 컸다. 그러나 일제의 잔혹한 탄압으로 민족독립의 목표는 끝내 달성되지 못하였다. 이에 다수의 독립운동자와 일반 대중은 비폭력 시위항쟁이 갖는 한계를 절감했고, 폭력수단을 총동원한 지속적인 투쟁에 의해서만 일제를 구축하여 독립을 얻을 수 있음을 깨닫게 되었다. 특히 만주·노령 쪽의 망명 독립운동자들이 그런 신념을 확고히 다져서, 조직적인 무장투쟁을 독립 성취의 유일한 방도로 상정하였다. 이에 따라 무장독립운동 단체와 독립군 부대들 조직구성에 박차를 가했으며, 군사활동이 불가능한 지역을 염두에 둔 강력한 폭력투쟁의 방법도 따로 강구되었다.

이런 인식과 사고는 성립 직후의 上海 임시정부 내에도 유입되어, 그에 부응하는 실천적 움직임이 일찌감치 태동했다. 1919년 4월 20일 경에 趙素昻과 鄭元澤이 李東寧·李始榮의 지원으로 상해 공동조계에 폭탄제조 학습소를 비밀리에 설치하여 일단의 청년들을 훈련시키기 시작한 것이[1] 그 단적인 예이었다. 그것은 앞서 3월에 조소앙이 작성하여 해외 독립운동가 39인의 연명으로 吉林에서 발표된 〈대한독립선언서〉에서 촉구되었던바 "육탄혈전으로 독립을 완성"하기 위한 첫걸음이기도 했다. 이어서 6월에는 "炸彈으로 구국

---

1) 鄭元澤 著, 洪淳鈺 譯, 《志山外遊日誌》(探求堂, 1983), 195~196쪽.

의 책임을 부담"할 목적의 救國冒險團이 약 40명 인원으로 조직되어, 단원에 대한 폭탄제조법의 교수를 바로 시작하였다.[2)]

그 해 9월에 漢城政府 및 노령 國民議會와의 통합을 거쳐 재편된 대한민국임시정부는 전보다 훨씬 더 전투적인 방향으로 독립운동 노선의 가닥을 잡아갔다. 전쟁에 의해 일제를 격멸함을 독립 성취의 최상위 전략으로 설정하고, 대일결전의 기회를 맞을 때까지는 각 부문의 민족역량을 증강시켜 가는 '준비' 단계로 삼으며, 이 단계에서는 폭력과 비폭력, 무장과 비무장 수단을 두루 동원하는 복합전술로써 일제에 대항해 가기로 노선 표준을 정한 것이다.[3)]

그러한 항전의 일환으로 일제 요인을 섬멸하고 반민족분자를 응징해 갈 것이라는 결의도 임시정부는 천명하였다. '7可殺' 범주를 설정하여 그 판별기준과 내용을 공표한 일이 그것이다. 임시정부에 의해 지정된 '7가살'의 각 하위범주와 구체적인 대상은 다음과 같았다.

① 敵魁 : 조선총독·정무총감 등 일제 고관. 한국독립을 강경하게 반대하는 유력 일인. 한국독립운동과 그 지도자를 誹毁하는 정치가·학자·신문기자·종교가 등 不逞日人. 우리 동포를 학대해 온 일인 헌병·경관 등.
② 賣國賊 : 한국독립을 반대하고 적의 통치하에 있기를 주장하는 凶賊들.
③ 倀鬼 : 고등정탐. 혹은 일반형사로서 독립운동의 비밀을 적에게 밀고하거나 지사를 체포하며 동포를 구타하는 醜類들.
④ 친일부호 : 자기 재산의 안전을 도모키 위해 적과 통하여 군대와 경찰의 보호를 받거나 적국으로 도망친 자. 특히 독립운동에 헌금키를 누차 권유함에도 듣지 않거나, 헌금을 권유하는 지사를 밀고한 자.
⑤ 적의 관리된 자 : 관리된 자로서 독립운동단체의 퇴직권유를 세 번 이상 받고도 改悟할 줄 모르는 자. 독립운동을 비훼하거나 국민의 애국심과 용기를 떨어뜨리는 자. 동포를 압박하는 자.
⑥ 불량배 : 浮言浪說로써 독립운동을 해치거나 민심을 현혹시킨 자. 독립운동

---

2) 독립운동사편찬위원회, 《독립운동사자료집》 9(1975), 631쪽.
國會圖書館 編, 《韓國民族運動史料(中國篇)》(1976), 162쪽.
3) 金榮範, 〈義烈團의 創立과 초기 路線에 대하여〉(《韓國學報》 69, 一志社, 1992), 180~181쪽.

자를 冒稱하고 애국의연금을 횡령한 자. 변심 또는 懶惰로 임무를 저버린 자. 기밀을 누설하거나 신의를 배반한 자.

⑦ 모반자 : 독립운동 종사 중 변절한 자. 私黨을 만들어 정부를 비훼 반항하는 자.

(《獨立新聞》 제43호, 1920년 2월 5일).

동년 5월 경에 공포된 〈시정방침〉에서도 청년 敢死隊와 炸彈隊를 조직하여 "적괴 및 창귀 격살"과 "영조물 파괴"를 단행할 것을 언명했다시피, 임시정부는 전담 행동대에 의한 암살·파괴의 작탄투쟁을 독립전쟁 준비단계에서의 유력한 대적방책의 하나로 삼고자 했다. 아울러 그 방책을 실천에 옮길 의지와 의사도 여러 경로로 표명했다.

'비무장에서 무장으로'라는 독립운동의 새로운 조류는 만주와 극동러시아에서 독립군조직들이 새로 결성되고 정비되어 가는 데서도 역력히 감지될 수 있었다. 그러나 독립군 부대들의 병력과 장비는 일본군에 비하면 열세를 면치 못함이 사실이었다. 이에 그러한 약점을 벌충하면서 독립군의 사기를 앙양시킨다는 의미에서도 별동조직의 기습공격과 같은 방식으로 적에게 타격을 가하는 항전활동의 필요성이 대두했다.

한편 국내에서는 임시정부의 聯通制 및 交通局 조직과 연관을 맺고서 주로 군자금 수합의 목적으로 1919년 하반기부터 속출한 비밀결사들이 조직체제를 정비하여 무장 또는 준무장 조직으로 전환하거나 새 무장조직이 결성되기도 하였다. 또한 1920년 경부터 강력한 무장행동이 빈발하기 시작했다. 이들 무장조직의 활동은 군이나 도 이내의 국지적인 범위에서 독자적으로 전개되기도 했지만, 많은 경우는 만주지역의 무장단체나 상해 임시정부 및 그 외곽단체들과의 연계 방식으로 전개되었다. 그리고 어느 경우이건, 5명 전후 인원의 便衣遊擊組나 결사대가 잠행하며 벌이는 일제기관 파괴, 경관과 밀정 사살, 악질 관공리와 친일부호 및 주구 처단, 군자금 수취와 확보 등이 주된 활동내용을 이루었다.

이런 여러 추세가 서로 맞물리는 상황 속에 1920년대 초부터 의열투쟁이 주요 독립운동방략의 하나로 급부상하였다. 결사적 태세로 강도 높은 의열투쟁을 계속 벌여가면 그것이 낳을 충격-공포 효과에 의해 일제가 결국은 식민지 경영을 포기하게 될 것이라는 논리가 우선 내세워졌다. 또한 이러한 논리는 군사조직에 의한 무력투쟁과 전술적으로 배합되어 전과상승의 큰 효과를 올릴 수가 있으며, 민중직접혁명 방략과 관련해서는 대중봉기를 촉발하게 될 선도적 투쟁양식으로 인식되었다. 소수 인원과 적은 비용으로 기동성과 집중성을 최대한 살리며 수행되는 암살과 파괴활동은 군사행동 못지않게 위력적인 성과를 낳는 투쟁방법이 될 것이며, 그런 활동을 통한 비타협적 투지의 지속적인 발현이 일반 민중을 부단히 각성·고동시켜 줄 것으로 기대되었다.

'무장투쟁'의 범주에 속하면서도 의열투쟁에는 독립군의 군사활동('무력투쟁')과 대비되는 전술적 특징이 있었다. 전자는 비교적 큰 규모의 병력과 장비, 일정한 숙영지 겸 근거지, 조직편제와 지휘체계, 적어도 이 세 가지를 요했다. 이에 반해 의열투쟁은 순전히 개인적인 결의와 준비로써만 이루어지거나, 아니면 소집단 규모의 비밀결사나 큰 조직체에 속한 하위 별동조직의 독자적 판단과 선택에 의해 목표물과 행동이 결정되는 성질의 것이었다. 노출될 우려가 큰 근거지의 상비나 조직체계의 완비를 반드시 요하는 것은 아니라는 점도 전자와 상이했다. 그리고 의열투쟁의 바로 이런 측면들이 그것을 독립군의 조직과 군사작전의 전개가 매우 어렵거나 아예 불가능한 시·공간과 상황에서 최우선으로 채택될 수 있는 최선·최량의 대체투쟁방책으로 여겨지게끔 하였다.

3·1운동 직후부터 의열투쟁의 열기가 급속도로 고조되고 단시일에 본격화 국면을 맞게 된 데는 이런 여러 계기와 요인들이 복합적으로 작용했던 것이다.

〈金榮範〉

3. 3·1운동 직후와 1920년대의 의열투쟁

1) 3·1운동 직후와 1920년의 의열투쟁

의열투쟁이 새로운 양상으로 전개될 조짐은 3·1운동 이후 얼마 되지 않아서부터 나타났다. 국내 비밀결사 및 무장단체, 상해의 독립운동단체, 만주의 독립군조직과 기타 무장단체들이 독자적으로 또는 상호 연계해서 조직적 의열투쟁의 기반을 닦아가기 시작한 것이다. 특히 西間島 방면으로부터 소규모의 편의대·결사대가 국내로 자주 특파되어, 평안남북도 일원의 면사무소와 경찰관주재소, 군수 또는 면장 이하의 중·하급 관리와 순사, 지방밀정, 친일부호 등을 타격대상으로 삼았다. 독립군 특공대가 불시에 압록강을 건너 국경 부근의 군경시설과 관공서를 습격하여, 국경 안쪽으로 깊숙히 잠입한 특파 결사대의 암살 파괴활동이 시작되었다.

3·1운동 이후 의열투쟁사의 첫 페이지에 기록될 만한 사건으로 먼저 27결사대의 국적섬제 거사계획을 꼽을 수 있다. 고종의 장례일을 기하여 '을사5적'과 '정미7적'(고종이 퇴위토록 강박한 李完用 이하 7대신)을 모두 암살키로 이동녕·이시영·安泰國·李鐸이 결의한 데 따라 서간도에서 구성된 27명의 결사대가 이탁의 인솔로 2월 말에 서울로 잠입했다. 그러나 무기의 서울 도착이 지연되어 국장일인 3월 3일에는 거사를 실행하지 못하였다. 다시 기회를 노리며 군자금 수합과 격문 부착 등의 잠행활동을 벌이고 있던 중에 그 행적이 노출되어 대원 23명이 5월 초에 피체되었다.[1)]

이탁이 어렵게 일경의 검거망을 벗어나 서간도로 귀환한 후, 다시 新興學校 學友團 단원들이 국내 암살폭파거사를 계획하여 1919년 9월에 文相直을 정탐요원으로 밀파했고,[2)] 유하현에서 3월 말에 결성된 大韓獨立團도 10월

---

1) 《東亞日報》, 1921년 1월 21일·3월 5일.
김용국 외, 《독립운동사》 7(독립운동사편찬위원회, 1975), 265~270쪽.
金厚卿, 《大韓民國獨立運動功勳史》(光復出版社, 1984), 927~929쪽.

2) 문상직은 대구에서 암약하다 1920년 2월에 피검되었다(金正明 編, 《朝鮮獨立運

경부터 국내지단 설치 등의 지하공작을 수행할 특파원들을 수차 국내로 들여보냈다.[3] 9월 중순에 30명의 암살대가 상해로부터 육로로 파견되었다는 정보를 입수한 일제 군경당국이 만주 京奉線의 주요 역들에 대한 경계를 강화하고 있던 차에 심양역에 막 도착한 객차 안에서 폭탄 8개가 순찰 일경에 발견되기도 했다.[4]

이러한 일련의 움직임은 9월 2일에 남대문정거장(지금의 서울역)에서 65세의 노인지사 姜宇奎가 감행한 폭탄거사에 자극받았을 가능성이 높다. 이 사건은 블라디보스톡에서 설립된 老人同盟團의 만주 遼河縣 지부장을 맡고 있던 강우규가 조선총독의 경질소식을 접하고는 신임총독을 제거할 결심으로 밀입국한 뒤, 부임길의 총독 사이토 마코토(齋藤實)가 막 올라탄 마차를 향해 영국제 수류탄 한 발을 던진 것이다. 척탄이 빗나가 떨어져서 총독 폭살에는 실패했지만, 정무총감 미즈노 렌타로(水野鍊太郎)를 비롯한 총독부 요인과 관리 등 34명에게 큰 부상을 입혔다.[5]

강우규의 투탄의거는 일제가 '문화정치'라는 미명으로 식민지 지배의 장기화를 획책함에 대한 준열한 경고였음과 동시에, 3·1운동 이후의 독립투쟁의 방향과 방법에 관한 전범 제시에 의해 비상한 자극과 깨우침을 주었다. 그런 의미에서 강우규의 의거는, 국내 폭탄거사의 효시이기도 했지만, 1920년대 의열투쟁의 실질적인 기폭제였다. 실제로 강우규 의거 이후 국내와 만주, 상해에서 의열지향적 비밀결사와 특종단체들이 속속 결성되기 시작했다.

우선 국내에서는 10월에 韓民會가 결성되었는데, "독립군의 鮮內 진입에 앞서 관공리와 친일 鮮人을 암살하며, 철도·전신·전화 및 관공서 건물과 공장 등을 파괴할 것"을 활동목표의 하나로 적시했고, 그에 걸맞게 암살부와 進滅部도 따로 두었다. 기독교 장로파 신도·면서기·교사 등의 회원으로 구

動》 I-分冊, 東京 : 原書房, 1967, 302~303쪽 ; 朝鮮總督府 慶尙北道警察部, 《高等警察要史》, 1934, 266~267쪽).

3) 蔡根植, 《武裝獨立運動秘史》(大韓民國公報處, 1949), 57~58쪽.

4) 金正明 編, 《朝鮮獨立運動》 II(東京 : 原書房, 1967), 403쪽.

5) 독립운동사편찬위원회, 《독립운동사자료집》 11(1976), 576~621쪽. 현장을 빠져나가 재거사의 기회를 노리던 강우규는 警部 金泰錫의 집요한 추적으로 피체되어 사형을 언도받고 그 해 11월에 순국하였다.

성된 한민회는 1920년 9월에 평남 영원군 온화면사무소를 습격한 것이 단서가 되어 조직이 발각되고 회원 전원이 피체되었다.6)

1919년 늦가을에 대한독립단이 특파한 金琫奎·朴承燁·李元甫도 평남 덕천군과 맹산군 경계에 위치한 仙遊峰의 속칭 '범굴' 속에 국내 거점을 구축하고 영원·덕천·맹산 3군의 유력자들을 포섭하여 1920년 초까지 군별 지단의 조직을 완료하였다. 이로써 대한독립단 국내 총지휘소(나중에 '虎窟獨立團'으로 통칭됨)는 3개 지단 300여 명의 단원을 거느리게 되었는데, 이들은 그 후 1년여 동안 盡命團·盡忠團·義烈團·血盟團 등의 명칭을 번갈아 써가며 성동격서의 게릴라전법으로 면사무소 및 경찰관주재소 습격·파괴와 무기 탈취, 일경 사살, 공금수송대 습격 후 거금 탈취, 친일부호 처단 등의 활동을 전개하였다. 그러나 호굴독립단은 경찰의 끈질긴 탐문과 추적으로 1921년 5월에 아지트가 발각되고 단원 90명이 체포됨으로써 조직이 와해되었다.7)

만주 길림에서는 柳東說·黃尙奎 등 朝鮮獨立軍政司 간부진의 전략구상과 지도에 의해 1919년 6월경부터 동지 규합과 폭탄제조법 학습 등의 준비작업을 해온 金元鳳 등 열혈청년 13명이 11월 10일에 의열단을 결성하였다. 그와 더불어 창립단원들은 국내 적기관 및 주요 시설물의 폭파와 총독 등 고관 암살을 위한 대형 특공거사 계획을 세우고 추진하였다. 그리하여 상해에서 입수한 폭탄 13개를 밀송하여 경남 밀양과 진영에 나누어 숨겼고, 거사행동대가 될 단원들이 입국하여 사전 정찰에 들어갔다. 그러나 이 사실이 경부 김태석에게 탐지됨으로써 입국 단원 거의 전원이 1920년 6월 중·하순에 피검되어, 의열단의 첫 투탄의거 기도는 실패로 돌아갔다. 그러나 검거망 밖에 있던 김원봉 등 다른 단원들은 좌절하지 않고 곧바로 다음 거사를 기획하고 추진하여, 그 해 9월에 朴載爀이 부산경찰서 투탄의거를, 12월에는 崔壽鳳이 밀양경찰서 투탄 의거를 감행하였다. 두 거사는 각각 서장실 폭파 및 서장 하시모토(橋本秀坪) 폭살과 청사 일부 파괴라는 성과를 거두었다.

---

6) 姜德相 編, 《現代史資料》 27, 朝鮮 三(東京 : みすず書房, 1977), 536~537쪽.

7) 《東亞日報》, 1920년 6월 4·15·17·26일, 10월 21·28일, 11월 23일.
김용국 외, 앞의 책, 391~401쪽.

상해에서도 임시정부 외곽에서 여러 단체들이 결성·조직되어 가는 가운데 구국모험단과 성격을 같이 하는 의열투쟁 조직들이 나타났다. 그 중 1920년 1월에 孫貞道·金九 등의 발기로 결성된 義勇團은 "일본 요로의 대관 및 친일 조선인을 살육하고 독립전쟁을 준비함에 의하여 조국독립을 기한다"는 목적 아래 탐정대와 모험대를 설치했으며, 국내 각도에 지단과, 府·郡에 분단을 조직키로 하여 총무 金錫璜을 특파하였다.[8)]

3월에 평양으로 잠입한 김석황은 임시정부의 국내 연락망 겸 지원조직의 하나인 평양교통국 책임자 金昌彬과 협의하며 동지를 규합하고, 서울·평양·평안도·황해도 등 여러 곳에 의용단 지단과 분단을 조직하였다. 상해로 돌아간 김석황은 구국모험단이 제조한 폭탄 12개를 각지 지단으로 보내고, 중국 安東에 출장소를 설치하여 상해와 국내간 연락 중계소 겸 거사지휘소로 삼았다.[9)]

이처럼 서간도－국내, 상해－국내, 남만주－상해의 2각 연계에 의한 조직적 의열투쟁의 기운이 무르익어가는 것과 보조를 같이 하여 서북지방에서는 1920년 봄에도 의열지향적 무장단체와 비밀결사들이 잇따라 조직되고 저마다 활동을 개시하였다.

먼저 3월 경에 서간도의 大韓光復軍司令部 제4영장 崔時興이 구한국군 출신 위주로 40여 명을 규합하여 평북 의주군 천마산에서 天摩山隊를 건립했다. 창건 직후부터 천마산대는 의주·삭주·구성·창성군 일대에서 면사무소 및 경찰관주재소 습격 파괴와 일경 및 친일분자 처단 활동을 맹렬히 전개하였다.[10)] 또한 3월 초에 평북 의주군 월화면에서는 만주 관전현을 다녀온 金東植이 大朝鮮青年決死隊를 조직하여 군자금 수취 활동에 주력했는데, 5월 하순에 총기 획득을 계기로 조직을 확대시켜 大朝鮮獨立普合團으로 개칭하고 무장활동에 돌입하였다.[11)]

---

8) 金正明 編,《朝鮮獨立運動》 I－分册, 451～455쪽.

9) 姜德相 編,《現代史資料》27, 512～513쪽. 이상은 김석황이 1920년 9월에 만주 奉天에서 피체되어 드러난 사실들이다.

10) 朴杰淳,〈1920年代初 國內 武裝鬪爭團體의 活動과 推移〉(《한국독립운동사연구》3, 1989), 287～292쪽.

11) 朴杰淳, 위의 글, 309쪽.

4월에는 황해도 사리원에서 주민 중심의 비밀결사인 獨立團 決死隊가 조직되어, 임시정부군의 국내진입시 일본군과 교전하며 길 안내를 할 것, 사직 권고에 불응하는 관공리를 처단할 것 등을 계획하고 활동에 들어갔다.[12] 5월에는 평북 구성에서 大韓民族自決國民會가 조직되어, 연통제 조직인 平北督辦部와 기맥상통으로 경찰관습격대 및 암살단 보호·원조, 총기 소재 및 친일자 조사 등의 목적 아래 활동을 개시하였다.[13] 평남 진남포에서도 5월 경에 임시정부 운동기관의 하나로 國民會가 결성되어, 군자금 수합과 관공리 살해, 관청 파괴 등의 무력투쟁 방침을 세웠다.[14]

이들 국내 자생단체는 활동 개시 후 얼마 못가서 일경의 정보망에 포착되어 조직이 파괴되었지만,[15] 그럼에도 서북지방에서는 무장대의 지방관서 습격 및 파괴·방화와 관공리·친일유지 암살사건이 1919년 말부터 이듬해 가을까지 지속적으로 발생하였다. 의열·준의열 투쟁의 기세가 고조되고 있음을 웅변해 주는 사건들이었는데, 열거해 보면 다음과 같다.

① 1919년 12월 23일, 평북 용천군 읍동면의 친일유지 崔時傑이 대한독립단 국내특파원 白雲翰·李明瑞 등 4인에 의해 거소에서 사살됨(金厚卿, 《大韓獨立運動功勳史》, 光復出版社, 1984, 595쪽).

② 1920년 3월 15일, 평북 선천군 태산면사무소가 대한독립단 국내특파원 3명에 피습되고 면장 金炳駿과 서기 金殷基가 총살됨(姜德相 編, 《現代史資料》 27, 朝鮮三, 東京 : みすず書房, 1977, 419·430쪽 ; 蔡根植, 《武裝獨立運動秘史》, 大韓民國公報處, 1949, 56쪽).

③ 3월 15일, 평북 의주경찰서의 순사 金明翼이 대한독립단원에 의해 거소에서 총살됨(위와 같음).

---

12) 姜德相 編, 《現代史資料》 27, 539~540쪽.

13) 姜德相 編, 《現代史資料》 27, 495~496쪽.

14) 姜德相 編, 《現代史資料》 27, 474~475쪽.

15) 독립단 결사대는 1920년 11월에, 대한민족자결국민회는 동년 9월에, 진남포 국민회는 동년 7월에, 일경의 검거망 가동으로 조직이 파괴되었다. 그러나 천마산대는 일군의 추적과 탄압으로 본거지를 수차 옮겨다니면서도 光復軍總營으로부터 무기를 공급받으며 꾸준히 활동을 전개였고, 1922년 남만주의 독립군단 통합으로 統義府가 발족하자 그 의용군 제3중대로 편입되었다(朴杰淳, 앞의 글, 297~299쪽).

④ 3월 20일, 의주군 고관면 동상동의 전 신의주경찰서 형사 洪世憲의 집에 무장대원 2명이 들이닥쳐 권총으로 저격, 중상을 입힘(姜德相 編, 위의 책, 422~423쪽 ; 金正明 編, 《朝鮮獨立運動》Ⅰ-分冊, 309쪽).

⑤ 5월 7일, 의주군 고관면 서하동의 친일부호 白成植이 무장대 3명에 의해 총살됨(姜德相 編, 위의 책, 439쪽).

⑥ 6월 4일, 평북 삭주군 구곡면 신안동의 경찰관주재소를 호굴독립단원 8, 9명이 습격하여 순사 洪明根을 살해하려다 실패하자 순사 吳泰鳳을 사살함(金正明 編, 앞의 책, 434쪽).

⑦ 6월 8일, 평북 벽동경찰서 삼서주재소의 악질 순사 文治朝가 광복군총영 암살대원에 의해 거소에서 사살됨(蔡根植, 앞의 책, 62쪽).

⑧ 6월 10일, 평북 창성군 대창면사무소에 천마산대 대원 3명이 내습하여 면장 姜昌憲을 사살함(姜德相 編, 앞의 책, 460쪽 ; 蔡根植, 위의 책, 65쪽).

⑨ 6월 25일, 벽동군 학회면 학하리의 경찰관주재소에 광복군총영 대원 8명이 내습하여 일인 순사 1명을 사살하고 주재소와 면사무소에 방화하여 전소시킴(姜德相 編, 위의 책, 469쪽 ; 蔡根植, 위의 책, 62쪽).

⑩ 7월 2일, 의주군 고령삭면의 洪應濂이 대원 밀고 혐의로 천마산대에 처단됨(《東亞日報》, 1924년 11월 12일).

⑪ 7월 3일, 의주군 고령삭면 대하동의 吳王漣이 무장대 6명에 의해 총살됨(姜德相 編, 앞의 책, 473쪽).

⑫ 7월 8일, 의주군 월하면 화하동의 친일파 崔學貞이 천마산대에 의해 총살됨(《東亞日報》, 1924년 11월 12일).

⑬ 7월 29일, 삭주군 외남면사무소를 신원불명자 2명이 습격하여 서류와 비품들을 소각한 후 만석동 구장 崔之鉉을 찾아가 사살함(姜德相 編, 앞의 책, 487쪽).

⑭ 8월 15일, 황해도 은율군에서 군수 崔丙赫과 부호 高學倫이 九月山隊 대원 10명에 의해 거소에서 사살됨(姜德相 編, 위의 책, 492·498~500·511쪽). 구월산대는 대한독립단이 특파한 이명서 등의 암살단이 황해도 송화군 구월산에서 결성한 무장단체로,[16] 그 후 10월 말에 대원 다수가 일경에 피체되기까지 순사 저격, 밀정 척살, 군자금 징수 등의 활동을 계속 벌여나갔다(姜德相 編, 위의 책, 558쪽).

⑮ 9월 1일, 평북 후창군수 桂膺奎가 西路軍政署의 특파 암살단원 李昌德과 李宗植에 의해 거소에서 총살됨.[17] 그 후 이창덕이 金成辰의 밀고로 피체, 사

16) 金承學, 《韓國獨立史》(獨立文化社, 1967), 251쪽.

형되자 이종식 등 다른 단원 6명이 10월 3일에 김성진을 사살함(김용국 외, 《獨立運動史》 7, 독립운동사편찬위원회, 1975, 390쪽).

⑯ 9월 10일, 의주군 옥상면장 金麟書와 옥상면 상목동의 손꼽히는 친일자 李俊炯이 무장대 4명에 의해 총살됨(姜德相 編, 앞의 책, 501쪽)

⑰ 9월 16일, 평북 선천군 산면 용경동의 金洛範이 군자금 제공에 불응하여 피살됨(위와 같음).

⑱ 9월 26일에 평북 철산군 서림면 양책주재소 순사 宋龍範이, 9월 29일에 의주군 비현면의 친일파 張某와 순사 文致武가 보합단원에 사살됨(姜德相 編, 위의 책, 507~508·529~530쪽).

이상과 같은 습격·척살 사건들로 서북지방의 일제 통치기관은 치명타를 입었고, 친일 협력자들의 행동은 크게 위축·제어되었다. 평북 일원에서는 관공리와 친일분자들이 경찰의 보호 없이는 바깥출입을 하지 못했고, 여러 군에서 면장과 면서기가 사직서를 내고 출근하지 않아 면사무소 업무가 중단되었으며, 조선인 형사 중에도 사직자가 나오고 부호들이 다른 지역으로 이사가는 일도 속출했다.[18]

서북 변경지대를 중심으로 무장대 의열투쟁이 계속 진행되고 있는 상황 속에서, 서울과 지방도시에서는 대규모 투탄거사 계획이 1920년 봄부터 여름에 걸쳐 수차 추진되었다. 그리고 그 중의 일부는 8, 9월에 집중적으로 실행되어 대성공을 거두기도 하였다.

먼저, 유하현 대황구의 大韓獨立臨時軍政府 특파원 李根洙·康聲利 등이 1920년 3월 초에 평양으로 들어와 군자금 수취와 관청 파괴, 관공리 암살을 계획하고 다이너마이트를 입수해 폭탄을 제조하다가 5월에 피검되었다.[19] 대구에서는 조선인 관공리 습격을 밀의하고 폭탄을 손에 넣으려던 농민 梁韓緯 등 여러 명이 6월 하순에 경찰에 체포되었다.[20] 이어서 7월 말에 의열

---

17) 姜德相 編, 《現代史資料》 27, 502쪽.
宋相燾, 《騎驢隨筆》(國史編纂委員會, 1971), 296~297쪽.

18) 金正明 編, 《朝鮮獨立運動》 Ⅰ－分冊(1967), 319~320쪽.
姜德相 編, 《現代史資料》 27 (みすず書房, 1970), 618~619쪽.
《東亞日報》, 1920년 8월 18일.

19) 姜德相 編, 《現代史資料》 27, 447쪽.

20) 朝鮮總督府 慶尚北道警察部, 《高等警察要史》, 269~270쪽.

단의 '밀양폭탄사건' 적발 및 수사 결과가 상세히 보도되어 그 대담한 거사계획이 사람들을 경악시켰고, 9월 14일에 의열단원 박재혁의 부산의거가 있었다.

이에 앞서 5월 초에 미국 상·하 양원 의원단 42명이 8월에 극동지방을 시찰할 때 한반도를 방문한다는 것이 보도되어 국내외 의열단체와 지사들이 매우 고무되었다. 그리하여 이 기회에 "독립에 대한 조선민족의 대결심을 내보임과 함께 민심을 격동시켜 독립 실현을 촉진시키고자"[21] 대대적인 폭탄거사를 실행하려는 계획이 크게 두 갈래로 준비되었다. 한 갈래는 옛 광복단계열 운동자들의 거사계획이었고, 다른 한 갈래는 서간도의 광복군총영과 상해 의용단 국내 지단과의 합작거사계획이었는데, 결과적으로 전자는 실행에 실패했고 후자는 대부분 성공적으로 실행되었다.

전자의 거사계획은 광복단—대한광복회원이었다가 상해로 망명해 있던 韓焄이 임시정부의 李東輝·이시영·申翼熙 등으로부터 폭탄 10개와 권총 40정을 제공받아 광복단 결사대장을 자처하고 1920년 3월에 다시 국내로 들어오면서 시작되었다. 입경 후 8월 10일에 北路軍政署 특파원 金東淳과의 제휴로 暗殺團을 조직한 옛 동지 金相玉을 만나 같이 행동할 것을 약정했다. 양인은 미국 의원단의 입경 예정일인 8월 24일을 기하여 출영 일본인 고관들을 암살하는 등의 일대 거사를 벌이기로 합의하고 극비리에 준비작업을 진행시켰다. 그러나 8월 23일에 특별경계령을 내리고서 벌인 일경의 예비검속에 걸려 한훈과 다수 동지들이 피체됨으로써 거사는 실행되지 못하였다.[22]

후자의 거사계획은 국내 암살파괴공작의 총지휘 임무를 수행토록 대한광복군사령부 예하의 특별기관으로 1920년 6월에 설치된 光復軍總營(영장 吳東振)의 주도로 추진되었다. 그리하여 대원 13명이 3개의 결사대로 나뉘어 국내로 밀파되었다.

---

21) 姜德相 編, 《現代史資料》 27, 498쪽.

22) 독립운동사편찬위원회, 《독립운동사자료집》 11, 106~111쪽.
姜德相 編, 《現代史資料》 27, 502~505쪽.

서울거사 임무를 부여받은 결사대 제1지대(金榮哲·金聖澤·金最明)는 포목상으로 위장하고 남하하여 서울로 잠입하는 데 성공했다. 도중에 그들은 친일주구로 악명 높은 평북 慈城郡守와 황해도 長淵郡守를 사살 처단하였다. 3인 대원은 총독부·서울역·종로경찰서를 폭파하려 했으나, 8월 21일 회식장소를 급습한 일경에 피체되고 말았다.[23]

평양거사의 임무를 부여받은 제2지대 5명은 평남 안주에서 검문하는 일인 경부를 사살한 후 평양 시내로의 잠입에 성공했다. 서로 임무를 분담한 뒤에 그들은 8월 3일 밤에 일제히 거사를 단행하였다. 文一民·禹德善·安敬信이 평남경찰부(평남 제3부라고도 함)에 던진 폭탄은 그대로 폭발하여 청사를 대파시켰다. 그러나 張德震과 朴泰烈이 평양경찰서에 던진 폭탄은 도화선이 빗물에 젖어 불발하였다.[24] 평양거사에는 의용단 평양지단 단원들도 동참하여 투탄행동에 같이 나섰는데, 呂行烈과 表永俊이 평양부청에 던진 폭탄은 불발했으나 金禮鎭과 金孝錄이 평남도청에 던진 폭탄은 신청사 일부를 파괴시켰다.[25]

결사대 제3지대의 평북 선천 방면 특파원 3인(林龍日·李學弼·金應植)은 만주 본부로부터의 폭탄 반입이 지연됨으로써 8월 24일의 선천역·선천경찰서 투탄계획을 실행치 못하였다. 뒤늦게 폭탄을 수령한 후 9월 1일 밤에 그들은 선천군청 지적도 창고에 폭탄을 던졌는데 불발이었고, 현지에서 행동대원으로 포섭된 학생 朴治毅가 선천경찰서에 폭탄을 던져 청사 일부를 파괴시키고 격문과 경고문을 살포했다.[26] 제3지대의 신의주 방면 특파원인 李振武와 鄭仁福은 8월 15일에 신의주역에 투탄하여 대합실을 파괴했다.[27]

---

23) 김용국 외, 앞의 책, 323~324쪽.

24) 김용국 외, 위의 책, 325~326쪽.
姜德相 編,《現代史資料》27, 487쪽.
宋相燾, 앞의 책, 294쪽.

25) 宋相燾, 위의 책, 292~293쪽.
金厚卿, 앞의 책, 702~703·1086쪽.

26) 姜德相 編,《現代史資料》27, 497~498쪽.
宋相燾, 위의 책, 296쪽. 박치의는 사건 직후 체포되어 사형을 언도받고 이듬해 9월에 형집행으로 순국하였다.

27) 金正明 編,《朝鮮獨立運動》II, 445쪽.

이들 거사의 여진은 9월 18일 農民團의 평남 강동경찰서 투탄으로 이어졌다. 이 거사로 유리창 일부가 파손되고 일경 2명이 중상을 입었다. 농민단은 군내 청년층 농민, 탄광부, 금융조합 소사 등 10여 명이 군자금을 모금하여 임시정부로 전달하고자 8월 초에 결성한 비밀결사였는데, 우선 민심을 격동시킬 필요에서 관공서를 파괴키로 하고 탄광용 다이너마이트로 폭탄을 만들어 던진 것이었다.[28] 뒤이어 10월에는 평남 안주에서 경찰서 및 읍내 부호가에 투척키 위해 폭탄을 제조해 두고 있던 康龜年과 徐光憲이 피체되었다.[29]

1920년의 평안도지방 의열투쟁의 열기는 이듬해 초에 함경남도로 파급되었다. 1921년 1월 18일에 풍산군 안수면의 부호 金丙善과 廉相漢이 처살되었는데, 이는 임시정부의 함남교통국 조직과 연관된 거사로 추정된다.[30] 이어서 2월 4일에는 갑산군 운흥면에서 관내 순시중이던 군청 서무주임과 면장, 면서기가 3명의 무장대에 피습당해 면장이 즉사하고 군서기가 부상을 입은 사건도 있었다.[31]

2) 1921년 이후의 의열투쟁 양상과 추이

(1) 의열단의 국내외 투쟁

국내외를 망라하여 1920년대의 의열투쟁사에서 가장 활동적이고 가장 선도적인 모습을 보여준 조직은 의열단이었다. 활동 기간과 지속도, 거사(추진)의 빈도와 실적, 파장과 영향, 어느 면을 보더라도 단연 으뜸이었다. 의열단이 적어도 1920년대 전반기의 암살파괴운동을 상징하는 이름이 되고, 나아가 일제 강점기 의열투쟁의 대명사요 그 용어의 어원으로까지 여겨지는 데는 그만한 이유가 있는 것이다.

김용국 외, 앞의 책, 335~336쪽.

28) 姜德相 編, 《現代史資料》 27, 543~545쪽.
독립운동사편찬위원회, 《독립운동사자료집》 11, 119~122쪽.

29) 姜德相 編, 《現代史資料》 27, 523쪽.

30) 金度亨, 〈대한민국임시정부의 친일파 처단과 의열투쟁〉(한국근현대사학회 편, 《대한민국임시정부수립80주년기념논문집》 하, 국가보훈처, 1999), 206·212쪽.

31) 金正明 編, 《朝鮮獨立運動》 Ⅰ-分冊, 514쪽.

의열단은 이미 창단시에 일곱 부류의 암살대상(조선총독 이하 고관, 군부 수뇌, 대만총독, 賣國賊, 친일파 거두, 敵探, 반민족적 土豪劣紳)과 다섯 가지의 파괴대상(조선총독부, 동양척식주식회사, 매일신보사, 각 경찰서, 기타 왜적 중요기관)을 선정해 놓고 있었다.[32] 단의 활동목표가 식민지 지배의 핵심기관(정치기관, 수탈기구, 선전기관, 폭압기구)과 그 수뇌·요인 및 친일 민족반역자 집단의 제기·숙청으로 처음부터 확정되어 있었다. 그리하여 의열단은 초지일관으로 1921년 이후에도 줄기차게 투탄·저격 거사를 기도하고 실행하였다.

1920년의 두 차례 폭탄거사에 이어 1921년 9월 중순에도 의열단은 대담무쌍한 방법으로 투탄거사를 감행하여 성공시켰다. 이는 신입단원 金益相이 조선총독부 청사 안으로 유유히 걸어들어가 폭탄 두 발을 던져 터뜨리고는 잠적하여 북경의 본부로 무사히 귀환한 사건이다. 1922년 3월 28일에는 상해 黃埔灘 부두에서 일제 침략군부의 거물인 육군대장 타나카 기이치(田中義一)를 암살하기 위한 투탄저격 거사를 벌였다. 그러나 김익상·吳成崙·李鐘岩이 각각 제1선, 제2선, 제3선을 담당한 이 거사는 폭탄이 불발하고 탄환이 빗나가는 바람에 실패로 돌아갔고, 영·미·중국인 사상자가 발생한 데 대한 비난까지 받아야 했다. 그 후 의열단은 상해파 高麗共産黨으로부터 '레닌자금'의 일부를 지원받아[33] 상해에 열두 군데의 폭탄제조소를 설치하고 헝가리인 기술자를 초빙하여 성능 좋은 폭탄을 자체 제조하고 상비할 수 있게 되었다.

1922년 여름, 의열단은 임시정부 재무총장 이시영의 요청으로 국내 부호들로부터 독립운동자금을 거둘 것을 계획하고, 우선 원활한 징수 목적을 위해 서울에서 폭탄거사를 단행키로 했다. 거사 실행자로 선임된 단원 김상옥이 먼저 서울로 잠입한 후 폭탄이 밀송되어 오기를 기다리고 있던 1923년 1월 12일에 종로경찰서가 누군가의 척탄에 의해[34] 대파되었다. 사건 수사에 나선 경기도경찰부는 김상옥이 입국해 있음을 탐지하고, 그를 범인으로 지목하여

---

32) 朴泰遠, 앞의 책, 27~28쪽.
33) 김영범,《한국 근대민족운동과 의열단》(창작과비평사, 1997), 88쪽.
34) 김영범, 위의 책, 76쪽에 투탄자에 관한 엇갈리는 기록과 증언들이 제시되어 있음을 참조.

효제동의 은신처를 습격했다. 김상옥은 겹겹이 포위한 경찰병력과 대치하여 세 시간이나 총격전을 벌이다 최후의 일발로 자결 순국하였다.

위의 거사계획과는 별도로 의열단은 이르쿠츠크파 고려공산당 조직과의 합작에 의한 대규모의 국내 폭탄거사도 추진하였다. 행동대장 역을 맡은 金始顯은 경기도경찰부 경부 黃鈺의 은밀한 도움으로 1923년 3월 초에 18개의 고성능 폭탄을 서울로 갖고 들어왔다. 신의주와 안동현에 보관시켜 둔 나머지 18개도 곧 반입시킬 계획이었다. 그러나 서울 잠입 후 이틀만에 거사 요원과 조력자 전원이 피검되어, 제2차의 적 기관 및 요인 총공격 계획은 수포로 돌아갔다. 金在震의 밀고 때문이었든[35] 황옥을 끌어들인 모험의 대가였든,[36] 뼈아픈 실패요 인적 역량의 큰 손실이었다.

1923년 1월 상해에서 국민대표회의가 개최된 후, 의열단은 申采浩가 작성해 준 〈조선혁명선언〉을 발표하여 암살파괴운동의 논리와 이념적 지표를 당당히 천명했다. 그 영향이었던지, 국민대표회의에 참석중인 각지 운동단체들이 4월 1일 국내·일본·만주에 암살 임무의 6개 결사대를 파견할 것을 결의했고,[37] 의열단 가입자도 크게 늘어나 단원 수가 약 150명에 이르렀다. 3년 6개월만에 단원 수가 10배 이상 늘어난 것이다.

이에 의열단은 일제의 심장부를 겨냥하는 대규모 광역거사를 추진하였다. 일본 關東軍이 장악하고 있는 남만주철도를 폭파하고 그 연변을 교란시키는 양동작전을[38] 서곡으로 하여 서울과 동경에서 대대적인 암살파괴활동을 벌인다는 계획이었다. 그리하여 결사대원 16명을 파견하기로 계획된 국내거사를 위해서 상해 의용단 및 북경 천도교도 조직과 제휴했고, 회기 중의 제국의회 습격과 동경거사를 위해서는 朴烈 등의 한인 아나키스트그룹과 공동행동을 하기로 밀약하여 선발대를 보내고 폭탄 50개의 이송 준비까지 마쳐두

35) 蔡根植, 앞의 책, 183·184쪽.
金承學, 앞의 책, 261쪽.

36) 김영범, 앞의 책, 94~97쪽. 의열단 조직을 일망타진하려 한 시라카미(白上佑吉) 경기도 경찰부장의 치밀한 계략이 있었다는 지적도 재판 과정에서 나왔다.

37) 《東亞日報》, 1923년 3월 22·24·31일.
金度亨, 앞의 글, 214쪽 재인용.

38) 伊藤武雄 外 編, 《現代史資料》 31, 滿鐵 1(東京 : みすず書房, 1966), 580쪽.

었다.[39] 그러나 10월 중 실행 예정이던 광역-동시거사 계획은 9월 1일의 關東大地震으로 좌절되었다. 군중폭동 예방책으로 일제가 조작한 유언비어로 인해 동경의 6천여 한인들이 학살되었는데, 그 와중에 선발대원들도 다수 희생되고 만 것이다. 또한 박열은 일왕 암살 모의 혐의로 체포되고, 상해에서는 폭탄 은닉처가 일경의 급습을 받아 50개 모두 압수되었다.

이에 의열단은 다시 북만주의 무장단체 赤旗團과의 합작으로 일본 황태자 히로히토(裕仁)의 결혼식 일자를 전후한 1924년 1월 경에 폭탄 300개로 동경거사를 결행하려 했다. 그러나 거사자금이 전혀 조달되지 않아 계획이 무산될 위기에 처했다. 이에 발분한 단원 金祉燮이 제국의회 폭파를 목적으로 상해로부터 일본으로 밀항했는데, 의회가 휴회중임을 안 그는 1월 5일 저녁, 황궁으로 접근하다 경비병에게 저지당하자 가지고 간 폭탄 3개를 궁성 입구의 니주바시(二重橋)에 던졌다. 항해중에 스며든 습기 탓으로 폭탄은 모두 불발했으나, 그의 용감한 단신 폭탄거사 기도에 일제는 또한번 크게 경악했다.

거듭된 실패의 역경과 자금궁핍의 난관을 헤쳐나가며 의열단은 1924년에도 동경 총공격과 민중봉기 촉발 목적의 국내거사 계획을 계속 추진하였다. 3월 하순에 단원 3명이 일본으로 잠입하여 5월 총선거 및 임시의회 개회를 기한 거사를 준비하였고, 6월에도 統義府와 합작에 의한 일본거사를 추진하였다. 11월 말에는 의열단이 결사대원 30여 명을 한 달 전에 국내로 들여보냈다는 기사가 각 신문에 실려서, 총독부 당국이 민심불안을 이유로 모두 압수하기도 했다.[40] 1924년 말과 1925년 초에도 일·소 국교 재개에 분개한 의열단원들이 일본에서의 거사를 위해 잠행하고 있다는 보도가 잇따라 나오곤 했다. 그럼에도 이들 거사계획은 추진단계에서 번번이 좌절되어 어떤 가시적 성과를 거두지 못했다. 자금난과 일제 관헌의 감시망, 첩보망이 더욱 주밀해졌기 때문이었다.

---

39) 김영범, 앞의 책, 111~113쪽.

40) 朝鮮總督府警務局, 《諺文新聞差押記事輯錄(東亞日報)》(1932), 219쪽·《同 (朝鮮日報)》(1932), 167쪽·《同 (時代日報)》(1932), 74쪽.

1925년으로 들어서면서 의열단 지도부는 독립운동의 주·객관적 여건과 내외형세가 그 동안 크게 변했고 현재도 급변하고 있음을 절감했다. 이들은 암살 파괴 거사가 대중 일반을 각오시켜 일제봉기의 격발제가 될 가능성이 거의 없는 것으로 판단하였다. 그보다는 농민·노동자·청년 대중의 조직화와 체계적인 의식화가 비록 시간은 좀 걸릴지라도 실질적인 효과를 낳을 대안으로 부각되었다. 사회주의운동 진영의 일각에서 암살파괴운동에 대해 가하는 비판도 그런 맥락에서 나온 것이었다.

이런 사정들을 놓고서 고민하던 의열단 지도부는 암살파괴운동 일변도의 활동이 이제는 유효적절한 노선이 되지 못함을 인정하고, 대중투쟁과 군사운동의 결합을 향후의 대안적 노선으로 설정하는 결단을 내렸다. 1925년 8월에 의열단은 본부를 남중국의 廣州로 옮긴 후, 핵심 단원들이 黃埔軍官學校에 입학한 것과 1926년에 단을 혁명정당 겸 반공개적 대중운동조직 체제로 개조하려 함으로써[41] 노선전환을 꾀하였다.

이리하여 의열단의 암살파괴운동은 1925년 상반기로 사실상 종결되었고, 아나키스트 간부단원 柳子明만이 홀로 기존 노선을 고수하여 몇몇 후속거사를 주도하였다. 1925년 3월 말 북경에서 李仁洪과 李箕煥이 고급밀정 金達河를 교살한 것도 실은 유자명이 金昌淑과 李會榮의 언질을 받고 단원을 시켜 多勿團과의 합작으로 실행케 한 일이었다.[42] 1926년 12월 28일에 결행된 羅錫疇의 폭탄거사에도 그 추진과정에 유자명이 일부 관여했지만, 엄밀히 말하면 의열단의 거사로 보기 어렵다. 이는 국내 운동계의 분위기를 일신시키고자 한 김창숙·이동녕·김구의 지시로 이루어진 것이었기 때문이다. 신채호가 제공한 폭탄 두 개를 받아 휴대하고 인천항으로 단신 입국한 나석주는 곧장 조선식산은행과 동양척식주식회사 경성지점에 폭탄을 던져 건물을 부수고 일본인 7명을 총격 살상한 후 경찰대와의 교전 끝에 자결하였다. 꺼져가는 민족혼의 심지에 다시 불을 당기려 한 살신성인의 장거였다.

---

41) 김영범, 앞의 책, 184~186쪽.
42) 朴泰遠, 앞의 책, 174~177쪽.
朝鮮總督府 慶尙北道警察部, 《高等警察要史》, 109쪽.

(2) 재만 독립군의 국내외 의열투쟁

1920년의 鳳梧洞·靑山里大捷을 필두로 하여 본격화한 재만 독립군의 무장투쟁은 1921년 이후 1920년대 중반까지 활발하게 진행되었다. 그 가운데 주로 남만주의 독립군조직들이 활발히 전개한 국내진입작전, 그리고 만주 현지에서 벌인 친일단체 및 일제기관 파괴와 밀정·주구 처단 활동은 내용상 의열투쟁에 포함시킬 부분이 많다. 특기할 만한 몇몇 사례들을 통하여 독립군 의열투쟁의 흐름과 진폭을 짚어보면 다음과 같다.

우선 1920년 8월에 서간도 관전현에서 대한광복군사령부 직속의 국내진입 별동대로 碧昌義勇團이 조직되었다. 단원들은 단장 楊承雨의 진두지휘 아래 평북 벽동·창성군의 산악지형을 적극 활용하면서 경찰관주재소와 금융조합 습격 파괴, 일경 및 밀정·부일배 척살, 군자금 수취 등의 활동을 1924년 봄까지 맹렬히 전개하였다.[43] 1922년 4월 金萬秀·崔炳鎬 등 서로군정서 헌병대원 4명은 은신처를 포위하여 공격해 오는 하얼빈 일본총영사 쿠니요시(國吉精保)와 경찰서 형사부장 외 일경 10여 명을 사살하고 계속 교전하다 전원 전사하였다.[44]

1922년 8월에 성립한 大韓統義府 예하의 의용군 6개 중대도 保民會 등 재만 친일단체의 파괴와 밀정·주구 처단 활동, 평북지방 진입 후의 일제기관 습격 및 시설물 파괴 활동을 활발히 벌였다. 1924년 10월 한 달 동안에만 일경 28명과 친일파 32명 사살이라는 큰 전과를 올린 바도 있다.[45] 통의부로부터 떨어져나간 義軍府의 유격대장 李京日은 1923년 8월 8일에 대원 30여 명을 이끌고 평북 의주군 광평면 청성진의 경찰관주재소를 습격하여 순사부장을 사살하고, 주재소와 면사무소·우편국·세관출장소 등 인근의 일제기관들을 모두 불태워버렸다.[46]

---

43) 宋相燾, 앞의 책, 298~299쪽.
金厚卿, 앞의 책, 691쪽.
44) 김용국 외, 앞의 책, 390쪽.
金厚卿, 위의 책, 400~401쪽.
45) 朴杰淳, 〈大韓統義府 硏究〉(《한국독립운동사연구》 4, 1990), 244~246쪽.
46) 金承學, 앞의 책, 349쪽.

1923년 여름에 임시정부 군무부의 직속기관으로 성립한 陸軍駐滿參議府도 1926년 경까지 줄기차게 국내진입작전을 전개하여, 일경 사살·밀정 처단·군자금 기부를 거부하는 부호 척살, 경찰관주재소 습격과 시설물 방화 및 파괴를 수십 차례 실행했다. 1924년 5월 19일에는 참의장 白狂雲의 특별지시로 편성된 8인 특공대가 평북 위원군 마시탄의 대안 절벽에 매복해 있다가 사이토 총독을 태운 국경순시선이 나타나자 집중사격을 가하여 혼비백산 도주하게 만들었다.47) 사정거리가 짧아서 총독 격살에는 실패했지만, 이 거사 소식이 전해짐으로써48) 독립운동자들은 크게 고무되어 새롭게 결의를 다졌다. 또한 1926년 7월에는 제2중대원 李壽興과 柳澤秀가 서울로 들어와 동대문파출소에 사격을 가하고 경기도 이천군 백사면사무소와 경찰관주재소도 타격하였다.49)

1924년 11월에 성립한 正義府에서도 李青天·오동진 등의 탁월한 군략으로 군사부 별동대가 수시로 국내진입작전을 전개하여, 주구배 암살, 관리 처단·적기관 방화 및 파괴 공작을 수행하였다. 그 중에도 金錫河와 鄭伊衡이 각각 이끄는 제5중대와 제7중대의 활약이 돋보였다.50) 또한 5중대원 이진무는 1925년 7월 4일의 車輦館義擧를51) 비롯하여 금융기관 및 경찰관서 습격, 일경 사살, 밀정 처단 등의 거사를 수차에 걸쳐 수행한 결과, '국경의 흑선풍'·'獨眼(애꾸눈)將軍'이라는 별명까지 얻었다.52)

북만주에서는 1920년에 조직된 義成團(단장 片康烈)이 길림·장춘·이통 일대에서 일본영사관 등 일제관서 습격과 일경 사살, 주구 토벌 등의 활동을 맹렬히 전개하였다.53) 1925년에 성립한 新民府도 별동대 조직을 통하여 만주 각처의 일제 주구단체인 朝鮮人民會의 간부를 색출·처단하고 그 조

47) 김승학, 위의 책, 351쪽.
김용국 외, 앞의 책, 470~475쪽.
48) 《東亞日報》, 1924년 5월 20·21일.
《獨立新聞》, 1920년 5월 31일.
49) 趙素昂, 《遺芳集》(亞細亞文化社, 1992), 160쪽.
50) 蔡根植, 앞의 책, 137쪽.
51) 김용국 외, 앞의 책, 504~508쪽.
52) 宋相燾, 앞의 책, 343~344쪽.
53) 金承學, 앞의 책, 341쪽.

직을 해체시켰으며, 城東士官學校 졸업생들로 조직된 특수공작대를 국내로 특파하여 암살·파괴 임무를 수행토록 하는 등 꾸준히 의열투쟁을 전개하였다.54)

(3) 병인의용대의 의열투쟁

의열단이 암살파괴운동의 대열에서 물러선 직후인 1926년 1월 초 상해에서 임시정부 경무국장 羅昌憲의 주도로 병인의용대가 창립되어 의열단식 대일투쟁의 맥을 이어갔다. 창립선언에서 "암살·파괴는 혁명가의 無上의 무기이며 유일한 수단이다. … 귀하가 과연 혁명가라면 폭탄을 안아라, 칼과 친하라"55)고 언명했다시피, 병인의용대는 '철혈주의'를56) 표방하며 일제 주구 숙청, 반동분자 엄단, 적의 중요시설 파괴 및 중요인물 격살 등을 가장 큰 임무로 내세웠다. 그러면서 한편으로는 임시정부 보위-엄호단체의 성격도 강하였다. 60여 명의 대원 중에는 1920년대 초의 국내 폭탄거사에 참여했던 역전의 용사들도 여럿 있었으니, 김예진·임용일[林得山] 등이 그러했다.

창립 직후인 2월 초부터 3월까지 朴濟乾·李秀鳳 등 병인의용대원은 일본총영사관의 밀정 5명을 연이어 척살하였다.57) 일찍이 1920년에 임시정부 경무국원들이 일본영사관 밀정 金道淳과 총독부 밀정 鄭弼和를,58) 구국모험단원 李鍚이 총독부 밀정 金秉憲을59) 처단했던 것과 같은 식이었다. 이 일련의 응징거사에 같이 참여했던 崔炳善과 張英煥(張鎭元)이 피체 수감되자, 李德三(李永善)이 그들을 구출하고자 4월 16일에 일본영사관원 內堀의 辦事處인 勝田館을 습격해서 수류탄을 던져, 일경 여러 명을 폭살시켰다.60)

---

54) 김용국 외, 앞의 책, 493~495·545~550쪽.
55) 國會圖書館 編,《韓國民族運動史料(中國篇)》, 576쪽.
56) 여기서 '철혈'은 '黑鐵赤血'의 줄임말이고, '흑철'이란 무기를 뜻한다.
57) 趙凡來, 〈丙寅義勇隊 硏究〉(《한국독립운동사연구》 7, 1993), 365쪽.
58) 김구 著, 김학민·이병갑 註解,《정본 백범일지》(학민사, 1997), 274·277·278쪽.
59) 姜德相 編,《現代史資料》 27, 286쪽.
60) 독립운동사편찬위원회,《독립운동사자료집》 11, 153쪽.
趙素昻, 앞의 책, 158쪽.

일본총영사관 건물 폭파공작도 1년 사이에 세 차례나 벌였다.[61] 제1차 거사는 1926년 4월 8일에 金光善 등 대원 3인이 자동차를 타고가며 영사관 구내로 폭탄 2개를 던져 건물 벽과 유리창을 대파시킨 것이었다. 제2차 공작은 9월 5일에 인력거꾼을 시켜 시한폭탄을 영사관 안으로 들여보내려 한 것인데, 정문에서 지체하는 사이에 폭탄이 터져 영사관 폭파에는 실패하였다. 제3차 거사는[62] 姜昌濟 등이 시한폭탄을 장치하여 영사관 창고를 대파시킨 것이었다. 이에 앞서 1926년 6월에는 純宗 장례를 전후로 국내 폭탄거사도 계획하여 高俊澤·이덕삼 등 4인의 결사대가 중국 상선 편으로 상해를 출발했는데, 사전 기밀누설로 황포강 하류에서 일본 수상경찰에 전원 피체되었다.[63]

이처럼 발족 첫 해인 1926년에 맹렬한 활동상을 보인 병인의용대는 1927년 이후로는 상해지방 독립운동계 내부의 좌익세력 제압과 임시정부 보위에만 전념하여 의열투쟁의 실적을 거의 내지 못하였다. 이렇게 된 데는 당시의 중국지역 독립운동진영 안팎의 전반적 정세와 분위기 탓이 컸다. 중국의 국공분열 및 좌우대결의 여파가 한국독립운동 대오에도 밀어닥쳐 직접적인 영향을 미쳤고, 독립운동계 내부의 관심과 역량은 한동안 민족유일당 또는 협동전선 문제를 둘러싼 조직정렬과 노선논쟁으로 집중되었으며, 임시정부의 재정상태가 극히 열악하여 조직적 의열투쟁에 대한 지원이 전혀 이루어질 수 없었다는 사정 등이 복합적으로 작용한 것이다.

이리하여 1927년 이후로 4, 5년 동안은 국내외를 막론하고 의열투쟁의 열기가 앞 시기에 훨씬 못미치는 소강상태가 연출되었다. 몇 건의 개인 단독의거와 밀정 척살, 군자금 확보를 위한 금융기관 습격거사만이 간간히 나타났

61) 독립운동사편찬위원회, 《독립운동사자료집》 11, 835쪽.
國會圖書館 編, 《韓國民族運動史料(中國篇)》, 606~607쪽.
김용국 외, 앞의 책, 614쪽.
趙凡來, 앞의 글 363~364쪽.

62) 거사 시점은 자료에 따라 1926년말과 1927년 두 가지로 나온다.

63) 《東亞日報》, 1926년 6월 4·19일.
趙素昂, 앞의 책, 158쪽.
김용국 외, 앞의 책, 610~612쪽.

을 뿐이다. 그러다가 1931년에 '9·18사변'(만주사변)의 발발과 때를 맞춰 독립운동의 침체 국면을 타개하려는 조직적 의열투쟁이 재활성화하고 제2의 전성기를 맞게 된다.

(4) 개인 단독의거의 흐름과 사례들

1920년대에는 의미 있는 개인 단독의거도 여러 차례 있었다. 단체조직의 특공거사나 독립군조직의 유격전적 거사들과는 달리, 혼자 뜻을 세우고 준비하여 단신으로 결행하는 방식이었다. 개인 단독의거는 열렬한 의기와 자기희생의 비장한 각오 없이는 시도조차 어렵다는 점에서, '의열'의 본래적 의미가 가장 선명하게 드러나는 행동양식이다. 아울러 그 발생시점들을 놓고 보면, 집단적·조직적 의열투쟁의 흐름이 맞게 된 어떤 공백이나 休止 부분을 대신 채워주는 구실도 하였다.

1921년 2월 15일 동경 유학생 梁槿煥이 친일파 거두 閔元植을 척살하였다. 민원식은 임시정부가 '7가살' 범주를 규정하여 공표하면서 특별히 거명한 직업적 친일분자로, 총독부의 조종대로 움직이며 반동단체인 國民協會를 만들고 그 회장이 되어 기만적인 참정권운동을 전개하는 등 임시정부의 절대독립·완전독립론에 역행한 자였다. 그 민원식이 조선인 참정권 청원서를 제국의회에 제출하겠다고 도일하여 동경 제국호텔에 유숙하고 있음을 알게 된 양근환이 숙소로 그를 찾아가 크게 힐책하고 단도로 찔러 절명시킨 것이다. 응징거사에 성공한 양근환은 상해로 탈출하려다 나가사키(長崎)에서 피체되어 무기징역을 언도받고 복역하였다.

1926년 4월 28일, 서울 한복판 金虎門 앞에서 일용노동자 宋學先이 자동차를 타고 가는 일인 2명을 습격하여 비수로 찔러서, 경성부 평의원 다카야마(高山孝行)가 현장에서 즉사하고 國粹會 경성지회장 사토(佐藤虎次郎)가 중상을 입었다. 늘 안중근을 흠모하며 총독 사이토를 처치할 기회를 고대해 온 송학선은 순종이 승하했다는 소식을 접하자 조문길의 총독을 습격하면 척살할 수 있다고 생각하여 돈화문과 금호문 앞에서 사흘째 그를 기다렸다. 거사 당일 낮, 예복 차림의 일인 3명을 태운 승용차가 금호문을 빠져나오는데 주위의 누군가가 "총독이 지나간다"고 말하므로, 송학선은 자동차를 뒤따라가다 순식간에 뛰어올라 중앙석 탑승자와 좌측 동승자의 가슴과 복부를 비수로 찔렀다. 그러나 실은 사이토와 외모며 체격이 비슷한 사토가 총독으로 오인된 것이었고, 때문에 송학선은 원래의 목표 달성에는 실패하였다. 그럼에도 그의 의거는 순종의 서거가 다시금 불러일으킨 민족적 울분과 반일정서를 대변해 주기에 충분했다. 거사 직후 경찰대와 대치하여 혈투를 벌이다 피체된 송학선은 1927년 11월에 사형 집행으로 순국하였다.

1927년 10월 8일 대구 중심가의 조선은행 지점 옆 한길에서 폭탄이 터져 은행 창문 70여 개가 완파되고 은행원과 일경 수 명이 중상을 입었다. 張鎭弘이 단행한 시내 주요기관 폭파기도의 한 결과였다. 원래 그는 경북도청·지방법원·형무소·경찰서 등 9개소에 동시 투탄할 것을 계획했는데, 동지를 구하지 못하자 폭파 대상을 네 군데로 줄이고 단독거사로 방향을 바꿨다. 스스로 폭탄을 만들어 산중에서 위력시험도 해본 그는 거사 당일 여관방에서 나무상자 네 개에 폭탄을 장치하여 도화선에 점화시켜 놓고 포장한 후, 종업원을 불러 선물상자이니 속히 배달해 달라고 부탁한 뒤 피신했다. 맨 먼저 조선은행 지점으로 배달된 폭탄상자는 화약 냄새를 맡은 일본인 행원이 도화선을 끊어버려 불발했고, 경북지사, 식산은행 지점장, 경북경찰부장에게 배달이 부탁된 다른 세 상자는 비상연락을 받고 출동한 경찰이 빼앗아 도화선을 끊으려는 차에 연쇄폭발이 일어난 것이다. 그 후 장진홍은 다시 안동과 영천에서의 거사를 계획하고 폭탄 다섯 개를 張容熙와 金士實에게 건네주었는데, 두 사람은 거사 날짜를 미루다 기회를 놓쳤다. 수사망을 피하여 일본으로 건너간 장진홍은 마지막으로 동경의 귀족원과 경시청 건물에 투탄할 것을 계획하고 폭약을 구하려던 중에 경북도경 형사대에 피체되었고, 사형판결이 확정된 후 1930년 대구형무소에서 자결 순국하였다.

1928년 5월 14일 대만의 臺中市에서 한인 청년 趙明河가 일본 육군대장 구미노미야(久邇宮邦彦王)에게 독검으로 부상을 입힌 사건이 발생했다. 구미노미야는 일왕 히로히토의 丈人이요 군부·정계 요인으로서, 대만의 일본군 부대 검열을 마치고 臺北으로 떠나는 길이었다. 반년 전에 대만으로 건너와 일본인 가게의 점원이 된 조명하는 항일운동에 투신키로 했던 애초의 결심대로 야마가미(山上) 대만총독을 격살하고자 보검을 구입하여 독약을 발라놓고 기회가 오기를 기다리고 있었다. 그러던 중에 구미노미야가 대만으로 온다는 소식을 들은 그는 야마가미 대신에 구미노미야를 처단하기로 작정하고 거사를 준비했다. 거사 당일 환송군중 속에서 뛰쳐나온 조명하는 구미노미야에게 일격을 가하려다 수행원의 제지를 받자 재빨리 독검을 구미노미야에게 던졌다. 칼에 맞아 어깨 부상을 입은 구미노미야는 온몸에 독이 퍼져 앓다가 8개월 뒤에 사망하였다. 거사 현장에서 체포된 조명하는 대만고등법원에서 사형을 선고받고 형이 집행되어 24세를 일기로 순국했다.[64]

〈金榮範〉

4. 1930년대와 일제말의 의열투쟁

1) 한인애국단의 의열투쟁

1920년대의 의열투쟁을 김원봉과 의열단이 대표했다면, 1930년대의 의열투쟁은 金九와 韓人愛國團이 대표했다. 그만큼 두 사람과 두 단체는 의열투쟁사에서 쌍벽을 이루는 존재였다.

한인애국단은 임시정부 국무위원들이 만주사변 발발 이후 독립운동의 난국을 타개하기 위한 특별대책을 세우는 가운데 '특무대'의 설치와 암살파괴공작의 추진을 의결하면서 성립되었다.[1] 이에 관한 모든 일의 계획과 실행은 임시정부 재무부장 김구에게 전적으로 위임되었고, 그가 새 특무조직의 명칭을 한인애국단으로 정하였다.[2] 요컨대 한인애국단은 임시정부의 특명에

64) 趙恒來, 〈趙明河의 臺灣義擧와 그 意義〉(《韓國學硏究》 2－別冊, 淑明女大, 1991), 48～57쪽.

1) 愼鏞廈, 〈白凡 金九와 韓人愛國團의 獨立運動〉(《于松趙東杰先生停年紀念論叢 II, 韓國民族運動史硏究》, 나남출판사, 1997), 777쪽.

의해 임시정부 직할로 성립한 의열투쟁단체였다.

극비의 점조직으로 구성·운영되었기 때문에 전체 단원 규모가 정확히 파악되지는 않으나 80명 이상이었을 것으로 추정되며,[3] 10여 명의 핵심 단원 가운데 安恭根이 김구를 곁에서 늘 보좌했다. 한인애국단장으로서 김구는 1931년 말부터 이듬해 5월까지 모두 여섯 차례의 특공거사를 계획하고 추진하였다. 그 거사 현장은 각각 일본(동경)·중국(상해)·만주(대련)·국내(서울)로 잡혀 있었으며, 나아가 이는 웅대한 구상이요 주도면밀한 계획이었음을 엿볼 수 있다.

(1) 이봉창의 동경의거

일본에서 다년간 노동자로 생활하다 큰 뜻을 품고 상해로 건너온 李奉昌이 김구를 찾아와 조국독립을 위한 희생적 거사에 몸바칠 뜻을 간곡히 표하므로 그에게 일왕 폭살의 임무가 맡겨졌다. 투척용과 자결용 수류탄 한 개씩을 받아 일본으로 되돌아간 이봉창은 1932년 1월 8일, 육군관병식을 마치고 동경경시청 정문 앞을 통과중인 일왕 히로히토의 귀궁 행렬을 향해 회심의 폭탄 한 발을 던졌다. 척탄은 히로히토를 겨냥한 것이었지만 그의 마차로 오인된 궁내대신의 마차 앞에 떨어져 폭발하여, 일왕 폭살의 목적은 달성되지 못했다.[4] 그럼에도 제국의 심장부인 동경에서, 그것도 '천황'의 면전에서 처음 성공시킨 폭탄의거였기에 그 정치적 반향은 컸다. 중국 신문들도 일제히 대서특필했는데,《國民日報》·《汕報》등 몇몇 신문이 이 거사를 찬양하고 일왕 폭살의 실패를 애석해 하는 논조의 기사를[5] 실었다. 이로 인해 이 신문들은 일본의 압력으로 정간되었고, 일본군은 그것을 상해침공의 한 빌미로 삼았다.

---

2) 김구,《정본 백범일지》(학민사, 1977), 298쪽.
國史編纂委員會 編,《韓國獨立運動史》資料2, 臨政篇 Ⅱ(1968), 256쪽.
3) 金昌洙, 〈韓人愛國團의 成立과 活動〉(《한국독립운동사연구》2, 1988), 443쪽.
4) 李炫熙,《李奉昌義士의 抗日鬪爭》(國學資料院, 1997).
5) 崔書勉, 〈이봉창의거 연구 서설〉(한국근현대사학회 편, 앞의 책), 164~170쪽.

(2) 상해거사의 추진과 윤봉길 의거

일본 해군의 도발로 '1·28사변'(상해사변)이 발발한 직후, 김구는 홍구부두에 정박중인 군함 出雲號에 일본군사령부가 설치되었다는 정보를 전해 듣고 그것의 폭파를 추진했다. 배 밑창에 시한폭탄을 부착시켜 폭파시키기로 하고, 중국인 잠수부 2명을 고용해서 폭발시간을 약정하고 2월 12일 낮에 잠수시켰다. 그러나 잠수부들이 겁을 먹어 지체한 탓에 폭탄은 부착되기 전의 상태로 수중 폭발해버렸고, 결국 일본군사령부 폭파 기도는 실패하였다.[6] 이에 김구는 일본군의 黃埔江灣 비행기 격납고와 탄약고를 폭파해버릴 요량으로 상해 병공창 주임인 金弘壹에게 시한폭탄 제조를 부탁해 두고 단원 6명을 군수노동자로 침투시켜 기회를 엿보았다. 그러나 3월 3일에 일본군이 임시휴전 성명을 내고 휴전협정 교섭이 시작되면서 기회가 사라져, 이 거사계획도 미수에 그치고 말았다.[7]

중국 육군 제19로군을 격퇴시키고 상해를 점령한 일본군은 기고만장하여 天長節(일왕 생일) 행사를 겸한 승전경축식을 4월 29일에 홍구공원에서 거행한다고 발표했다. 김구는 이 행사를 폭탄거사의 좋은 기회로 삼고, 김홍일로부터 건네받은 고성능 폭탄 두 개를 청년지사 尹奉吉에게 주어 거사에 나서도록 했다. 기지를 발휘하여 엄중한 경비망을 뚫고 식장에 입장한 윤봉길은 행사 끝 무렵에 중앙 연단을 향해 수통형 폭탄을 힘껏 던졌다. 큰 폭발음과 함께 폭탄은 단상의 일본 군·관·민 요인 7명을 일거에 쓰러뜨렸다. 상해거류민단장 카와바타(河端貞次)는 즉사했고, 상해주둔군 총사령관 시라카와(白川義則) 대장은 중상을 입어 입원했지만 사망했으며, 제3함대사령관 노무라(野村吉三郞) 중장, 제9사단장 우에다(植田謙吉) 중장, 주중공사 시게미츠(重光葵), 상해총영사 무라이(村井), 거류민단 서기장 토모노(友野) 등 5명이 실명하거나 수족이 절단되는 중상을 입었다. 상해의 일본 군·정 수뇌부에 섬멸에 가까

6) 愼鏞廈, 앞의 글, 782~783쪽.
7) 김구, 앞의 책, 300쪽.
金昌洙, 앞의 글, 453쪽.
愼鏞廈, 위의 글, 783쪽.

운 대타격을 입힌 것인데, 이것이 한 요인이 되어 일제는 내륙으로의 확전을 단념하고 5월 5일에 중국과 긴급 정전협정을 맺었다.[8]

윤봉길 의거의 상황과 결과는 서방 각국으로도 즉시 타전되어 세계를 놀라게 하고 감동시켰다. 중국인들도 모두가 찬탄하는 가운데 蔣介石 총통은 "백만 중국군대가 못한 일을 고려청년 한 사람이 해냈으니 장하다"며 거듭 찬사를 보냈다. 또한 이봉창의 의거와 함께 그의 의거로 중국인들의 반한감정－일제의 교묘한 여론조작과 유도 때문에 발생한 萬寶山事件으로 인해 조성되었던－은 깨끗이 불식되고, 오히려 중국측이 한국독립운동에 지원을 아끼지 않는 국면 대반전이 이루어졌다.

(3) 국내·만주거사 계획의 추진

윤봉길의 홍구공원 의거가 있기 전에 김구는 국내 민심을 격동시킬 목적으로 조선총독 우가키 가즈시게(宇垣一成) 암살을 계획하였다. 그리하여 단원 李德柱와 兪鎭植에게 폭탄과 권총을 주어 3월에서 4월 사이에 밀파하였다. 그러나 두 사람은 연고지인 황해도에 들렀다가 곧 피체되어 한인애국단의 국내거사 기도는 실패로 돌아갔다.[9]

그 뒤 일제의 만주침략과 만주국 건립에 대한 중국정부의 제소로 국제연맹 조사단이 1932년 5월 하순에 만주 현지를 조사방문한다는 소식을 접하자 김구는 이에 때맞춰 투탄·저격거사를 벌일 것을 계획하였다. 조사단을 출영·환송하러 나올 관동군사령관(本庄繁), 관동청 장관(山岡萬之助), 남만주철도 총재(內田康哉) 등, 만주의 일제 요인들을 암살함이 거사의 일차 목표였다.[10] 아울러 일제의 중국침략 죄상과 대륙공략 흉계를 폭로하고 한·중 두 민족의 강렬한 반일·항일 의사를 국제적으로 널리 인식시키는 효과를 노린 것이기도 했다. 그리하여 김구는 단원 柳相根과 崔興植에게(이들은 上海

---

8) 愼鏞廈, 〈윤봉길의 상해홍구공원 의거〉(한국근현대사학회 편, 《대한민국임시정부정부수립80주년기념논문집》 하, 국가보훈처, 1999), 180~191쪽.

9) 國會圖書館 編, 《韓國民族運動史料(中國篇)》, 732~733쪽.

10) 嚴恒燮, 《屠倭實記》(國際文化協會, 1946), 66쪽.

韓人靑年黨 당원이기도 했다) 대형 수통폭탄과 권총을 지급하고, 조사단이 4일 동안 머물기로 예정되어 있는 대련으로 밀파했다. 그런데 그곳에서 최홍식이 김구에게 보낸 자금지원 요청 전보가 일제 관헌의 수사 단서가 되어, 거사 예정일 이틀 전인 5월 24일에 두 단원이 피체됨으로써 거사 기도는 좌절되었다.[11)]

일제는 이 의열거사 계획을 조사단 암살 목적의 가공할 테러계획인 것처럼 날조하여 역선전하려 했다. 이에 한인애국단은 동년 8월 10일에 선언문을 발표하여 내외에 해명하고, '폭렬행동'의 불가피성과 정당성을 다음과 같이 천명했다.

> 우리가 허다한 희생을 돌아보지 않고 끝끝내 폭렬한 행동으로 대항하는 것은 우리 손에는 아무런 무기가 없고 사선을 쫓겨난 우리 한국사람인지라 이 길을 버리고는 또 다른 길이 없는 까닭이라. 그러므로 한국의 독립이 성공하는 날까지는 이런 폭렬한 행동은 절대로 없어지지 않을 것이다(嚴恒燮, 《屠倭實記》, 國際文化協會, 1946, 66쪽).

이렇듯 한인애국단이 실행했거나 계획했던 폭탄거사들은 반침략 민족독립 쟁취의 대의에 따른 항일특공작전의 성격을 띤 것이었지, 흉포한 테러리즘으로 매도될 성질의 것은 결코 아니었다. 그러나 윤봉길 의거에 따른 일제의 보복적 대탄압으로 상해는 더 이상 안전한 독립운동기지가 되지 못하여 임시정부는 杭州로 이전했다. 이런 이유들로 한인애국단의 활동은 더 지속되지를 못하였고, 김구는 1934년에 韓國特務隊獨立軍을 결성하여 새 인력으로 군사적 의열투쟁을 도모한 것으로 보이나 그 성과는 기록된 것이 없다.

---

11) 嚴恒燮, 위의 책, 63~64쪽.
國會圖書館 編, 《韓國民族運動史料(中國篇)》, 732~735쪽.

2) 재중국 아나키스트들의 의열투쟁

중국 관내와 만주에서 활동하던 한인 아나키스트 30여 명은 1931년 9월경에 상해에서 南華韓人青年聯盟을 결성했다. 이 조직은 10월 말에 한·중·일 3국 아나키스트 연합체로 抗日救國聯盟이 결성되는 데 주도적으로 참여했다.[12] 항일구국연맹은 일제기관 파괴, 일제 요인 암살, 중국 친일분자 숙청을 주요 활동목표로 설정하고 행동부를 두었는데, '黑色恐怖團'으로 불린 행동부는 친일화한 중국 외교부장 汪精衛 암살기도 저격사건과 복건성 廈門의 일본영사관 폭파[13]로써 의열투쟁의 포문을 열었다. 이어서 행동부는 1931년 12월에 天津의 일제기관들에 대한 기습공격을 감행했는데, 李容俊이 일본총영사 관저에, 柳基文이 부두에 정박 중인 11,000톤급 일본 기선에, 柳基石이 일본군 병영 막사에 폭탄을 던졌다.[14] 그러나 아쉽게도 투탄 결과는 각각 담장 일부 파괴, 수중 폭발, 불발로 그치고 말았다.

1933년 3월 17일 남화한인청년연맹의 白貞基와 李康勳은 상해 공동조계의 요리점 六三亭에서 중국정부 요인 매수 목적으로 연회를 베푸는 주중 일본공사 아리요시 아키라(有吉明)와 일본군사령부 간부들을 일거에 폭살할 것을 기도했으나 실패하였다. 육삼정으로 접근하던 중에 거사계획을 미리 알고 포위해 온 일본군 헌병대에 피체된 것이다.

3) 한국혁명당총동맹과 남자현의 의열투쟁

1927년 북경에서 결성된 의열단체 韓國革命黨總同盟은 1928년 천진에서 일제주구 李泰華를 처단했고 1930년에는 천진의 일본은행을 습격하여 거금을 탈취하였다. 만주국이 건립된 직후인 1932년 주만 일본전권대사 무토(武

---

12) 無政府主義運動史編纂委員會 編,《韓國아나키즘運動史(前篇)》(螢雪出版社, 1978), 340쪽.

13) 朴桓,〈南華韓人青年聯盟의 결성과 그 활동〉(《水邨朴永錫敎授華甲紀念 韓民族獨立運動史論叢》, 探求堂, 1992), 968쪽.

14) 無政府主義運動史編纂委員會 編, 앞의 책, 341쪽.

藤信義) 대장 암살과 관동군사령부 폭파를 계획하고 孫基業 등 4명은 장춘·봉천 등지로 무토의 뒤를 밟으며 기회를 엿보았다. 그러나 폭탄과 총기를 휴대하고 있음이 장춘에서 발각되어 전원 피체됨으로써 거사는 좌절되었다.[15]

일찍이 의병전쟁과 3·1운동에 참여한 후 서간도로 망명하여 줄곧 독립운동의 길을 걸어 온 여성부사 南慈賢도 1933년 봄에 新京(長春의 새 지명)의 만주국 건국 기념식장에서 일본대사 무토오 등을 폭살하고자 했다. 그리하여 동지 李圭東과 함께 거사준비에 임하였는데, 거사 예정일을 며칠 앞둔 2월 말에 신경 교외에서 일경에 피체되고 말았다. 62세의 노구로 수감된 그는 단식투쟁으로 일제에 항거하다 서거하였다.[16]

4) 상해와 북경에서의 밀정·친일배 처단 활동

윤봉길 의거 이후 상해의 일본군 헌병대와 총영사관이 독립운동자 탄압에 광분하자, 이에 편승한 밀정의 암약과 노골적 친일분자의 등장으로 상해 한인사회의 기류도 다소 혼탁해졌다. 그러나 몇몇 의열단체가 이를 좌시하지 않고, 밀정과 친일·부일배 숙청에 힘을 쏟았다.

먼저 남화한인청년연맹이 鄭華岩을 중심으로 이 일에 앞장서서, 1932년 7월에 延忠烈과 李圭瑞를, 1933년 5월에는 李鍾洪을 吳冕稙·李達 등이 교살 처단했다. 또한 1933년 8월에는 친일거부 玉觀彬을, 12월에는 프랑스조계 공부국 형사의 지위를 악용해 온 玉成彬을, 1935년 3월에는 조선인거류민회 부회장인 주구 李容魯를, 모두 嚴亨淳(嚴舜奉)의 주도로 사살 처단했다.[17]

병인의용대도 1933년에 조직을 정비한 후 밀정 또는 그 혐의자의 숙청 작

15) 蔡根植, 《武將獨立運動秘史》(大韓民國公報處, 1949), 188~189쪽.
金承學, 《韓國獨立史》(獨立文化社, 1967), 414~415쪽.
16) 朴永錫, 〈南慈賢義士의 民族獨立運動〉(《韓國學硏究》 2-別冊, 淑明女大, 1991), 130~131쪽.
17) 독립운동사편찬위원회, 《독립운동사자료집》 11, 822~840쪽.
無政府主義運動史編纂委員會 編, 앞의 책, 348~364쪽.

업을 재개하여, 1935년까지 사이에 石鉉九·金元泰·李泰瑞를 사살하고 柳寅發에게 중상을 입혔다.[18] 의열단원 김시현과 盧乙龍도 1935년에 북경에서 부일배들을 처단하였다.[19]

5) 한국독립당과 민족혁명당의 의열투쟁

1930년 상해에서 건립된 韓國獨立黨은 '민중적 반항과 무력적 파괴'를 당책의 하나로 내걸고 의열투쟁의 실행에도 역점을 두려 했다. 그런 맥락에서 한국독립당 특무대원 겸 병인의용대원인 康秉學은 1934년 3월 3일 상해전쟁시의 일본군 전몰자 초혼식이 열리고 있는 홍구공원 神社에 폭탄을 던졌다.[20] 폭탄의 불발로 인해 목적 달성에는 실패했지만, 불퇴전의 항일투지를 재차 과시한 제2의 홍구공원 의거인 것이었다.

1935년에 창건된 民族革命黨은 "반동분자 및 일·만 요인의 암살과 철도·관공서 파괴 공작"을 수행할 특무부를 두었으며, 수차에 걸쳐 수십 명의 부원들을 화북과 만주로 밀파하였다.[21] 또한 서기장 김원봉과 훈련부장 尹世胄는 상해의 번화가 세 곳에 폭발사건을 일으켜 중국인의 배일시위를 촉발할 목적으로 1936년 8월에 당원 2명에게 폭탄 제조를 지시했는데, 제조 중인 폭탄이 폭발하는 사고가 발생하여 거사는 실행치 못하였다.[22]

6) 국내 의열투쟁의 불연속성과 지구성

1927년 장진홍의 의거 이후로 국내에서는 의열투쟁의 사례가 매우 드물게 나타났다. 1929년 4월에 비행학교 설립 기금 마련차 중국에서 귀국한 共明團[23] 단장 崔養玉 등 3인이 서울 망우리에서 경춘간 우편차를 습격해서 거

18) 독립운동사편찬위원회, 《독립운동사》 4(1969), 720~723쪽.

19) 社會問題資料硏究會 編, 《思想情勢視察報告集》 3(京都 : 東洋文化社, 1976), 21쪽.

20) 金正明 編, 《朝鮮獨立運動》 II, 518~519쪽.

21) 강만길, 《조선민족혁명당과 통일전선》(화평사, 1991), 99~102쪽.

22) 金正明 編, 《朝鮮獨立運動》 II, 578쪽.

23) 지금까지는 '共鳴團'으로 표기되어 왔으나, 최양옥이 피체되었을 때 '울 鳴字'가

액의 현금을 탈취한 후 잠적했으나 군경의 추격을 받고 피체된[24] 사건과, 1935년 겨울에 서울의 양조장 종업원 曺安得이 친구 5명과 함께 폭탄을 만들어 총독 폭살을 두 번 시도했으나 실패하고 다시 기회를 엿보던 중 전원 피체된[25] 사건을 꼽을 수 있을 따름이다.[26]

이는 1930년대 들어 일제의 사회통제가 갈수록 강화되는데다 국내 운동조직들은 노동자·농민 중심의 내중투쟁 진작을 위한 지하활동에만 주력했지 의열거사의 운동방식에는 좀처럼 눈을 돌리지 않았기 때문이다. 더욱이 중일전쟁 발발 이후로는 주민생활과 민족운동에 대한 일제의 파쇼적 탄압이 극악해져서, 국내 민중이나 지식인층 모두 고난과 형극의 길을 걸어야만 했다. 그런 상황에서 의열투쟁의 준비나 기도는 사실상 불가능했다. 국외 독립운동 진영도 1930년대 후반기부터는 조직적 무장대오의 확립과 군사력의 확충을 통하여 독립전쟁 준비에 거의 모든 역량을 투입해 간 반면, 종래의 의열투쟁 노선은 방기되었다.

이리하여 의열투쟁의 맥은 거의 단절되다시피 하였다. 그러나 의열투쟁의 시도나 기운까지 완전히 소멸한 것은 아니었다. 의열투쟁은 오히려 예기치 못한 시점에 예기치 못한 방향에서 전개되었다.

1943년 초여름 국내의 일제 요인과 친일파 처단, 관공서 및 형무소 습격, 군사시설 및 군수산업체 파괴 등을 활동목표로 삼은 비밀결사 朝鮮民族解放協同黨이 일본 동경에서 결성되었다. 유학생 金鍾柏 등이 중심이 된 이 조직은 1944년 봄에 국내로 본거를 옮겨 경성에 비밀 아지트를, 경기도 포천군 이동면에 유격전 거점을 구축하고, 300여 명의 무장행동대를 훈련시킴과 동시에 고관과 친일파의 명단·주소를 파악하고 폭발물을 구입하는 등 봉기와 거사를 준비하였다. 그러나 비밀 누설로 그 해 11월에 관련자 120여 명이 대

아니라고 기자에게 설명했다 하므로 '共明團'으로 적는다.

24) 《東亞日報》, 1929년 4월 22일.
김용국 외, 《독립운동사》 7(독립운동사편찬위원회, 1975), 674~676쪽.

25) 김용국 외, 《遺芳集》(亞細亞文化史, 1992), 802~803쪽.

26) 1929년 원산에서 金壽岳 등 세 소년이 爆彈起義하여 체포되었다는 기사가 보이나 (趙素昻, 《遺芳集》, 亞細亞文化社, 1992, 81쪽), 자세한 내용이 없어서 불확실하다.

거 피검되면서 계획의 실현은 좌절되었다.[27)]

일제가 단말마의 마지막 몸부림을 치고 있던 때인 1945년 7월 24일 일제 강점기 최후의 폭탄거사가 柳萬秀·趙文起·康潤國에 의해 京城府民館에서 결행되었다. 폭력배 출신의 일제주구 朴春琴이 항일·반전사상의 격파를 목적으로 급조한 大義黨이 일본과 만주국, 친일 남경정권 대표들을 초치하여 아시아민족분격대회라는 선전극을 개최함에, 세 청년이 직접 제조한 도화선식 폭탄을 행사장인 부민관 내 두 곳에 미리 장치하여 폭발시킨 것이다.[28)] 총독과 조선군사령관 폭살이라는 원래의 목표는 달성하지 못했지만, 일제 고관과 괴뢰정권 대표들을 혼비백산하게 하고 한민족의 끈질긴 항일 의지와 독립열망을 다시금 분명히 확인시켜 준 쾌거였다. 이로써 항일 민족의열투쟁사의 종장은 멋지게 장식되면서 큰 매듭을 지었다.

〈金榮範〉

5. 일제 강점기 의열투쟁의 특징과 역사적 의의

일제의 한반도 강점기에 수많은 한국인들이 식민지체제를 완강히 거부하며 완전독립의 성취를 위해 줄기차게 싸웠다. 그 과정에서 가장 강도 높았고 일제에 가한 타격이 가장 컸으며 민중의 지지와 호응도 만세시위 못지 않게 가장 많이 받았던 대일항쟁 방식이 의열투쟁이었다. 독립운동에서 의열투쟁의 비중과 의의가 그만큼 컸다는 뜻이다.

의열투쟁은 일제 타도와 민족독립에 궁극적인 목적을 두고, 일제기관 파괴, 일제 요인 암살, 친일파 및 밀정·부일배 처단을 주된 목표로 삼았다. 그런 활동에 의해 식민지 지배의 정치적·군사적·사회적·산업경제적 기반에 두루 타격을 가하고 붕괴를 촉진하였다. 동시에 안으로는 민족성원들의 항일·반제의 투지와 독립의지를 크게 고취하고 선양하자는 것이 그 의도였다.

27) 金大商, 《解放直前史의 再照明》(해성출판사, 1990), 177~182쪽.

28) 김용국 외, 앞의 책, 805~811쪽.

독립운동에 동원될 수 있는 인적·물적 자원이 제한되었고 희생을 최소화하면서도 효과는 극대화하자는 것이 의열투쟁의 취지였다.

그리하여 진작에 임시정부가 '7가살'로 정리했고 의열단이 '5가살' 및 '5當破' 범주로 압축시켜 제시한 바 있는 구체적 표적들에 대하여, 단체 차원의 기획과 집단적 실행, 단체기획과 개인 단독실행, 개인 차원의 기획과 개인 단독실행이라는, 크게 세 가지 유형의 공격거사를 실천하였다. 그 행로에는 전업적 독립운동가뿐 아니라 농민·노동자·광부·점원·학생·교사·유학자·종교인·면서기, 심지어 경찰요원까지 다양한 계층·신분 배경의 인물들이 참여했다.

의열투쟁의 무대는 국내외였는데, 국내에서는 특히 서울과 서북지방 일대, 일본에서는 동경의 왕궁과 경시청 앞 등에서, 중국에서는 상해·북경·천진 등 관내의 큰 도시와 만주의 주요 도시들이 주무대가 되었다. 일제의 정치·군사기관이 밀집해 있거나 경찰력이 대거 포진해 있는 곳에 의열투쟁의 맹폭이 가해진 것이다. 시기별로 보면, 3·1운동 직후에는 국내외 연계에 의해 국내를 중심무대로 하여 전개되다가 국외로도 투쟁공간이 점점 확장되어, 1920년대에는 국내외로 무대를 넓히게 되면서 국외 거점 단체들이 주도를 했고, 1930년대에는 해외지역 중심의 전개양상이 확연해졌다. 그러다가 일제 말에는 다시 국내로 그 무대가 이전되었다. 이러한 흐름 속에는 임시정부와 관련이 없이 이루어진 거사도 적지 않았지만, 3·1운동 직후부터 적어도 30년대 초반까지는 임시정부의 주도·지원·개입에 의해 행해진 거사가 많았다. 임시정부는 의열투쟁을 외면한 것이 아니라 적극적으로 이끌어가고 뒷받침해 주었다.

의열투쟁의 주된 내용을 이룬 대소 거사들은 성공보다는 실패로 끝난 경우가 더 많았음이 사실이다. 계획 또는 추진 단계에서 중도 좌절된 경우나, 실행은 되었지만 목표를 성취하지는 못한 경우가 적지 않았다. 성공한 거사였지만 파괴력은 미미했고 그 효력이 기대에 훨씬 못미친 경우도 적지 않았다. 그러나 이는 외견상의 결과였으며, 비록 실패한 거사들의 경우에도 눈에 보이지 않는 정치적·심리적 효과는 매우 컸다. 자기희생 감수의 태세로 추진되고 감행되었다는 사실만으로도 대중의 반일정서와 항일의지가 그때그때 환기·고취되면서 일정 수위로 유지되는 효과가 발해졌고, 독립운동의 다른 부문들에 대해 자극제도 되었다. 따라서 의열거사나 의열적 행동들은 소기의 목표 달성 여부나 성패를 떠나서 그 자체로 큰 의미를 갖는 것이었다고 보아야 한다.

그런 의미를 띠었던 의열투쟁의 행위양식을 단지 형태론적으로만 고찰하여 '테러리즘'으로 규정짓고 격하시키려 한다면 그것은 매우 부당한 처사이다. 발생론적 견지에서 보건대 그것은 전적으로 민족사적·세계사적 정의의 실현이라는 가치로부터 비롯된 행위양식이었다. 사회경제적 수탈의 극대화와 민족말살을 노리고서 자행된 일제의 한국침략과 식민통치가 20세기의 역사적 불의의 한 극치였다면, 한국민족은 그 불의에 맞서서 정의의 투쟁을 끊임없이 치열하게 전개한 것이다.

이러한 관점에서 일제 강점기 의열투쟁의 독특한 역사적 의의를 들면 다음과 같이 일곱 가지로 정리할 수 있다.

첫째, 일제의 침략－강점－식민통치와 기만적 지배정책에 대한 강력한 규탄·경고·응징의 의미를 띠고서 행해졌다.

둘째, 밖으로는 민족독립 완성의 의지를 부단히 표출하고 안으로는 일제 타도와 독립 달성의 희망을 지속적으로 불어넣어, 독립운동의 견고한 보루요 배후지로 기능했다.

셋째, 적은 비용으로도 적에게 큰 타격과 손실을 입힘으로써, 결전기가 아닌 장기대치 국면에서는 가장 효과적인 투쟁방법이 되었다. 그래서 일제는 의열투쟁을 가장 두려워했고, 대처하기가 지극히 어렵다는 것을 느껴야만 했다.

넷째, 독립군 무력투쟁을 견인하고 보조하면서 그것과 어깨를 나란히 하여 독립운동 역량 축적의 밑거름이 되었다. 적어도 1920년대 초와 1930년대 초의 의열투쟁은 일제 식민통치의 기반을 뒤흔들고 그것에 기생하는 세력에게는 심대한 위협요소가 됨으로써, 국내외 독립운동 발전의 호조건을 조성해 주었다.

다섯째, 독립운동의 난국 타개와 침체국면 탈출의 지렛대요 주된 계기로 작용했다. 한인애국단의 의거들이 임시정부의 독립운동에 대한 재인식과 중국측의 지원을 끌어내는 결정적 전기를 제공했듯이, 의열투쟁은 독립운동이 침체와 위기를 딛고 일어서서 다시 웅비케 하는 활력소요 생명수로 기능한 바 컸다.

여섯째, 절대독립을 추구하는 한국민족의 열망과 의지를 전 세계에 알리고 인식시킴으로써 눈에 보이지 않는 성과를 많이 남겼다.

일곱째, 제국주의지배에 맞서서 민족자존의 유구한 전통과 민족동질성을 되살리고 수호하려는 대열의 최선봉에 섬으로써, 민족정기의 보전 및 재확립에 결정적으로 기여한 중요 인자가 되었다. 일제 강점기 의열투쟁의 이러한 정향은 해방 후의 군사독재와 분단체제의 장기화에 저항하여 민주화와 민족통일의 제단에 몸을 바친 열사들의 정신으로 계승되었다.

〈金榮範〉

집 필 자

개 요 ………………………………………… 조동걸

Ⅰ. 문화정치와 수탈의 강화

1. 문화정치의 실상 ………………………………………… 윤해동
2. 수탈체제의 강화 ………………………………………… 배성준

Ⅱ. 대한민국임시정부의 수립과 활동

1. 임시정부의 수립과 초기 활동 ………………………………………… 이현주
2. 임시정부와 국민대표회의 ………………………………………… 윤대원
3. 임시정부와 유일당운동 ………………………………………… 김희곤

Ⅲ. 독립군의 편성과 독립전쟁

1. 독립군의 편성과 국내진입작전 ………………………………………… 박민영
2. 봉오동승첩과 청산리대첩 ………………………………………… 박민영
3. 경신참변과 자유시사변 ………………………………………… 박민영

Ⅳ. 독립군의 재편과 통합운동

Ⅴ. 의열투쟁의 전개

한국사 48

임시정부의 수립과 독립전쟁

편찬간행 **국사편찬위원회**

초판1쇄 2003년 11월 30일
2쇄 2013년 6월 4일

번각발행 **탐구당**

등록일 1950년 11월 1일
등록번호 서울 제 03-00993 호

주소 서울특별시 용산구 한강대로 62 나길 6
전화 (02) 3785-2211(대표)
팩스 (02) 3785-2272
홈페이지 www.tamgudang.co.kr
전자우편 tamgudang@paran.com

ISBN 978-89-8236-614-7
978-89-8236-566-9(세트)

값 15,000 원

* 파본이나 잘못된 책이 있으면 교환해 드립니다.